阿部泰郎 著

聖者の推参

中世の声とヲコなるもの

名古屋大学出版会

空也上人絵伝（部分）

空也《こうや》は，『空也誄《るい》』や『日本往生極楽記』において，念仏聖の祖として位置付けられた。それを中世に象ったのが六波羅蜜寺に蔵される，鹿杖を突き金鼓を敲きながら歩む像である。珍しい立姿の祖師像は，一遍聖のそれと等しく遊行の聖であることを示すが，なお忘れがたい強烈を印象を与えるのが，その口から吐かれる六躰の阿弥陀仏である。念仏の声がさながら仏と化すイメーヂは，「随声見仏」（『一遍聖絵』所引空也御詞）を象り，空也を典型とする阿弥陀の聖や空也僧たちの間で形成された，念仏聖のイコンであった。大倉集古館には，室町期に遡る空也上人絵伝が伝えられている。そこに描かれる空也像もまた，これを継承するもの。卒都婆が立ち並び，白骨が散乱する三昧の真中に突き立てられた鹿杖は，死霊鎮魂の呪具であり，傍らに鉦を敲きながら念仏を唱える空也の口からは，やはり声に随って阿弥陀が顕現し，紫雲立ち蓮花が降る。

聖者の推参　目　次

序章
中世の声

一　乱声

若宮拝殿の軒下にたたずみ、夜更けのしずけさのなかに溶けこむころ、参道の彼方より二度《ふたたび》、三度《み》度《たび》、ほのかな明りとともに使いが歩み来る。かれは、神前に拝すると、下に控える伶人の一群に向かって、

第三度の乱声《ランジョウ》――

と、声高く呼ばう。これに応《こた》え、しじまを切り裂く鋭い緊張にみちた龍笛の一声が吹きいだされ、その声は次第に数を加え、やがて全ての吹物が奏されて渾沌とした音のかたまりとなり、立ちのぼる濃密な渦に取り巻かれる。そのうちに拝殿の蔀《しとみ》が音立てて鳴り、はたと吹き止む。神殿から遷座がはじまる。神体を取り囲むように榊を捧げた数多《あまた》の白丁覆面の人垣が、「おお」と地を這うようにとどろ

く警蹕の声とともにゆるぎいで、闇のなかを流れ出す。音は既に道行《みちゆき》の楽に変わり、群れをなして御旅所へ向かう。

春日若宮おん祭りの〝はじまり〟を強烈にしるしづける遷幸儀は、素朴で古式のようにみせながら、きわめて高度な演出を巧む。それは院政期、中世のはじめにあらたに創《はじ》められた祭りである。(1)そこでは、祭りの度《たび》ごとに、若宮の神が絶えず誕生をくりかえす。その、祭りの庭に立ち会うと、神とは人の祀《まつ》りによって在らしめられ——とりわけそのしいだす〝声〟によって現前するものであることを、まざまざと感じさせられる。

神顕現の徴《しるし》として「乱声」はいだされる。人の許に〈聖なるもの〉があらわれ、感得される、それは何よりも〝声〟を介してのことであった。

若宮祭にも参勤する南都楽所の楽人であった狛近真による『教訓抄』巻一は、この乱声を説いて次のように言う。

> 抑、神祇先霊を祭る時、乱声を発し神霊を驚かすは、天地を撥《はら》ひ王業を陳《の》ぶる古例たり。但し、神は非礼を稟《う》けず、仍ち、五音七音の外、夷狄の音を聞かざる故、正花の音《こえ》を以て乱声を奏し、天下に和を致し、神分《じんぶん》となす。（原漢文）

続いて五音・七音・十二調子についての記述がなされる。すなわち、乱声は舞楽の祭祀儀礼上のはじまりに位置するとともに、その音楽の膨大な体系の基調音をなす、神に属す音声《おんじょう》なのである。(2)実際、乱声のうちに経験されるカオスからコスモスへと変転しつつ生成するダイナミックスを、その認識は

図１　月次風俗図

年中行事絵として四季の祭礼や風俗を豊かに描き込んだ小型の障子絵は，室町中期の土佐派の筆になるもの。その十二月の上半部には，春日若宮のおん祭が取りあげられている。若宮社頭に，裹頭《かとう》の大衆や国人武士が群をなして見物するなか，猿楽の太夫が舞う。それはまた，一鳥居の影向松のもとで御旅所に参入する芸能者集団の披露である松の下の儀をあらわしたものか。今に伝えられる翁の立会いや風流《ふりゅう》，開口《かいこ》など，それらはみな芸能神としての春日若宮への挨拶である。

裏打ちしてくれる。

管絃舞楽の領域が音声を基礎として形成したコスモロジーとは、同書巻八「管絃物語」に説かれる「時の音《こえ》」――それは一日十二時の移ろいや四季の運行などに応ずる天の感応であり、万物の声に響き合う――が示すように、そのまま中世の世界像と同調する体系でもあった。そして、その音は告知するのみでなく、進んで世界を生みだすはたらきを秘める声であった。

中世初頭、音楽―声の世界生成のはたらきを認識していた一人に、仁和寺御室《おむろ》、後白河院の皇子であった守覚《しゅかく》法親王がいた。その著になる『右記《うき》』「管絃音曲等事」にいう。

絃管に左右あり。臣の治乱を知るが若《ごと》し。……政《まつりごと》を布《し》くに礼楽の両説あり。聖君は必ず諸音を聴き、心に乱世治国の憂喜を知るものなり。先ず、一音より五音八音を出す。尤も由ある哉。……五音八音を出生するは、一音、陽の音なり。一二三、天地人の三なり。これ皆、物始めて生ずる時、声おなじく始めて産まる。『声字実相《しょうじじっそう》』の意《こころ》、また思うべし。（原漢文）

ここに想起されているのは、空海の『声字実相義』である。真言密教において、如来の身・口・意の三密はひとしく宇宙に遍満しており、森羅万象悉くこの三密を具《そな》えぬものはない。この真理を自覚し得ぬ衆生に、如来は、音声により教えを説き、文字により教えを表《あらわ》して悟らせようとする。故に、声と字とは如来の語（口）密であり、それは如来の身密である実相と全く等しく、声字さながら世界そのものの実相である。しかも、五大はすべて音響をもち、十界はみな言語をそなえ、六塵は悉く文字であり、法身は実相であるから、声字実相とは、法・仏平等の三密、衆生本有の曼荼羅をあらわす

——空海はこのように説く。この、声そのものが本有の仏性であり世界の本質に他ならないという認識が、守覚に次のようにも言わせる。「世間・出世の生起、中果、終隠、音を以ってこれを摂すに、至らざる所なきものなり」。そうした認識は、より展開して文治元年（一一八五）に天王寺にて涼金が草した『管絃音義』の五大・五行説により五音をはじめあらゆる音が体系化される理論を構成するが、それは中世の音楽の観念的基盤をなしたのである。

二　亡国の声

守覚は一方で、『左記《さき》』の冒頭において、自らのあたりにした源平の争乱の叙述を試みる。忘れがたい寵童であった経正の面影、勇士義経の語る軍《いく》さ語りなど——。そうして、その戦乱の最中に聴こえてきたのは、「亡国之怨音」であった、という。

中華の理想からすれば、音楽は国家の秩序を体現するものであり、それならばその音は国の安危を告げるものであった。「亡国の音」とは、音に託された不吉な兆しであった。その典拠は『詩経（毛詩）』序である。近真の孫である朝葛が著した『続教訓鈔』第八冊にも、この一節をそのまま引いて「亡国の音」を説いている。(3)

凡そ、音は人の心を生ずるものなり。情《こころ》の中に動く故に声を形《あら》はす。声、文《あや》を成す。是を音という。この故に、治世の音は安《やすらけ》くして以て楽しむ、その政和らげばなり。乱世の音は、怨みて以て

怒る、その政乖《そむ》ければなり。亡国の音は、哀しんで以て患《くるし》。其の民困《くるし》めばなり。声音の道、政道と與《ひと》し。（原漢文）

それは、守覚に限らず、政《まつりごと》に携わり民の声に耳を傾ける立場の人にあって、時の音の調わざる響きとして、おそれつつもいちはやく聴きとるべき音であった。しかし、その認知は、もっぱら時の政道を批判する側から示される。たとえば、王法・仏法を国家の両輪として体制の欠くべからざる一画を自認した顕密教団にとって、それは念仏の〝声〟として聴きとられた[4]。貞応三年の『延暦寺大衆解』によれば、

我朝に一向専修を弘通して以降、国、衰微に属し、俗、多く艱難す。……音の哀楽を以て国の盛衰を知る。……近来、念仏の声を聞くに、理世撫民の音に背き、既に哀慟の響を成す。是れ亡国の音なるべし。（原漢文）

専修念仏の〝声〟を亡国の音とする主張を継承するのは、『野守鏡』である。永仁三年に京極為兼の新奇な歌風を批難するのを主たる目的として、対話様式で書かれた匿名の論争の書である。その語り手は、大原の魚山流声明の系譜につらなる遁世僧だが、彼は「楽を歌に和する」ことは「国家の治乱、仏法の興廃、ひとへに礼楽による故なり」と、和歌と音楽（声明）とを重ね合わせ、当代の和歌が乱れ、声明の道もすたれ、正しき仏道修行（顕密仏教を指す）をなす人が稀になったことを嘆ずる。その証は、専修念仏が盛んになったことであり、とりわけ一遍の踊り念仏を批判する。そこに、

かの念仏は、後鳥羽院の御代の末つかたに、住蓮・安楽などいひし、その長としてひろめ侍け

り。これ亡国の声たるがゆえに、承久の御乱いできて王法おとろへたり……
という認識が再び登場する。それが示すように、亡国の音とは、なにより〝声〟として聴かれるものだった。

この専修念仏を弾圧し、能声の念仏で知られた住蓮・安楽を宮廷女房との密通の咎で死罪に処し、法然を配流したのが後鳥羽院であった。しかしこの王の治天の許で、承久二年（一二二〇）の春、「天下に亡国のこゑあり」と聴いたのは藤原孝道であったと『文机談』は言う。承久二年春は、後鳥羽院による琵琶合が催された時である。そこでは院自ら『琵琶合記』をあらわして、その王権を荘厳する音楽としての「りやらめく声《こゑ》」がしるしづけられた。[5] 承久乱が勃発し院が隠岐へ配流されたのはその翌年のことである。帝師たらんと望んで果たさなかった、王に授けるべき琵琶の一道の達人として己れを恃《たの》む孝道が聴きとったのは、この王の没落を予兆する声なのであった。

三　声仏事をなす

音は声であり、「こゑ」は音でもあった。慶滋保胤の『日本往生極楽記』のなかで、箕面滝の松樹のもとで修行僧が聴いた「天上に音楽および櫓《ろ》の声」は、樹上の人を迎える「四十八大願の筏《いかだ》の声」としての微細の音楽であったが、これに拠った『今昔物語集』では、これを「音」と表記して「コヱ」と訓ませている。同様の例は枚挙にいとまがない。中世の多様な「音」が、〝声〟として聴かれた。

中世の〝声〟の質、もしくは位相について、正面から問いかけを試みたのは網野善彦であった。その「高声と微音」(6)は、声がかたどるヒエラルヒーが、ひいては国家の構造と秩序の形成にまで通底することを示した、まことに壮大で刺激的な論である。だが、なお〝声〟が織りなす中世のカテゴリーは、一筋縄ではいかない、単純な対比の枠組には収まらない豊饒を蔵している。

たとえば念仏の声。『往生極楽記』に「高声唱弥陀号」と見え、以降、中世に至る幾多の往生伝のなかで、その声は一層多彩に広がっていく。大江匡房の『続本朝往生伝』では「合殺《がっさつ》の声」が「微妙なる絃歌の声」と響き合う。曲調を付してうたい詠ずるのを合殺というが、そうした念仏の声に応える極楽の音楽も声である。自身、管絃に深く執した数奇者であった長明の『発心集』には、音楽とも分かちがたい往生譚がいくつも見える。巻七の覚能上人は、音楽を好み、楽器をもてあそびながら来迎の楽の音に憧れていたが、果たして臨終に「楽の声」が聞こえて、「管絃も、浄土の業《わざ》と信ずる人の為には、往生の業となれり」と。また、『今昔物語集』にある源大夫発心往生の話も巻三に引きうつされている。ただ一筋に西へ向かい、「声のある限り南無阿弥陀仏と申して」歩み行く源大夫に応えたのは、西海より聞こえたかすかな御声であった(7)。声と声との唱和のなかに往生が遂げられる消息を、この説話ほど見事に伝えたものはない。あるいは、巻二の前滝口助重、射ころされる一瞬、高く声をあげて念仏ただ一声して往生するという。一声のうちにすべてが成就する、その生死のあわいを飛びかけり人々の心をつらぬく声の重さは、もはや長明一人の好尚に帰せられぬ、中世の〝声〟にたいする微妙な感覚に想いを馳せさせずにはおかない。
念仏の声を伝えたのは、慈覚大師円仁であるという。彼が唐より将来した、叡山の、常行堂における不断念仏、並ぶ法華堂における法華懺法《せんぼう》は、暁懺法、夕例時と言い習わされるように天台宗の仏事作法の中心となった。だが、慈覚がもたらしたのは、単なる法儀ではなく、あらたな仏法の声そのものであった。『古事談』巻三に、「慈覚大師、音声不足令レ坐給之間、以二尺八一引声《ゐんぜい》ノ阿弥陀経ヲ令二吹伝一給」以下の説話は、その実相を伝承のうちにものがたる。それは、声明という仏法のなかに欠かせぬ位置を占める領域の一角の伝来でもある。

ふたたび守覚の『右記』をみれば、彼は、童体（稚児）が管絃音曲に携わり遊宴の逸興に身をゆだねるのは、僧となってからの声明の習学にもっとも大切なことである、という。中世の天台寺院でも、その事情は同様であろう。音楽と声――管絃と声明とは深く結びつき、重なり合っていた。

魚山大原別所を拠点とした天台声明は、中世に良忍を祖とする融通《ゆづう》念仏へと展開する念仏とならび、懺法をもう一方の重要な柱としていた。天台大師の法華三昧行法を拠《よりどころ》とした儀であるが、その基となるのは法華経の読誦の声にあった。「暁方になりにたりければ、法華三昧おこなふ堂の懺法の声、山おろしにつきて聞ゆる間、いと尊く、滝の音に響きあひたり」（『源氏物語』若紫）[8]という声の響きは、既に法華経自体がはらみ、くりかえし説くところでもあった。「演説経典、微妙《ミメウ》第一、其声清浄、出柔軟音《ニウナンヲン》、教諸菩薩、無数億万、梵音《ボンノン》深妙、令人楽聞」（序品）をはじめとし、とりわけ法師品において、この経を受持・読・誦・解説・書写の五種行を為した者の功徳のひとつとして得られる

図 2　平家納経法師品見返絵

平家が栄華の極みへと昇りつめる時期，清盛は一門と共に，彼の深く信仰した厳島神社に法華経および開結一部三十巻を書写供養した。善美を尽くして荘厳された各品の見返には，それぞれの経意が意匠をこらして描かれる。説話画的な絵とは別に，その品の説く法華経の功徳を象徴的な図像で示す例がある。法師品は，法華持経者の十種供養，すなわち華・香・瓔珞・抹香・塗香・焼香・絵蓋・幢幡・衣服・伎楽を荘厳具を以て示す。そのうち伎楽の音声が，磬と羯鼓と笛という楽器によって表象されるのである。

耳根《じこん》の功徳は、三千世界のあらゆる語言の音声《おんじよう》が悉く聞き知られる、として万《よろず》の声が列挙される。その壮観は、やがて平安朝の法華持経者たちが読誦する微妙にしてめでたき声の霊験につらなる。その声は、『宇治拾遺物語』および『古事談』の説話がものがたるように、道命阿闍梨が犯した不浄の読経すら道祖神を結縁にいざなうものであった。それはやがて声明の一流たる〝読経道〟として能読《のうどく》の僧たちの系譜を生じ、後白河院もその流れを稟《う》けて中興したと伝えられる。(9)

書写山を拠として法華読誦により六根清浄を得た聖《ヒジリ》が性空であるが、彼はまた読経道の祖でもあり、書写山は中世を通してその伝統をうけつぐ本拠地であった。この性空上人がわざと下山して聴いた神崎の遊君が遊宴乱舞《らっぷ》の座での乱拍子の今様は、眼《まなこ》を閉づれば、普賢菩薩が微妙の音声にて演《の》ぶる法文と聞こえた。『古事談』の、あざやかな印象を残すこの逸話が示唆するように、聖の法華読誦と遊女《あそび》の今様の法文歌とは、まさに〝声〟において繋がりあっていた。(10)

〽寂寞音《おと》せぬ山寺に　法華経誦して僧ゐたり
　普賢頭《かうべ》を撫でたまひ　釈迦は常に身をまもる

〽静かに音《おと》せぬ道場に　仏に花香《はなかう》たてまつり
　心を静めて暫らくも　読めばぞ仏は見えたまふ

〽法華は諸法にすぐれたり　人の音《おと》せぬ所にて
　読誦つもればおのづから　普賢薩埵は見えたまふ

『梁塵秘抄』法華経歌にうたわれるのは法師品の「寂寞無人声《ジヤクマクムニンジヨウ》」の心である。俗世の人の声が絶えた閑処に響く読誦の声によってこそ、〈聖なるもの〉は僧の許にあらわれるという。が、その人声は「人の音《おと》」と訓み（謡《うた》い）かえられて読誦の声と区別されている。そうであれば〝声〟は、そのものが〈聖なるもの〉であったのではなかろうか。

声明と今様のごとく、たがいに分かちがたい宗教と芸能のあいだに響きわたる〝声〟は、中世にあって、「声成《ス》二仏事《ヲ》一」（智顗『維摩経疏』）の文が、その存在証明として通用していた(11)。古く源為憲の『三宝絵』僧宝「勧学会」条には、彼もその一員であった勧学会の場において、法華と念仏の仏事の声と詩文を誦する声とが出会い、仏法と文学の調和をめざす理想をこの「声《こゑ》仏事をなす」の文をもってあらわしている。守覚もさきの『右記』にこの文を引いて（但し「音《コヱ》」と表記している）、衆生を三昧の境地に引き入れる方便と説く。それは、さらに芸能の道を極めた奥義に通じ、猿楽能の一曲の主題ともなる。

> 道を極め名を立てて、世上万徳の妙花を開くこと、この一曲の故ならずや。しからば妾《わらは》が身をも弔らひ、舞歌音楽の妙音の、声仏事をもなし給はば、などか妾も輪廻を逃がれ、帰性の善所に至らざらん。

曲舞の遊女百万の前にあらわれた山姥は、己れをたねとした歌一節《ふし》を所望して、かく口説く。世阿弥の能『山姥』は、その一節が語るように、聖俗を遊戯する〝声〟が全体に響いている。そうした〝声〟の響きは、中世文芸の至るところに鳴りわたっていた。

四　諸行無常の声

祇園精舎の鐘の声《こゑ》　諸行無常の響きあり――

『平家物語』冒頭の一句、それは何故、「鐘の声」であって「音」ではないのか。これに限らず、漢詩でも和歌でも常に鐘の声と言い習わされるのには、いかなる意味があるのだろうか。ここに興味ふかいのは、『和漢朗詠集和談鈔』歌注の「山寺の入相《いりあひ》の鐘のこゑごとに今日も暮ぬと聞ぞ悲しき」に付された注の所説である。

凡、推鐘は、三世諸仏入涅槃の偈を一音の内に唱る故に、其梵音を聞く者、自然に道果を得（中略）是則、音声無辺の理、音成ス二仏事ヲ一謂れなるをや（中略）夫、入相は諸行無常の心、初夜は是生滅法の義、後夜は生滅々已の皃《かたち》、晨朝は寂滅為楽なり。此中に、諸行無常の一句、発心の肝要なり。[12]

こうして鐘声の深意が説かれるうちに祇園精舎の鐘にも言及されるのだが、その響きとしての涅槃経の諸行無常偈とは、聴く人の発心を催す梵音、すなわち声明であるというのである。『平家物語』の大尾、灌頂巻における大原御幸の終りを告げるのは、「寂光院の鐘のこゑ」と、やはり鐘の声であり、しかもそれは入相の鐘であって『和談鈔』にしたがえば諸行無常の心である。[13] 首尾に響き交わす鐘の声は、琵琶の音色とあいまって、おそらく物語全体に通奏底音のごとく響きわたるものではなかったか。それが声明の本山である大原を大団円の舞台とすることも、偶然とはいえないものがある。

諸行無常偈のごとき偈頌《げしよう》、梵語には伽陀《かだ》というが、それは誦唱され、ひいてはうるわしい声で歌詠せられる文であった。それは、声明のなかでもっともはなやかなものである。行遍僧正の『参語集』巻二によれば、守覚は、その伽陀の節《ふし》を自ら制作し、妙音院師長《もろなが》の死後、その弟子であった孝道にそれを見せ、「故妙音院殿の声」を仕るべき由を仰せつけ、孝道は「既に（妙音院の声と）違ひ候はず」と感嘆した。御室では、それから伽陀は守覚の節を用いるようになった、という。この逸話からは、守覚が伽陀に託して声明のあるべき曲節を後代に典型として留めようとする意図が窺われるが、なお、孝道を媒ちとして妙音院の〝声〟によりその正しさを証《あか》そうとしたことが注目される。

妙音院師長は、中古の音楽の諸流を一身に統《す》べた、偉大な音楽家であった。以降、中世の音楽はすべて彼の許から発したといってよい[14]。そして、彼もまた『続古事談』によれば、白拍子の舞歌に「亡国の音」を聞いた人物であったという。『参語集』ではさらに、妙音院が初めて博士《はかせ》を付した譜によって声明の譜をしるしたという。それは彼の専ら携わるところの琵琶の譜であった。孝道からその子孝時へと伝えられた琵琶の西流の道の伝流が隆円によって対話様式にてしるされた『文机談《ぶんきだん》』巻三[15]には、師長について、「諸道の奥をあまねく探り広く求めさせ給。絃管のたぐひは申にをよばず。打《うち》物、音曲、催馬楽、風俗、朗詠、雑芸、声明などまでも、流々《ながれ》家々の説を尽し求めさせ給」という。師長が習いとどめ、記譜化したのは、声明ばかりでなく、当時盛んにうたわれていた種々《くさぐさ》の声わざに及ぶ。同じく『文机談』巻三に、朗詠の起りから源・藤二流の相承を述べ、妙音院が両家の説を継承して「箏・琵琶の御譜に二説ともにつくりのせて、拍子をさし定めてをかる」という。そこに言及されているのは朗詠(小柳)や催馬楽(沙羅林も)ばかりであるが、文中に『梁塵秘抄』の事がみえるからには、雑芸—今様の歌々にもその試みはなされたかも知れない。

そうした営為は、後白河院が「声わざの悲しき事は、我身かくれぬる後、とどまる事のなき也」とその『口伝集』巻十に嘆じたように、変転きわまりなく、まさに諸行無常の響きである〝声〟を、いかにして永遠ならしめるかという、果てしなく困難な課題に挑む情熱である。そのような情熱は何処に由来するのか。中世に、〝声〟がいかに人々の魂を揺さぶるものであったか、世界は、その〝声〟によって生成するものであったことに、想いをめぐらしてみるべきだろう。

五　あ　声

〝声〟は、中世の諸領域にまたがって立ちはたらき、それらを生気づけるものであった。たとえば朗詠は、さきの『文机談』によると、「朗詠の曲は、起り儒家より出づべし。その故は、博士、詩を講ずる時のせう(誦)のこゑといふより事起れり」と、詩の披講の際の声に由来するものであったという。その声は、また和歌の同様に詠ぜられる場にもあらわれる。慈円は、『拾玉集』に収められる散佚百首和歌序文において、和歌論を展開した末に「事の次で」として、かつて歌会の座において、披講の後、連なった人々が名残を惜しみ、古今序の一節を朗詠としてうたう習いがあったという。

朗詠に、こゑ〳〵合せつつ、二三度ばかりして其座を立つが、目出度き事にて侍るなり。

和漢の文芸の営みを繋ぐものは、やはり〝声〟のはたらきであり[16]、それはまた、一座建立の場の成就を告げるものでもあった。さらに『文机談』をみれば、巻四に対話者の尼が追憶するうち、御遊に際し拍子を打つにつけて唱歌ありたき例として、徳大寺公継が参勤した折、そこに催馬楽の「あなたふと」を打ちいだした瞬間の身の毛もよだつような感動を、

聴聞の貴賤、堂上堂下みなをなじく「あごゑ」をいだして身をしぼり侍き。

と語る。それは、記録にしばしば見える殿上淵酔の推参などの宮廷の遊宴においてその芸能の興が最高潮に達した時に出される「阿音」のことであろうか。その座に連なる人々が、声わざのめでたきに感きわまって自ずと一同に発する嘆声、それもまた「こゑ」なのである。

またそれは、新たな王が世にあらわれる時に出《いだ》される声でもあった。『平家物語』巻三、安徳天皇御産の瞬間の情景は〝声〟によって象られる。「御産平安、皇子御誕生候ぞや」と高らかに告げれば、「法皇を始め参せて、関白以下の大臣、公卿殿上人、各《おのおの》の助修、数輩の御験者、陰陽頭、典薬頭、惣て堂上堂下、一同に『あ』と悦あへる声は、門外までどよみて、暫《しばし》は静りやらざりけり」という。「あごゑ」はたしかに、ひとつの世界の誕生を言祝ぐ声であった。

真言密教には、𑖀《ア》字を一切諸法の根源として、阿字本不生の深義を論ずる。その阿字を唱える時は一切諸行無常の声を出《いだ》す（『方広大荘厳経』）と言い、弘法大師は、阿字は本初の声であり、諸法の空無の相である（『吽字義』）と説く。この「阿声」とは、最初に口を開いて出《いず》る音であって、阿声を離

れて一切の言説無く、故に「衆声の母」である（『大日経疏』）と言うのである。むろん、そうした観念が人々の口から「あごゑ」を洩らさせたわけではない。しかし、中世の晴《ハレ》の場を成就する声についてなされるさような説ほど、〝声〟がいかに世界を深くつらぬく響きであったかを示唆するものはない。

第一章

声の芸能史

一　〈聖なるもの〉の声を聴く

東大寺二月堂礼堂《らいどう》の薄明のなかに佇んで息をひそめていると、正面の内陣戸口に掛けられた帳《とばり》に、常燈の焔にゆらめく影法師が所作の仕草を誇張して、大きく怪しく映しだされる。その紗幕にさえぎられ、格子により隔てられることによって、その裡《うち》に行われる修法はかえって参籠する者にとって鮮烈に心象に焼き付けられる。光と影の交錯は、この東大寺修二会(1)という儀礼をダイナミックな祭りとして照らし出す。大松明の火炎は猛々しく人を昂奮させ、燈明のほのかなきらめきは内陣を飾る荘厳をあでやかに浮かびあがらせる。精緻に組みあげられた行法の次第が、練行衆《れんぎょうしゅう》をはじめとしてそれを支える堂童子《どうどうじ》・承仕《しょうし》らに至る一人ひとりに定められた勤めによって継起して立ちあらわれ、そこに軌則を逸脱したかとみえるわずかな戯れに至るまでが響きあう。ここはまさしく一箇の劇場であ

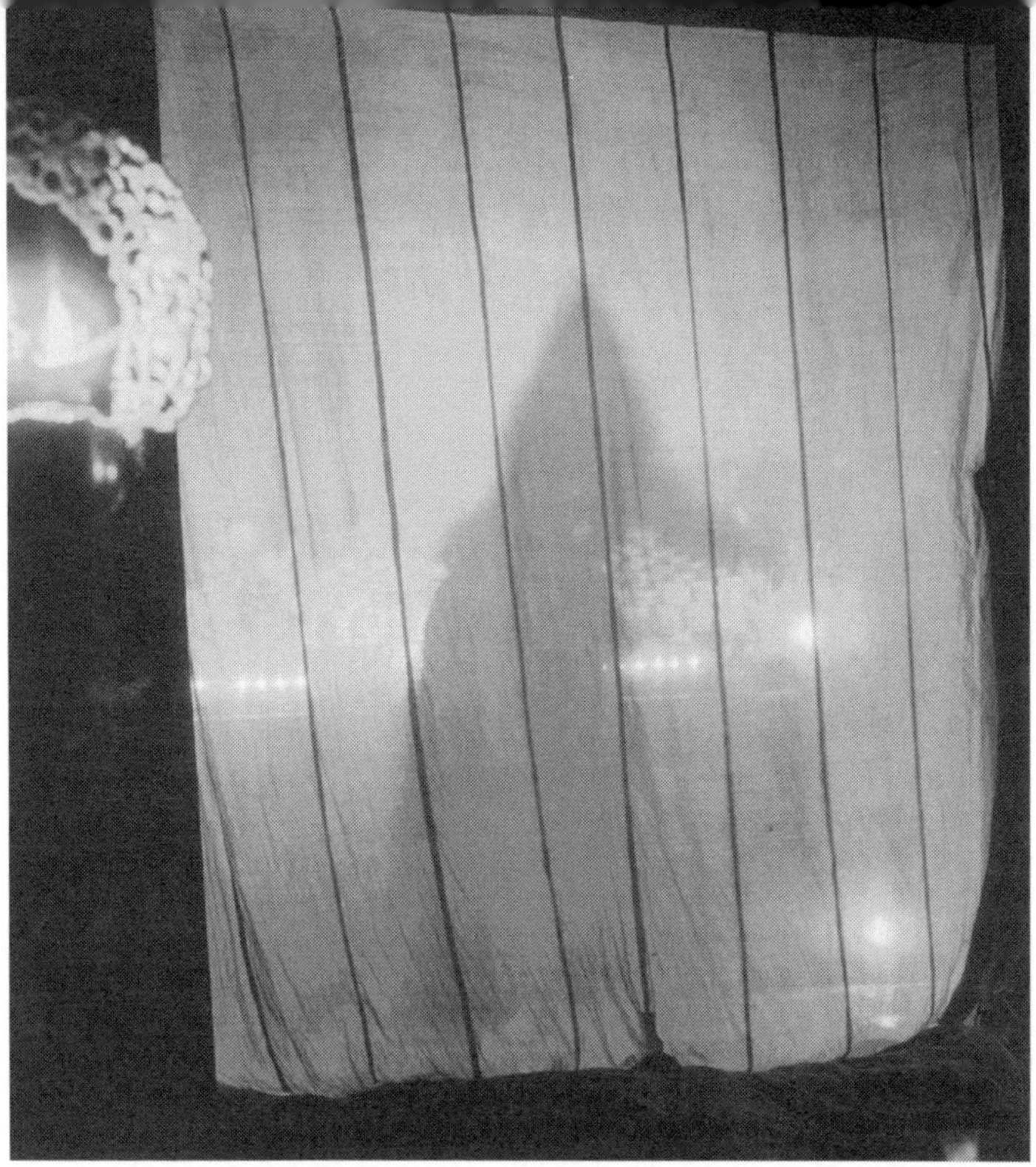

図 3　二月堂内陣正面戸帳

二月堂の構造は，寛文炎上後の再建ながら，よく古代の空間を伝えるもの。根本堂というべき三間二面の内陣が練行衆の悔過作法を行う場で，四周をめぐる石畳を隔てて取り巻くように局《つぼね》が三方を囲んで外陣をなす。正面は広い礼堂《らいどう》が付き，その三方にも局が付く。礼堂の床と内陣正面の扉口とは通路が架け渡されて短いながら橋掛りの態《てい》をなし，参籠して礼堂正面の局から望めば，それが一箇の劇場空間を形成していることが感じとれよう。行法の間，扉口には紗幕が下ろされて視線をさえぎるが，隔てられることにより却《かえ》って神秘のイメージは豊かにうみだされ，そこから響く音声に心耳が澄まされる。

り、ひとつの世界が象られる、人々によって生命を吹き込まれる〈聖なるもの〉の曼荼羅であった。
礼堂や局《つぼね》に集う参籠の人々は、しかし演劇を見物するようにこれを〝観る〟のではない。それはあくまでも〝聴聞〟であった。暗がりの中に耳を傾けていると、実にさまざまな音声《おんじょう》が聴こえてくる。彼方の練行衆の所作は入堂以来、沓《くつ》の音によってそれと知られ、それがつくりだす緩急の拍節に乗って行《おこな》いが動いていく。礼堂の床を震わせ舞台の下はるかに響く五体投地《ごたいとうち》の音は、ほとんど聴く者の痛みとなってこれが罪障懺悔の行いであることを思い知らせる。衆僧が互いに呼び交《かわ》す声すら定まった曲節を与えられて進退を規定する。この内部では日常の言語（雑談《ザウタン》）は夾雑物以外の何物でもない。

声明こそ、この〈聖なるもの〉の時空をつくりいだす真の主役である。練行衆によって絶えず誦唱される陀羅尼や経文から、散華の偈頌や呪願文《しゅがんもん》の音読、表白や諷誦文の訓読、そして教化などの和語に至るまでの多彩な文体が、宝号《ほうごう》と呼ばれる仏名称呼の修懺を中心として交互に聴こえてくる。それらの声々は、あるときは和声をかもし出し、あるときは追いかけ合い、重層的な音の塊りとして聴く者を圧倒する。その声は、鈴・錫杖・法螺などの法具の響きによって分節され彩られる。ここに用いられる多様なテクストに応じて、これを唱える僧の役目も、また声の質も変えられる。仏菩薩の名（宝号）と神の名（神名帳）と人の名（過去帳）が、それぞれ独特な音律と拍子によって唱え読まれて、高声な「南無観《ナムカン》（世音菩薩）」から御霊《ごりょう》や青衣女人《しょうえのにょにん》のごとく不気味に低くけうとい異界の声までのヴァリエーションにおいて、聖俗の位階《ヒエラルヒー》が象られている。それら声の響きのすべてが、梵漢和の多声《ポリフォニック》的な言語表現の体系が織りなす意味を発動させる。その唱和のちからにおいてこそ、御帳の蔭に隠され、また小厨子に納められて動座する秘仏の観音という〈聖なるもの〉の本誓は実現されるのではあるまいか。そのとき、聴聞者もまたその構造の欠くべからざる一部であるはずである。

仏に対して礼拝し祈禱し、向かい合って申し上げる言葉の、豊饒にして多様な水準が、二月堂修二会の場に聴聞者の一人として連なっていると、つぶさに聴きとられる。しかるに、それらはいかに多彩ではあっても、すべてが人から仏への一方に向かって繰りだされる、単一な位相の次元の上に配列されている言葉である。練行衆は、国家や王から我等一介の聴衆に至るすべての人の心願を代弁して仏に伝えるという、一元的な閉ざされた回路を独占的に支配する専門集団といえよう。かれらは、この法会の行法のなかで我々に向かっては一言も言葉をかけることはない。それは、きわめて古層の〈聖なることば〉を扱う技術者――苦行という代受苦を背負うことで得るダイナミックな声わざの権能を揮う結衆――としての僧侶の存在を今に変わらず伝承しているのである。後世の、仏事法会において講式や願文・表白を演唱する導師――声明師の位相も、基本的にこれと等しい。

一方、仏の側から人に向き合って語りかける言葉も、たしかに存在した。経を講じ、経を説いて仏の教えを示す僧のつとめは、進んで衆生に法の意義を説き聞かせる説法となった。かれは人々の代弁者として高座に着き、威儀を正し次第を逐って啓白《けいびやく》をはじめる。はじめ、そのつとめは前述の導師と等しい。だが、その一段が了った後、かれは翻《ひるがえ》って聴聞衆に向き合い、本尊を背後に仏の代弁者として法を説きはじめるのである。その言葉は、いくつもの段に分かたれ、譬喩と因縁を交じえ、和漢の故事や先蹤をふまえ、古人の名句や詩歌を引き、総じて豊かな修辞によって織り上げられていた。

それは、経の本文を拠《よりどころ》としながらも、全体は表情ゆたかに説き語られ、朗々と響きわたる音声によって演変された。しかもそれは、決して固定した台本《テクスト》に従って訓まれるだけではなく、施主と聴衆という受け手の存在を絶えず意識して、当座の状況に応じて機知あふれる語り替えや名句の創出、和歌が詠い出されることなどによって、はじめてその一座の成就することが予期される〝場〟なのだった。唱導説法や講経談義などと称される領域がそれである(2)。

〈聖なるもの〉と人との間を繋ぐ言葉の位相は、仏法の枠組の上では、いかほど多様であっても、僧という仲介者を介して、上述のような双つの方向をもつ、ひとつの〝場〟の許におおよそ顕れているようである。

二　神と仏の声

神と人との間を交信する言葉は、これに対して、そうした整然とした体系に収まり切らない、一種渾沌としたすがたを呈している。たしかに、仏法の領域のそれと同じく、人が神を礼拝して申し上げる言葉——祝詞《のりと》・告文《こうもん》・祭文《さいもん》——の方向と、逆に神から人へ下されるものとの双方が同軸上にわたってあるようにみえる。ただし、人から神へのそれは貴人に対するように恭々《うや》しく形式的な辞《ことば》であるのに比して、神から人へもたらされるものは、さような秩序ある言辞の枠組をもたない。

「神は自ら言はず、人、代はりて之を言ふ」(『宮寺縁事抄』「八幡御託宣記」)とあるように、神の言葉は人の口に託して示された。巫覡の託《い》うことを「クルヒテ」（『日本霊異記』真福寺本訓釈）と訓むように、ある時、人に何か訳の分からぬモノが憑き降りて、病悩を生じ体をふるわせる。その最中に吐かれるのは、ほとんど何という言葉とも分かちがたい、意味の判然せぬ音節の塊りであるかのようだ。かれ独りであればその音声はただ中空に霧消するのみ。しかしそれを掬《すく》いとって分節し意味を与え記し止める聴き手——伝え手——書き手が必ず巫者の傍にいた。かれは憑かれた者を祈り、それに問いかけ、さらなる言葉を引きだして、そこに籠められたメッセージを解いて世間へ送りだした。詞の主はそこで何者であるかを明らかにし、霊か神としての正体を顕らかにしたのである。託宣とはかような〝聴き伝える（＝記す）〟媒介の構造を必ず備えていたと思われる。[3]

託宣の詞は、ただ漠然とした未分化な言説、もしくは散漫なバベル的混乱であった訳ではない。照日の巫女が梓弓を鳴らしながら、「天清浄地清浄　内外清浄六根清浄　〽寄り人は　今ぞ寄り来る長浜の　芦毛の駒に　手綱《たづな》揺り掛け」（能『葵上』）と詠ずるように、憑依をいざなう神勧請の段《くだ》りでも、定まった型をもつ詞と神歌《かみうた》が鳴絃の響きに拍《はや》されて唱えうたわれた。神楽歌がそうした古代の祭儀の名残りであるように、中世の巫祝たちの神あそびや神降しに際して「かみこゑ」（『蜻蛉日記』）によってうたわれる神歌は、いくつかの典型として伝承されており、それは中世の初め、後白河院による勅撰今様歌集『梁塵秘抄』のなかに収められた。

〽神ならば　ゆらゝさらゝと降りたまへ　いかなる神か　物恥はする

〽此の巫女は　様かる巫女よ　汗衫《かざみ》に後《しり》をだにかゝいで　忌々しう憑きうたる　これを見たまへ

降託の情景、その過程も『秘抄』の歌謡のうちにかたどられる。巫《かんなぎ》たちの神事にうたわれた神歌は、そのなかの二句神歌にその息吹をとどめている。それらは、神から人、人から神への詞の応酬のうちに神が顕れてくる有様を如実に伝えると共に、そのいずれにも属さぬ聴き手の眼から視られた神と人のあわいを翔びかける巫《きね》たちの戯れの一瞬を、見事に捉えている。

それと並んで『梁塵秘抄』のもうひとつの中心である四句神歌は、主として仏事の際の漢讃を訓み詠じたもの——礼讃の偈頌《げしょう》すなわち伽陀《かだ》や古和讃より由来し、経の品々の意を説き三宝を称嘆する法文歌と言われる。神歌と法文歌は、中世をかたちづくる神祇と仏法のふたつの領域が、巫者やひいては遊女らの営む和漢の言語世界を兼ねた声わざの「あそび」において並立しつつ統一されたものであることを示している。むしろ仏法の成就すら、その声の裡になされた。それをあざやかに象徴するのは、この、仏と神にそれぞれ訴えかける合わせ鏡のような二首である。

〽仏も昔は凡夫《ぼんぷ》なり　我等も終《つい》には仏なり
何《いずれ》も仏性具《ぐ》せる身を　隔つるのみこそ悲しけれ　（四句法文歌）

〽ちはやふる神　神にましますものならば　あはれと思しめせ　神も昔は人ぞかし　（二句神歌）

仏神と人との神秘な交信は、言葉の表層を読むばかりでは把えがたい微妙なかそけき声として、明暗のあえかに交わるところの像《かたち》として、〈聖なるもの〉の時空をつくりだしていた。

〽仏は常にいませども　現ならぬぞあはれなる
人の音《おと》せぬ暁に　ほのかに夢に見え給ふ

暁の闇に幻のようにうかびあがる仏の面影は、無常の人の世のはかなき哀傷恋慕の「あはれ」を一層痛切にきわだたせる。そうした夢想や霊告は、託宣とも分かちがたい〈聖なるもの〉との通い路である。「人の音《こゑ》」がはたと絶えた一瞬に訪れる顕現《エピファニー》とは、反語的に神より語りかける声というものの本質を示唆している。それは職能化した巫者《シャーマン》の詞ならずとも、希求する誰人にもいつしか訪れる仏神の徴《しるし》なのだった。

その仏神のはざまで交信する場の中心に位置していたのは、たとえばすでに俗権の砦と化した寺院を遁《のが》れ、衆中の交わりを絶って山林に求道修行する聖《ヒジリ》たちである。

「夢記」によって仏との交信の稀有な魂の記録を生涯にわたって書き綴った明恵上人高弁は、まさに仏を夢見るばかりでなくて、それら〈聖なるもの〉のさまざまな声に耳を傾けた人であった。彼は、若年よりの釈尊追慕の思いやみがたく、ついに渡天竺を決意してわずかな同行と共にその準備を始める。そのとき、かつてしばしば霊病に侵されて上人がその邪気を癒したことのある伯父の妻女に春日大明神が降託し、明恵の渡天を制止した。上人は彼の女と幾度も問答して、降臨の主が大明神なることを証《あか》すため法文を問いかけ、経を示し理《ことわり》を説く言に感嘆し、我土に留まって利益を垂れよとの懇情の詞に悲涙を拭う。そして彼はついに渡天の企てを思いとどまった。そのいきさつは『明恵上人現神伝記』に詳しく記録され、またそれにもとづいた『春日権現験記』に描写されている。それは、仏の坐《ま》します遺蹟《ゆいせき》より霊山《りょうぜん》浄土はかえって此土に在りと頓悟回心する転機であり、また邦土《くに》の救済を志す聖者としての明恵の存在を汎《ひろ》く世に示す、垂迹の神よりの祝福でもあった。

春日の神と明恵が巫女の歌舞や託宣というしわざを通しても交わりの深かったことは、『明恵上人伝記』中の伝承化されたいくつかの説話にもうかがわれる。しかし、とりわけ印象ふかいのは、古い『明恵上人行状』（漢文行状）中巻にみえる一挿話である。(4) ある日、彼は洛中に出て美福門の前に座した一人の盲女の傍を通りすぎる。彼女は鼓を打ちながら次のような詞を歌っていた。

南天竺ニ当テ、一ノ小国有リ……

彼はその詞の了《おわ》りを聴かず、はるかに過ぎ去ってから、ふと思い到って、かの盲女を供養しよう、と同行に告げた。かような女までも仏の遺蹟に満ちた南天竺の地をうたう、深き法《のり》の理《ことわり》を知らずといえど仏法流布の斯地《この》に生を享けて貴き名字をいだし遺蹟をうたうことよ、貴むべし、と。彼が引き返して恭敬供養し、耳を傾けたであろう盲女——おそらくは瞽女《ごぜ》とおぼしいかの女が歌ったのは、「仏も昔は凡夫なり」というさきの今様歌のごとき、仏のかつて人間（凡夫）たりし時のものがたり、すなわち本地物語の歌いだしの一節であろう。

横恋慕した継母の讒言によって眼を抉《えぐ》られ追放されて、盲目となり琴を弾じて歌いつつ諸国を流浪するという倶那羅《クナラ》太子の本生譚《ジャータカ》などは、おそらく仏典となる遙か以前より盲目の芸能民に伝誦されてきた物語であったろう。その受難と再生のオデッセイを吟遊する歌声は、はるか粟散辺土《ぞくさんへんど》の東の果ての小国にも、瞽女の鼓や盲僧の琵琶の響きに乗って流布していたはずである。

あるいは、巫覡に憑いた神霊が、己が身の神となるを得た因縁として往事をものがたる。そこでの罪業とその報いとしての苦患を告げて、仏法による救済を求める。僧たちはこれに応えて三宝を供養

図4　天狗草紙　東寺巻

『七天狗絵』と題され，永仁四年（1296）に，東山霊山の寂仙上人により，当時の仏教界が僧侶の慢心により堕落し破滅に瀕している状況を諷刺し，特に禅と念仏への批判を目論《もくろ》んで制作された絵巻である。近年，金沢文庫から称名寺釼阿による詞書写本が出現し，その成立を隔てずしての関東への流布が明らかとなった。前半は南都北嶺の四箇大寺と東密の大寺で構成されるが，その寺社の光景中にも天狗が出没している。但し，東寺巻のみは天狗が見えず，代わりに描かれるのは醍醐桜絵《さくらえ》の童舞と，この東寺南大門で鼓打つ瞽女《ごぜ》の芸能の姿であった。車借や馬借と思しい男たちの聴き入っている物語は何であったろう。

し廻向する。その果てに再び巫は口を開き、吾は神身を解脱して仏果を得たり、と喜びを告げる。この過程は、あるいは事件として正史にも載せられて古代より幾度となく繰りかえされた。仏法に領導された神の変身である。苦悩する神は、この示現すなわち託宣を通じて仏菩薩の本地を顕し転生する。その苦悩とは修行としての苦難であり、神が嘗める苦患とはその得脱すべき定めを言触れするものであった。巫の口を通してものがたられるその苦難は、かれが神に化す以前の先世の人身において閲したものであった。「神も昔は人ぞかし」と訴えかけるような、誰にもひとしく人の世の「あはれ」を思いしらせる物語が、いつしか経典の本生譚の枠を超え、因果説の法を逸脱した物語の主役となっていくのであった。

中世はやく、八幡・春日・日吉といった中央の大社でなく、熊野をはじめとして厳島・諏訪や二所（伊豆・筥根）・三嶋のごとき周縁の地に坐します神々の許に、こうした本地の物語がいつしか語りだされた。これらはいずれも、古代末期から修験者的な僧たちが巫覡をしたがえて神を仏として祀りあらわした、むしろ寺院を中心とした霊地であった。「熊野へ参らむと思へども、徒歩《かち》より参れば道遠し、すぐれて山きびし、馬にて参れば苦行ならず、空より参らむ、羽たべ若王子《にゃくわうじ》」と遊女たちにうたわれた熊野詣のごとく、霊地への参詣巡礼の一大運動が中世の到来をいざなったといえよう。その旅の途上の王子社ごとに巫女や祝《はふり》たちが群れ居て、行者や巡礼者への祓い清めとともに芸能を演じていた。そのなかで神の物語は変容と成長を遂げていったことだろう。大江匡房が『遊女記』や『傀儡子記』に活写したたぐいの、海道を往還する遊女もしくは歩き巫女たちが歌う声わざの営みに連なって、こうした物語が口誦されるようになったのは、いつかは知らず、いと古きことであったろう。

三　冥の声

東海道を宿駅ごとにかの女らの声に送り迎えられながらさすらい往けば、もはや都を言問《こと と》うべくもないみちのくの辺境へ至る広大な野面《のずら》がひろがる。この東国こそ、美しき声と哀しき物語をくりかえし生み続けた地であった。はるかな昔、王より追いやられた皇子が戦士として孤独な征旅の日々を重ね、最愛の女を水神に捧げなくてはならなかった歌物語の舞台である。『神道集』は、こうした豊饒な伝承を育んだ世界に語られた神々の物語を、安居院《あぐい》という天台の唱導家を名のる人々聚めて編んだ〝中世神話〟の一大集成である。(5)これが成立したであろう東国圏はまた、同様な文体と共通した修辞を有する平家物語四部合戦状本と真名《まな》本『曾我物語』が著されたところでもあった。四部合戦状の裏書(注釈)として作られた『平家打聞《うちぎき》』の一本には元亨三、四年(一三二三、二四)の注記が見えることから、それらの原型はすでに鎌倉末期には形成されていたと推察される。(6)

それらの形成される中心は、曾我物語の舞台ともなった伊豆・筥根の霊地である。僧形の父神の許で俗体の男神と女神により構成される三所権現を祀る筥根山と、俗体の男神と女神の二所権現を祀る伊豆山は、東国における顕密教団の重要な拠点であった。そこはまた、鎌倉幕府という中世のあたらしい権門が東国に誕生するための宗教的母胎でもあった。『吾妻鏡』が年代記として伝える、東国の王権神話ともいうべき源家の将軍頼朝と東国武士団との葛藤に満ちた相克は、曾我兄弟の凄絶な闘諍と非業の死を遂げて御霊と祀られる物語のうえに形象されたのである。兄弟の亡魂を弔うための鎮魂の語りは、仏法の枠組と追善仏事の唱導説法の修辞が担って組織化され、宗教的救済をはかる構図がその上を覆っている。(7)

曾我の語りも、古くから『七十一番職人歌合』にみるような瞽女のなりわいであったと思われる。そうしてかの女たちの物語次元における代弁者的視点は、古く『吾妻鏡』にみえ、真名本『曾我物語』に登場する大磯の遊女虎御前の姿に象られている。彼女は兄弟の追善仏事を筥根山の僧に依頼して馬一疋を施物とし「和字(仮名)諷誦文」を奉った(『吾妻鏡』)のち、出家して比丘尼となり、善光寺をはじめ熊野・天王寺・当麻・法華寺など西国の霊場を巡礼して再び故郷へ戻り、往生を遂げたという。廻国修行する虎御前の姿は、海道上に歌と物語を伝える遊君の典型化であるとともに、その芸能がさながら仏神の祭祀の営みに連なる巫女の伝統の上に与えられた中世的形象であろう。瞽女であれ念仏比丘尼であれ、かの女たちの姿よそおいは時世粧をまとえども、その営みの本質は神と人の媒ちとなる歌と物語であり、人界の苦難と執愛恋慕の哀傷を嘆ずる詠声《うたごえ》を担うことであった。

古く、平将門の死霊が亡魂の消息という形をとって冥途に堕せる苦しみを語り伝えたという『将門記』の末尾に付加された冥界消息が金光明経による救済を唱導するように、恨みを呑み横死したその魂魄は中有《ちゆう》に漂い、生者に何事かを告げようとする。その声が『曾我物語』を生み出し、また鼓の音《こえ》に乗せて語り続けさせたのであろう。中世に、それは曾我だけのものではなかった。室町初期、能

『小林』では、『明徳記』にもとづいて、この乱の最中で華々しくも無念の討死を遂げた武士小林の幽霊が、石清水八幡宮門前にいる瞽女の謡いに憑《よ》って舞台によびだされ、合戦の有様を詳しく語った後、梓巫女の勧請に憑って修羅の姿を現ずるのである。(8)

亡魂の黄泉よりの出現を語りによって将来するのは、冥の声を聴くことのできる者に許された特権的技能である。その主たる担い手であった盲《めしい》たる者――現し世の生者の世界の光を視ることの叶わぬ者こそがかえって死者の世界を含めた彼方の異界に通い、その声を聴きとるすべを持ちうるという普遍な観念が、かつて我々の社会にもあった。その意味で、盲僧や瞽女たちの語る言葉は、盲巫女《イタコ》の口寄せと基本的には等しい位相にあるといえよう。ただし、その言葉の水準ははるかに高度かつ多様であり、単純に一人称の語りに還元できない多声的な視点と枠組をもつ、一定の様式によって支えられたテクストをものがたる。第四章で述べるところだが、はじめて梓に寄せて死者の声を聴く(語る)方法を巫女に教えたのが叡山の高名な学僧であったと伝えられる(『耀天記』「山王事」)ように、冥の声の様式を含め、そのテクストとしての形態と語りの様式を与えたのは仏教なのであった。

合戦のものがたり――軍記が盲者によって語られる背後には、修羅道に堕ちた死者に限らぬ無数の怨霊すなわち御霊への鎮魂という、この世を保つための欠くべからざる定めがあった。古代末期より、権力闘争の敗者あるいは王権から排除されたスケープ・ゴートたちは、それが非業の死を遂げた貴人であればなおのこと、無念と瞋りにみちたその亡魂は、荒ぶる御霊となって、この世に怪異と災害を引きおこす。そこに聴こえるのは人民の呻吟であり、脅かされるのは権力にほかならぬ。その祟りの張本を判じ、その瞋恚を宥《なだ》め怨害を除くため、神と祀りあらわし、祭りによって意を迎えようとはかった。貞観五年（八六三）の神泉苑における御霊会は、その祭祀の、王権が主催し正史に載せられた最初にして最後の例である。これらの祭祀の過程にあっても、霊はまず巫覡の口に託してあらわれ、その痛ましい叫びが民衆の悲哀と畏れを喚びおこし、世を撃つものとなっていったことだろう。

御霊祭祀の頂点に至って出現したのが天満天神——菅原道真の御霊である。彼が天に訴えた無実の叫びは朝野をつらぬき、災異を次々とひきおこして王と権門を震駭させるが、その声は比良宮の禰宜良種の幼童太郎丸に憑いて託宣となり、また北野に天神の神祠を営む巫女文子《あやこ》に霊告として響いた。それらは天台僧満日や最鎮らの手によって託宣記として広まり、一天を覆う災厄を克服するには法華一乗の法をはじめとする仏法の力に拠る他はないと主張する勧進唱導に至る。そうした仏教側からの運動の一環に、真言側の修験者日蔵（道賢）による冥界遍歴譚もあった。彼は大峯の笙の岩屋に籠って修行するうち、頓死して執金剛神にいざなわれ蔵王菩薩の金峯浄土へ赴く。そこで大政威徳天と化した菅公に遇い、その王宮で問答し世の災いの原因を示されたのち、再び蔵王菩薩に導かれ閻魔王宮に至り、地獄に苦しむ延喜帝自らの口からその受苦を除くための仏法興行の手立てを聴くのである。この『道賢上人冥途蘇生記』は、やがてさきの託宣記とひとつに結びつけられて、中世初頭、『北野天神縁起』というテクストとして成立した。そこにあらわれる、僧みずからがシャーマンとして冥顕の境を往還し、そのありさまを語る〝冥途蘇生記〟は、古代から中世にかけての仏教が発信し続けた畏怖すべき冥の声の記録であった。すでに早く『霊異記』の智光蘇生譚がそうであり、東国に成立した『僧明達蘇生記』には確かに将門らの声が聴こえている。あるいは清澄寺の尊恵は、閻魔王宮に請ぜられて偈頌を以て平清盛が慈恵僧正の再誕なることを示される（『平家物語』[9]）。僧は、自ら冥界に赴いて怖るべき業報の相を目撃し、閻王や冥官らの呵責と裁きの声、そして罪人たる亡者の苦患の声を現世に携える。それをテクスト化したのは彼らの勧進の方便であったからであろうが、それは天神縁起にみるように、巫覡の託宣の声と連動し絶えざる交渉をもって形成されきたったのである。

仏法の功力によって怨霊を鎮めようとはかり、また琵琶法師に物語を語らせたと伝えられる天台座主慈円が、その著『愚管抄』に「以後ノコトハミナ乱世」と捉えた保元の乱このかたは、まさに怨霊の声が世に満ちた。後白河院がその王権確立の為に謀叛に追いやり流し棄てた崇徳院の御影堂を造り、その御霊を祀る神祠が営まれたのも、背後のその声に衝き動かされたからであろう。院の崩後にいたっては、院自身の霊が院に仕えた兼仲や仲国の妻たちに憑いて託宣があり、神として祀られ霊廟を造立されんと欲した[10]。その企てを批判した慈円は、その憑物はただ野干《やかん》天狗などの類であり、そのありさまを聞いてみれば「故院ハ下﨟近ク候テ、世ノ中ノ狂ヒ者ト申テ、ミコ・カウナギ・舞・猿楽ノトモガラ、又、アカ金ザイク何カト申候トモガラノ、コレヲトリナシマイラセ候ハンズルヤウ、見ルコ、チコソシ候へ」（『愚管抄』）と評した。それは誑惑の偽託であるとの裁定が下って葬り去られた「クルヒ」の声であったが、それが院の愛した雑芸者や道々の輩と同調し互いに呼応していたというところに、その声が共有していた世界の質がいかなるものであったかが推察されるだろう。

四　児の若音

太子聖霊の祀りは、畏るべき御霊の瞋りにみちた貌とは対極にあって、森厳にして生けるがごとき壮年の貴人の容《かたち》として、また、柔和な幼童神ながらなお威厳をたたえる像の登場を介して、中世に成立した(11)。

法隆寺聖霊院において、二月二十一日（現在は三月二十一日）、聖霊会《しょうりょうえ》の逮夜《たいや》に管弦とともに演《の》べられるのは、導師によって読まれる太子講式であり、色衆の合唱により詠ぜられるのは太子和讃である。日没と共に始まる仏事は、燈《ともしび》に照らされて御簾の向こうにほのかにうかびあがる。道場には須《しゅ》弥山《みせん》をかたどった一対の造り物の風流をこらした荘厳《しょうごん》や数多《あまた》並べられる仏供《ぶつく》の華やかさが彩りをそえる。講式はもはや限られた範囲の僧のあいだに聴こえるばかりだが、ただ貞慶作と伝えられる九首の和讃のみは、鞨鼓の桴拍子《ばちびょうし》にのり、今様を偲ばせる調子に合わせ、半ばからは管弦（笙・和琴・琵琶）の合奏に飾られて、なだらかに曲節を繰りかえし謡われる。後には僧の声が止《や》み、聴衆が付けてこれに和し、最後にはともに和して高声に合唱するに至るのである。聖霊を讃えまつる僧俗の声による交流が、ここに果たされている。すでに夜は全く闇のとばりを下している。

かような祭儀が行われ、テクストの誦唱がかたどる、聖徳太子の聖霊を祀る霊地としての法隆寺は、中世に至って、基調をなす講式や和讃のみならず、あたらしい様式の詞と声とによって、再び描きだされた。当寺の五師、源春房重懐《じゅうかい》の作になる『法隆寺縁起白拍子《しらびょうし》』である。すべて七段、太子の創建になる寺の縁起から始まり、各院・堂塔の由緒や沿革を説き、ついで主な法会の来歴を叙べる。一篇は総じて当代に至るまでの法隆寺の歴史叙述となり、その語り―謡いの台本となっている。そのテクストは、古き真名縁起の本文を掲げ、その訓みと記録・口伝目録など霊場をかたちづくる伝承の言説を併せ、また『聖徳太子伝暦』などの太子伝や太子を聖化する各種の文句が随所に鏤められ、その上に雅語・歌語を交えた和文の修辞が加えられ連ねられて、それぞれの段は抒事に抒景を重ねた多面的な綴れ織りをなしている。さらに全体で中世法隆寺のパースペクティヴが時空を摂して見渡される仕掛けである。(12)

この縁起白拍子は、『嘉元記』によれば、康安二年(一三六二)三月、法隆寺の中花薗において、天満講談義の次でに「カズエ給了」とあり、重懐自身によって初めて演ぜられた。白拍子の詞は鼓の刻む拍子に合わせてうたわれるが、その独特な演誦の仕方を数《かぞ》えると呼んだ。このような長篇の、「仏神の本縁を歌ふ」(『徒然草』)ものにふさわしい様式であった。この披露には、重懐の結構として酒肴が振舞われ、白拍子の後は開口《かいこ》があった。それは、法会の後座の饗宴としての延年のような場であったといえよう。

『嘉元記』には、鎌倉末から南北朝期にかけての法隆寺とその周辺の様相が生なましく記される。とりわけ、仏事供養と出仕する僧俗のこと、郷や市の祭礼と巫覡による託宣や夢想そして神の勧請なども語られ、寺内の営作やさまざまな事件とその検断など、中世寺院がひとつの共同体として、また権力機構として活動するありさまを、如実にうつしだす。徳治三年（一三〇八）八月、別当実憲の拝堂（就任式）に際し、聖霊院前庭に催された延年では、若音児《わかおとのちご》二人と猿楽衆五人が演じ、翌日も「後朝ノモテナシ」と称して再び延年があり、寺僧による田楽と若音児・猿楽衆・供奉児七人（皆管弦者で鎧を着した）による風流が行われた。この後も、聖霊院においては「雨悦《あまよろこび》」と称してしばしば延年が催された。そのほか、惣社（龍田社）にも延年と風流《ふりゅう》があり、そこに田楽や猿楽の座も訪れて能を尽くしたのだった。一方、暦応二年（一三三九）の絵殿供養（東院絵殿の太子伝障子絵の修補完成による）に際しては、舎利講の後に太子講式が管弦講として行われ、式の読師と伽陀はみな律僧がつとめた。こうした式講を基調として延年の風流や猿楽能に至る、かような〈霊地〉の祝祭的環境のなかに、『法隆寺縁起白拍子』は誕生したのである。(13)

その掉尾を飾るのは、法隆寺における最も晴れの盛儀である聖霊会の叙述であった。そうして、この一段の最後、この大会《だいえ》の終幕に登場し、修辞を尽くし殆ど絵巻物をみるように祭儀の花形として讃えられるのは、会場の庭を華やかに彩る児たちであった。

――入調ニ成ぬれば、官職ノ僧綱以下、堂前ノ出仕を調へけり。礼堂左右の廻廊には、裏頭《かとう》其数をしらず。児童まへに烈《つらなら》れたる会場《えじよう》ぞゆゝしかりける。翠黛のみどりの眉、半バ袈裟にぞさしかくせる。紅粉の花の顔《かほば》せ、沈麝の匂ひも香ばしく、色々の絹のつま、寄ては薄き表衣、ほのかにすきて色深シ。幼童のゆいかしら、袈裟より出づる柳髪ハ、扇の風にやなびくらむ。白く並べる粧《よそほ》ヒ、六族ノ星にことならず。若輩ノ裏頭の衆、左右のこてをさしつゝ、各法衣の威儀をかいつ

図５　舞楽図

二面を一双として構成された障子絵の主題は，仏神事の芸能。その一方をなすのは，仏事法会の華であった児《ちご》の舞楽――童舞である。画面の左では狛鉾が，右上では楽人の奏楽により陵王が，花の下《もと》で舞われている。これを裹頭姿の大衆が取り巻いて扇をあおいで賞翫し，遂には熱狂した衆徒のうちから乱舞に及ぶ者までが現れた。そうした興余の芸能披露という面からは，これは延年図ともいえよう。北野天満宮所蔵の鎌倉初期に遡る優品であるが，北野社頭の芸能を描いたものかどうかは定かでない。

くろひ、下所司仕丁に命じて、雑人を払てぞ会場をしづめけるかな。廻雪ノ袖風ニひるがへり、左右の曲をぞ尽しける。中にも心の留まるは、赤日西ニ傾て、夕の影に成まゝに、三ノ鼓ノ音すごく、拍子の間もたゞしくて、頻りに楽をはやめつゝ、思ヒ々ノ入リ舞ヒ、各袖をひるがへし、入かねたる粧ヒ、哀れに心細かりけり。黄昏に及で、松明庭ニ立て並べ、光明天ニ混じて、朝日ノ光りにことならず。入調《にうじやう》をはりて後、玉の御輿を左右に舁《かき》分て、還御ヲすゝめけるかな。あはれ目出かりける聖霊大会かなやな、吾寺の勝地なるかな。

児の芸能は、中世寺社の世界を一身のうちに象るものであった。『嘉元記』は、堂供養などの大法会においてかならず天王寺や奈良の楽人によって童舞《どうぶ》が演ぜられたことを伝えているが、すでに舞楽における児童の舞は公私聖俗の賀宴を華やかにする極みであった。藤原明衡の『新猿楽記』でも、その最後に登場するのは楽人の養子となった九郎小童の堪能な芸能とうるわしい美童ぶりであった。彼の愛敬に、叡山の僧侶たちは我を忘れて喝采を送り目も心も奪われる。

慈円僧正がその晩年にはなはだ愛惜した童舞は、しばしば天王寺や日吉大宮また十禅師《じゆうぜんじ》の社頭で興行された（『門葉記』門主行状）。一方、三井寺の新羅《しんら》社頭にその祭の延年として行われた童舞は日吉社や興福寺にも遣わされて衆徒の大いに悦ぶところとなった（『新羅大神記』）。醍醐寺清瀧《きよたき》宮の祭礼たる桜会における舞童の美しさは、これを賞翫する衆徒の姿とともに今に描き留められている（『天狗草紙』）。それら大寺院の祭儀にあって目ざましい舞姿をみせ衆目の感を催す舞童[14]とは、それらの鎮守神への法楽の象徴として最も神に愛でられしものであると同時に、寺と仏法を擁護する鎮守神

——もしくは神に仕える護法の幼童神の化現として舞台上に登場するものでもあったろう。

かれら「少人《しょうじん》」の愛敬は、もはや男女の性が明らかに分かたれたところからは到底うかがうことのできない神秘を宿している。中世寺社世界は、この「垂髪」に、かれを女と見紛う、しかし決して女ではない独特のスタイルで装わせ化粧して、そこに神聖を観念する。たとえば児灌頂の如く。(15) だが、それ以上に、かれら少年の発する声こそが、人の生のわずかなあわいしか保たれぬ〝この世ならざるもの〟を感覚させ、〈聖なるもの〉を招きよせる。

舞ばかりでなく、児童の歌声をも神は賞《め》で、その裡に宿り、人はその響きを影向の言触《ことぶ》れとしていとおしむ。恒例の法会の児番論義《つがいろんぎ》などでもその声は常に聴かれたのであったが、何よりも臨時の、晴の盛儀においてこそ、仏を讃《ほ》め、神と観《み》あらわされる声は真によびおこされる。

文治二年（一一八六）春、勧進聖重源の霊告を契機として参宮を企てた東大寺衆徒たちは、伊勢神宮の社頭に大仏殿再興の祈請を凝らして法楽を奉る。供養を了えた後、僧たちは児を伴い二見浦《ふたみがうら》を遊覧し和歌を詠ずる。

如レ此沈吟歴覧之後、及テ二晩頭ニ一帰ル二宿房ニ一、逸興之余リ、宴遊猶甚シ。乱舞狂歌、糸竹管絃、種々ノ雑芸、終夜不レ休。其中ニ小童アリ、字如意、舞ノ二白拍子ヲ一之次、囀二大仏焼失之次第ヲ一。音曲ト云体骨ト云、還テ催ス二哀傷ヲ一、衆人満座、叩キレ舌ヲ攪クレ涙ヲ。今夜ノ勝事、只以在リレ斯ニ。

（『東大寺衆徒参詣伊勢大神宮』(16)）

ここに白拍子舞の次でにうたわれ（囀）た声は、それより前の法会において神に捧げられた願文や表白が述べるところの一層の本質を、哀傷の音曲のうちにものがたり、僧たちにかの悲劇（『平家物語』の南都炎上に語られたごとき）を眼のあたりにして感涙を催させるものだった。もはやそれは単なる「逸興」でなく、すぐれてこの参詣の意義をこころ込めて声に象ったものであったろう。――その後朝に、もと仁和寺の僧で「知法名誉之人」なる阿闍梨円空は、如意に二首の歌を送った。それは、彼の至芸にたいして称讃の思いを寄せるものであると同時に、童の歌舞を介してあらわれる〈聖なるもの〉の祝福にあずかることでもあった。同じく仁和寺の僧宗順は、醍醐の桜会に優なる童舞を舞った児に一首を遣わして思いを告げる（『古今著聞集』）。弘安五年（一二八二）の神木帰座に伴う臨時祭の記録である『春日臨時祭記』(17)によれば、若宮祭を摸して芸能を演じたのはすべて児であったが、その左右の舞童に酒肴に副えて歌を送ったのは貞専という「一寺《（興福寺）》ノ木ヒジリ無想清浄ノ学侶」であった。芸能―祭儀の主役たる美童に懸想するかのごとく歌を詠みかけ、児もこれに応えることが、それらの祭式にとって欠くべからざる習いであったかのようである。

もはやその声は遠く消え去って聴くすべもないが、児たちは祭りの庭でいかなる詞をうたったのか。その一端をうかがうことのできるのが、鎌倉時代に南都で行われていた白拍子の詞集と思われる、仁和寺蔵『今様書』(18)である。興福寺の光暁僧正をはじめ藤原定家や律僧なども作者に含む三十一篇が収められる。その様式には、序破急を備えた一定の型がある。全体をおよそ五段に分かち、序に一声を出し、次に上哥、続いて二哥、そして結びの詞、最後に和哥《ワカ》でしめくくる。上・二哥はほぼ対句的な美辞を並べ、続いて詞を連ねるが、これは長短まちまちで叙事的な部分である。その結びに

『法隆寺縁起白拍子』の如く、「アハレ目出カリケル□ノ徳カナヤナ」などの定型化した讃嘆の詞をもって了る。各曲は取り扱われる題材こそ歌の道と同じく花鳥風月が多いが、その上に顕される真の主題は等しく春日の神をはじめとする仏神の讃嘆にほかならない。その上で一首のワカを詠い出して、これを詠唱しながら袖や扇をかざし舞いつつ舞台（庭）を円く踏みめぐる。この所作を責メと言い、この一段が白拍子と称され、芸能じたいの代名詞ともなるのである。このワカこそが一曲の旨趣を象るものであり、芸能としての頂点《クライマックス》であった。それは古歌を引くこともあれば、祭りの当座の景気（状況によって醸し出されるもの）に巧みに合わせて、周知の名歌をうたい替えたり、または全くあたらしい一首をその場で披露することすらあった。そうした児による白拍子の芸能が生命力をもち輝いていた頃の、稀有な一瞬を、若き日に南都に修学した僧無住は感激をもって目のあたりにした。『沙石集』草稿本に含まれる挿話のひとつである。

ソノカミ興福寺ノ維摩会ノ延年ノ見物シタル事侍リシニ、十月十四日ノ夕、時雨《（シグレ）》ヲビタヾシカリシガ、日ノ入ホドニ殊ニソラハレ、月明ナリシ夜（の事であった）。幸王トヤラム、乙王トヤラム、久《（ヒサシク）》ナリテ忘侍リ、京ヨリ下テ侍シ若音、上手ニテ侍シ。神王ナド、時ニヲナジツラニ申サレシヤラム。管絃モ和歌ノ道モ心得タルト承リシガ、セメ《（責）》歌ニ、

庭ノ面ハマダカハカズ《（ス＝イ）》ニ

ト云テ歩マ《（フミ＝イ）》ハリシヲ、（この歌は）頼政卿ノ歌ニ、「庭ノ面ハマダカハカヌニ夕立ノ　ソラサリゲナクスメル月カナ」ノ歌カ。ソレハ夏ノ歌ニテコソアレト（気になって）、耳ニタテ、聞侍シ程

ニ、シバシヲモ《(思)》ハセテ（間をおいて心をこめ）、

マダカハカヌニ時雨ツル　ソラサリゲナク

ト云タリシ。時ニトリテ優ニ侍シ事、宝治二年（一二四八）ノ事ヤラムガ、忘ズシテ（今も心に残っている）。同十三日ノ夜、ソラ《(空)》クモ《(曇)》リテ、ヲボロナリシガ、サスガニ晴々セシニモ、此若音、ツヾミ《(鼓)》ヲトリテ、ハヤシ《(囃)》テ侍シ歌ニモ、

ソヨヤグモ今夜ノソラヲナガメズハ　争《(イカデ)》ハレマノ月ヲ見ルベキ

ト、コレモ優ニキコ《(聞)》ヘ侍リキ。　（内閣文庫本巻五末）

南都興福寺の維摩会《ゆいまえ》の後に催される延年こそは、白拍子をはじめ風流や猿楽をふくむ中世諸芸能のかがやかしい伝統の中心であった[19]。法会の後宴に参じた衆徒の催しとして食堂《じきどう》の前に舞台を敷き仮屋を打つ。衆徒は東西に分かれて列なり、行事の弁《べん》が児たちを催す。僉義《せんぎ》・披露《ひろう》・開口《かいこ》・床払《とこはらい》・連事《つらね》と経て、かしこまったおもだたしい詞から次第に心解けた逸興へと掛け合い問答のうちに進行し、倶《く》舎《しゃ》・乱舞《らっぷ》・朗詠《ろうえい》・当弁《とうべん》などの謡いものや言葉あそびの芸が次々と演ぜられる。そこで大衆の目を驚かし息を呑ませるのは、道の遊僧（芸能の専門法師）の指揮のもとに上演される小風流と大風流という、大がかりな造り物と仮装による野外劇《ページェント》であった。これらに参加する児の役割は、たとえば花杖児・仕丁児・管絃児などさまざまであり、これらの次第の間に糸綸《いとより》や乱拍子《らんびょうし》などを演ずるのであるが、何より重い大役とされていたのは、白拍子をつとめる若音児《わかおとのちご》であった。最も衆目をあつめかれらの心を奪うのは、若音による「時ニトリテ優」なるワカの白拍子——歌舞の秀逸なる美姿であった。無住

の脳裏には、あざやかにその姿貌が浮かんでいたであろうが、それにも増して忘れ難かったのは、かの若音の澄める月に響くがごとき声であったに違いない。

五　白拍子の性と老い

寺院における児の白拍子とは別に、〃道の白拍子〃というべきものがあった。静御前や祇王・祇女のような遊者《あそびもの》たる女人がこれを担った。『義経記』や『平家物語』で余りにも名高いかれら白拍子女のエピソードは、やはりさきの児と同じく、白拍子芸の精髄であった当座にふさわしい当意即妙な歌詠をその物語の頂点としている。(20)

彼女たちの姿も、児と一つがいの合わせ鏡のようなものである。髪を結い、烏帽子に水干と大口の「男姿」で歌い舞う、この一見倒錯したもののような扮装は、性の境界をあいまいにする作為によって〈聖なるもの〉をおのれの上に顕す表徴としての仮装―化粧であったと思われる。それが顕現されるのは、戯れながら遊宴の興に乗じた歌詠の緊張にみちた応酬のさなかであり、一座の聴衆の感嘆が彼女（＝彼）の芸能を成就させる。そのどよめきの一瞬の裡に〈聖なるもの〉は、彼（＝彼女）の上に憑依するもののごとく示現したのであったろう。

白拍子という芸能が児や女人に托してあらわし続けてきたのは、かれらが本所とし舞台とし続けた寺社に祀られる、中世の〈聖なるもの〉であった。それは、風流とか、やがては猿楽能の脇能（神の

図6　児文殊　春日若宮垂迹神像

春日若宮神の姿は，本地文殊菩薩として宮曼荼羅の御正躰図像の一画に位置を占める。文殊は自体が美しい童子形で，それはさながらに若宮であろう。唐様の装束を纏った童子神も，文殊像胎内に納入されていた金剛般若経の見返絵に描かれていたが，これは和様の児《ちご》文殊と言ってよい。室町初期の作とされる。寺院の児（上童）そのままに，水干装束で文殊の利剣も袖につつみ横たえて，可憐にして艶な美童である。裲当《りょうとう》の衣を上に着ているのが，若宮の芸能神としての性格を象っている。延年に登場して美声を披露し，衆徒に懸想されたのは，あるいはこのような児であったか。

出現を主題とする能）に至る劇的な構造の芸能とは異なり、歌舞のみによって実現される単純《シンプル》なものである。しかも舞という要素は囃子の鼓と同じくその効果を高めるための傍役であって、主役はあくまでも歌にしろ語りにしろ言葉であり、この芸能は本来的に、舞うものの身体を介して歌われるその詞の声を聴くことにおいて成りたつものであった。それこそが、〈聖なるもの〉に根ざした中世芸能のもっとも本質的な発現ではなかったか。

児の歌舞とは、たとえば猿楽能の構造にあっても欠くことのできない、その基本をなす要素であった。世阿弥は『風姿花伝』において、「先、童形なれば、何としたるも幽玄なり」と言い、児の中楽《さるがく》は時分の花で決して不易《ふえき》でないとする。ついで二曲三体という構造理論を獲得してからは、児姿の間は「舞歌二曲」つまり舞と音曲（謡い）のみを習うべきものと定めて「童舞は直面《ひためん》（素顔）の児姿なるが如し、是則、後々までの芸態に幽玄を残す風根なり」（至花道）と説いている。それは、「舞歌二曲は遊道（遊芸――すべての芸能）の諸曲」として「遊楽の惣物風」であるからだと言う（遊楽習道風見）。物真似や三体（老・女・軍）などの演劇的要素は、その下地の上に習得されるべきものだと主張する。彼の経験的理念からすれば、児の芸位は年闌《た》けて修業の末に獲得された境地よりはるかに浅く限定されたはかないものであるが、あらゆる芸能の根源に通ずる基礎なのである。周知のように、かつて彼はみずからすぐれて幽玄な児として貴顕の寵愛を獲た。歌舞に尽くされる児芸の本質を、己れの身体を通して誰よりも知悉していたに違いない[21]。

世阿弥はまた『三道』において、「舞歌の本風」としての女体の風体のなかに、白拍子と、そこから展開した曲舞の人体を、その芸能の構造とともに含めている。これは父である観阿弥によって猿楽に摂り入れられた「道の曲舞」という当時流行の芸能が、新風をめざした世阿弥の能の実践のなかで彼の能の理論体系の上に位置付けられたものである。[22] こうして猿楽能は、中世芸能のひとつの核ともいうべき児と女による舞歌の芸能を己れのなかに摂取した。それは猿楽が中世を代表する芸能として飛躍する大きな契機であった。

世阿弥がその生涯を賭して芸の功によって克服しようとした〝老い〟は、芸能者すべてが向かい合わねばならぬ宿命でもあろう。とりわけ声姿のうつくしさをもってする白拍子にとって、老いのもたらすその衰えは必定、芸能の興を醒まし芸能者としての生命を喪失することにほかならない。かれらの芸の誉れも、すべて一瞬のうちに過ぎ去るはかなきもの。その本質を誰よりもかれら自身が思い知るゆえに、かりそめの声わざにも万感の「あはれ」がこめられていたであろう。

ふたたび無住の『沙石集』をたどると、そこに、さきの若音の白拍子の話と並んで、まさにそうした衰老の白拍子の声姿が描かれる。

後鳥羽院ノ御時、本所ノ者ノ中ニ、名人ナリケルガ、承久ノ乱ニ、都ニ跡モトヾメズシテ、白拍子ノ鼓ウチシテ、田舎コヽカシコ、アルキメグリ、年タケテ白髪ニナリケルガ、都ヘメグリキテ、人々多キ中ニテ、白拍子マワセ、鼓ウチケルヲ、昔見知タル人々、アレハ、サルモノ《(然者)》ニテアリシニ、哀ナル事カナ、ト、サスガニ昔ノ事ワスレズシテ、思合ケルニ、

昔ハ京洛ニ花ヤカナル容チナリキ《(容タリキ＝イ)》

今ハ江湖ニヲチブレタル翁トナルトヤラム
ト云白拍子ヲ云テ、舞タル事アリケルニ、皆人、袖ヲシボリタリ。心ノ中、サコソ有ケメ。身ノ
事ヲ思出ツヽ、コソ申ツラメ。（内閣文庫本巻第五末）

落ちぶれ果てて歩き白拍子の鼓打ちをして渡世していた老人は、かつて後鳥羽院に仕えた名人の「本所ノ者」であったと言う。その本所とはふつう院の侍所と解されるが、あるいはこの場合、院に属したさまざまな職能集団にとっての「本所」かも知れぬ。守覚法親王が白拍子や遊女を「公庭之所属」（『右記』）と捉えていたように、かれらは聖俗の権門を本所としてそこに奉仕していたのである。たとえば後鳥羽院の場合、院の北面であった橘知重が白拍子奉公人となりこれを統轄していたという（『明月記』）。かれらは後々までも「道の白拍子」と呼ばれて、各地の寺社を本所として祭儀に参勤していたのである。この鼓打ちをこうした「本所」に属していた人物と見るならば、この話、とりわけ、この中でうたわれた歌詞の趣きは幾分違ってこよう。それは、ただ哀れを誘うばかりの零落の述懐ではない。彼は自らの衰老と流浪の身の上を、「昔は京洛《けいらく》に」の朗詠の〝引用〟に託して、さながら聴く者にも等しく訪れずにおかない運命の力を感じさせ、一座を悲哀のうちに共感させる手立てとしたのである。そこには、老いを逆手にとって居直った芸能者の意地すらうかがえよう。

ここにうたわれた朗詠の一節は、はるかに時空をへだてて、いまも播州上鴨川《かみかもがわ》住吉社の神事(23)におけ
る翁舞の詞のなかに含まれてうたわれている。

……こォれ我朝に、この道始りて候は、それ猿楽と申ししも、当代に始りたることにても候は

ず、人皇二十八代に、用明天皇の御宇に、聖徳太子と申し奉りし人、昔は京洛に花やかなりし身なれど、今は老顔におとられ《(ママ)》はてたれど……

翁の舞とその詞は、この上鴨川の翁の詞章のなかにも説かれているように、六勝寺以下の京洛の大寺院を本所として参勤する猿楽座が、かの白拍子のごとく「田舎ココカシコ、アルキメグリ」ながら山寺の鎮守や郷村の社の祭礼に奉仕するうちに汎く伝えた猿楽の根本をなす芸能であり、そこに登場する〈聖なるもの〉の声である。いまも各地に祭りとともに伝承されている翁の詞は、能楽の翁の定式化した詞章に較べると、はるかに中世の渾沌として多様な世界をものがたっている。神歌や今様・朗詠をはじめとする歌謡と語りの、さまざまな声がそこには投げ込まれている。(24)

こうした翁のもっとも豊かな詞が残されているのは、中部東海地方の山中、いわゆる三信遠地方とよばれる一帯に伝えられたヲコナイ（修正会）系統の祭りのなかである。(25) それは寺院の咒師《しゅし》芸や延年における芸能と一具にある。各地に口誦されていた詞は複雑なヴァリエーションを呈しているが、それを構成する要素は連続して一脈の筋をなしている。翁は、祭りの庭―仏神の前にあらわれて自らの来歴を説く名乗りを始める。仏と同じく天竺に生まれ、その由来と共に仏法の流れがとどまる当地に至るまでを説き、此所を讃えるため奉るべきあらゆる宝物《たからもの》を数えあげ、万歳楽の繁昌をことほぐ。「我は何処《なじょ》の翁共、そよや何処《いずく》の翁共」と囃されて語りはじめられるこの祝言は、一人称と三人称の交えられた問答とも述懐ともつかぬ奇妙な文体で一篇の叙事・叙景を展開する。その神秘的な詞は、仏神そのものであり、また仏神を礼拝祈願するものでもあるという、老翁の具える両義性を〈聖なるもの〉として象った翁面の奇妙な神性と通いあって感覚される。

翁には、父尉《ちちのじょう》（白式尉）や三番叟《さんばそう》（黒式尉）という、同じく老いているが幾分若い尉がその役割をもどく。そして対照的に、翁には、露払《つゆはらい》や冠者《かじゃ》（延命冠者）という児や元服したばかりの若者が、その登場を誘《いざな》い、共に戯れたりする。それらは現行の翁の式からはすでに痕跡しか窺えないが、かつては豊かな象徴と猿楽の興に満たされたものであったことが想像される。日光山輪王寺常行堂修正会の延年における翁猿楽に用いられていた古面の一群をみるだけでもそうした情景がうかんでくる。その名を今にとどめる平泉毛越寺の延年においては、鼻高の奇怪な翁が摩多羅《まだら》神の祝詞を唱え、その後で若女と老女が登場して舞う。あでやかでなまめかしい若女はもと巫女姿であり、腰かがまりものぐるおしい老女は、「タクセンスル（託宣）老御子」（『日光山常行堂故実双紙』）であったという。(26) いま、翁の祝詞は我々の耳に聴こえず、巫女たちの舞にも詞はない。しかし、その舞がつくりだす静謐の裡にこそ、かえって時の流れに沈んださまざまの声が聴こえてくるようである。いまの翁にも、それら傍役たちの発する言葉はもはや捨象されているが、その老いたるものの声の背後には、白拍子につらなる若き声々がこれと呼び交わしていたであろうことが想われる。それは、かの後鳥羽院ゆかりの老いたる白拍子の鼓打ちの声とどこかで響きあっているかも知れない。

それかあらぬか、いまも三信遠地方に伝わる翁の詞の末は、多くこのような一節で結ばれている。

むかしりうの　さるがくは　しらびやうしで　とどまる
中ごろの　さるがくは　らんびやうしで　とどまる

図 7　翁面・老女面・若女面

平泉に栄えた奥州藤原氏の築いた世界の余香は，中世にもなお中尊寺や毛越寺に伝えられ，鎮守白山社の祭礼や常行堂修正会延年に演ぜられた古猿楽の芸能は，今に伝えられる仮面に，かつての興宴を偲ぶことができる。鎌倉時代に遡る中尊寺の翁・老女・若女の三態の笑いをかたどる古面は，一具とすればそれらがさまざまな芸能を演じていたことが想像される。たとえば老女は，翁と番《つが》えれば艶言を発し交接に及ぶかまけわざを，若女と並んで舞えば小町のそれよりヲコにして気疎《けうと》い物まねを観せてくれるだろう。

ただいまの　さるがくは　まんざいらくで　とどまる

六　乱世の声

その哀傷の声が、これを聞いた後小松院に「乱世の声」と評されたという（『東野州聞書』）曲舞《くせまい》は、いつ、どのように成立したのか、その誕生の頃の姿はよく判らない。おそらくは白拍子のなかの詞を連ねる部分が長大化して独立した芸能となったもの。翁の詞にもあったような道行・数《かぞ》え・叙景・叙事が主であった。世阿弥の『五音』に引かれている「（聖徳）太子の節曲舞《くせまい》」、また叡山縁起を採った「白鬚《しらひげ》の曲舞」、あるいは南都ゆかりの「地獄の曲舞」など、猿楽の側に摂取された限りで知られるところは、白拍子と同じく「仏神の本縁」をもっぱら演誦するものであった。いまに能のクセの段が、その面影をとどめている。今様であれ和歌であれ、詠歌を一曲の眼目としてそれに賭けた白拍子にたいして、曲舞はカゾエられる謡いもの（語りもの）が中心であったのだろう。『五音』所収の曲舞(27)から察するに、その詞は修辞を尽くしながらも散文的であり、そうした意味からは先に触れた『法隆寺縁起白拍子』もすでに曲舞とみなしてよかろう。僧や文人など特定の作者がその詞章を草し、これを道の曲舞舞いが演誦する、というような分業化した芸態であったか。それは、もはや芸能者自身の当座の才覚によって衆人の興を喚びおこす白拍子芸とは、芸能の質が異なっていたらしい。

曲舞という芸能を想像するとき無視できないのは、すでに鎌倉時代半ばに東国の武家社会の間で流行していた宴曲《えんぎょく》という謡いものである。[28] 早い拍子でうたうところから早歌《そうが》とも呼ばれ、また聖徳太子が国土安隠を祈るために作ったという「現介也娑婆《ゲニヤサバ》」という呪文をそのまま異名ともする。その曲のほとんどは明空（月江）という僧の手になるもので、伝授という形で師資相承されていた。百七十余曲の作品[29]の多くは、ある主題にもとづいて故事先蹤のゆかりある名物を連ねる形が常である。その撰集の部立ては勅撰集に倣い、文辞も和歌や歌語をふまえ、和漢の古典世界を類聚し王朝的秩序を欽仰する上での祝言的色彩が濃い。しかし、大曲『熊野参詣』の如く霊験の勝地へ参るための道行を象ったものが示すような、中世の〈聖なるもの〉――仏神への讃嘆がそれらの世界の基調にある。その各段末句を「王子々々の馴子《なれこ》舞、法施《ほっせ》の声ぞ貴《たっと》き」と収めるように、それらの霊地に響いていたであろう声を、あらたな歌謡の音曲に引き受けた、曲舞と同じくこれもそのひとつであった。ただし、それは児や女人でなく、僧俗の男性の声によるものではあった。

世阿弥の時代には、道の曲舞は祇園会の舞車の所役をつとめる賀歌《かが》の流を除いてはほとんど絶えていた。彼が能『百万』や『山姥』で遊芸の世界に登場する代表的な人体として取りあげたごとく、道の曲舞は多く白拍子の流れを汲む女曲舞[30]であったらしいが、まるで猿楽能にその生命を吸収されたかのように、その頃は芸能としての力を喪っていた。かれらの衰退と頃を同じくして、曲舞の芸能には千秋万歳などの祝言や祈禱を生業とする声聞師法師の集団が進出して来た。かれらは同時に猿楽をも演じだして、京洛では興行を禁止されたことがあった（『康富記』）。畿内畿外の各地からいくつもの曲舞の大夫たちが上洛し、貴所へ推参したり、寺社の勧進興行を契機として、上下の評判を争った。

およそ応永の末年ごろに、そうした動きが盛んになってくる。嘉吉の頃、越前国から上洛した幸若大夫もその一派であった。かれらは丹生郡田中庄鎮守八阪神社の神事舞をつとめていたらしい。幸若の曲舞は、「二人舞」と号した（『管見記』[31]）とあるように、従来の曲舞と異なるあたらしい芸態であり、やがて応仁の乱の後は、あたらしい曲をも獲得して世人の耳目を奪うに至った。「乱世の声」は戦国の世を風靡したのである。

いまに伝えられる五十余の舞曲は、全体として、壮大な中世世界の輪郭を象る叙事物語となっている[32]。それは一種の歴史叙述でもある。まず『日本記《にほんぎ》』で神代の国土の誕生を、太子伝の後日譚というべき『入鹿《いるか》』と『大織冠《たいしよくわん》』によって藤原氏の始まりおよび春日社興福寺の縁起を、『百合若大臣《ゆりわかだいじん》』で武門の始まりと八幡縁起を、『信太《しだ》』で平将門の末裔による東国の武家の始まりを、『満仲《まんぢう》』で西国の源氏の武家の始まりを、それぞれに説いている。続いて、平家物語を中心として、曾我物語や義経記に連なる軍記物語の周縁に位置付けられるような、数多の伝承的人物を中心とした連作的物語群が並んで、『新曲』という太平記に取材した曲に至る。残されているのは、それが正本として固定してからのものがほとんどだが、そこになお説経や古浄瑠璃に共通する口語りの形跡をとどめて、拠るべき台本（たとえば唱導説教の台本――説草であった京大本『多田満仲』[33]など）から演ぜられる場ごとにあたらしく物語が創り出されたであろう記憶を内包している。

幸若舞もまた、児の芸能であった。曲舞を児が演じることは、古く貞和五年（一三四九）法隆寺東院に手鞠突きなどの雑芸と共に曲舞を演じた児の存在が知られる（法隆寺記録）が、後々まで常のことである。応永三十四年（一四二七）洛中に曲舞を興行した摂津能勢郷の声聞師は、児と男の二人で舞ったが、児は水干大口に立烏帽子であったと言う（『満済准后日記』）から、やはり白拍子と同じ姿で舞っているのである。幸若の系図（由緒書）によれば、[34]初代の直詮《なおあき》はもと南朝方の大名桃井直常《もものいなおつね》の孫であったが、世をはばかって叡山に登り児となった。その童形の時の名を幸若丸と言った。その優れた容貌と声明の佳声を賞されて禁裏へ参内し、後小松院にまた音曲の歌声を賞でられ、三十六帖の[草]双紙を賜わってこれに節を付けて曲として舞えと勅定あり、白山権現に参籠するに示現あってすべての曲を成就し、再び参内して奏し感あって紋所を賜わったと伝える。されば幸若とは児の名であったのである。その伝承は、幸若舞が本来は児の芸能として寺院の世界より発するものであったという認識をものがたっている。かれらの場合もその芸能興行において児が大きな役割を果たしていたことは、文明十一年（一四七九）壬生地蔵堂にての勧進興行に際し、細川氏の被官たちが助成して催したが、それは細川氏の御曹子たる弥九郎政之が「舞之若衆」に心を迷わせたからであるらしい（『晴富宿禰記』）のに知られる。[35]かれの容色については、いまさら詮義するのも野暮というものだろう。ともあれ、かような児の声が、その舞いうたう物語の世界をつねに生気付け、聴く者の感動をあらたにし続けていたのである。

七　やりこどんど

大和国中《くんなか》盆地の東に拡がる山中は、中世芸能の宝庫であった。南都興福寺の支配下に永く春日大社若宮おん祭りへ奉仕を続けてきた、高原のなかに点在する村々には、いまも鎮守社ごとに宮座を核とした郷村の祭礼が営まれている。かつては大和四座の翁猿楽を専らとする長《ちょう》たちがこの村々を巡って祭礼に翁を勤仕し、いまも村々では田楽を中心に種々の神事芸能が演ぜられる。そこには寺社に盛行した延年風流の諸芸能の名残りが色濃くうかがわれる。

高原の奥深いところにある上深川《かみふかわ》に伝えられるのは、題目立《だいもくだて》という芸能である。(36)

昔は近隣のいくつかの村でも演ぜられていたらしいが、今はこの村の八柱神社（もと八王子社）の秋祭りに行われるばかりである。清盛ら平家一門の厳島参詣をものがたる『厳島』と、頼朝ら東国御家人一行が東大寺供養に参詣する『大仏供養』、そして頼朝の挙兵のいくさを語る『石橋山』の三曲が伝わるが、上演されるのはすでに前の二曲のみ。

秋も闌けた十月十二日、日暮れて村が闇に沈むころ、奉納される提灯が小高いところにある社殿への石段に掲げられる。その明りで、社の下の小さな広場―庭の真中に石垣に接して設けられた舞台がうかびあがる。一坪ほどの敷舞台を中心に三方に竹の柵を二重に結って囲んだばかりの簡素なもの。『厳島』を演ずる年はこの奥に社殿をかたどった造り物が設けられる。

下の楽屋から、りりしく素襖と烏帽子の装束に弓を携えた少年たちが、燭をもつ老人に先導されて、謡いながら莚道を一列になって歩み入ってくる。かれらは三方の柵の定められた位置に居直って威儀をつくろう。そして、めいめいに決められた役割にしたがい、定まった順番でその一節ずつを朗唱していく。詞は、単調な節がかった一句ごとに区切られゆるやかな拍子に乗って、声高に唱えられて、一曲を了えるには二時間ほどもかかる。

曲の詞章は、役ごとに分けられて記され、それが揃ってはじめて一曲の全体が明らかになる仕組である。現在も近郷の丹生にはそうした形の天正・文禄・慶長の奥書のある台本を伝えている。(37) しかしそれは上演用台本としての形態であって、詞自体は決してたんなる登場者の一人称によるセリフではない。その文体は明らかに幸若のそれを想わせる語り物であり、幸若の由緒書に言う草子を読み曲節をつけて舞うという「双紙舞」の形に似るかと思われる。ただ少年たちは終始定まった位置を動かず、はたらきはない。古風にいえば元服したばかりの初冠の少年たちは、それぞれの役をつとめることが座の一員となるための義務であった。題目立は、そうした成人儀礼の一環として村の共同体の構造のなかに位置付けられていた芸能なのである。長大な語り物テクストを誦み演じ続ける伝承の形は、宮座《みやざ》という中世社会の基本単位のありかたに根ざすもののごとくである。

いま演ぜられる曲は、それぞれ平家物語の周辺に取材しながら独立した一篇をなすもので、その点でも幸若に類している。たとえば『大仏供養』は舞曲『景清』に密接に関連する。これは、室町期の曲舞が活発に流動しあらたな芸能として生成し続けていた過程で、幸若舞が詞章を固定する以前に地方に根づいた、さような生きた芸能の一瞬がいわば化石化して残された稀有な例ではなかろうか。勃興期の幸若舞は文明頃に衆徒の旗頭古市氏の支援をうけて南都元興寺極楽坊に長期の勧進興行を打った（『大乗院寺社雑事記』）。それから数十年の後に、興福寺の多聞院英俊は、東山中の村々にて「田舎ノ宮ウツシ（遷）ノ時」に題目立という芸能が行われる、と記す（『多聞院日記』）。その間にいかなる交流があったかは、もはや想像にまかせるしかない。

『厳島』を演ずるときには、少年の一人は化粧をし天冠を着けて社殿の造り物の中にいる。一曲の末に至って座から立ちいでて、平家重代の宝物たるべき蛭巻の長刀《なぎなた》を清盛に手渡すのである。それは神顕現の姿であり、祝言の具象化である。それを観ていると、ささやかながらもはじめて舞台が動きだし、かつての延年の風流をはるかに偲ばせる。曲が了る直前、「入句」で結ばれる前に、そのうちの一人が舞台の上に進みいでる。それまで首筋に差し込んでいた扇を開いて、「フショ舞」と呼ばれる大きな所作と足踏をともなった舞を舞う。

　そーよーやー　よろこびーへーへんにー
　よーろこびーに　よーろこびに　またよろこーびを　かーさぬれーば　もーんどにやーりきに
　やーりこどんど

その祝言の舞いおさめに唱える「やりこどんど」とは、平安の昔に遊女が舟に乗り歌いながら貴客の許に推参した、そのときの囃しことば「やれことんとう」に発したものである。その、芸能者の推参を言触れする囃しは宮廷のなかに持ち込まれて、五節の殿上淵酔に際して輿に乗ってあちらこちらへ押しかけて芸能を演ずるときの囃しともなった。それは寺社の延年の饗宴を介して、おそらくはこの山間の小邑の祭事に面影を止めることとはなった。[38] その詞とともに語りを舞いおさめる姿をみて、一瞬のうちに時代を超えるおもいを味わって感動するのは、筆者ひとりではあるまい。しかし、それにも増して筆者を打ってやまないのは、物語をかたる――それはうたうのでもあり、舞うのでもあるのだが――かれら少年たちの声の響きである。

いまは、その響きに身をゆだねよう。

第二章
声わざ人の系譜

一　和漢文芸中の遊女と傀儡

すくなくとも、〈うた〉や〈かたり〉の領分においては、文字文化を担う男性知識人や宮廷女房ばかりが文芸をつかさどったのではなかった。かれらの周囲には、口頭による言語芸術の世界が拡がっており、それが絶えずかれらを活気づけていたのである。その世界に流通するのは〈こゑ〉である。無数の、無名の、とりわけて女たちが、そこでは〈こゑわざ〉を操る主役であった。すなわち、アソビと呼ばれ、ウカレメとも称される女たちである。

遊行女児宇加礼女已上本注一云阿曾比　（『和名類聚抄』「遊女」項所引『楊氏漢語抄』）

かつて『万葉集』において「遊行女婦」と表記されたのも、そうした女たちであった。かの女たちが、海道上をなりわいの場としながら営んだのは、その名のごときアソビのしわざである。アメノウズメが天岩戸《あまのいわと》の前でなした「楽《アソビ》」（『古事記』）にはじまり、天皇の葬礼における殯宮儀礼に立ちはたらく遊部《アソビベ》の職掌が歌舞において果たすような（『令義解』）、霊魂にはたらきかける呪的行為として、アソビはあったものらしい。(1)

『万葉集』にあらわれる遊行女婦は、各地の国衙《こくが》の近傍に居し、都より下向する官人を迎え送る宴をつかさどり、そのいでたちは、宮廷女官と等しい紅《くれない》の裳を曳いた姿であり、準官女ともいうべき公的な性格をもっていたらしい。(2) それとともに、たとえば帥《そちの》卿大伴旅人を水城《みずき》に見送るに際して遊行女婦児島が袖を振りつつ歌を詠みかけたごとく、はなむけの場に積極的に参入してヲトメの恋の別れを演じてみせるほこらかな姿(3)が、かの女たちの身上であった。その後身としての遊女が担ったアソビとは、何であったか。

和歌によって代表される宮廷の文芸の秩序のなかで、遊女は、細々とではあるが確かにある位置を占めていた。勅撰集のなかには、遊女の詠歌がしばしば収められているのである。

『古今和歌集』離別に収められた白女《しろめ》の歌「命だに心に叶ふものならば　何か別れの悲しからまし」は、源実《さね》を山崎にて送る際の詠であったが、この白女は、『大和物語』百四十五段において、宇多院が河尻に出遊《いでま》した際に召されて秀歌を奉ったうかれめであった。同書次段によれば、彼女は大江玉淵の娘であったという。それを疑う院にたいして、彼女はまたもたちどころに秀歌をもって応えて証明し、院以下よりの被物《かずけもの》は山を成し、院は孫王の一人に彼女を後見《うしろみ》するよう命じた。歌人玉淵は文人としても名高い音人《おとんど》の子、音人は阿保親王の子にあたるから、白女はその父系において皇胤となるのである。『大鏡』は、これらの記事にもとづいて、全体の語りおさめとなる昔物語のなかに、その歌のちからによって帝の時代を彩った遊女の存在を、あざやかにしるしづけている。

『大和物語』には、もうひとりの遊女とおぼしい女が登場する。百二十六段「筑紫にありける檜垣の御といひけるは、いと藹あり、をかしくて世を経る者になんありける」が、天慶の乱に零落、追討使小野好古《よしふる》が下向するに、「頭白き女の水汲める」を見て尋ねれば、これが檜垣であった。女は恥じて逢わず、「むばたまの吾が黒髪は白川の　みづはぐむまで老ぞしにける」と詠み遣わしたので、好古は哀れみ、着たる袙《あこめ》を遣わした、という。『後撰和歌集』雑は、この歌を権師藤原興範の訪らうに檜垣の嫗が詠じたものとし、初句も「年経《ふ》れば」と形を変えているが、左注に嫗を「かしこに名高く事好む女」であったとする。『檜垣嫗集』は、これを中心に伝承歌を聚めて編まれたものらしい。この檜垣は、『袋草紙』では「遊君」とされ、後には能『檜垣』のシテとなり「白拍子」として乱拍子を舞う。白川の岸辺に水を汲む老女の像《イメージ》がつかさどったものが「みづはぐむ」の古語に籠められていると思しいが、[4]それは後世に遊芸のわざの上に象られたのである。

以降の勅撰集においても、そうした女たちの歌が採られることがあった。『十訓抄』第十「可庶幾才能芸業事」は、「惣《すべ》て、及ばぬ程の身なれども芸能に付て望みを遂げ賞を被る者」多き例《ためし》として、「あやしの賤《しづ》のあそび・くゞつ迄も、郢曲《えいきょく》にすぐれ、和歌を好む輩、よき人にもてなされ、撰集をけがす」と述べて、さきの白女の名誉する話をはじめ、「しかのみならず、肥後国遊君檜垣嫗は後撰集に入、神崎遊君宮木は後拾遺集をけがす。青墓《おうはか》傀儡《くぐつ》名曳《なびき》は詞花集をゆり、江口遊女妙《たへ》は新古今の作者也」と列挙する。傀儡と呼ばれるのもまた、遊女の一類である。これに『千載和歌集』恋に収められた遊女戸々《へへ》の「数ならぬ身にも心のあり顔に　独りも月を眺めつるかな」を加えてよいだろう。かくて、勅撰集に連なる一脈の遊女・傀儡の歌の系譜のごとき流れが想起される。

その一方、遊女および傀儡は、漢詩文の領域でも一箇の題材となった。『和漢朗詠集』は、巻下に遊女の部を立て、漢詩としては大江以言《ゆきとき》の『見遊女詩』序および源　順《したごう》『詠遊女行』の一節を採り、また、和歌には、「海人《あま》の詠」として、「白浪の寄する渚に世を過ぐす　海人の子なれば宿も定めず」の古歌を採って構成する。『新古今和歌集』にはよみ人しらずとして入れられるが、海人にその寄辺なき身を託した遊女の詠として古くから伝誦されてきた歌であろう。なかんずく以言の「翠帳紅閨、万事之礼法雖ㇾ異、舟中浪上、一生之歓会是同」の句は、中世の遊女像を規定するがごとき役割を果したのであり、たとえば『普通唱導集』の施主句に海人と並べて掲げられる句に利用されたように、人倫中の典型を象るテクストとして流通したのである。

平安時代の人間像の万華鏡ともいうべき、諸芸諸職の様相を網羅した藤原明衡の『新猿楽記』は、その十六君に遊女《ウカラメ》を宛て、江口河尻の地に営みする遊女の風俗とその好色遊蕩の技芸を述べ、かの女たちの歌声の魅力について記す。明衡の編になる『本朝文粋』には、さきの以言の詩序が収められており、この記もまたそれを意識して書かれたものであろう。大江匡房《まさふさ》の『遊女記《ゆうじょき》』も、またその流れの上に位置する〝記〟である。河陽《かよう》(淀川河口部)における遊女の根拠地江口・神崎・蟹嶋《かしま》とそれぞれの遊女の祖および交名《こうみょう》を掲げ、加えてその許へ赴いてかの女たちを寵した貴顕の事蹟を挙げ、さらにその「習俗之法」を描くこと特に詳細である。[5] 匡房には、これと一対をなす記として『傀儡子《くぐつ》記《き》』がある。河陽を中心に河海の水辺に漂泊する遊女にたいして、傀儡は東西の海道上を党をなして流浪する集団であり、男は弓馬をもって狩猟し、様々な幻術を操る。女たちは妖しき媚をもって歌いかけ、旅行く人はその「淫楽《みだりがはしきあそび》」に魅せられて財宝を与えない者はない。やはり名だたる傀儡を掲げ、さらに今様《いまよう》以下、その歌謡の曲目を挙げて果ては咒師に及ぶ。よく梁塵を動《ゆる》がすその声わざは、むろん遊女のものでもあったのだが、その記述は傀儡に分けもたれているのである。遊女と傀儡とは、当時たしかにかく区別されて記述されるような、それぞれ独立した集団として異なった態を示していたのであろう。前者はもっぱら水系にあって長者と呼ばれる女系相続の女主人により統率される女ばかりの集団と見え、後者は主に陸行し男たちもその中で大きな役割を果たしている。傀儡さき草がその声を賞でられて遊女となり「両方事をしてめでたかりけり」(『體源抄』)とあるように、両者は別々に意識されながらも互いに連なり重なり合っていたのである。[6]『更級日記』は、足柄山の麓で「いづくよりともなく出で来た」った「遊女《あそび》」が「声すべて似るものなく、空に澄みのぼりてめでたくうたを歌ふ」さまを記している。また後年、淀川を下り高浜にて舟を寄せ来った「遊女《あそび》」の歌をも聞いている。西国の「難波わたり」の遊女も東国のそれも、作者には等しく「あそび」であった。対して、院政期の『本朝無題詩』には、人倫部に傀儡子のみを題として多くの詩が収められている。それらに描かれるのも、やはり居を定めず山中より旅客の来るを待ちて現れ、その歌曲をもって、その心をとらえる営みのさまである。さらに、青墓や鏡山・赤坂などの傀儡の本拠が見え、また匡房の

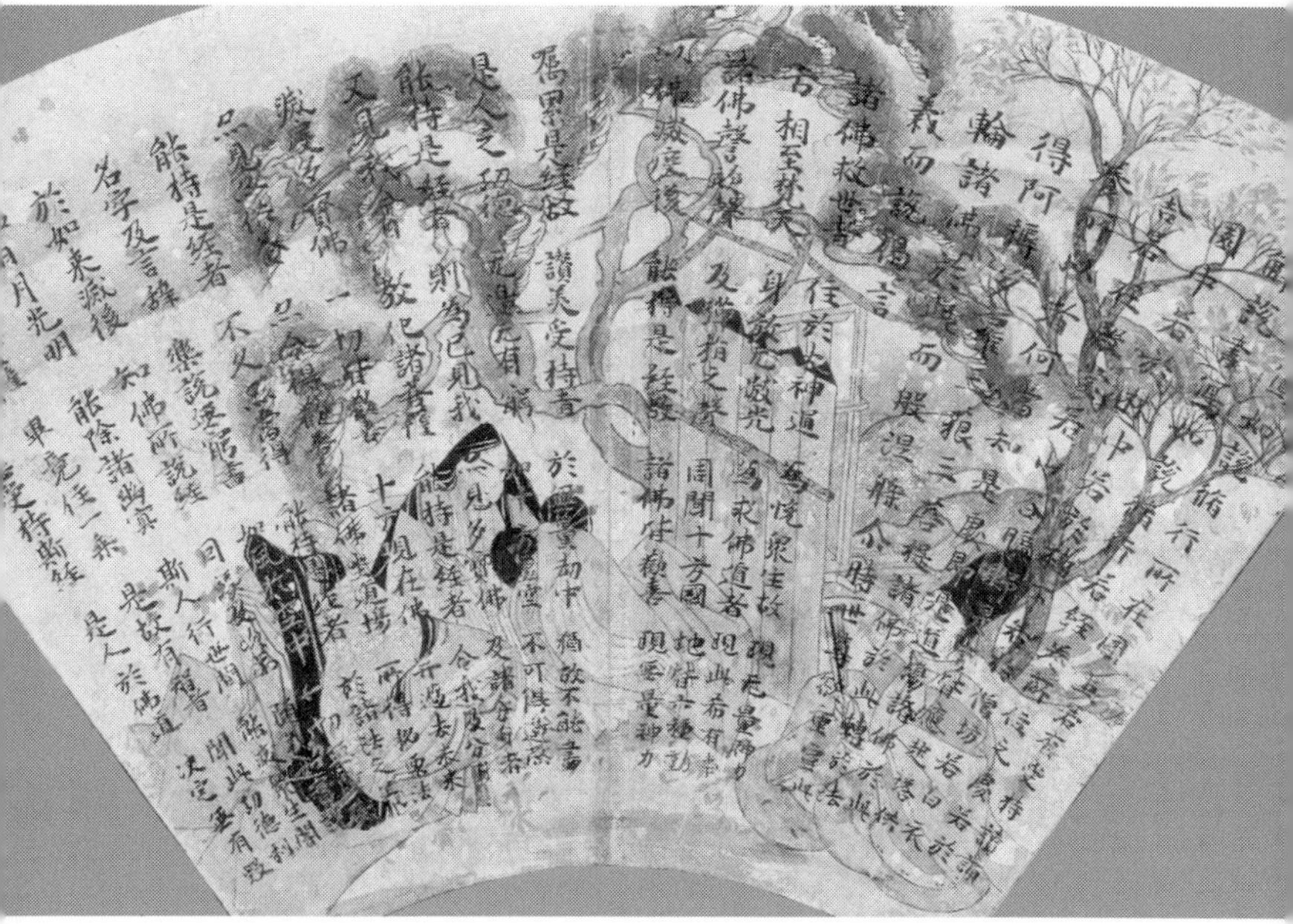

図 8　扇面法華経

開けば扇形の紙面をなす冊子に経文を書写した特異な意匠による法華経は，その料紙に庶民の生きる営みから男女の遊び戯れまで，人の世の様々な姿を描いて下絵とする。それは，あきらかに俗世の人間のあらゆる営みに諸法実相を観じ，何ごとも法《のり》の言の葉ならぬものなしという，結縁の原理を実践したしわざといえよう。その一端に，男女の鼓うちはやしながら歌う姿もまた位置付けられる。小祠は道の辺《ほとり》の道祖神《さえのかみ》であろうか。難波の四天王寺に奉納されたこの扇面法華経に，法華持経者かつ今様の声わざを究めた後白河院の信仰の具象化をみることも，強ちなことではあるまい。

詩には『傀儡子記』にもその名を挙げた孫君が主題となっている。

如上の漢詩文における遊女・傀儡像は、いずれも男性知識層の手になるものとして、貴族男性のまなざしにおいて捉えられた姿であることは留意すべきだろう。とくに、それぞれに加えられた批評の言は、かの女たちの存在をある位相において強く規定しようとする傾きをもっている。

莫レ未二嘗為レ之長大息一矣、何其以二好レ色之心一、不レ近二好レ賢之途一哉　（『見遊女詩』）

於戯《アヽ》、年若之間、自雖レ過レ売レ身、色衰之後、以レ何送二余命一哉　（『新猿楽記』）

雖二賢人君子一、不レ免二此行一　（『遊女記』）

即是、天下之一物也、誰不二哀憐一者哉　（『傀儡子記』）

其奈穹廬年暮後、容華変去令二心傷一　（『本朝無題詩』藤茂明）

これらの嘆息は、むしろ遊女や傀儡に托して彼らの開陳してみせる知的所作というに過ぎず、かの女たちの存在はかえってその陰に囲い込まれてしまっている。それに比すれば『更級日記』が遊女の歌に「人々いみじうあはれがり」「飽かず思ひて皆泣く」と記すのは何と素朴なまなざしであろうか。ひるがえって男性知識人のそれは、かの女たちに魅了され誘惑されることをまぬがれない自らの姿の裏返しに投影された面があろう。そうした側面観は無批判にうけつがれ、後世まで、かの女たちを単に売色の徒として、その営みや存在を蔑視し差別する認識(7)につながっていると思われる。

二　遊女の推参と結縁

日記・記録の上から窺われる貴族たちと遊女との関わりには、そうした否定的なニュアンスは見られない。たとえば『遊女記』に挙げられた女院や院の御幸の際の遊女の姿は、どのようにあらわされるだろうか。

長保二年（一〇〇〇）の東三条院の石山寺参詣の折、大津辛崎には「遊女御舟に副い祗」し、また淀川を経て帰還の際は山崎にて「遊女群参」し、これに纏頭《てんとう》・料物を賜与などされたという（『小右記』）。この時の湖上での遊女の出迎えを、後の『石山寺縁起』絵詞では「推参」という。次いで長元四年（一〇三一）の上東門院による石清水・住吉・天王寺参詣にあたっては、あらかじめ頼通邸で経頼らにより遊女に賜うべき料物を用意して発っており（『左経記』）、『栄花物語』巻三十一によれば、「江口といふ所になりて、遊女《あそび》ども、傘に月を出《いだ》し、螺鈿・蒔絵、さまぐ〵に劣らじ負けじとして参りたり」という。さらに、延久五年（一〇七三）の後三条院の住吉・天王寺参詣においても、同じく『栄花物語』巻三十八に、「江口の遊女《あそび》二船ばかり参りあひたり」とあり、これに禄などを給わったという。こうした、皇族をはじめとする貴族の霊地参詣の晴儀において、その経路にあたる遊女が参ることは、常の習いであり、これにたいして給禄することが、あらかじめ予定されていたのである。

さらに例を加えるなら、治安三年（一〇二三）の藤原道長による高野参詣では、帰途に江口に到れば「遊行の女、船を泛《うか》べて来り、歌曲を参差《さしまいら》す」とあり、その衒売の意を憐れみて米百石を給う、と『扶桑略記』にある。ちなみに、『古事談』巻二によれば、この折、かの『遊女記』に長保の東三条院参詣の時に寵したという小観音が「参入」したので、既に入道となっていた道長は頗る赤面し、御衣を給して返し遣わした、という。また、永承三年（一〇四八）には関白頼通が高野山へ参詣する往路に、江口・神崎の遊女が「挙レ首参進」した。還御の次《つい》でに参るべきと戒めて返し遣わしたところ、果たしてその帰途、かの女たちが「笠を連ね、揖《かじ》を争い、各以て率参」した。これに絹や米を分かち給して返している（『宇治関白高野山御参詣記』）。これらの、御幸や参詣の途上に現れる遊女のあり方は、いずれも積極的に〝参る〟という行動様式において共通する。それは遊女にとって当然の権利であり生得の資格ともいうべきものであった。

　匡房の『江家次第』の八十島祭条には、この、大嘗祭にともなって難波の海に面して行われる古代王権の即位儀礼の名残りというべき祭祀において、新帝の御衣を魂に見立てて携えた内侍が勅使として下向するにあたり、帰途に江口の遊女が「参入」する儀のあったことを記す。これに「纏頭」および「例禄」が恒例として下されたのである。纏頭とは、その芸能を賞翫して賜うところの被物《かずけもの》であり、例禄とは官人にたいする給与として下されるものである。すなわち、ここで遊女は、芸能者としての面と、儀礼に奉仕する者としての面との両面を兼ね備えて「参入」する存在なのである。さきの貴顕の御幸・参詣の際においても同様に待遇されたのであり、それは古い伝統を背負った祭式の一環をなす姿であった。こうした遊女のあり方は、端的に「推参」ということばでとらえられるだろう。(8)

「推参」ということについては、次章で詳しく論ずることになろう。それは、「呼ばれもしないのにやって来る」（『日葡辞書』）ことであったが、『平家物語』「祇王」に遊女の一類たる白拍子の申状として「遊者《あそびもの》の推参は常の習ひにて候へ」と言わせるごとく、当時の社会にあって自他ともに認められた遊女の特権というべきものであった。ひいて、それはアソビをつかさどる芸能者の根ぶかいはたらきを体現するものと思われる。(9) いま、次章を先取りして要説するなら、「推参」は、宮廷の中で正月の節会や新嘗、大嘗の祭にともなう豊明節会および五節舞などにおいて催された殿上淵酔の酒宴において、殿上人らの酔余の逸興として記録に散見し、やがて中世に至って一箇の故実として乱舞や今様・雑芸が演ぜられる芸能の場として固定化されていく。そのなかで謡われた郢曲のなかには、この「推参」が、かつて遊女のなりわいと分かちがたくあった消息をものがたる「思ひの津」という今様が伝えられている。

思ひの津に　舟の寄れかし　星の紛れに　推《お》して参らう　やれことうとう
（『綾小路俊量卿記』五節間郢曲）

何処なりと、遊女たちの居す津に思いを懸くべき客の船の立ち寄れよと招きよせて、もしも来ったなら星明りをたよりに漕ぎよせて推参しよう、と歌う。(10) それは、ヤレコトントウ(11)という鼓を打ちながらの囃しをともなっての、かろやかで蠱惑に満ちた官能的な嬌声であったろう。

歌をうたいながらの遊女の推参は、説話伝承のなかにも一箇の物語のうえでしるしづけられている。

『発心集』巻六「室泊の遊君郢曲を吟じて上人に結縁する事」は、名高い遁世者少将聖の乗る船が室津に到り、「夜、月くまなくて、いと面白かりけるに、遊女われも〱とうたひ行きちがふ」なか、一隻の遊女の船が漕ぎよせる。「これは僧の御舟なり。思ひ違《たが》へ給へるか」と制されたのを、いえ間違いではありません、と鼓打ち、

闇《くら》きより闇き道にぞ入りぬべき　遙かに照らせ山の端《は》の月

と二、三遍うたい、かかる罪深き身となるも然《さ》るべき前業の報いでしょうか、この世は夢、必ず救いたまえ、と願って結縁したてまつる、と述べて漕ぎ去っていったという。これも、ひとつの推参のすがたであった。

周知のごとく、この歌は『拾遺和歌集』に収められた和泉式部の作である。その詞書には「性空上人のもとへ詠みて遣しける」とあり、『和泉式部集』には「播磨の聖の許へ、結縁のために遣す」とあって、書写山の法華持経の聖である性空へ結縁のため送った和歌であった。同集下巻には、これにさらに次の一首を加える。

舟寄せん岸のしるべも知らずして　えも漕ぎ寄らぬ播磨潟かな

『発心集』の物語は、なおこの歌もふまえていると読むことが可能であろう。その詠歌において性空との結縁を果たしたと伝えられる和泉式部[12]（彼女は当時から「うかれめ」と呼ばれ、後世には「やさしき遊女」〔御伽草子『和泉式部』〕とされた）になぞらえ、その人口に膾炙した歌を借用して、あらたな遊女の聖への結縁物語に変換したといえよう。それは、遊女の芸能としての、客の許に推参して当座

に適った然るべき歌をうたいいだし、賞《め》でられんことを期すかの女たちの営みが背景にあり、それが聖へ推参して結縁を果たすことに転じたのである。聖と遊女との結縁にも先蹤があった。『後拾遺和歌集』雑、遊女宮木が「書写の聖」すなわち性空の結縁経供養に布施を送ったところ、聖は「思ふ心やありけん」納受を暫し止めた。これに宮木は、

津の国の難波のことか法《のり》ならぬ　遊びたはぶれまでとこそ聞け

と詠み送った。法華経に説かれるごとく童子の遊戯すら御法を讃め成仏の因となるのなら、津の国の難波わたりに身すぎする妾《わたし》たちのアソビタハブレのしわざもどうして仏法に違うものでありましょうか、という、自らの芸能たる遊び戯れを法文にかけ逆手にとった反論である。この歌のちからにより、性空の躊躇は無用となり、布施は納受されたであろう。すなわち、結縁はここに果たされたのである。

かような聖にたいする遊女の結縁は、ひとつの伝承の型として受けつがれている。それはさらに名高い聖に結びついて展開していく。初期の法然伝である『伝法絵流通』の一節、配流される法然が室の泊に到ると、泊の遊女が上人の船に「参」る。その申状は、自らは小松の帝の皇女が諸道へ遣わされた末であるという由緒に始まり、中頃には行尊が天王寺別当として拝堂のため下向するに、江口・神崎の君達が御船近くに寄せたのを制止した際、

有漏地《うろぢ》より無漏地《むろぢ》へ通《かよ》ふ釈迦だにも　羅候羅《らごら》が母はありとこそ聞け

と「神歌」をうたいいだしたという。煩悩を解脱して正覚に至った釈尊でさえも、かつて子をなした

女人との契りもあったのだと伺います。ならば、あなたのような尊いお聖が我らの結縁をどうして避ける謂れがありましょう、という、これも当座の機知あふれる反論が歌となって、釈迦を引き合いに出されてしまった聖は理《ことわり》に詰められて結縁を受け入れざるを得ないであろう。これに、泊の長者の今様をうたいながらの往生譚を加えて、併せて一篇の遊女の仏法結縁譚を構成している。これが、後の四十八巻伝に至ると、同じく室の泊において法然の船に「推参」した遊女は（絵では確かに鼓を打って歌っているが）ただ我が身の罪障の深きを歎いて、ひたすら上人の教化を蒙って救済されたいと懇願するばかりである。そこで法然は念仏の功徳を雄弁に説法し、かの女はその業を捨て出家を遂げるという形に変化している。翻って『伝法絵』で法然は黙して推参せる遊女の申状に耳を傾けるのみ。かの女はそこで決して自らを罪深い者などと規定してはいないのである。(13)

『新古今和歌集』にも撰び入れられた、西行と江口の遊女妙《たえ》とが詠み交わした歌問答は、おそらく右のごとき聖と遊女との結縁伝承を背景として成り立ったものではなかろうか。『山家集』の詞書によれば、これも天王寺へ参詣する途上での邂逅である。

世の中を厭《いと》ふまでこそ難《かた》からめ　仮の宿《やどり》を惜しむ君かな

時雨を避ける宿りを拒まれた西行は、遊女の営みである「仮の宿り」にかけて軽みを帯びた批難を放つ。それは、たちどころに名高い遁世者として世に知られた当の聖《ヒジリ》への反駁となって投げ返された。

家を出づる人とし聞けば仮の宿に　心とむなと思ふばかりぞ

逆に聖は遊女に教えさとされてしまったのであるが、ここにもやはり軽やかな遊び戯れの趣が溢れている。ここでは西行は狂言廻しに過ぎず、むしろ遊女こそがこの歌問答においては主役であろう。

こうした遊女結縁伝承のいきつくところ、聖の希求する道心であり、その彼方の〈聖なるもの〉を、遊女こそが開示するという、ひとつの奇蹟物語がうみだされた。『古事談』巻三には、性空聖人をめぐる一説話がある。生身の普賢菩薩を拝したいと祈る聖は、夢に、神崎の遊女の長者を見よと告げられ、神崎へ赴く。長者の家では遊宴乱舞の最中である。長者は鼓をとり、乱拍子の上句を弾きうたう。

周防室積《ムロツミ》の　中なる御手洗《ミタラヰ》に
風は吹かねども　ささら浪立つ

これに奇異《あやし》き思いを感じた聖は、眠りて合掌するに、長者は忽《たちま》ち白象に乗りし普賢と現れ、眉間より放つ光は道俗を照らし、その唄も微妙の音声として、

実相無漏《ムロ》の大海に　五塵六欲の
風は吹かねども　随縁真如の波立たぬときなし

と法文を説くと聴こえた。目を開けば元の女人として鼓を弾ずる姿、また閉目すれば普賢である。聖は、この敬礼の後、涕泣しながら帰山するに、長者は俄《にわ》かに座をたって聖に追いすがり、人に告げるなと口止めしてたちまち死に、異香空に薫じた。長者の「頓滅」により遊宴の興は醒めた、という。かりそめの、うたかたの夢が醒めるがごとく、遊女の芸能が催す興宴の快楽の果てた後の空しさは、

ここにおいて聖を介した神秘の顕現《エピファニー》という神聖劇に昇華する。(14)

この霊験譚は、西行を作者に仮託した『撰集抄』にうけつがれて、性空上人の出家遁世譚と結びつけられる。天童の告げに示されるのは、室《むろ》の遊女の長者である。上人は黒衣を脱ぎ、白小袖を纏って長者の宿へ至る。長者は上人に酒を勧め、白拍子を舞う。

周防みたらしの沢辺に風の音づれて

と数うれば、一座の遊女たちも「同じ声して」

さゝら波立つ　やれことつとう

と囃した。これを聞きながら上人が目を閉じて観念すると、生身の普賢とあらわれ、

法性無漏《むろ》の大海には　普賢恒順の月の光ほがらか也

と歌ったという。そこに、あの遊女の営みとしての推参の囃し詞が聴こえることが興ふかい。そして、その後に加えられた西行の述懐としての一節、「悟りの前には、風の声、波の音、みな妙なる御法に侍るなる事、この遊女の歌の法文なるにて、ひしと、実《げ》に思ひ知られて侍るなり」という詞こそは、遊びの声がさながらに法文歌となる、〈聖なるもの〉の媒ちとしての今様―白拍子の宗教性をよく象るものであろう。

三　巫女の歌占に果たされるもの

聖《ヒジリ》にその求むるもののありかを示すために、巫女《ふじょ》もまた立ちはたらく。再び『古事談』巻三をみれば、次のような話がある。恵心僧都が金峯山に「正《まさ》しき巫女」ありと聞き、ただ一人向かい合って心中の所願を占わしめたところ、歌占《うたうら》に、

十万億の国々は、海山隔て遠かれど
心の道だに直ければ　つとめて到るとこそ聞け

彼はこれを聞いて、涕泣して帰ったという。

この歌占は、『拾遺和歌集』哀傷に、さきの式部の「闇きより」の歌に続いて配された仙慶法師の、

極楽は遙けき程と聞きしかど　つとめて到るところなりけり

を今様化したものであろう。この歌は、しかし早く源為憲の『空也誄《るい》』には空也《こうや》の詠歌として収められており、また公任撰の『和漢朗詠集』仏事にも収められ、『千載和歌集』には空也作として採られ、『梁塵秘抄』にも含まれている。こうした、広く知られた古歌を種として、引用もしくは歌い替えにより巫女の歌占がなされることは稀ではなかった。

『撰集抄』巻二、興福寺維摩会の講師の座を人に越された一和僧都は、失意のうちに寺を離れ、東

国へ流浪する。熱田の社に参り法施するに、「けしかる禰宜《ねぎ》」に神が憑き、彼をさして、

つつめどもかくれぬ物は夏虫の　身より余れる思ひなりけり

と歌占を出して叱責し、因果の理を示して、再び講師の巡り来ることを託宣する。この歌は、『後撰和歌集』恋および『大和物語』の、桂の御子へ蛍を奉った童のひそかな想いを告げた歌であるが、これが僧にたいする神のさとしを言触れするものとして転用されているのである。この説話は『春日権現験記』にも収められるが、そこに登場するのは明らかに巫女として描かれる。また、中宮寺信如尼が春日若宮において拝殿巫女による「鼓白拍子」として聴いた物語であったことが『雑談集』巻十に伝えられる。春日若宮の神をめぐる巫女と芸能の世界については、やがて第四章に詳述することになるであろう。

かような、歌占という形で古歌をもって巫女が聖《ヒジリ》に神意を教示するというのも、一種の結縁伝承というべきか。そのとき、巫女の背後には神（とその本地たる仏）があり、かの女は歌を契機としてその媒《なかだ》ちの役割を果たすのである。

巫女の歌占は、より重大な運命を告ぐるものとしても用いられた。『保元物語』の冒頭、久寿二年（一一五五）冬に熊野へ参詣した鳥羽法皇が證誠殿での通夜に感得した不思議な示現は、イワカの板《イタ》という山内無双の巫女による神降ろしの託宣において解かれた。それは、歌占として示される。

手に結ぶ水に宿れる月影は　あるかなきかの世にぞありける

それは『拾遺和歌集』哀傷、紀貫之の古歌を用いたものであった。この歌を不吉な無常の告げとし

て、明年必ず崩御あるべしと託宣は断言し、さらにその時節をも同じく歌占に、

夏果つる扇と秋の白露と　いづれか先に置きまさるべき

という壬生忠岑の歌（『新古今和歌集』夏、但し下句「まづはおかむとすらむ」）を用いて示している。この託宣のことは、『愚管抄』に白河院の事として年代を定めず「世ノ末」を熊野の神が王に示したという形で見えるが、そこに歌占は無く、王の寿限を告げることも無い。ゆえに、それは『保元物語』独自の構想のしからしむる加筆と思われるが[15]、そうした脚色を許した背景には、巫女による歌占に神意が古歌を介してあらわれることを信じていた中世人の精神風景がうかびあがる。それは、歌というものの根ぶかいはたらきの一面であり、遊女ばかりでなく巫女も、その機能を行使するすぐれた担い手であったのである。

王が巫女の歌占を介して神と交信する例をさらに示そう。『宮寺巡拝記』および『八幡愚童訓』には、後白河院が石清水の巫女たちの託宣の真偽を試みようと、手の裡に銀の壺を握り籠めて当ててみよと問うに、一人が慌てず、

白銀の壺を並べて水汲めば　水は汲まれで富ぞ汲まるゝ

と歌占を出した。院は果たして真実の託宣であったと感嘆した、という。八幡の神威が巫女の歌占を介して唱導されているのであるが、『神道集』巻五「御神楽事」の白河院と待賢門院が市阿波という巫女を召しての同様な話のごとく、王を言祝ぐ歌占伝承として汎く説かれたものであったろう。

歌占は、巫覡による託宣であると同時に、神遊びにつらなる芸能としてもとらえられる。能『歌《うた》

占《うら》』では、白山麓に住む度会家次なる男巫が「小弓に短冊を付け歌占を引き候ふが、けしからず正《まさ》しき由」の評判をとったという触れ込みで登場する。彼はいったん死んで冥途より蘇生したという身の上を語る白髪の異形であるが、問う人が引きあてた短冊の歌から当座に占方をいだすしわざは、紛れもなく一箇の芸能である。

歌占に限らず、占いする巫女の来歴はきわめて古い。『大鏡』兼家伝（および『今昔物語集』巻二十三）には、打臥《うちふし》の御子と異名をとった「いとかしこき巫《かんなぎ》」が兼家に常に召され、問われれば当たらぬことはなかった。彼女には賀茂の若宮が憑いており、兼家を膝枕して問わせたという。そうした巫女の、典型というべき姿を『新猿楽記』は四の御許《おもと》（第四女）に形象する。鋳物師の史生を夫とする彼女は「占・神遊・寄絃《よづら》・口寄《くちよせ》之上手也」とあり、占いとともに神アソビの舞歌を奏し、琴や鼓をとって囃しながら、神のみならず人の死霊生霊もしくは野狐に至るまでを憑き降ろしたのである。

その芸能の上で、巫女と遊女が重なり合い繋がっていた様相は、中世の諸大社に属した巫女の実態の上に見いだすことができる。さらに神社に属する巫女と民間に活動する県《あがた》巫女や郷《ごうの》巫女あるいは歩き巫女の区別もあるが、これも後章に詳述する春日若宮拝殿巫女にうかがうならば、両者は相互に密接な交流のあったことが知られる。そして、若宮には遊女や白拍子も参り、その芸を奉納していたのである。

たとえば、厳島神社における内侍と呼ばれた巫女集団は、平清盛による熱烈な厳島崇敬の事蹟とともに史上に姿を現す。宮廷女官と等しいその称から察せられるごとく、かの女たちは独特な装いと習いとをもっていた。

山の調《しらめ》は桜人　海の調は波の音　又島廻るよな
巫《きね》が集《つど》ひは中の宮　化粧遣戸《けきうやりと》は此処ぞかし

『梁塵秘抄』のこの今様は、仙境の神女にも譬えられる、かの女たちの艶なる面影をうたったものであろう。島廻《しまめぐ》りは参詣者が内侍たちと共に舟に乗って厳島の霊地を一巡する神事であったが、そこに響く「波の音」はまた遊女の舟あそびにも通うものであろう。『山槐記』に記された花山院忠雅の参詣には、貴人の許に祇候する内侍の役目がよく窺われる。確かに清盛は、かの女たちに魅了されたのであり、彼は已れの寵した内侍の産んだ「御子姫君」を後白河院の後宮に入れもしているのである。[16]

『高倉院厳島御幸記』には、院の御幸に扈従した源通親が、既に福原から出迎える内侍たちの芸能のありさまを詳しく記している。その表芸ともいえる唐風の妓女の舞をはじめ、華やかな八乙女田楽も演じた。厳島では、神供の後、夜もすがら御神楽の最中に、幼い小内侍に神が憑き絶入の後に蘇生して神楽を所望し、法文を説き、「御神の初めてこの島に跡を垂れたまひしこと」を語りいだす。すなわち託宣として大明神降臨鎮座の本縁が述べられたのである。その後、別儀として清盛に密かに託宣があり、法華経寿量品が誦せられた、という。

後白河院もまた、建春門院とともに厳島に参詣し、内侍の芸能を観る。『梁塵秘抄口伝集』巻十によれば、「其国の内侍二人、くろ・釈迦なり。唐装束をし、髪を上げて舞をせり。五常楽《ごじようらく》・狛桙《こまぼこ》を舞ふ。伎楽の菩薩の袖ふりけむもかくやありけんと覚えてめでたかりき」。興たけなわのその座に出現

図9　一遍聖絵　巻十

諸国を遊行する聖は，生涯の暮方である弘安十年（1287）秋に，故郷というべき瀬戸内の海を渡る。遙かな海の面を往けば，やがて大鳥居が海上にそびえ，厳島の社頭を示す。波に洗われる社殿の回廊に上れば，彼を迎えて内侍による妓女の舞が催される。絵をみれば，一遍は，それを拝殿の正面に坐して——つまり本殿に祀られる神に背を向けて——観ている。まるで神に成り替って聖がその法楽を納受するかのように。回廊の四周には，楽人をはじめ数多の参詣者が舞を見物しているが，『聖絵』では一遍がそのなかで特権的な位置を占めているのである。

したのは老いた「正《まさ》しき巫女」である。彼女は、院に向かって言う。「我に申すことは、必ず叶ふべし。後世の事を申すこそ、哀《あはれ》に思しめせ。今様を聞かばや」と所望するのである。院は、「余り晴《ハレ》にして然も昼なり」今様をうたう時分ではないと逡巡したが、やむなくうたい出す。

四大声聞いかばかり　喜び身よりも余るらん
我らは後世の仏ぞと　確かに聞きつる今日なれば

それは、釈尊説法の授記にあずかった声聞衆の歓喜を題とする法華経二十八品歌のうち授記品の一首であったが、咄嗟に院の口をついて出たこの今様法文歌は、傍らにあった清盛が勧めたごとく「後世を申すを喜ばせ給ふ」厳島の御神の心を悦ばせ、このハレの場に適う当座の逸興として、一座の人々にめでたく聴かれたことであろう。だが、なにより、院自身が深く感動したのである。それは、確かに〈聖なるもの〉の成就につらなる営みであった。院は、ひとりの「声聞」つまり聖《ヒジリ》として、ここに正しき巫女と向かい合い、今様を介して神と結縁し、決定成仏という後世の契りを交わしたのであった。すなわち、これも一箇の形を替えた歌占というべきであろう。

この内侍の芸能を、信西入道通憲も殊に賞翫したという。さきに登場した黒《くろ》と釈迦の二人に、信西の作った今様をうたわせたことが、信西の息である静賢・澄憲・成範の三人による厳島参詣の帰途に神主に宛てた消息の中にみえている。(17) それは、次のような法文歌であった。

牟尼の教釈ひろめたる　四流の菩薩はおほかれど
千部の論主といはれける　世親・竜樹すぐれたり

これにちなみ、かの「一双の美人」たる二人の舞妓を世親と竜樹に改名するよう求めている。それは、非業の死を遂げた彼らの父への「滅罪の計《はかりごと》」であるという。これもやはり、今様とそれをうたう内侍の芸能を介しての結縁の仏事であった。

この信西が、後白河院に青墓の傀儡乙前《おとまえ》を引き合わせた。

後白河院は、和歌の勅撰集とは別に、「古《いにしへ》より今に至るまで習い伝へたるうた」としての今様の集を、『梁塵秘抄』として編んだ。そして、「未だ世になき今様の口伝をつくりおく所なり」として、己が今様修行の自伝というべき『口伝集』巻十を記した。そこに、彼の終生の師範となった乙前との出逢いに至る今様遍歴が叙され、院の周囲に聚まった「江口・神崎のあそび、国々のくゞつ」たちとの今様を介した交流の有様が活写されている。晩年、尼となって五条に棲んだ乙前の最後の所労を訪《とぶら》った院は、結縁のため法華経を読みきかせ、また所望により今様をうたって聞かせた。

像法転じては　薬師の誓ぞたのもしき
一度《たび》御名をきく人は　万《よろず》の病なしとぞいふ

乙前はこれを承り、合掌し感涙にむせんだ。没後の追善(18)にも、院は千部の法華経を読み、一周忌には「歌をこそ経よりもめでしかと思ひて」、彼女より習った今様を悉くうたい尽くし、後世を弔う。すると、遊女出身であった丹波局の夢に、乙前は、足を包んだ亡者の姿で聴聞にあらわれ、随喜のおもいを告げたという。今様のうたを介して、王と傀儡との間に果たされたものは、ほかならぬ後世への結縁であったのである。

第三章
推参考

一　遊者の習ひ

平家物語の一段として世に知られる「祇王」は、白拍子という芸能者とその芸能をあざやかに描きだした物語であろう。(1)その発端に、物語を理解するうえで欠かせない前提をつくりあげている、ひとつの言葉がある。

清盛に寵愛され今を時めく祇王の幸いを風聞し、洛中の評判をとった白拍子の仏御前は、「(入道に)召されぬ事こそ本意なけれ、遊者《あそびもの》の習ひ、何か苦しかるべき。推参《すいさん》して見む」と西八条邸へ参る。「何条、さやうの遊者は人の召に随てこそ参れ、左右無《さうな》ふ推参する様やある」と入道にすげなく追い返されるのだが、「我が立てし道なれば、人の上とも覚えず」と同情した祇王の、

遊者の推参は常の習ひでこそさぶらへ

に始まる中状によって説得された入道は見参《げんざん》を許し、仏御前は歌舞のうるわしい声姿を披露に及ぶ。たちまち寵愛は彼女に移り、祇王はただちに退出を余儀なくされる。

ここで物語展開の重要な契機となるのは、「遊者の（常の）習ひ」としての「推参」という行為である。白拍子の立場からはそれが当然の慣習であり、あたかも生得の権利のごときものとして主張されている。そこに自明のことのように語られる「推参」とは一体、いかなる意味をもち、どのような背景を負った言葉なのであろうか。

「推参」の意味は、たとえば日葡辞書には次のように端的に示されている。

Suisan, voxi-mairu（ヲシ―マイル）呼ばれもしないのにやって来る。また、問われもしないのに語る。(2)

白拍子は、何故に「呼ばれもしないのにやって来」なければならないのか。「遊者の習ひ」として説明される背後に如何なる世界があったのか。辞書的平面に刻み込まれたこの語の来歴を透視してみることにしよう。

たしかに「推参」は、白拍子に限らず、中世の「遊者」という職能の人々に共通した営みとしてあったらしい。舞曲『和田酒盛』には、大磯の遊君《ゆうくん》虎を召せども参らぬに腹立した義盛が、「召さずとも出で合ひ、酌を取り今様をも歌ひ、推参せんこそ本意《ほゐ》であるべきに、か程に召すに出で合はぬ虎は不思議の者かな」と怒る一節がある。「推参せんこそ本意」という、こうした遊君《あそび》の推参とは古い習ひであった。既に前章で、その中古の姿を示してみたごとくである。『法然上人絵伝』四十八巻伝

の巻三十四では、讃岐に配流されるため西海へ赴く法然の乗船が播磨の室《むろ》の泊に着くところに、

小船一艘ちかづきたる。これ遊女がふねなりけり。遊女申さく。上人の御船のよし、うけたまはりて推参し侍なり……

遊女はそこで、己れごとき罪おもき身がどうして後世を助かることができようか、と救済を求める。上人は応えて念仏住生の功徳を説き、教化する。(3) 知恩院本のこの場面は絵伝全篇中でも屈指の優れた画品を誇るが、それに描かれる、端舟《はしぶね》に乗り簦《おおがさ》をさしかけられ鼓を携えて今にも歌うかとみえる遊女の姿は、いかにも法然の船に「推参」するとおぼしい。その構図は法然絵伝における伝承上の典型であったらしく、この挿話と絵の古い姿は、最古の法然伝絵である『伝法絵流通』(4) に見いだすことができる。「室泊につき給ければ、君達参侍けり」として遊女の申状が述べられるが、それは遊女の縁起として伝承された説話であった。とりわけ法然への結縁の先縦として挙げられるのは、天王寺別当行尊僧正の船に江口神崎の遊君たちが「近くよせける時」、僧の船には見苦しいと制止すれば、即座にこれに反論する神歌をうたいいだしたので(行尊はかえってこれを賞して)さまざまの纏頭《かずけもの》を賜わった、という伝承である。これに遊女往生譚を加えて、「今、聖人を拝見して、同じく其縁を結ばむ」と結縁を求めるのであるが、そこにかの女らの行為を正当化するためしとして引かれる遊女の聖人への結縁説話は、前章に述べたように、当時の説話伝承上のひとつの類型であったらしい。

『発心集』巻六の「室泊の遊君郢曲を吟じて上人に結縁する事」にも、少将聖の船に遊女の舟が「漕ぎ寄せければ」、僧の船なるに思い違えたかと咎めるのにたいして、やはり同じく鼓打ちながらの

図10　伝法絵流通断簡

最古の法然上人絵伝は，嘉禎三年（1237）に二尊院湛空によって制作された。元は掛幅であったらしい絵の各画面と，絵解きのための台本と覚しい詞を併せて絵巻化された『伝法絵流通』には，室町時代に写された完本の筑後善導寺本の他に，今は断簡となって諸家に分蔵されている鎌倉後期の写本があり，古態を窺わせる。その一場面に，配流された法然が室の泊で遊女の結縁を納受する挿話が登場する。後の四十八巻伝では大きな比重を与えられ，遊女への教化という形で説かれるが，『伝法絵』は素朴に，聖への結縁の先蹤を語る遊女の申状を法然が受け容れるかたちであり，それに応じて絵も法然が遊女の詞に耳を傾ける様に描かれ，端舟に乗り簦《おおがさ》さす遊女のそれは，まさしく推参のすがたである。

歌謡に託して反論をかえす。ともに、あきらかに遊女による当座の機知ある歌謡が説話的興味の主役なのであって、その意味でそれらは芸能説話と把えることもできる。そこには「推参」の語こそ見えないが、聖人に結縁をとげるためのかの女たちの芸能の誉れは、まさしく呼ばれもせぬのにやって来る「推参」的行為に発している。ひいては、その誉れ、すなわち芸能の成就であり結縁の成就とは、この行為のなかにこそ根ざしているという構図が、それらには籠められているのではなかろうか。

二　記録語としての「推参」

中世に「推参」という語がどのように用いられているか、その様相を生成の問題も含めて検討してみよう。

その初見について未だ確認することができないが、古くは『御堂関白記』寛弘三年（一〇〇六）七月十四日条に次のように見える。(5)

定澄令㆑申云。得業已上法師等卅余人許留、推参如何者。

あるいは『明衡消息』上末の書状のひとつは次のように結ばれる。(6)

忘㆓万事㆒、可㆑令㆓推参㆒侍。不具謹言。

「推参」は、さような、消息文を含む、日記を中心とした記録の領域で用いられた語であった。平安時代から中世にかけての貴族社会が担った記録という表現媒体は、その言語世界の形成の過程で多種多様のあらたな言葉を創りだした。和語を漢字表記するという単純な要請は、実際には、最も初期の試みがそうであったように、極めて複雑な異言語体系の格闘混交の事態となる。そうして表記された語は、本来ならば訓読して和語に還元される筈のところが、そうでなく、そのまま音読されそれが通用して一箇の成語と化することが頻りであった。たとえば、「ヲコ」なる古語を早く「烏許」「嗚滸」等と表記していたものが、中世に至り「尾籠」（『明月記』などに見える）の字が宛てられ、これを音読する「ビロ《（ラ）》ウ」というのが却って一般に通用していく。その過程でまたあらたな意味を獲得していくのである。(7) いわゆる和製漢語と呼ばれるものであるが、「推参」もその一例といってよい。

「推参」は、日葡辞書が示すように、本来「ヲシ（テ）マイル」という和語が記録文のなかで漢字表記されたものであろう。それが音読された方の呼びかたが一般化したのである。これは記録語のなかで、「参《サン》」（マイルの音読化）を語根とする数多の語彙のひとつである。いったい、「参《マヰ》ル」は、これも「マヰ」という古い動詞に「入ル」が結合し重合して重母音が脱落した複合語である、と説明されている。(8) その是否は当面の課題でないが、ともかく「参《マヰ》」に、人が神や仏など〈聖なるもの〉や尊貴なものの在《ま》します場へ赴き、または進んで向かい合って礼拝するという意味のあることは念頭に置いておいてよい。社寺や霊場への「参詣」や「参籠」などはそこに連なる語であろう。それは展じて、王や貴人など、用いる主体なる人よりも威勢あり身分の高い者に対する服従や敬意をあらわす言葉でもある。「降参」や「帰参」が端的に示すが、何よりも、宮廷を中心とする記録体の用いられる場では、王を頂点とする身分秩序の裡での人々の複雑な行儀進退を表現するため、多様な組合せにより

「参」を語根とした成語が多く生みだされた。[9]「参内」「参向」「参上」「参入」「参仕」また「見参」「進参」「早参」「遅参」など、それは身分と儀礼によってかたち造られている社会のなかでの人間の存在を把え、その位置を示す典型的な位相語といってよい。では、そのなかで「推参」はどのような位相を担う語なのであろうか。

「推参」の用いられる具体相を、中世初期の記録の代表として『明月記』を取りあげて検討してみたい。殿上人として宮廷の一員たる中流貴族である定家の立場は、上下何れの階層についても豊かに「参」の位相が把えられていると察せられるためである。また、上記の「尾籠」のように和製漢語成立の点でも注目される時期の記録とみなされるからでもある。

なお漏らしている例も多かろうが、以下に管見に入った「推参」のあらわれた時と場を示し、更にその文脈と状況とが理解できるような説明を当該本文に添えて、年代順に摘記してみよう。[10]

『明月記』における「推参」の用例

(1)正治二年（一二〇〇）十一月十二日（翌十三〜十五日は五節）

昨日、依レ雪、御二幸鳥羽一。殿上人少々推参。還御之間、殿上人可二追却一之由、有二仰事一云云。

是、推参所レ致歟。

○雪見の御幸に鳥羽殿へ赴いた後鳥羽院の院中に何人かの殿上人が「推参」した。還られてから彼らを追い払うように院より指図があった。「推参」のためにかく言われるのであろうと定家は解している。

(2)建承元年（一二〇六）十一月十三日条

○五節における舞姫参内の見物に赴く。

院推参、今日云云。東対西弘庇有二此事一。

○殿上人たちが院中へ「推参」をするのである。翌十四日が殿上淵酔。

○また十六日条では、鳥羽殿にて、「権大納言姫君御行始」の儀ありと聞き、「雖レ無レ催推参」している。

(3)承元元年（一二〇七）三月三日条

○院中より退出して鳥合に伺うべき由を申し合せのために「馬場殿」へ「推参」する。

(4)同年十一月十九日条

○五節舞姫参内の儀にて、夜に入り殿上淵酔が始まり、人々を催すがなかなか揃わず、行事ははかばかしく進まない。これら「毎事不尋常」る事態を論評するなかで、

童女以下（舞姫）付人々狼藉、或推参、或辞退、又無レ人。於レ事不レ穏。四所舞伎、僅昇了。

とあり、舞姫らの進退のみならず選進すら混乱をきたしていたことを記している。

(5)承元二年（一二〇八）十一月十九日条

○五節の殿上淵酔において、先立って公卿が宮中へ参入すべきであるのに「遅参」であったとして、

先、可レ有女院推参、暫可レ候二関所一。

の旨を中門廊にて成長が定家に報告した。この後の次第は違乱なく進行したようである。

(6)建暦元年（一二一一）八月四日条

○故入道殿下（忠通）の追善仏事である舎利講を法性寺殿で修すと聞き、定家は、「仍推参」する。彼は招かれていなかったが伝供に加わるのに差し支えないと人々が示し合わせた。布施は取らなかった。

(7)建暦二年（一二一二）七月十五日条

○院中において次のようなことを聞く。

近日、於二一条泉一、連々相撲。近臣（院）猶有二清撰一、推参之輩、有レ恨云云。

○相撲は後鳥羽院が好んだ遊芸のひとつであった。これも遊宴を伴っていたであろう。この会には近臣といえどよりすぐって択ばれた者のみが参ることを許され、「推参」の連中は拒まれて恨をのんだ。

○同十九日条に、ようやく還御の事をしるし、この日まで院が相撲を続けていたこと、厄年であるのに「悪所」たる泉（神泉苑）にての毎日の御遊を、定家は恐れ危ぶんでいる。

(8)同年八月十七日条

○この日、仙洞（院）にて「乱遊事」が行われ、関白も参入し見物する由が聞こえ、定家も同じく参内する筈であったが、嵯峨の病者（姉）の容態が気にかかる。折しも、

前夜、人々可二推参見物一之由、少々雖二約束一、猶案レ之。
伝聞、為レ禁二雑人一、被レ固二門々一。知人共人猶以被制云云。

と非常な盛況が伝えられるので如何しようかと悩むが、結局口実を設けて「不参」した。

○のちに当日の「仙洞壮観」の様子を或人から聞いて記す。当代の貴種は底を払って参じたので、見物の近臣や雲客たちで御所内はごった返した。そこに「緇素雑芸輩十余人」あり、また童一人が、今様、白拍子、乱拍子、散楽などの興を舞台の上で尽くした、と言う。

(9)建保元年(一二一三)十一月十三日条

○五節の帳台試において、舞姫参内として、御前に召して、今様、朗詠を始める間に、中宮であった女院脩明門院の許へ、

脩明門推参。

続けて童御覧あり、同じ日に、「院推参」を行った。これは太《はなは》だ興なしと評している。後に淵酔あり、同十四日条でまた参内してみると、

猶、院推参、乱舞及二深更一。

(10)嘉禄元年(一二二五)十月六日条

宜秋門院御懺法結願、雖レ無レ催、可二推参一。

とてかの院中へ参る。ところがこの日は結願では無かった。期日を忘れていたのである。

(11)安貞元年(一二二七)九月廿六日条

○町亭の相門に面謁の後、東殿僧正御房に参り、
御座之間、推参之次、御言談。

⑿同年十一月廿日条

○先日行われた五節における「非分事」を列挙するうちの第三に、
舞妓推参着座、追返。

これは舞姫の許へ殿上人たちが「推参」して座に着いたのを咎めて追い返したことを非としたものであろうか。

⒀寛喜二年（一二三〇）十二月廿七日条

○宮中における仏名会の準備のため仰あって殿上人が次々参入するうち、
地下定家朝臣、雖レ無レ催、為二用意一推参。

⒁寛喜三年（一二三一）正月三日（元三節会の殿上淵酔）
推参殿上人両頭（貫主）……。

⒂嘉禎元年（一二三五）十一月廿日～廿九日条

○四条帝即位の大嘗祭の豊明節会における殿上淵酔にて、
秉燭以後、后宮淵酔……召後、伊平参……殿上着座、両頭、定平推参……隆兼推参。
……后宮淵酔了。姫宮一條殿推参。

○同廿三日は清暑堂御神楽あり、座を北御所に設く。

……為レ役五位殿上人、為レ禄四位、各少々依レ催参候。姫宮推参、今日云云。

○この年は廿四日から五節舞が行われた。廿七日条に、

……訪二五節所一。……今度出仕殿上人……親高（午日内事了、乱舞之間、落櫛、姫宮推参。）

……聞二五節之間事一。……姫宮推参以後、退二出之門前一也。親房、親高、入レ興乱舞之間、袖懸二日蔭一引二落冠一。不レ覚二悟舞一。皇后宮推参、惟忠、顛頭不レ落レ冠……。

右の全十五例は、いかなる特色や傾向を示しているであろうか。まず、定家自身や人の日常の進退について言う場合は、たとえば「雖レ無レ催推参」という形が(2)(10)(13)にみえて、そこにはこの語のもつ基本的なニュアンスが明らかである。類例を『吾妻鏡』に求めれば、正嘉二年（一二五八）正月七日柳営の垸飯に際し列座した御家人の交名を記し、「此外、遠江次郎・宮寺蔵人、以下両人、雖レ不レ被レ催、推参云云」と付け加える例が挙げられる。その場に行われる儀式等に催され（召集され）てこそ参るべきであるのに「呼ばれもしないのにやって来」たのである。

しかるに『明月記』において浮かびあがる特色は、その〝場〟にある。その多くが、天皇や院の催す儀式とりわけ遊宴に関わっていることに注目したい。(7)や(8)がその好例であろう。さらに最も頻繁にこの語が登場するのは、(2)(4)(5)(9)(13)(15)の如く五節の儀に際してである。また豊明節会(15)や元三節会(14)においてもみえる。それらにおける「推参」は、もはや個人の次元を超えてなされている場合があるようである。それはまた、定家のごとき廷臣にとって、参内し参入して仕えまつる天皇や院にたい

する「参」の（或るネガティヴな性質を帯びた）位相のひとつであると共に、宮中での饗宴を中心とする儀礼体系の一場面を名指す用語としてあった。とりわけ五節の場合をみれば、(2)(5)(9)(15)の「院推参」「女院推参」「姫宮推参」などは、その儀式のなかで既に慣用化された、一種の故実語として用いられているように思われる。それでは、五節における「推参」とはいかなるものであろうか。

三　殿上淵酔の「推参」

吉野における天武天皇の御遊に仙女が天降って舞ったという神話的起源説[11]に彩られている五節舞は、宮中年中行事随一の華やかな遊宴であった。その次第は、十月初めに舞姫点定があり貢進の公卿を定め諸国から舞姫を出す。これは平安初期に恒例化して国司の役として調進する装束等の華美を競うものとなった。内裏の常寧殿を五節所として帳台が設けられる。十一月の中の丑日に帳台試、寅日に御前試、卯日には童御覧が行われ、天皇はそれぞれに殿上人のいざない取りまくなかで舞を御覧ずる。寅卯の両日は夜に入って殿上淵酔があり、また辰巳の両日には豊明節会が催される。五節は単なる遊宴でなく、その丑日は神祇官にて鎮魂祭があり、卯日には新嘗祭が行われ主上自ら祀りを執り行うのであって、天皇にとって年中で最も大切な神事が行われる時節に重なり、併せて一連の儀礼をなしている。[12]これは『明月記』（用例(15)）にみるように、新帝即位の年にはそのまま大嘗会の日程に組み込まれているのであり、五節はまさしく天皇制の祭祀の根本にかかわる儀式の一環として、平安朝期年中行事の体系化の中に形成された饗宴の中核であったのである。
「推参」は多く、その殿上淵酔のところにあらわれる。それについて、年中行事の故実が中世にあるべき理想的な姿として描きだされた後醍醐天皇の著になる『建武年中行事』五節の一節をみよう。(13)

寅の日、殿上の淵酔あり。朗詠・今様などうたひて、三献はてて乱舞あり。次第に沓をはきて、女官の戸よりのぼりて、上《うへ》をへて御湯《ゆ》殿のはざまより下におりて、北の陣をめぐり、五節所にむかふ。其ノ後、所々に参りて推参《すゐさん》などあり。〔郢曲の輩、「をしてまいらん*」などうたう。〕后宮・女院など、淵酔あれば、今日あすの程なり。　（〔　〕部分は略解本にのみあり。或いは後補か）

加うるに、二条良基の『御代始抄』は、即位の大嘗会に関連して殿上淵酔の儀に触れることが詳しく、そこに故実化して行われる芸能についても言及している。(14)

御前の召に、今様・物まねなどいひて、おかしき事どももある也。所どころの推参は、院の御所をはじめて、郢曲の殿上人などまゐりて、朗詠・今様・乱舞などあり。「思の津」といふ事をうたひて、殿上より御前に参上する事あり。

殿上淵酔は、五節の寅卯日の儀に連なる饗宴として辰日の豊明節会と似るが、本来は臨時の非公式的性格の遊宴である。天皇が催し殿上人が主役をつとめるが、そこに院が深くかかわり中世あらたに恒例化した新儀である。そこは、五節に本来おこなわれていた大歌など古風な歌舞と対照的に、朗詠・今様・乱舞などのあたらしい芸能が演ぜられる舞台であった。『明月記』にある「后宮淵酔」そして「院推参」「皇后宮推参」「姫宮推参」はこの折について行われたものであろう。いまひとつ、中世歌謡のなかにうたい込まれた殿上淵酔を宴曲の『五節』（『拾果集』上）に偲ぼう。さすがにそこに漂っていたであろう気配まで伝わってくるようである。

寅の日は又殿上の、淵酔漸くはじまりて、令月歓無極《れいげつくはんぶきよく》、万歳千秋楽未央《ばんぜいせんしうらくびやう》、霊山御山《りやうぜんみやま》の五葉松《ごえうまつ》、（中略）さて又今は袒《かたぬぎ》て、気高く聞ゆる沓の音、北の陣を渡りつゝ、渡殿を経てや廻るらむ、朝餉《あさかれひ》より色々に、繕《つくろ》ひ重ぬる出衣《だしぎぬ》、げに言ひしらずや見えつらむ。后《きさき》の宮の推参に、思ひの津をぞ囃すなる。

元三の節会における殿上淵酔もまた、五節と並んで同様に諸の芸能が演ぜられ、そして「推参」が行われる場であった。『建武年中行事』には、その次第が詳しくみえている。まず清涼殿の主上の御座にて行い、「事はてゝ、中宮に推参す。その儀同じ」と言う。この折の殿上淵酔については、そこに行われる芸能故実を専ら伝承する郢曲の家なる綾小路家により編まれた『殿上淵酔部類』(15)が中世の記録を類聚している。そこに「推参」の語は院政期迄は見えず、鎌倉初期以降の記録に頻出するようになる。

ここに注目すべきは、所引の『野宮左府記』の貞応二年（一二二三）の折に貫主としてこの儀を指揮した頭中将と筆者である徳大寺公継との問答である。そこで頭中将は、殿上の儀が畢って後、女御の方と皇后宮の方とにそれぞれ参る沙汰があり、后宮が里亭（里内裏）に御座す時にもなお参るべきか、と問い、筆者は五節には然《しか》なりと答えている。さらに、「推参之儀」のため広廂《ひろびさし》に候すべきか否かの不審に、筆者は、よく覚悟せぬ由を答え、「但、五節モ於ハ二里亭淵酔之儀一臨時之処分歟。年始

（元三）淵酔、如レ此列参之条、未弁知」と言い、皆も先例を知らなかったと言う。筆者はのちに「祖父右相御記」を見、永久年中（一一一三〜一一八）の殿上淵酔に貫主が引率して中宮待賢門院の御方へ参った先例を知る。この時は宮の殿上に列居して「郢曲乱舞数反」があった。更にのちに正仏房資時（源家流の郢曲相承者、資賢の子）に対面しその不審を問うが、彼も、里亭に参る事は聞いたことがなく、内裏にても必ずある事ではない、「又、推参トハ不レ申。只、是ハ淵酔也」云々と言い、この儀を「推参」とは言わず、ただ「淵酔」とするのだと述べている。されば推参という故実の呼称は未だ必ずしも定着していなかったことが察せられる。

それが同じく『部類』所引の広橋経光撰『経光卿記』安貞三年（一二二九）の折の記録では、殿上儀の後、中宮が主上の御座に列していたため、「無二推参之儀一、遺恨也」という。また同記の寛喜三年（一二三一）の折には、同様に殿上より退いて後、「可レ有二中宮推参一云々。非二御同宿一之時、有二推参事一」と言い、更に言を次いで「先規頗稀歟。然而、如レ此事、依二時儀一。雲客沈酔之余、有二此興一歟」と、その臨時性を把えて、時にとっての淵酔の余り、興の赴く処に推参とはなされるものだとする。その後、同記所引『業顕卿記』の正応二年（一二八九）の折には、殿上人が座を起って次に中宮御方へ推参があった。「共所（中宮御方）公卿座、如二五節推参一」とあって、さきの例と併せて元三節会の推参は五節にもとづきなぞらえた儀であったことが察せられるのである。

五節における殿上淵酔の様相が詳らかに知られる最も古い記録のひとつは、『兵範記』仁安二年（一一六七）十一月の折のものであろう。[16] とりわけ十五日童御覧の後はその盛儀とともにそこで演ぜられた様々な芸能が詳述されている。頭中将が雲客を率いて七条の建春門院の女御殿へ参り、殿上に群集した。「推参着二寝殿西廂座一」。此処には四位以下の四十余人が祇候し、朗詠・今様・万歳楽の乱舞あり、次に白薄様の郢曲、白拍子の兕《（ママ）》曲、乱舞が繰りかえされ、「巡事施二各芸能一」。一座の人々は朗詠・今様に始まり、読経・倶舎（頌）などさまざま才《ざえ》を揮い、また並舞（立会舞）して勝負を争い「不レ知二手足立所一」という熱狂した状況のまま暁に及んだという。この間、後白河院は簾中よりひそかに見物していたが、やがて人々の前に姿を顕して感嘆されたという。

また同記嘉応元年（一一六九）十一月の折でも、内裏の儀の後に頭中将以下の議により同じく七条殿へ参り、急ぎしつらえられた寝殿の雲客座に「推参着座」して芸能が始まる。やはり朗詠・今様・万歳楽の乱舞をはじめ□《（ママ）》曲を演じ、阿音により止め「皆悉乱舞逐電退出」という。

種々の雑芸をともなう雲客（殿上人）の乱舞が、この遊宴の中心であった。それはさながらに猿楽であり、その興あふる戯れのありさまは、後述する平家物語冒頭の「殿上闇打」段に列挙されるエピソードによって如実に窺われる。五節の殿上淵酔について、白河院政期の忠実の『殿暦』[17]、また鳥羽院政期における頼長の『台記』を見るに、何れもその寅卯両日の次第はほぼ等しく、院や中宮・女御の方へ「参」ることも行われているが、しかし「推参」の語、また淵酔の余り多くの芸能を尽くす、これほどまでの「比興」は記されない。記録者の性格にもよろうが、これはまさに〝雑芸時代〟とも評されて『梁塵秘抄』を生んだ後白河院の時代に至って露わになる現象といってよかろう。

かかる後白河院政期の五節並びに殿上淵酔の様相は、『承安五節絵』と称される絵巻に写し止められた。もはや原本は散佚し摸本にその面影を偲ぶばかりであるが、これは、『年中行事絵巻』六十巻をはじめとして後白河院により宮廷の旧儀の復興が計られた機運にともなって製作された絵巻群の一環をなすものであった。それらが多く遊宴の場や祭礼などカーニバル的な世界を対象とするのは偶然のことではなかろう。それは後白河院とその時代の特質を紛れもなく象っている。絵巻は、丑寅卯の三日間の儀を詞と絵と各九段に分かってしるす。詞中に「この五節は承安元年の事なり」とあるが、其は後人の加筆らしく、むしろ翌二年の際の五節を素材にして当時の五節の姿を典型化しようとしたものらしい。[18]「寅《とら》日は殿上の淵酔なり」ではじまる第五・六・七段に「推参」の儀はみえており、淵酔の果てに殿上人が肩脱《かたぬぎ》して宮中をめぐり五節所へ赴くことを述べたのちの第七段がその情景を描く。

> かたぬぎはてぬれば、御前の試《こころ》みなり、ところ〳〵の淵酔・推参などにまいりて、束帯にて返《かへ》りまいりて、舞姫《ひめ》・童《わらは》などのぼせつれば、御前の御装束なをして、殿上人を清涼殿の御前に召《め》す、又さま〳〵舞のゝしるなり。

次いで鎌倉期における五節と殿上淵酔のありさまを活写するのは、後深草天皇の御世、その宮廷に仕えた女房の記録である『弁内侍日記』であろう。[19] 年々のその興ふかい情景をしるすなかにも、淵酔とそこで行われる芸能は殊につよい印象を筆者に与えたものらしい。

> 寅の日は、宮の御方の淵酔なり。夜も更《ふ》けにしかば、御所も御夜《よる》にならせおはしましたりしが、白薄様の声《こゑ》に御目さまして、また出でさせおはします。おのおの立ちて舞ひ給ふ。（中略）その

夜は鎮魂《ちこ》の祭の使に立ちたりしに、顕朝の弁、院の推参、淵酔など果《は》てて参りしかば、暁になりて……

また、建長二年（一二五〇）元三の殿上淵酔においては、貫主が「声《こゑ》ある人々、手をつくして拍《はや》され」つ舞い了ってのち、

やがて皇后の御方《かた》へ参る。みち〱「思ひの津に船のよれかし」とはやし〱参りし。……

これも皇后宮への「推参」の様相であろう。

さような、中世に形成された五節と殿上淵酔の、故実として定式化した姿の全貌を見せてくれるのが、郢曲の家たる綾小路家に相伝された記録であった『五節次第併郢曲幷五節間郢曲事』である。(20)そのうち、「永徳永享等嘉例」を以って註《しる》したという次第には、丑日以下の儀に際して謡われる朗詠や今様以下の雑芸の詞章が多くしるされる。その寅日の殿上淵酔のなかで、万歳楽の後、改めて「於二准后御休廬一推参事」がはじまる。この最初にうたわれるのは、さきの『弁内侍日記』と同じ「思の津」という今様である。次に「令月」「新豊」の朗詠、「蓬萊山」の今様、下﨟より順に万歳楽の乱舞、物云舞、「水猿（宴）曲」、「伊佐立奈牟《イサタチナム》」の謡、再び「令月」と「新豊」、そして「鶴之群入《つるのむれゐる》」の今様、最後に「白薄様」の乱拍子にて舞いおさめる、という構成である。更にまた「仙洞（院）推参事」あり、「於二公卿座広廂一、有二推参之儀一」という。そして再び同じ芸能が繰りかえされるのである。

「推参」の次第のはじめには、そのいずれもが「思の津」をうたうことになっている。それは既に

図11　法然上人絵伝　四十八巻伝

四十八巻伝には，法然の弟子たちの往生伝ともいうべき列伝が多く含まれる。その一環に，『平家物語』にも登場する熊谷《くまがい》直実（蓮生）の伝が巻二十七に収められる。法然が九条兼実の許へ赴いての法談に，この入道は「さる曲者《くせもの》なれば」制止叶わず「推参」して御供する。彼は縁に居て「御談義の声」が微かなのを，穢土は口惜し，極楽は差別無きものをと「叱り声」に高声で罵ったのが聞こえ，忽ち大床に召され聴聞が叶った，という。絵は，その場の蓮生が「沓脱《くつぬぎ》に候し，縁に手うちかけ，よりかゝりて侍ける」推参の姿を描く。後ろを見せぬ剛の者であった蓮生の発心遁世も，往生も，こうした推参の聖としての生き方と重なっている。

挙げた『建武年中行事』追記や『御代始抄』でもそうであった。推参の儀に、殿上人は道みちこれを謡いはやしながら「参る」ことが習いとなっていたらしい。そうしてそれは遊女のなりわいを遥かに想わせ、まさしく「推参」という風儀の主題歌と呼ぶにふさわしい詞章であった。

ヲモヒノツニ　フネノヨレカシ　ホシノマキレニ　ヲシテマイラウ　ヤレコトントウ

四　「押シテ参タル」者の位相

殿上淵酔における「推参」のすがたは、実は、早くも物語——説話の世界であざやかに描きだされている。

『今昔物語集』巻二十八「尾張守□五節ノ所ノ語第四」(21)。表題と冒頭部は欠字によって時代と人物をさだかにしない態で記される話がそれである。さる老受領、前国司の暴政に荒廃していた尾張国をめでたく復興し、その途端、帝より五節の舞姫を出す役を充《あ》てられた。これも易く調え立てたのだが、彼ら受領の一族は永く宮廷より離れて久しく殿上を許されず内辺の事は何ひとつ見知らぬ者ばかり。この「嗚呼《ヲコ》」な様をみた若殿上人たちは、ひとつ彼らをからかってやろうと謀《たばか》りをめぐらす。国守の子息に注進するには、宮中の人が皆で彼らを咲いものにしようと「有《アリ》ト有ル殿上人、此ノ五節ノ所ヲ恐《ヲド》サムトテ、皆、紐ヲ解《トキ》テ襴《ナホシ》ノ表衣《ウヘノキヌ》ヲ脱下《トキオロシ》テ、五節ノ所ノ前ニ立並《タチナミ》テ、歌ヲ作テ歌ハムト為《ス》ル也」と予告する。その歌とは、

　鬢《ビン》タ、ヲハ　アユカセバコソ　ヲカセバコソ　愛敬付《アイギヤウツキ》タレ

というもの。これは古くから五節に付きものの催馬楽なのであるが、その詞を老国守を嘲笑する意にこじつけて解説しながらもっともらしく威《おど》かす。これを聞いた守は、「何《イ》カデ帝王ノ御《オハシ》マス王宮《クウ》ノ内ニテ、紐ヲ解キ編《カタヌギ》テハ狂ヒ可歌《ウタフベ》キゾ。更ニヨモ然《サ》ル事不有《アラ》ジ」。自分たちを馬鹿にする虚言《そらごと》に違いない、と嗔《いか》る。

ところが、いよいよその刻限となれば、はたして南殿の方より歌いののしりて来る音《こゑ》がする。

　「ソ、来《キタリ》ニタナリ」ト集《アツマリ》テ、舌ヲ丸《マル》ガシ顔ヲ振リツ、、恐居《オヂヰ》タルニ、南　東《ヒムガシ》ヨリ此ノ五節所ノ方ニ押凝《オシコリ》テ来タルヲ見レバ、一人トシテ尋常ナル者《モ》ノ无シ。皆、欄《ナホシ》ノ表《ウヘ》ノ衣《キヌ》ヲ尻許《バカリ》マデ脱下《トキオロシ》タリ。皆、手ツラカヒツ、寄来《ヨリキタリ》テ、寄《ヨリ》懸リテ内ヲ臨《ノゾ》ク。五節ノ所ノ前ノ畳首《タ、ミノホトリ》ニ、或《アルイ》ハ沓《クツ》ヲ脱《ヌギ》テ居、或ハ寄臥《ヨリ》シ、或ハ尻ヲ懸テ、或ハ簾《スダレ》ニ寄懸リテ内ヲ臨《ノゾ》ク。或ハ庭ニ立タテリ。亦、皆諸音《モロゴエ》ニ此ノ鬢《ビン》タ、ラノ歌ヲ歌フ。

さては実《まこと》に言う如くであったと五節所の一同は怖《を》じまどう。なかにも守は、殿上人らが総出で例の歌をうたい寄り来るのに、「此ノ君達、一人直《ウルハシ》キ者モ无ク、酔様垂《エヒサマタレ》テ編《カタヌギ》タル」ありさまに魂消《たまげ》て見苦しく屏風の陰に這込んで震いわななく始末。この周章《あわて》ぶりを見て謀《たばか》った殿上人たちはしてやったりと興ずるのだった。まことに手のこんだ悪戯をしかけたわけだが、その仕掛は五節の折の殿上淵酔の風儀をふまえたものなのである。そこでさような習いがあるという宮廷故実の知識のある人ならば、かかる設定は自然と諒解されたことであろう。その上で、物語は、当時の宮廷風儀に無知な田舎受領を徹底して咲いものにする宮廷人（それは東人と京童の関係に等しい）の人の悪さを浮き彫りにする。

　ここに描写されたのは、『承安五節絵』詞に「淵酔はてぬれば、かたぬぎて、渡殿《わたどの》まで各々《おの〱》沓《くつ》をは

きて、後涼殿の東《ひんがし》より、常寧殿五節所の東《ひんがし》の壇のうへをめぐるなり」とあるような、五節の次第のなかでも狭くは五節所巡《めぐ》りと称される局面だろう。既にしてそこに現出するのは、殿上淵酔という言葉にふさわしく、まさしく王宮の内にての酔余の「狂ヒ」歌いであった。院政期以降、中世に故実化した「推参」の儀はこの後に控えているのであり、その延長線上に出来するものと把えてよかろう。
『枕草子』に、内裏の五節のありさまが活写されるなかで、「殿上人の、直衣《なほし》ぬぎたれて、扇《あふぎ》やなにやと拍子《はうし》にして、『つかさまさりとしきなみぞ立《た》つ』といふ歌《うた》をうたひて、局《つぼね》どもの前《まへ》わたる、いみじう、立《た》ち馴《な》れたらん心地《ち》もさわぎぬべしかし。まいて、さと一度《ひとたび》にうち咲《わら》ひなどしたる程、おそろし(九二段)」とは、まさしくその情景であり、推し参るのを待ち受ける側のおののきがよく伝わってくる。また、「受領《ずらう》の五節《せち》いだす折《をり》など、いとひなび、いひ知《し》らぬことなど、人に問《と》ひ聞《き》きなどはせじかし。心にくきものなり(二四段)」は、『今昔』の説話が描く如き田舎受領の五節所への宮廷社会のまなざしを想起させるものであろう。

『今昔』の物語がもたらす興趣は、単に五節における「推参」を背景としている故ではない。その「推参」は、もはや既に宮廷人のあいだで常識化した風儀であるけれど、しかし「神ノ御代《ミヨ》ヨリ以来《コノカタ》、此《カヽ》ル事无シ、国史ヲ見ルニ敢テ不記《シル》サズ、極《イミジ》ク成《ナリ》ヌル世ノ中カナ」と守が大袈裟に慨歎するように、当時あらたに生じた新儀なのでもあった。その行為は、王の膝下に演ぜられるものながら、饗宴の極みにあらわれる日常を逸脱した反秩序的な、まさに前代未聞の「无礼《ムライ》」をみせるものだった。そのインパクトこそ主役なのである。物語の巧む「謀《タバカリ》」の仕掛け、転倒の面白さも、そこに根ざしているであろう。

物語の興を支える、人間と社会との関わりかたの「極《イミジ》」き位相としての「推参」のありようは、嗚滸《ヲコ》な笑話を連ねる巻二十八の、五節話の直前に位置する「円融ノ院ノ御子ノ日ニ参曽祢吉忠語《ソネノヨシタダマヰレルコト》第三」がまたしても活写するところである。

円融院が主催する船岳山紫野における子《ね》の日の遊宴には、殿上人と共に「和歌読《ウタヨミ》」も召され、末に座が設けられて当代一流の歌人らが着座した。彼らは「兼テ院ヨリ廻《メグラ》シ文《フミ》ヲ以テ可参《マヰルベ》キ由被催《モヨホサレ》タリケレバ、皆衣冠シテ参タル」のであった。その時、座の末に、烏帽子狩衣姿の賤げな格好をした翁が来て坐りこんだ。何者かと見れば「曽タム（丹）」つまり曽祢好忠である。互いに確かめるが誰しも召した者はいない。殿上人たちのあいだにざわめきが広がるなか、判官代が「此《コ》は何《イカ》ニ、召《メシ》モ无《ナキ》ニハ参《マヰリ》テ居《キ》タルゾ」と詰問すれば、彼は「歌読共《ドモ》可参《マヰルベ》キ由被催《モヨホサ》ルト承ハレバ参《マヰリ》タルゾカシ。何《イカ》デカ不参《マヰラ》ザルベキ。此ノ参《マヰリ》タル主《ヌシ》達ニ可劣《オトルベ》キ身カハ」と昂然と応《こた》える。そこで判官代は、

此奴《コノヤツコ》ハ早ウ、召《メシ》モ无キニ、押《オシ》テ参《マヰリ》タル也《ナリ》ケリ。

と断じ、罷りいでよと追い立てるが、立ちあがろうともしない。大臣らの指図で、襟首をつかまれて引きずり出され、殿上人から随身や小舎人にまで踏みつけられて散々な目に遭いながら、曽丹は逐われて小高い岳《ヲカ》に走りあがり、衆人を見返して、「我ハ恥モ无キ身ゾ。云ハム、聞ケヨ」と、己れの行為を音《こゑ》高く称《とな》えて反駁（この曽丹の弁舌は、それ自体がヲコな物言いであった）した後、咲い声の渦まくなかを遁走し去る。

当の曽丹自らが、この一件を歌に詠んでいる。『好忠集』には、「円融院の御まへの日《ひ》、召《め》しなくて

参《まゐ》りたりとて、さいなまれて、又の日《ひ》奉《たてまつ》りける」という詞書を添えて、

　よさのうみのうちとのはらにうらさびて　うきよをわたるあまのはしだて

と、丹後丞であったことから丹後の名所にかけて、人数にも入らぬ己が境遇を述懐している。これは当時評判の〝事件〟であったらしく、『大鏡』昔物語にも想起されて繁樹に「からうおとりにしこと」「あさましく侍り」と評されているのだが(22)、『今昔』も「心ノ不覚《フカク》ニテ（中略）召モ无キニ参テ、此《カカ》ル恥ヲ見シ」とあくまでも否定的に把えている。しかしながら、物語が描きだす曽丹の振舞には、地下ながら歌よみのわざにおいては召された者共には負けぬという、一流の自負に支えられた誇りが感じとれる。歌の道を立てる者の衿恃と自己主張が彼を突き動かしているようである。しかもそれが滑稽なしわざとして宴の庭において道化として嘲笑されるという、両義的な残酷さとでも言うべき表現が物語には創りだされている。そこに形象される人物像は、第七章で詳しく述べるような、『今昔』において祭りの場などでよく登場する「馴者《ナレモノ》の物をかしく云ひて人笑はするを役とする翁」の類型ともいえよう。だが、本話についてみれば、その鳴滸なるものが生みだす物語の興は、根底において「召モ无キニ、押《オシ》テ参《マヰリ》タル」人間のありように拠っている。それは、やはり「ヲシテマイラウ」と同じく「推参」の古い称、その原型にほかならない。

　はたして、この出来事を伝える長明の『無名抄』では、「曽祢好忠と云ふ者、人数にもあらず、円融院の子日の御幸の推参さへして、をこの名を挙げたる者ぞかし」と表現するのである。

『今昔物語集』における二つの「推参」の物語は、何れも王の許での遊宴の場を舞台としている。

また、和歌《うた》よみをも諸道のひとつと把えることができるなら、ともに芸能者ないし芸能がそこで重要な役割を演ずる。とりわけ曽祢好忠が演じてみせた、身分の秩序を超越しようとする比興なる人間のありようは、宮廷の祭儀を成り立たせるために欠くことのできない芸能を担う者と、それを演ずる場のしくみとのあいだに働く転倒した位相の力学を、象徴的にものがたっているようである。

五　中世の物語と芸能における「推参」

中世において、「推参」は、もしくは推参する人間像は、いかなる姿を示すだろうか。それは、中世のあらたな物語の世界のなかに登場する人物像のうえに、あざやかに見いだすことができよう。それは、たとえば軍《いく》さ物語としての『平家物語』であり、その冒頭に登場する院の許しを被《かうぶ》って昇殿する平忠盛である。巻一の「殿上闇打」段は、宮廷の五節および殿上淵酔が舞台となって、この機会を利用して新参の成り上り者忠盛を快からず思う殿上人たちが彼を恥かしめようと企てる。これを伝え聞いた忠盛は、わざと鞘巻《さやまき》を目出つように差しながら参内し、郎等家貞を武装させながら殿上の小庭に召し置いた。闇打は止《とど》められたが、殿上人らはこれを狼藉として院に処分を訴える。糺された忠盛は、「郎従小庭に伺候の条」について、重代の家人が主の身を守らんがため「忠盛には知らせずしてひそかに参候の条、力及ばざる次第なり」と陳弁し、また鞘巻は箔押しの木刀であったと明し、却って御感に預る。『源平盛衰記』は、この忠盛の返答の申状について、次のように「推参」の語を用いている。

年来ノ家人、為レ助二其難一、忠盛ニ不レ知シテ推参、罪科可レ有二聖断一……

これに対して院は「郎従小庭ノ推参、武士ノ郎等ノ習歟」と許容し、叡感あったという。この部分は、延慶本も含めて諸本は「参」および「参候」の語を用い、『盛衰記』のみが「推参」としている。それは、後章で論ずるように、『盛衰記』がとくに芸能的な要素について詳しく、脚色がいちじるしいこととも関わりがあろうか。殿上闇打の話が五節の殿上淵酔の宴を背景としていること（延慶本や『盛衰記』はこれに加えて五節舞の起源伝承を挿入している）を想起すれば、そこに「推参」の語が登場することは決して唐突ではあるまい。

更にこの物語のなかに挿入されるのは、殿上淵酔にまつわる芸能説話というべきものである。御前の召に忠盛が立って舞うところ、人々は拍子を替えて、「伊勢瓶子《へいじ》は酢甕《すがめ》なりけり」と忠盛の眇《すがめ》を囃《はや》し立てた。この意趣返しとしての公然たる恥かしめは、殿上淵酔の儀礼―芸能に即した企みであったことを、五節間郢曲の故実として白薄様の歌を代表にあげて説く。そして、もの慣れぬ新参や田舎者の昇殿をその歌舞につけてからかい、咲いものにする風儀のあったことを、色黒であったので「黒《こく》帥《そつ》」の異名を付けられた藤原季仲が「おん黒々《くろぐ》」と囃されたり、稚《わか》くして播磨寺家成卿の聟となり富貴の身となった花山院忠雅を磨《みが》き立てられた「播磨米《よね》」と囃したりした、殿上淵酔における笑殺や諷刺の先例として挙げる。較べて忠盛へのそれが如何にも剣呑な趣向であったと言うのである。季仲の逸話は源雅兼の事として『貫首秘抄』に見える故事であったことが指摘されているが[23]、そのような宮廷の殿上淵酔をめぐる乱舞――やがてそれは推参につらなる――の芸能をふまえて、当座の肴《さかな》にされる犠牲《いけにえ》を忠盛に宛てがってみせた巧みであった。伊勢平氏という田舎者の地下人とその一党が、これに抗《あらが》って立てた意地を『盛衰記』は「推参」という。それは一方で確かに、推参が演ぜられるその場の伝統をふまえての表現であろう。

また一方、「推参」によって象られる曽丹の如き比興なヲコの者としての地下歌人の生き様は、やはり中世の物語世界のなかで、姿を変えてあらわされる。宴遊や歌会の場において演ぜられ、王の許での無礼を現じて見物する上下の眼前にくりひろげられる打擲と遁走を、物語はふたたび再現するのである。それは、一篇の空想譚《ファンタジー》として、異類物というべき物語の領域に移し替えられた。

後崇光院貞成《さだふさ》親王筆と伝えられる『十二類合戦絵巻』と題される古絵巻[24]は、十二支の動物たちと、彼らから擯斥された狸を大将とする動物たちとの合戦物語である。物語の発端は、堂上にも擬される、薬師十二神将の使者と誇る十二類が戯れに歌合の遊びを企てるところに始まる。そこに鹿が狸を召し具して訪れ、ただちに横座に着く。この絵の特徴である豊富な画中詞では、まず犬が「始終様《しじゆうやう》もなく推参《すいさん》しかるべからず。人の用《もち》いぬ所にはゐぬことにて候ぞ、はや立《た》たれよ、誤《あやま》ちしたまふな」とたしなめ、猿が「さる不思議《ふしぎ》の推参や候べき」、羊が「いかさまにも、この推参はやうのあると覚候」と咎め、馬は「烏籠《(ヲコ)》の躰かな、これを追《お》い走《はし》らかさばや」と座を追おうとする。これに対しての鹿の申状を領承し、龍の許しによって判者となり歌会を張行、見事にさばいた判者は酒肴でもてなされ、乱舞延年に及んだ。鹿の推参は許容されたのである。

図12　十二類合戦絵巻

絵巻を観ることを芸能見物と同じくらい愛好した『看聞日記』の著者である後崇光院貞成親王は，自ら絵巻の制作にも携わり，絵詞を染筆し，物語草子を多く書写している。十二支の異類たちの“堂上”に，その他の“地下”の動物代表として鹿と狸が推参した，という発端の戯作を一篇の絵巻に仕立てあげたのも，おそらく親王その人であったろう。絵と詞とが一体化したその絵巻は，至るところ遊び心が溢れ，ヲコの戯れを練達の画技で描きだしている。その原本と思しい堂本家本の忠実な転写がチェスタービーティ本であるが，狸が鹿を真似て推参したのを咎められ，ただちに打擲され追放される場面は，人間のそれよりも一層露わに残酷な，「推参な者」への罰が演ぜられている。

その後、再び会合の折に重ねて鹿を判者に請ずるも辞退するところに、供していた狸が鹿のもてなしを羨み同じく「推参」すれば、今度は一同が追い出しにかかる。画中詞には、狸の滑稽な秀句にもならぬ申状に、龍が「己《をの》れが様《やう》なる尾籠不思議《びろうふしぎ》の奴《やつ》、とく〳〵罷《まか》り立《た》つべし」と呵すのを合図に、打ち叩き踏み蹴って追っ払おうとの罵言が連ねられ、狸は散々に打擲され傷だらけで逃げ去る。それは殆ど『今昔』の曽丹の推参を咎めて座から逐いやる姿に重なろう。しかし狸は泣寝入りせず、与えられた恥辱に報復するため、かれに同心する地下人《じげ》ともいうべき異類を集め、討ち入ろうと企てるのである。結句、この軍《いく》さは狸方の敗北に終り、狸は出家遁世して花乗房と号し、上洛して猯《まみ》阿弥陀仏の道場に住し、腹鼓を拍子《はやし》に打って踊り念仏する。全体は、見立ての遊びが絵と詞と画中詞とにより有機的に結びつけられて、悉く秀句じたての詞は随所に和漢の故事や詩歌をふまえた教養に満ちて、絵と共に戯れている。(25) 合戦はあくまで趣向のひとつに過ぎず、むしろ歌合から酒宴乱舞そして踊り念仏へと遊戯しつつ展開する芸能的世界がその基調にあり、その世界は推参を契機として生成する仕掛けになっているのである。推参し追放された者の一揆による逆襲とは、いかにも下剋上の中世にふさわしい筋立てだが、結局は十二支体制の側が勝利を収め、秩序は回復し、敗者が遁世する約束事で締めくくられる。それは、制作した主体が零落しながらもなお中世の王の一人だからであろうか。

これらの物語においても、芸能の場の生成と推参とが分かちがたい関係にあることが推察されたのであるが、中世芸能の始源をしるしづける伝承の中にも「推参」は登場する。

中世の音楽の頂点をなす、帝王の楽器とされた琵琶について語られる種々の伝承の一画に、それは位置している。上原・石上・流泉の三曲とされた琵琶の秘曲伝授は、やがて帝王が相承すべき灌頂として、王権を荘厳する装置の中核となったが、その相承系譜を超越するようなかたちの秘曲伝来をめぐる伝承がいつしか説かれていた。隆円の著した『文机談(26)』は、鎌倉中期までの琵琶の音楽の伝流を、その相承を担い連なった人々の逸話を中心に対話様式で叙述した作品であるが、その巻二に「霊推参事」条がある。

藤原貞敏が唐より伝えた琵琶の相承は、清和天皇より二代を経て西宮殿源高明に至る。ある夜、彼が興にまかせて琵琶を弾じつつ深更に及べば、丑時に「御前の階隠《はしがくし》の辺にもの〻かげろふやうに見えければ」、いかなる霊鬼なりと王臣を侵すこと叶わず、何者か、と誰何するに、大唐にて貞敏の師であった簾承武《れんしょうぶ》の霊であると名のり、聊《いささ》か啓《もう》すべきことあって此の砌に望んだ、という。己れは（琵琶の音が）自ずと礼楽に叶い三宝に供養する功徳により仙霊と化し、飛行する裡に殿下の琵琶の音を賞《め》でて「仙術験《げん》を失ひて、既にここに推参を企《(くはだつ)》所也」と弁じ、いまだ貞敏に伝授せずに了った上原の曲を伝える。その陳弁のなかで簾承武は再び己のことを、

仙壺は山の鹿《かせぎ》にて、魂うかれ侍が故《ゆへ》に、片時の推参を企つ。

とも、また「今これに参《まゐ》り臨む事は、たゞ君（高明）の我道にふけりて懇なる御心ざし、自《(をのず)》から夫《(そ)》の心に応えて望《のぞ》み参侍ぬ」とその理由を告げる。高明を中興の祖とする桂流という貴種に伝えられた琵琶の正統性、その至極としての秘曲伝授は、この神秘な仙霊の時空を超越した「推参」によって遂げられ証明されたのである。

この高明について語られた秘曲伝授伝承は、より素朴な霊託というかたちで『吉野吉水院楽書』や『三曲秘譜』などの楽書や伝授奥書に見えるが、一方で、村上天皇の御前に霊が現れて伝えたという形の伝承もある。『文机談』もその一話の末に、とくに「古事談」の書名を掲げてその異伝を示している。村上天皇が清涼殿にて弾奏するところに彼の霊が孫庇に「推参」した、というものである。たしかに『古事談』「亭宅諸道」にはこの説話が収められている。『十訓抄』はこれに拠って記し、かつ高明への伝授を異伝として添えている。そして『平家物語』巻七「青山沙汰」において、御室《おむろ》が経正に授けた青山の琵琶に結びつけて語られることで、広く知られる逸話となり、能『玄象』として芸能化されるに至った。三曲のうち秘曲を一曲残した（執心の）罪によって魔道に沈淪する廉承武の霊が、帝の御琵琶の撥《ばち》音の妙《たへ》なるにより参入し、優に気高き声を以て唱歌するというように、それは全体として音と声の霊妙な験《しるし》を主題とする説話である。しかるに、『古事談』をはじめ何れも御前に臨む廉承武の霊は「参入」という。これをしも『文机談』が「推参」と表現するところには、或る種の負荷がかけられていると思しい。それは、『文机談』が高明の伝承について説きいだした、祖師の霊が中興の祖に時空を超えて秘曲を授けるという、一箇の芸道の神話に照応する表現ではなかろうか。

いずれにせよ、芸能者が己れの芸―音曲を携えて貴人の許に「推参」するという構図は、遊者《あそびもの》たちのそれと基本的に変わるところがない。但し、笑いとともに一座から追放されるヲコな者の推参とは対照的に、これは許容され、神秘な交歓が遂げられて、後世に伝えられる芸能の一流をあらしむる神話として記憶されることになるのである。

六　物語られる芸能としての「推参」

やがて中世の物語と芸能の世界で立役者をつとめることになる曽我兄弟の仇討も、そのはじめは「推参」であった。『吾妻鏡』建久四年（一一九三）五月廿八日条には、次のようにある。

子剋、故伊東次郎祐親法師孫子、曽我十郎祐成、同五郎時致、致㆔推㆓参于富士野神野御旅館㆒、殺㆓戮工藤左衛門尉祐経㆒。

その直後、同宿していた手越少将ら遊女の叫喚が響き、兄弟は父の敵《かたき》を討ち本懐を遂げた由の「高声」を発して騒動となり、雷雨が激しく降る闇のなかで、駆けつけた輩の多くが疵を蒙り殺害された。この暗夜の怨劇の混乱のなかで、十郎は新田四郎に討たれたが、五郎はなお頼朝の御前を目がけて「奔参」したのである。兄弟の推参は、ただ父の敵を討ち果たすことでおわるのではなく、あらたな東国の主となった頼朝の許へ赴き、「拝謁」を遂げて恨みを述べ自殺しようという捨身の行為、一種の叛逆でもあった。

曽我兄弟のこの仇討の因縁は、頼朝による東国政権成立の経緯とも絡まり合い、仏法の唱導の論理によって因果がたぐり合わされて、やがて壮大な物語として結実する。早く真本名『曽我物語』が成り、次いで室町時代には仮名の諸本が成立して、『七十一番職人歌合』に描かれるような瞽女《ごぜ》たちの語り物として、また幸若舞曲や能にも曽我物として採り入れられて、芸能の世界で語られ演ぜられるようになっていく。そのなかで、物語中の曽我兄弟のはたらきは、次第に芸能者的な姿を帯びてくるようになる。そこに、物語が担い表現する「推参」のありようが、芸能の場の論理として再び託されることになる。

『曽我物語』巻七、流布本系平仮名本[27]の、いわゆる「小袖乞」の段。物語の大筋の上では、兄弟が仇討決行を目前にして母の許へ赴き、最後の暇乞のため対面するくだりである。それを物語は、不《ふ》孝《きょう》の咎によって母より勘当された五郎が許しを乞い、さまざまな曲折の挙句ついに和解するに至る劇的な一幕にしたてている。そこで母と兄弟のあいだに演ぜられる葛藤と緊張が、小袖を乞うという趣向に象られているのである。

この物語の展開を逐うならば、それがいかに劇的な場を仕組んでいるかは明瞭であろう。御前にかしこまり狩場の盛儀に叶う晴の装いとして小袖を乞う十郎に、母は不安な面持ちながら練貫の小袖を賜べる。しかし一方で五郎は不孝の身として対面を許されず、片隅で涙を拭ってたたずむ。そのうちにひとつの決意が固まる。

よく〳〵物を案ずるに、母の不孝を許されずして死なん事こそ無念なり、推参して見ばや。

と、母の方へ赴くが、さすがに内に入りえず、障子越しに自分にも小袖を賜わりたいと乞う。対面を拒む母に五郎は人伝てに反論するが却って怒りを買い座を逐われる。五郎はそこで「しやうめつ婆羅門」の故事を語り、重ねて「慈恩寺」縁起譚を説いて母の慈悲を子に垂れるべき証を説くが、母はこの教訓にいよいよ立腹して障子を立てる。更に五郎は「斑足王が事」を引いて母に許しの功徳を説きたてる。が、なお母は不孝に固執して許そうとせず、五郎はもはや術《すべ》もなく泣き伏してしまう。これを見かねた十郎は取りなして頻りに許しを乞う。ところが度重なる懇願にもかかわらず猶も許さぬ母に向かい、最後の手だてとばかり、十郎は威《おど》してみようと扇を開き眼を怒らせ、「とてもかくても、生き甲斐なき冠者、在りて何にか逢ふべき。御前に召し出し、細首うちおとして見参《げんざん》にいれん」と、座を立って板敷あらく踏みならして怒ってみせる。驚いて慌ててすがりつく母に、脅迫同然に無理矢理許しを得るのであった。

母の許へ参ることを得て涙ながらの両者の述懐は、やがて次第に心解《と》けた秀句の応酬へとうつりかわる。母は酒肴を取りよせて兄弟に勧盃し、飲みほした五郎に舞いを所望する。十郎は横笛にて音《ね》とり、拍子をたてれば、五郎は扇をとり、祝言のワカを三反踏みながら舞う。更に、拍子を踏みかえて、「別れのことさら悲しきは」に始まる愛別離苦をうたう今様を二返、責めに踏みめぐり、内心の深き思いを忍びつつ舞いおさめる。

酒宴が果て、母は五郎㉘に父の着たる唐綾の小袖をとらせる。五郎は衣を脱ぎ替え——心底には形見の衣として——立ちいでれば、母はこれを見て嘗て兄に与えた衣は弟に着せたものと知り、感涙を流す。兄弟は母より賜わった小袖を中に置き、「うれしくも推参しつる物かな、只今許されずしては、多生を経る共叶ふまじ」と感激を語りあい、形見の歌を一首ずつ手跡にとどめて託すのである。

この一段が、挿入された説話の膨大さにもかかわらず、ひとつの有機的な劇として構成されていることは明らかに見てとれる。それは、酒宴の挙句の興余としての歌舞を頂点としているが、舞い手を含めてその座に在る人々の思いの高まりをそこに託すという点で、『義経記』巻六の静御前の物語と同じく、また祇王説話とも共通していよう。(29) 舞い手である五郎によって語られる幾つかの説話もまた、今様や和歌と並んで曲舞の語りとして把えることもできようか。故事説話とともにこの趣向も真名本曽我物語にはみられない。ただ兄弟の求めに応じてそれぞれに小袖を賜い兄弟は己れの着たる衣を替りに形見として水茎の跡とともに留めるばかりである。流布本は、たんに説話を増補したのではない。いわば真名本のこの枠組のなかに芸能説話ともいうべき趣向を導入して脚色したのである。そのとき、母より兄弟――とりわけ五郎に与えられる小袖は、五郎の歌舞（白拍子）の芸能に賞《め》でて賜《た》べ下される纏頭《かづけもの》にひとしい。これは、当時の芸能の場における約束事をふまえて、そこに演ぜられてその場を象った芸能説話を下敷につくりだされた物語なのである。そのとき、五郎の「推参」とは、まさしく芸能者のそれを意識して読みかえられたものであろう。物語が、たんに母子としての関係ではなく「不孝」の咎めを建前としての主従関係を描いているのも、それに対応している。そこでは十郎も「推参」から「見参」への転換をはたすという重要な役割を担っているのであり、兄弟は互いに離れがたい二人で一組の芸能を演ずるものとして登場し、その巧み――芸によって思いを遂げるのである。

語りにおける芸能的モティーフとしての「推参」は、さらに物語の世界であらたな展開をみせる。曽我兄弟に劣らぬ中世物語―芸能上の英雄である義経と一具の郎党たる弁慶も「推参」する者であった。その弁慶の誕生の由来から義経に従うまでを、『義経記』(30) の巻三はものがたる。その中に弁慶が決定的に「仏法の仇《あだ》」となる悪行を犯すに至る纏末が「書写山炎上の事」であり、彼はそこで推参することにより物語の上でそうした悪党的な性格を獲得していくことになる。

叡山中に恐れ憎まれた児であった鬼若は、自剃《じぞり》して出家し弁慶と名乗る。山をあくがれ出《いで》た弁慶は、諸国修業の末に書写山に登り、性空上人の御影を拝み、ここに一夏《げ》籠ろうと志す。当時、書写山において大衆は学頭の坊、修業者は経所、夏僧は虚空蔵堂と集会所《しゅうえ》が定められていたが、弁慶はかまわず最先に学頭坊へ赴く。

弁慶は推参して、長押の上に憎気なる風情して、学頭の座敷を暫く睨みて居たりけり。

このふてぶてしい推参を学頭はともかくも受け入れ、弁慶は一夏の間退転なく勤め、褒美に預かる。夏僧（夏衆）とは、一山の最下﨟の行人として鎮守社に参籠し供花などを勤める集団をいう。寺院内部の厳重な階級による差別が大衆と修業者、そして夏僧とを分かっていたが、弁慶はその分際を無視して強引に寺僧集団への加入と苦行を遂げたのである。

一夏を過ごし、学頭の許へ暇乞いに赴くと、折しも児と大衆の酒宴の最中である。暫く昼寝しようと臥すところに、戒円なる「相手嫌はぬ諍《いさかい》好む者」、もとより憎気な弁慶を目の仇としていたのが恥をかかせる好い機会とばかり、その面《つら》に「足駄」と書き戯《ざれ》歌を書きつけて嬲る。笑い声で起きた弁慶、「悪しき所に推参したりけるやと思ひて」衆徒中へ出てみれば、一同彼の面を見て笑わぬ者はない。悪い相手に悪戯《いたずら》を仕掛けたものである。笑いものにされた弁慶は、坊中を散々に悪口して廻る。何をし出すかと危ぶんだ学頭は、衆徒を催し講堂にて僉議し決着を図ろうとするが、弁慶は召せども出《いで》ず、却って腹巻着て武装して出立つ。一山の衆徒の集会する真中を足駄踏みならして肩を踏んで通り、その無礼を学頭が咎めるにも道理を以て抗弁し、謝罪を求めて一歩も退《ひ》かぬ。

ここに戒円は居丈高に目にもの見せようと挑みかかり、弁慶も受けて立って大立ち回りとなる。松明の燃えさしで打ちかかった戒円を摑みあげ、大衆の酒狂いをば修業者鎮めよとの掟なればと、講堂の屋根へ投げあげ、転がり落ちたところを踏みつけて悶絶させた。その時、軒にはさまった燃えさしから火が出て、講堂はじめ主な伽藍は皆な焼け失せた。ここに至って弁慶は、「現在仏法の仇」となる咎を犯した上は何でもござれと逆上し、走り廻って火を付け一山を全て焼き払ってしまう。更には上洛して院の御所へ大声でこの椿事を呼ばわり告げて、院宣により罪科の張本として戒円が補えられ、糾問の挙句責め殺されてしまう。この纏末を聞いた弁慶は「心地よき事」と喜び「弁慶が悪事は朝（家）の御祈りになりけり」と図にのっていよいよ悪事をなした、という。かならずしも本意から仕でかした事ではないのだが、悪戯に端を発した〝笑い〟は、笑われた者の逆襲から、次から次へと事態が悪い方へ陥っていく悪夢のような展開となり、ついには一山滅亡という破局を迎えるが、なおこれも秀句によって締めくくられるように、全体にヲコが横溢した物語である。

それは推参な者が〝笑い〟と共に追放されるのとは異なる。あくまで推参を貫く弁慶は、彼の前に立ちはだかる巨大な組織も臈次も階級も、全てその強力《ごうりき》で打ち破って、却ってその破滅を喚びおこす〝荒ぶるもの〟である。ここに弁慶のもたらす推参は、それがもたらす最も破壊的な側面をよく示していよう。

やがて弁慶の悪行は、千本の太刀を奪って己が重宝にしようとの企てに至る。その最後に御曹子牛若が登場する。五条の天神で出逢った弁慶は、その太刀に目をかけて離れない。御曹子は「さる嗚呼《おこ》の者《もの》」と知って、欲しくば寄って取れと挑発すれば、「見参に参らん」と飛びかかるが、飛行《ひぎょう》の法に軽くあしらわれてしまう。次に清水参詣に待ちかまえる弁慶の重ねての太刀所望を、御曹子はまた軽く受け流し、ほとんど太刀に心を奪われたように跡について寺に参る弁慶を、相伝の者として召し使おうと企てる。弁慶は、御堂の内に御曹子の法華読経の声を聞き知って、大勢の中をかまわず押し通り、彼の姿を求める。どうあっても「推参せばや」と思い、児か女房をどかせようと小突いた相手が当の御曹子である。この狼藉にわざと悪口する御曹子に答えて弁慶は、

「情なくも宣《のたま》ふものかな、昨日《きのふ》の夜より見参《げんざん》に入て候甲斐《かひ》もなく、其方《そなた》へ参り候はん」と申も果《は》たさず、二帖《でう》の疊《たゝみ》をのりこえ、御側《そば》へ参る。人、推参尾籠《びろう》なりと憎みける。

仏前に居並んだ二人は法華経を競って読み、これを参詣者はありがたく聴聞する。暫くして御曹子が「又こそ見参せめ」と座を立とうとするのを留めて、なおも太刀を賜べと懇望するのを拒めば、ついに武芸の勝負にて決しようということになる。御堂から舞台へ二人の立ち回りは移り、その戦いの面白さにいつしか人々も見物についてまわり評定の声まで聞える。二人の闘争はほとんど祝祭的な場を現出するのである。ついに弁慶は打ちひしがれて御曹子に従い参らせ、主従となる。この纏末が弁慶と義経との「見参に入始《いるはじ》め」であり、それは弁慶の「推参」によってもたらされた契りなのである。

古く室町中期にはすでに座頭の語りものとして海道上に演誦されていたらしい『浄瑠璃（浄瑠璃御

図13　武蔵坊物語絵巻

弁慶の，牛若との邂逅から降参に至る物語には，殆ど，美しい児《ちご》に向けられた寺の大衆《だいしゅ》の渇仰や恋慕の様を誇張させた趣きがある。『義経記』において弁慶が御曹子に挑みかかる姿を「推参」と表現するような行動様式が，弁慶を主役としてこの両者の劇《ドラマ》を物語化したこの絵巻にも貫かれている。叡山を追放され，平泉寺を経廻して書写山に至った弁慶は，喧嘩闘諍の挙句に一山を破滅させてしまう。ヲコの笑いを交じえた“ジェットコースター的感覚”の物語は，悪僧修行者としての異形の弁慶の立ちはたらきを軸に，推参をめぐって惹きおこされる勝事（笑止）の纏末を余すところなく表現する。

前物語)』は、古絵巻・奈良絵本や写本などに膨大なヴァリエーションを残すが、[31]やがて人形操りの舞台に語られ、また近世初期には「十二段草子」として刊行された。その古活字本をはじめとする流布本系[32]の第七段で御曹子義経が浄瑠璃姫の許を訪れて言問うたところに「推参」の語がみえる。物語を逐ってその文脈を視覚的に把えるならば、まさに「推参」の場がうかびあがる。それは、この物語が仕組むひとつの重要な趣向を示す鍵となる言葉であろう。

金売吉次に従って奥州へ赴く下人に身をやつした御曹子は、東下りの途次、宿りする三河国矢矧宿の屋形の前にたたずむ。頃は弥生なかば、春を盛りと咲く花の時節、朗詠をうたいつつ庭をめぐるうち、響く琴の音に惹かれて歩みよれば、絢爛たる華やかな殿中にあまたの女房たちに傅《かしず》かれているのは「芸能・情け・みめかたち、当国他国に並びな」き美人たる浄瑠璃姫であった。その姿を垣間見した御曹子は、「都にありし時、幾らの(も)内裏の女房たち、やんごとなき上臈たちを、五節の遊びありし時見たてまつれども、かほどの美人はいまだ見ず」。かような人にこそ、と懸想する。折しも管弦の遊びをはじめるところ、笛を合わせ奏すれば、その音色に魅せられた姫に請ぜられて音楽の座に連なり、試みようとする女房たちが問いかける古文聖教の不審に易々と答え、めでたくもてなされる。

やがて酒宴なかば、しきりに留めるのを辞し、「命もつれなく候はゞ、めぐりめぐりて、またこそ御見参」と暇乞いして去る。しかし、姫の面影に心あくがれ、「死なん命は惜しからず、忍びて見ばや」と夜ふけて簾中ふかく忍び入り、「誰《たれ》請ずるとはなけれども、浄瑠璃御前の宿り給ふ床の錦の上近くに入」り込み、まどろむ姫の許へ訪《おとな》うのだった。この「忍《しのび》の段」における御曹子の口説きはじめの詞の末は、次の一句によってしめくくられる。

都《みやこ》の冠者《くわしや》が　今宵《こよひ》しも　推参《すいさん》申して候なり　いかにや君

以下に繰りひろげられるのは、恋する男と恋われる女との艶にしてまた緊張にみちた応酬である。姫は〝及ばぬ恋〟をさとして去らせようとするが、御曹子は様々な恋の例《ためし》を挙げて「凡夫が凡夫を恋ひたらんは、なにかは苦しう候べき、いかにや君」と反論する。さればと姫はこの闖入者に、武士《もののふ》に仰せて死罪流罪ともなろうとおどし、また千部経読誦の誓いを立てた身ゆえ精進の最中なりとすかして心を逸《そ》らそうとするが、思い切った御曹子は、また幾らも恋の由来を説き、自らも万部経を読む者とて「精進と精進が寄り合ひて、何か苦しかるべき」と駁す。なおも仏神の畏れを楯にとり求愛を拒む姫に、彼は「仏も恋を召さるればこそ」と仏神も恋ゆえ顕れた例《ためし》を連ね、法門問答のかたちで「仏法になぞらへて」の口説に言葉を尽くす。さすがに姫はこの賢《さか》しき理《ことわり》に伏して黙《もだ》してしまい、最後に言いかけられた大和言葉の謎かけに答えざるを得ず、これを解いたところでようやく心とけ、あい馴れて、「宵は酒盛り、夜中は問答、小《さ》夜ふけ方のことなるに、たがひに見参めされけり」。

「推参」から「見参」へ、その駆け引きは、恋の論義問答というべき中世物語の趣向の集大成として綺羅の綾を織りなしているが、そこで恋の成就――一夜の契りへ至る二人の関係の転換を象るこの言葉は、まことに興ふかい。

それは遙かに宮廷の殿上淵酔における「推参」と響き合っている。宵の酒宴より始まり深更に屋形ふかく赴くところ、内裏を巡り舞姫や后妃後宮女房らの許へ歌い舞いながらおしかける若殿上人の情

図14　破来頓等絵巻

「破来房」の突然の発心遁世の場面は，追いすがる女児と，妻女たちが家内で泣き崩れるのを尻目に，法体となった男が衣を乱し歌い踊りながら去っていく姿をクローズ・アップする。彼が唄うのは，「破来頓等（やれことんとう）」のリフレイン，すなわち推参する芸能者の囃し詞であった。衣を肩脱《かたぬぎ》する彼の姿と，足許の扇と笛も，宴遊の乱舞《らっぷ》をふまえている。時衆の教養を寓意的に絵解きした，その遁世の図像は西行物語絵巻に倣ったものであり，西行が走り去るのを，これが踊るのは一遍聖の踊り念仏を踏まえての所作であろう。ここに，芸能における推参は，穢土たる現世から浄土への遊行へと，大胆に転換されたのである。

景が、遊君の長者の姫の局へ花やかに装いながら訪れる御曹子の姿に重なってはいないだろうか。朗詠や管絃、和歌、物語に至るまで、そこに芸能の興趣が満ちていることもそのことと無縁ではない。

それはまた、祇王の物語における「遊者《あそびもの》の推参」とは逆に、遊女にたいして「推参」をしかける態の設定である。その転位の面白さを含めて、宗教的なる世界をふまえ、その道具立てを用いながら転じて恋の口説きとなしてしまう、その転倒も、まさしく芸能の演ぜられる場としての「推参」が予期し、なしとげられるべきものであったろう。そこに、さきにみた『曽我物語』小袖乞の段との共通性がうかびあがる。何れも、「推参」によって触発される芸能が決定的な転換をうみだす。言い換えれば、芸能が発現し、それによる転換がなしとげられるために、物語が要請する〝磁場〟として「推参」は導き入れられたのではなかろうか。

七 「推参」を生きる

「推参」とは何であったのか。それは抗いがたい誘惑として、衝迫的なはたらきかける力として、〝場〟を生じ、人を其処へ否応なしに赴かせてしまったり、また捲きこんでしまおうとする、そのような運動とは言えないだろうか。それは、定まった制度でなく、ましてや成文化した法ではない。反対に、むしろそれを逸脱する如きものとして、祭儀や遊宴の場に必らず芸能を伴ってなされる行為――否、芸能そのものとして現れる営みであった。

たとえばそれは、日常世間の人々にとって、他界より祝福を携えて訪れる異人としての芸能者に刻印された表徴《しるし》であった。鎌倉時代の辞書『名語記』(33)は次のように記す。

千秋万歳トテ、コノゴロ正月ニハ、散所ノ乞食法師ガ、仙人ノ装束ヲマナビテ、小松ヲ手ニサヽゲテ推参シテ、様々ノ祝言ヲイヒツヾケテ、禄物ニアヅカルモ、コノハツ《(初)》子日ノイハヒナリ。

中世に千秋万歳は歳旦つねに内裏に参り芸を奉り、それより貴賤の家門に赴いた。かれらが目指した、王を頂点とする中世社会の体制序列の、可視的な枠組として設けられていたのは、禁制や掟書等に象られる主従・親縁・年臈・性などが画す身分階級である。そのうえに成りたつ権力を在らしむる演劇的装置としての祭礼・儀式は、その構造に必須の過程として饗宴ひいては芸能を要求し、その演じ手たる芸能者を導き入れるに至る。そして、それこそは「推参」のなされる場であった。

この「推参」を常の習いとし、却《かえ》ってそれを故実というコードに託して儀礼体系のなかに組み込むならば、その次第を忠実に再演することによって、調和は保たれ、秩序は再生するであろう。芸能者が恒例としてそうした役割を負わされ、先例なるにより召し催されて「参入」するという逆説的現象もまた絶えず生起した。芸能者の「参」ることについて記録上に残されたのは大部分がさような場合であり、されば我々はそれが当然と錯覚してしまう。王に最も近くおこなわれる「推参」たる殿上淵酔のそれも、殿上人を撰び（やがては郢曲の家に）演ぜしめることによって、故実のなかにその構造を制度化し固定化されたものとなっていった。

しかし、それはなお「推参」の半面、その断片化された現象の一端を把えるにすぎないだろう。

一方で「推参」は、何処からか不意に芸能とともに芸能者が出来《いできた》る、「呼ばれもしないのに」登場する時のすがたであった。嘉吉三年（一四四三）正月、伏見宮貞成親王の御所への柳原散所の松柏《まつばやし》（千秋万歳芸の当時の呼称）の「推参」は、幕府より洛中での手猿楽興行を制禁されたなかで、あえて朝廷に許容を求めて参上しての上でのことであった。[34] その前年、西園寺家の許には「二人舞推参、施為尤曲感激無極了」といい、[35]「傀儡推参、於二南庭一施レ芸了」という。[36] それは、もしかすると従来より参入し得たものとは異なる芸能が舞台を獲た瞬間の稀有な記録ではあるまいか。さにあらずとも、芸能とは常に脆くもあやうい「参」の境界線上に戯れるものであり、「推参」は絶えず彼らの生のうちに在ったろう。

「推参」は、芸能を触発し、それによって生みだされる興――因果論でなく互いに循環する運動としての――そういう芸能の本質と深くかかわった人間のありかたと言ってもよい。その興がもたらす転倒や転換は、世の制限や規範を逸脱し乗り超えさせてしまう。何となれば、そのながしは現世の秩序の遙か彼方にあって、世界を変化させてしまう根源的な力に根ざしているからである。そうして、かような「推参」を生きる人間の存在のすがたは、物語の次元においてこそ真に実現されるものなのではなかったか。

第四章 中世寺社の宗教と芸能

南都篇

一　信如の夢

ひとりの女房が、奈良より西大寺の叡尊の許を訪れる。寛元元年（一二四三）秋、叡尊が正しい作法に則って或る童子に出家受戒の作法を施している折であった。彼女はこれを拝見し、随喜して、何《い》時《つ》より戒律興行を始めしか、と傍らの僧に由来を問う。

それは「嘉禎閉門時」。すなわち嘉禎元年（一二三五）の薪・大住荘の闘乱に端を発して、興福寺がその大いなる権威を掲げ、春日社の神木を押し立て、寺門を閉ざし、朝廷に強訴を行った。叡尊ら四人の僧が、南都の一隅で戒律復興のために自誓受戒をなし、托鉢をはじめたのは、まさにそのときである。それを知った女房は、自らの夢想を語りいだす。

春日山の虚空に、俗の女房と僧と四五人ありて、笏《しゃく》拍子を打ち、神楽を歌うている。すると、そのなかの僧が、笏拍子を捨てて、「興法利生の御沙汰あるべし」と談義をなされた。

嘉禎の興福寺の大訴が行われている当時に得た夢想は、その成就を告ぐるものかと悦ぶところに、幕府の強力な介入により衆徒の要求は挫折した。寺門にとっては全く不面目な結果となったのだ。彼女はそれゆえ不審を抱いていたが、いま、戒律興行のありさまを見て、初めて夢の示すところが何であったかが思い合わせられた、と告げた。彼女はやがて出家して律衆の比丘尼の草分けとなり、信如房と称した。叡尊の自伝というべき『金剛仏子感身学正記』[1]は、信如が律衆と結縁する場面を、このように記している。

信如が告げた嘉禎閉門のときの夢想は、彼女ひとりのものではなかった。『中臣祐定記』[2]嘉禎二年(一二三六)七月条には、春日社の一鳥居に「夢想状」と称す落書が掲げられていたことを記す。それは次のような内容である。

榎本社(本社廻廊の東南隅に在る地主神)の西面にて、唐装束の貴女と香染衣の高僧とが対面し、貴女は立ちながら歌う。

フチワラヤ　ミチナラヌ風ノ　神ノ木サヘニ　ヤスカラヌカナ

高僧の返歌。

サカキハヤ　タヽナヲメクメ　ミカサ山　ミチナラヌ風ハ　フキモタヘナム

やがて神人が四五十人許り榊を捧げて祇候し、そのなかに一人が「フタツナリノ梨子」を持つ。夢中に何の為の神人かと思う処、夜討の輩に付かせらるべき神人なり、と貴女は仰せられた。

この夢想のイメージの背後に神木動座の情景があることは確かであろう。「夜討」とは、この直前に起きた閉門を強行する衆徒に対立して寺中を追却された僧綱側の勢力回復の試み[3]を指す。おそらく、貴女は春日社を、高僧は興福寺を象徴し、その詠歌の応答は、社側がこの強訴を危ぶみ衆徒に不満の意を表し、寺側がこれを宥《なだ》めてなお冥助を仰ぐごとき気配が感じられる。「ミチナラヌ風」とは、この訴えに耳を傾けようとせぬ九条道家を諷す詞であろうか。ともあれ、それは信如の夢相に関するこの上ない同時代の解釈となろう。

中世の南都において、興福寺と春日社とは一体であり、むしろ寺が社を支配していたと言ってよい。寺はもとより一元的でなく、別当を頂点とする建前上の組織の裡では、衆徒と、寺内の権門たる二つの院家とが鼎立して、それらの拮抗のなかにあった。大和一国のみならず諸国に散在する広大な荘園の領主であり武力である衆徒国人は、それが侵され神人を害されたとなれば、ただちに蜂起して寺を支配下におき、神木動座を手段として権門に強訴を繰りかえす。春日社に属する神人らもこれに動員され、神木に奉仕した。閉門とは衆徒のこうした実力行使の行きついた果てなのだった[4]。

危機に際して、こうした寺社の構造を、夢想の次元では僧と女とが象り、そこにしいだされ詠ぜられる歌や神楽が、その望むところを告知する。夢想は、この社会の聖俗にわたる世界像を神遊びのうちに示してみせるのだが、それはただ解きやすい寓意ばかりでなく、信如のごとき女人に疑問を懐《いだ》かせ、出世間への途を歩ませるものでもあったのである。

そうした神の示現は、僧のうえにも齎《もたら》される。『続教訓抄』巻二十二そして『春日権現験記』巻十三「増慶事」では、寺門を離れた僧に病悩中の幻想として春日大明神のいましめが示される。天井の上より笏拍子を打つ音が三度二度と響き、やがて女房の和《なご》やかでしかも厳《いつく》しき声もて琴歌が詠ぜられた（いまは『続教訓抄』に拠った）。

　　や　一代失《うせ》ては　初中後と　たれはそや　已上 列音

由不放逸　先除雑染　捨復令心　寂静而住　已上四句指音唱之

『唯識論』の文にもとづいた歌詠は大明神のさとしである。しかるに、それが女房の琴歌―神楽歌と四句の偈頌という声わざの芸能として聴きとられることに注目しなくてはならぬ。かような芸能は、南都においていかなる場にあったものか。それを伺うために春日社において神遊びのしわざを担う女房である巫女に眼を転じよう。

二　若宮巫女の芸能／夢／託宣

中世の春日社において、神の示現は何より巫女のうえにあらわれた。その拠は、保延元年（一一三五）に興福寺衆徒によって創められた若宮である。その拝殿に居る巫女は、若宮神主以下の祢宜や神人とともに、本社からは独立した祭祀の空間を形成していた。拝殿常住の巫女は、南北の座をなして、惣《そう》一以下、宮一・左一・右一・権一・東座と続き、その下に八乙女《やおとめ》座（これは神楽男五人と対になる）があり、更に寿巫女・末座巫女・童巫女と連なる厳重な臈次制をもつ（死闕によって初めて上座に進むことができる）集団であった。[5] 拝殿に結番して参勤するのを当番巫女と称した。他に「哥ウタヒ」「勾当」「宮籠」などが居た。[6] 巫女の座は社司及び神人とは別に興福寺西金堂の大行事すなわち堂衆の支配下にあり、その政所たる手水《ちょうず》屋から補任状を発給された。座上りのためには多額の料足を納める習いであった。[7] この他に、八島巫女・辰市・田原・神戸などに散在する郷巫女があった。恒例の奉仕として供饌と神楽を毎日に行い、御田植や湯立、末社での神楽を時々になす。[8] 若宮祭では遷幸・還幸に随い種々の遊びを演じ、[9] 願主人の奉納する神楽を拝殿に上げる。[10] 臨時の拝賀や貴賤の参詣の際にも願により神楽を舞う。神楽ばかりでなく、その特殊な形として乱拍子を舞い、[11] また白拍子をも数《かぞ》えた。[12] 神楽歌ばかりではなく、当代の流行たる今様その他の雑芸も手のうちにあった。巫女は、若宮にもっとも近侍せる社頭の芸能者であった。[13]

若宮祭がそれを集約して示すように、若宮拝殿じたいが、中世南都では道々の芸能者の本所ともいうる場であった。ここには盲僧座も属し、猿楽・田楽・細男の諸座が参勤し、また「木津住白拍子」が参りて舞うと言い（『中臣祐賢記』文永九年三月三日条）、「遊女月輪《クワチリム》」が拝殿に舞った（同記文永十二年二月十七日条）。さらには手傀儡・獅子舞・鳴振・絵解などが参り、芸を奉納した。[14] 巫女はそれらの接点に居たわけである。かような芸能と離れぬところで、彼女たちの宗教的機能が時として発現することがあった。神に憑依され託宣し、もしくは夢想を感得するのは多くこの巫女である。

『春日権現験記』巻四に、三条公教の病平愈を社頭に籠りて祈る僧に「若宮の拝殿にて巫女一人舞けるが」告げて、氏人ながら我を崇めざるにより命を召すと言う（これは『続教訓抄』巻二十二にもみえる）。あるいは同巻に、徳大寺実定の忍びて参詣するに「若宮の御前にみこども候て神楽のほとりなりけるに、御神託宣し」参る志を喜び、かならず験《しるし》あらせんと告げたと言うように、若宮巫女は神楽の舞遊びのうちに神意を示す。

説話ばかりでなく、社家の神事日記のなかにもそうした消息が窺える。元暦元年（一一八四）四

（部分

図15　春日宮曼荼羅

中世の南都では，春日社に属す各種の社会集団が講を結び祭祀を営んだ，その本尊として拝されたのが宮曼荼羅である。月輪がうかびあがる春日山と春日野を背景に，一鳥居から参道を辿って本社および若宮に到る社頭図が構図の中心で，これに本地垂迹の御正躰図像を組み合わせる構造が曼荼羅の基本である。春日野に戯れる神鹿の他に人の姿が描かれない，寂静の世界をあらわすのもその特徴であるが，この作例は本社中門前に参詣者が居り，若宮拝殿の扉口に童形とこれを拝する人の姿が見える。それは若宮の影向の姿であろうか。

月、惣一への託宣を、神人が神供を備え奉る際に下《おろ》し奉って仰を受けた（『中臣祐重記』）。弘安三年（一二八〇）四月、春熊巫は、夢に拝殿上米を積む馬が拝屋へ上りこみ御神楽の最中の惣一に乗りかかると見て、そこに「如法ニミサシ損タルカタイ一人」が来て惣一に物乞いするありさまを語る（『中臣祐賢記』）。神慮はかかる語りのなかにも示されて、人々はその意を判じなくてはならぬ。たとえばその意志は「神楽ホト面白ハナシ」[15]と神楽の舞を所望することであり、若宮は芸能を捧げられることを欲した。建治四年（一二七八）七月、左一に大明神が付き、「遊テ可レ奉レ見」と託宣があった。よって拝殿巫女等の沙汰で、田楽法師に申し付け、社頭で手を尽くして遊ばしめたという。[16]さらには神託によって臨時祭を催すことすらあった。『中臣祐賢記』文永六年（一二六九）記の目録には、「依神託、巫・神人等、若宮祭ヲマナウテ社頭ヲ渡事、同注文」とあり、残念ながら本文は闕けてその詳しい次第は知られないが、のちの『貞和五年若宮臨時祭記』にみえる若宮の巫女と神人による臨時祭の祖型が既にここにあったこと、それが託宣に発するものであったことが知れる。それが、事情あって寺家側が若宮祭を停めた際の社家側からの或る意志表示であるごとく、託宣は、この巨大な寺社勢力内部の緊張をさまざまに反映し突き動かした。同記建治四年十月条には、寺家より若宮巫女徳王が「寺ノ沙汰、神明御不受之由、於若宮拝殿、種々申候了」と、興福寺衆徒を批判した科で一烈（惣一以下の宿老巫女のこと）より擯出し社参を永く止むべしと定め、大行事がこれを社家に通告した一件を記す。これは先年来の御家人宗兼らによる寺領侵犯に発する神木動座の余波であったが、宗兼に与《くみ》して「虚誕」を吐いたとされる徳王の申状は、明記こそされぬものの託宣とみて誤まつまい。あるいは先述した同年七月の左一への託宣とは、これであったものか。

はじめに述べた信如の夢想は、こうした世界にふかく根ざし、連なりあった営みの所産であるだろう。そこに発したイメージや言辞、そして歌詠の響きは、当代の聖俗の境界をいたく触発したもののようである。

三　白拍子を聴く尼

『中臣祐春記』弘安十年（一二八七）四月十六日条(17)にみえる、千本の仏成房と倶に若宮に社参した禅尼信如房とは、かの夢想する女房の晩年の姿であろうか。ともかく、信如が春日若宮に詣でていたことは、伝聞ながら彼女自身が証言するところである。

『雑談集』巻十「神明慈悲事」(18)に、無住は嘗て南都を経歴したころ、法隆寺参籠の次でに中宮寺に信如を訪れ、彼女からひとつの物語を聴き、それを記し止めている。その物語は、信如の口を介して語られる、春日若宮社頭における「鼓白拍子」という芸能であった。

信如は、「春日ノ若宮へ参ジテ、念誦スレバ、白拍子舞ゥ。人々ヒサメキ、雑人狼籍ニテ、『アラムツカシヤ、心シヅカニ念誦法施シタキニ』ト心中ニ思ホドニ、白拍子ヲ聞ケバ、アハレナル事ドモニテ侍シマ、ニ、『ヨシ〳〵聞《キカン》』と思テ、念誦ヲセズ侍シ。鼓白拍子ト申シ」と前置きして、その「アハレナル事ドモ」を語る。それは思わず彼女の念誦の手を止めさせた社頭の芸能そのものの意義を説くものなのであった。

昔、ある学匠が神前に法施を捧げようとすれば、そこは「拝殿ノ白拍子ウタヒ舞、雑人ヒサメキケレハ」彼は心中に「アラムツカシヤ、イカニ神慮モ厭ヒ思召スラン」と迷惑し、我もし先途をとげて寺務とならば（白拍子を）停止しよう、と誓う。やがて時へて興福寺の別当に任ぜられたとき、願いのままに白拍子を止めるが、なお神意いぶかしく参籠して祈れば、夢中に現れた神は、いきどおり深い気色にて、停止のことはなはだ本意なし、と叱責する。驚く僧の問いに答えて、神として垂迹することは愚かなる衆生を済《すく》うため。神前を寂しくくし彼らを結縁せしめぬ汝の法施など嬉しくもなし、「我ガ耳ニハ、鼓ノ音《ヲト》、歌ノ言《コトバ》モ真如ノ理《リ》ニソムカズ、甚深《ジンく》ノ妙法ノ声《コエ》ニ聞ユル也。鼓ノ音・舞ノ袖モ、皆是レ仏事也。唯識ノ性ヲイデズ、瑜伽ノ道ニカナヘリ」と告げる。僧はただちに（白拍子を）行わしめた。そうして、その「今ニ絶《タエ》ヌ事ナル由、白拍子ニ作レリ」と言う。無住もこれを一見したと付け加えている。

白拍子じたいが、さながらに僧と白拍子を舞うもの（すなわち巫女）との関係をものがたる。若宮という場に収斂する寺と社との繫り、互いの緊張関係が、白拍子という芸能を介してあざやかに示される。物語が夢告というかたちで高僧に啓示するのは、この芸能が一体何を担うものであるのか、やがてそれにより祀りあらわされる若宮がいかなる神であるのか、を自ずと説く霊託でもあった。

正応三年（一二九〇）晩秋、尼となって廻国修行する二条もまた、春日社に詣で、若宮に参籠してこの物語を聴く。『とはずがたり』巻四によれば、彼女は若宮拝殿の馬道《めどう》に通夜して、其処の若き巫女の姿を目にとめ、彼らが「面々に物かぞふる」すなわち白拍子を夜もすがら聴いている。その旨趣は、「狂言綺語をたよりとして導き給はんの御心ざしふかくして、和光の塵に交はり給ひける御心」の頼もしきを讃えるもの。以下に記されたのは、信如が伝聞した『雑談集』の物語と同じ話である。(19)

信如も二条も、同じく若宮の巫女による白拍子に耳を傾け、また彼女ら自身が媒ちとなってそれを唱導したとみえる。この二人は、聴き手（参詣者）であり語り手でもあって、その立場はたんに物語中の僧と同じでない、尼として巫女の担う世界へのふかい共感がありそうだ。そればかりではない。二条は、そこから法華寺へ赴き、また春日社正預祐家の許に逗留し、やがて中宮寺にいたり年老いた信如に出逢う。実は二条は昔この尼を院の御所で見知っていたが、信如の方は二条を忘れている様子。しかし「いとほしくあたられしかば」暫く滞留したという。このような因縁を思いあわせたとき、かの物語が二人によって同じく語られるのは、偶然のことではあるまい。『春日権現験記』巻十「林懐僧都事」は、その同じ物語を長和五年（一〇一六）に別当に任じた喜多院林懐につけて記す。詞書には、白拍子も巫女のこともあらわれず、ただ宮人の鼓鈴の音と言い、夢に諭《さと》す神も第二殿（香取）から出現するとあって若宮の説話ということが朧化されているけれど、僅かに僧都が「若宮経所」へ参り法味を捧げようとしたとある処に、本来の伝承の場が示される。そして神の答えはただ、

鼕々《（トウ〳〵）》とうつ鼓《つゝみ》は　法性の都《みやこ》に聞へ
璅々《（サツ〳〵）》とふる鈴は　四智円明の鏡《かゝみ》に映る

という詞であり、それは中世の諸神の社頭に必ず聴こえた神楽の響きを叙《の》べる際の修辞上の定型句の

ようなものであった。が、それはここにおいて『とはずがたり』の言う「鼓の声・鈴の音」に秘められた「拝殿の神楽」の聖なるはたらきを象る託宣なのである。

神楽、そして白拍子こそ神の真に喜ぶ法楽なのだということを、物語は（経論の読誦や談義こそ貴いことと信じた）僧に（それは一寺の貫主となった学匠であれば本来誰でもよかった）夢中の告げに託して教える。そういう物語を拝殿巫女みずからが語り手となり白拍子を舞った。そうした伝承のありさまには、巫女とその芸能の存在意義についての、強い自己主張がたしかに姿をとっていよう。

『雑談集』は、その物語の後に、もうひとつの白拍子の物語を記し止めている。

昔、一阿という学侶が、維摩会の講師を人に超えられたことで、春日明神を恨み、寺を捨て東国へとさすらう。熱田社に参籠して身の不運を歎くところに、「巫女、神託シテ舞躍リケルガ」ふと僧を招き、「汝ハ我ヲステタレドモ、我ハ汝ステヌ也」と僧の神への恨みの当たらぬことを説き、帝釈宮の簿《フダ》に記された講師の銘には来る年の分に汝が名あり、と告げる。聞くにもかたじけなくやがて寺へ帰れば、果たしてそのごとくであった。これもまた「白拍子ニ作テ、ウタヒテ侍シ」という。

この物語も、『験記』巻八「壱和僧都事」にみえ、それと殆ど同文で『撰集抄』巻二「一和僧都之事」に述べられるところ。そこから二書の直接関係は性急に断ぜられないが、『験記』全体が数多の先行文献に拠ることからすれば、『撰集抄』も、十三世紀の南都に流布し、やがて『験記』に吸収された霊験譚など唱導のテクストを摂取したものと考えられる。そして、この背景は、『雑談集』が示すように、やはり若宮拝殿巫女の白拍子芸能にあったのだ。

図16　春日権現験記　巻八　壱和僧都事

興福寺維摩会の講師の先途を人に超えられたのは，学侶にとって交衆を止めて遁世する他ない恥辱であった。失意のうちに寺を去り，東国へ赴く。その途次に詣でた熱田宮の社頭で，彼は巫女の歌占に春日の神の教誡を蒙った。絵巻は，中世熱田宮の本殿と拝殿の間を繋ぐ幣殿と思しき屋根の下で，旅の僧が巫女の詞を聴聞する姿を描く。そこに巫女の顔が隠されてあるのは，『験記』の画家の文法として神が憑いた〈聖なる〉存在なることを象る故か。左手に鈴を持つは神楽のうちでの憑依を示し，右手の指先が神の言触れを示している。

『験記』『撰集抄』は、僧への巫の教誡を詳しく記すが、その説くところはまさしく託宣のかたりである。そのなかに歌占をいだす。

　つつめどもかくれぬものは夏虫の身よりあまれる思ひなりけり

寺僧を愛子のごとくいつくしみ、見はなつことのない神の慮りは、既に第二章で取りあげたところの『後撰集』に収められた恋歌を引いた歌占を介して、やはり巫女の託宣のうちに示される。それがさらに端的に吐露される詞は、

　汝はなさけなく我を捨つといえども、
　我は汝を捨ずして、かくしも慕ひ示す也。

というのであるが、これまた一つのきまり文句（あるいは殺し文句といった方が適当か）で、似たかたちの詞は『験記』では巻八「離寺僧蒙神託事」や巻十「教懐上人事」にみえて、ひとしく興福寺を去った僧へ示す神の呼びかけであった。とりわけ興味ふかいのは、この教懐の話が、かの叡尊の晩年の談義を聞書した『興正菩薩御教誡聴聞集』[20]の「興法利生可レ為レ先事」のなかに説かれていることである。そこでもこの詞は「汝ハ雖モレ捨トレ我、我ハ不レ捨トレ汝ヲ、御託宣アリケリ」とあるので、この神の口説《くどき》文句が古くから託宣の詞として中世の南都では観念されていたことを知る。

四　律衆の夢と託宣

叡尊をはじめとする律衆の間では、夢想や託宣といった神との交信が盛んになされ、かつ説かれた。それは中世の宗教運動すべてにわたる現象だが、とりわけ、南都という伝統的な教権の膝下で人々を組織し、あらたな活動を創めようという事情は、常に神明——とくに春日——によって己れに意義を与えることを欲していたといえる。[21]

ふたたび叡尊の『聴聞集』をみると、彼はその戒律復興運動の草創期である仁治元年（一二四〇）の安居の折、夢に「尼ノ衣キヌガ廿人許」あらわれて籠に入った瓜のごときもの——如意宝珠——を授かるとみて覚めたと言う。この年の安居は飢饉のため糧物も絶え、同行も多く退転して僅か数人が残り止まるばかりであったが、その時、叡尊と共に律法再興を行い出した常喜院の覚盛の許では、自恣勤行の際、「春日大明神ノ御悦アリト云夢想」を得て、後に多くの僧が還住したという。あるいは関東の忍性の許で僧に鹿島大明神が憑いて託宣したことなどが談ぜられている。叡尊はまた、幾度もの伊勢参詣の間に種々の託宣や夢想を蒙り、弘安三年（一二八〇）に参宮の際には内宮の巫女に「牟山神」が下りて託宣した詞を記し、これら託宣記や夢想記を〝伊勢両宮御正躰厨子〟の裡に納めて西大寺に安置した。[22]南都における律僧の多様な活動は、一面でかかる次元の宗教的営為によって支えられていたものらしい。そのとき、あの夢中に宝珠をもたらした尼ばかりでなく、現実の尼衆も、欠かせぬ役割を果たしたもののようである。

比丘尼の存在は、叡尊にとり、また律衆の確立にとって、理念上も必須のものとされ、その受戒に何より心が傾けられた。[23] しかし、『聴聞集』が「何ヨリモ一(二)尼衆ノ方ガヲソロシウ候」[24] と語るような叡尊の尼にたいする深い配慮と畏怖がない交じった感情の底には、より深層で彼女たちのはらむ宗教的能力を意識するところがあったと思われる。

律の尼衆の中心は法華寺であった。叡尊は常にここに梵網経を講じ尼衆の戒法と和合に配慮を怠らなかった。ここにさる尼の伝持した舎利[25]について夢想や奇瑞が繰りかえされ、やがて建長五年（一二五三）、比丘尼実阿に本願光明皇后の霊託があってその舎利の功能が説かれた。叡尊は度々その数を勘計し、文永七年（一二七〇）にはその次第を一巻に録して『法華寺舎利縁起』を撰した。

信如もまた、比丘尼として律宗の一郭でこうした宗教的な役割を担ったのである。叡尊の俗甥でもある西琳寺長老惣持は、中宮寺参籠のとき聖徳太子の夢告に斯寺へ尼衆を住持させ再興せよと示された。そこで叡尊に相談したところ、彼の推挙により信如を長老として中宮寺を律院としたという。[26] 信如は文永十年（一二七三）に、本願なる太子母后間人皇后の忌日を識るために祈請し、釈迦念仏会を修した。結願の暁、同法の尼の夢想に、法隆寺の綱封蔵にそのことを記した古帳の在ることを告げられて、興福寺より公家に奏し勅許を得て、翌十一年、盗難による検封の際に蔵を探れば、はたして古唐櫃中よりこれを見いだした。いわゆる天寿国曼荼羅（繡帳）である。彼女は、これを亀山院の宮廷に持参し、学者にその銘文を読みとかせて求むる年月日を知り、さらに貴賤の合力により繡帳の摸本を製し、天皇と国母の臨席の許で、建治元年（一二七五）八月、定円の講演によりその供養を展《の》べた。(27)二条が信如を宮中で見かけたというのはおそらくこの前後のことであろう。(28)

やがて弘安四年（一二八一）には、十方よりの勧進奉加をもって中宮寺の修造を了え、僧房を整備して大会を営んだ。信如みずからにより書かれた願文(29)には、上記のいきさつが述べられ（曼荼羅感得のことに関しては、「結霊夢於孤寝」とある）、そのなかには、

四所明神者、致擁護於此処。七大霊仏者、絶威徳於斯時。

とあって、対句により修辞化されながらも、春日明神をはじめとする南都の神仏の冥護の許に、寺も、また比丘尼としての教行も成就するという意識を表白する。こうした信如の事蹟を記すもっとも詳しい資料である『聖誉鈔』によれば、彼女の出家譚を叙べる中に、その比丘尼となることを許すためには「冥ノ感応」あらばとて、祈請するに、覚盛に「霊夢ノ託告」ありて尼法の機熟せりとて出家を許した、と言い、またそのとき、「春日山ヨリ金ノ橋ヲ、招提・西大ニ渡〆、大明神、諸神ヲ具足テ、御影向アリテ、戒法ヲ守リ玉。ト云夢ヲ見ル者アリ。真ニ不思議ノ霊瑞共、多ク侍リケリ」と言う。

法華寺においても中宮寺においても、比丘尼たちはともに本願の皇后にかかわって聖遺物を神秘的な術《すべ》によって感得し意味あらしめ、それを勧進の料として尼寺の復興につとめた。そうした活動を支え、方向付けるのがたとえば叡尊のような僧の役割であったらしいが、一方で彼らは、そのような尼僧の（むろん尼に限らずそれは自らの裡にもあった訳だが、とりわけ女人に強くあらわれた）巫覡的な感応のちからを鋭く察し、そこに聖なるものを発現させ、戒法のみならず「興法利生」の営みを動かす

源泉を見いだしていたと思われる。そもそもの結縁のはじめから、信如はそうした資格をあきらかにしていた。

信如がこのような世界にふかく根ざしていた消息を知ってみると、若年の彼女が春日山に神楽の歌舞を夢み、また若宮社頭に白拍子の物語を聴き伝えたことは、どれも偶然のしわざとは思えぬ。たんに信如じしんの生来の資質がそうであったとばかりは言えない。彼女をかくあらしめた中世南都の宗教的環境が、巫女の芸能に親昵させ、彼女そのものの裡にそれを憑かせ、演じさせるのであったろう。

五　仏神のはざまを繋ぐもの

信如は、解脱上人貞慶の高弟の一人であった興福寺の学侶、少輔得業璋円の娘であった。『聖誉鈔』の伝えるところでは、璋円は薬師寺に良き学匠在すと聞き、学問に通ううち寺中の女性と嫁し「落堕」してあまた娘をなした。だが世間智に乏しく家族に遺す財産もなかったため「六帖ノ名目」と言う抄物を作り与えてこれを用途一貫で一度閲覧させるように配慮したので、修学者が次々と代をもって見に来て、跡取りの娘は豊かに暮したという。制戒固い菩薩戒の比丘尼が、こうした破戒の学匠を父にもつことは、皮肉なという以上の何かを感じさせるけれど、璋円についてはそれだけに止まらぬ興ふかい挿話が『験記』巻十六にある（『沙石集』巻一ノ(六)「和光ノ利益甚深ナル事」も殆ど同内容である)。

彼は「魔道」に堕ちたという。それはたぶん学匠としての高慢ゆえばかりではあるまい。冥のその世界から、彼は「或女人につきて種々の事ども申ける」とて、璋円は興福寺学匠たちの堕地獄のありさまをものがたり、春日大明神によるその救済を説くのだった。神は、春日野の下に地獄を構えて、ここに彼らをとり入れ、時々に水を灑ぎ、罪人は暫く苦患を助かり、漸々と浮かびいでる。学匠共は香山にて神が般若の御法を説くを聴聞し、論義問答を行うありさまは生前と変わりない。こうして、彼の堕獄も春日の神の方便にほかならぬ。璋円の霊が憑いた女人が信如に有縁の者かどうかは確かめられぬが、この霊託は地獄の苦患とその神明の済度を亡者の口寄せという形で宣べるもので、それは巫女の役割のひとつでもあった[30]。寺僧は、幽冥の境にまたがって、そうした女人たちと関りをもっていたのである。

転じて僧みずから神に憑かれることもあったと伝えられる。それが璋円の師、偉大な学匠であり隠遁を遂げた聖、末世の導師として仰がれた貞慶のうえになされた。『験記』巻十六「解脱上人事」(さきの璋円の説話と一連のものであったろう)によれば、まず建久六年(一一九五)に「大明神御託宣の事」が彼にあって、名利に執する僧の魔道に堕すこと、その救済と発心、舎利への信仰なども神のはからいに依ると告げる。その説くところは璋円の霊託に通じよう。やがて上人が笠置般若台に春日社を勧請するため、春日社頭に赴いたとき再び彼に神が憑いたと言う(これも『沙石集』巻一ノ㈤に後述の和歌と共に簡単な形でみえている)。

図17　春日権現験記　巻十六　解脱上人事

解脱房貞慶は，興福寺僧として偉大な学侶であり，法然に対して批判の論陣を張る顕密仏教の守護者であった。しかしまた，自ずからなる道心にうながされ，その発心のありかを問いかける遁世者であり，自他の裡にひそむ妄執を“魔”として障碍を怖れ廻向を祈る修行者であった。そしてまた，唱導説法に秀で仏神への讃歎を講式に作る表現者でもある。その聖に，春日大明神が直に憑りついて，その口を通して神の語《コトバ》をウタとして告げたという。その舞台は，『験記』の描くところ，若宮の社頭であった。

若宮の御前にまいりて拝殿に候ほどに、心中に心ならず、歌を詠ぜられけり。

我ゆかんゆきてあがめむ

とて、しばし有て又、「般若経」といひつ。

かくて上人下向せらるゝに、拝殿の北のほどにて、にわかに物のうちおほふやうに覚て、目くれ心きえて（中略）又、さきのやうにをのづから、

釈迦の御のりのあらんかぎりは

と詠ぜらるれば、たち帰て若宮の御殿を再拝して（下略。神を榊に移して笠置へ奉持したいきさつが説かれる）

若宮神前での思わざる連歌は、上人の志に応えて赴こうとする神の言よさしとして唱和された。それはやはり若宮という場でなくてはならなかった。さらに笠置では上人や同朋のあいだに神影向の夢想がうちつづき、

或時、上人、夢想にての中に御声ありて、和歌を詠ぜさせたまふ。

われをしれ釈迦牟尼仏の世にいでゝ　さやけき月のよをてらすとは

とて、又、同御声にて、今様をうたひ給。

鹿島の宮よりかせ木にて、春日のさとをたづねこし

昔の心もいまこそは　人にはじめてしられぬれ

夢想の裡に感得した神詠は、和歌と今様を併せて一具であろう。本地垂迹の象徴を詠みこんだ和歌は

濁世を済《すく》う仏神の慈悲の志を告ぐるもの、また今様は相聞歌の趣を神影向の言触れに転じている。

正治元年（一一九九）秋には、笠置で俄に例ならぬ気色となり、大明神の御座をしつらえて着座し、導師自身が神の躰で惣礼《そうらい》の詞をいだし、釈尊と法相の祖師を勧請する。そこで、又、御音たかく朗詠なとのやうに詠て、中宗の事を御讃嘆あり。その御詞に云。

妙也微妙也、妙にして更に妙なるかな

深也甚深也、深にしていよ〳〵深し

ついで説かれる表白は、たちどころに神託の詞となり貞慶への教誡である。それは、道場に神を勧請し、讃嘆し祈願する、講式の法則《ほつそく》に重なっていると察せられる。

以上の託宣記は、『験記』の他の記事（たとえば巻十七の明恵託宣記のごとく）と同様、おそらく何か典拠があったものだろう。[31] はからずも金沢文庫寄託称名寺聖教中に見いだされた『春日因縁少々』[32]と題される鎌倉末期の唱導テクスト（説草）の一片には、その一節が書き付けられていた。それは『験記』からの抄出というより、それぞれが共通した貞慶をめぐる唱導説話に拠ったと考える方が合理的である。なお、それが一連の憑依を通した神顕現の次第を描き、その祭祀の場をつくりだしている縁起的テクストであることが注目されよう。そこで貞慶を介して発せられる神の意志は、散文的な詞ばかりでなく、より端的で象徴的な連歌・和歌・今様・朗詠（讃嘆）というごとき歌詠の声わざによる芸能としてあらわされる。それは、かような神詠がうみだされ、それがつくりだす世界、すなわち若宮とその巫女の祭祀＝芸能が、僧侶の手にゆだねられたすがたなのであろう。それは巫女の神楽を基調に他の諸芸能（ここでは僧侶の仏事――声明である）に連なる中世寺社の祝祭的環境を映しだすもの。僧と巫女はたがいにその芸能を介して結縁していたのである。

こうした儀礼の過程のなかでの神の祝福のもとで、貞慶の希求する仏法の世界は成就されたという。そして、彼はやがて叡尊らによってなしとげられる戒律復興の先駆者でもあった(33)。

若宮をめぐる巫女と僧との関係を、今様の芸能を介してものがたる『験記』巻十三の一段をもって、この一篇を説きおさめることにしよう。

晴雅律師は、平正弘を父とし、母は侍賢門院の歌人堀河の養女という。安産を祈る泊瀬詣の途上、春日社一鳥居の前で出生した。童子のとき青蓮院座主の許に仕えたが、病隙《ひま》なくて験者に祈らせれば、少女に託宣ありて、春日大明神の常に仕者を遣しこの児を守護するに、他門に赴くこと本意なきにより祟りをなすよ、と告げる。父母は大明神に参らせようと誓う。が、やがて勧修寺の雅宝僧正から弟子にと乞われたとき、童は母と倶に若宮社頭に詣でて神意を伺う。そこに、若宮が巫女に託宣してさきの因縁を示し、社参のついでに歌を吾に聴かせよ、と所望する。それは「此童もとより郢曲譜代をうけて、芸能抜群するによりて」であるからと言う。そこで童子は、

　霊山御《み》山の五葉松　竹葉《ちくやう》なりとぞ人はいふ　吾もみる
　竹葉なりとも折り持《も》て来《こ》む　寝屋の挿頭《かざし》に　磨ささん

という今様（『験記』は初句のみを示す）を三反うたう。

おそらく母より相伝された今様の流れを汲む童子が、その誕生より春日明神に慈《いつくし》まれ護られるもの

であったとは、もとよりその流れの若宮とその拝殿巫女との繋りを暗示する。彼は、謂わば己れの本所に参り、その芸能をめでたくしすまして、その功により神の祝福を禀《う》け、その膝下を辞して他門に赴くことを得た。以後の修行・遁世・往生もすべて神の冥護の許に果たされたと言う。かような関係を媒介し成就し、そして象徴する鍵としての今様歌（中世を通じて内裏の五節に伝誦された由緒ある祝宴歌である）(34)は、この場において、霊山浄土と観念されている春日山(35)に生ふる樹を、神籬《ひもろぎ》とも神楽の採物とも見立てられる挿頭《かざし》に詠みかえた、神の讃嘆の歌として転生した。

若宮の神は、巫女の託宣を通して、その愛子たる童に芸能を所望する。当座にはたされた声わざに感応して、神は本懐を顕し、彼は僧としての生を成就した。そこに巫女の必須のはたらきを内包した晴雅の物語は、さきの林懐や壱和の白拍子のごとく、かの女らによって自らの意味をかたるものとして演唱せられ伝承されて、寺辺の唱導ともなったかと想像される。

春日若宮における巫女の祭祀＝芸能は、つねに夢想や託宣という回路をへて触発され、それが喚びおこすところの神は、何より芸能そのものの裡にあらわれた。歌謡や説話などの文芸の一端は、こうした世界に根ざしていた。寺僧もまた、そうした構造のなかに引き寄せられ、さまざまに彷徨して神を導きだす役割をはたす。そこからあらたな〈聖なるもの〉が示され、やがて誕生もしたであろう。律衆の営為はその諸相を彩るひとつのかたちであった。それを言祝《ことほ》ぐところの信如の夢想は、かかる中世南都の宗教と芸能との分かちがたい繋りのしくみを、あざやかに語りかける光景ではなかったか。

北嶺篇

一　とてもかくても候

『一言芳談』という、中世の念仏聖たちの言行録[1]がある。『徒然草』に多く引かれているので知られる本であるが、そのなかに、次のような一話が収められている。

日吉の御社に、いつはりてかんなぎのまねしたるなま女房の、十禅師の御前にて、夜うち更《ふ》け、人しずまりて後、ていとうていとうと、つゞみをうちて、心すましたる声にて、「とてもかくても候、なうなう」とうたひけり。

話は、このあと何故そんなことをしたのかと人に強《し》い問われて、女房が「生死無常の有様を思ふに、この世のことは、とてもかくても候、なう、後世をたすけ給へと申すなり」と答えた、と続くのであるが、そのように解説されるのは、いかにも強《し》いて念仏聖の唱導の文脈のなかへ結びつけてしまった、説話としての機制ゆえであろう。一話じたいが、「ある人いはく……云々《しか〳〵》」という枠組のなかにあって、〝説話〟として媒介伝承されて成り立っているのである。

ひとりの若い女人が、日吉山王の社頭に参った。それも、あえて巫女の姿をとっての〝推参〟であった。そこでかの女が鼓うちながら「心澄まし」て歌うのは、「とてもかくても候」という、神にたいして自らの身を投げだして訴えかけるような詞である。それは、この説話の舞台となった日吉山王の御社とその神の由縁を説きあかす文献のなかに、一つの文脈を明らかにする。

『山王事』(2)は、鎌倉初期、仁治（一二四〇〜四三）年間ごろに成った山王神道論である。それは、平易な比喩や例証を交じえた唱導説法にも似た文体で、体系的に山王ひいては神祇と仏法との不可分一体なるべき理《ことわり》を説きあかした、おそらく最も早い試みとして記念すべきテクストである。その論のなかで、山王にかりそめにも社参し結縁する者へは、神が漏れなく利生をほどこし慈悲もて済《すく》うことを説き、それを証する「御託宣」が引かれる。

鼕々《トウ〳〵》ト打《ウツ》ツヾミノヒヾキ　四智三身ノ耳ヲソバダテ
颯々《サツ〳〵》ト振ルスヾノヲト　六道四生ノ眠《ネブリ》ヲサマス
論談決釈、了因ノ恵業ナルノミニ非ズ
管絃歌舞、納メテ遠縁トス

かくのごとく四句文と対句の形をとる辞《ことば》を示したあと、続けて、次のようにいう。

……ト侍ルハ、トテモカクテモ　可レ仕様《ツカマツルベキヤウ》ヲ示シ給ヘル也。

経典注疏の論義や談義ばかりが仏法による成仏の因をあきらめるものではない、神前にて奉納される「管絃歌舞」、つまり巫覡《ふげき》たちの扱う神楽などの音楽の響きや舞の袖の翻《ひるがえ》りをも（むしろ、それをこそ）神は納受して、成仏得道の媒《なかだ》ちとするのだ、という旨が託宣の辞《ことば》に示される。これは、先述した南都春日若宮における託宣と全く共通した詞である。それが、「トテモカクテモ」神に仕《つか》えまつるあり様なのだ、と説く。そこに、日吉山王という（その背後の山上には叡山という巨大な寺院が控え、その鎮守として仰がれる社であった）社における神のはたらきが端的に示される。神と仏を祀る世界である中世の寺社における、人間のあるべき生き方——姿を示すことばとして「とてもかくても」が用いられる。

その「御託宣」の辞《ことば》とその主張は、同じく山王神道に根ざす安居院作とされる『神道集』巻五「御神楽事」のなかにも見いだされる。[3] 神明の級《ひきくみ》は、衆生を誘《いざな》て仏道に引き入れる儀式であると言い、なかでも神楽は、仏が和光垂迹し結縁の為に社壇に詣《もうず》る人々を何《いか》にも興ぜしめて仏道に引き入れる方便だという。その上で、右に示した託宣文と同じ四句文を引いてその功徳を讃えるのである。

ふたたび『一言芳談』に還れば、かの「なま女房」は、偽って巫《かんなぎ》の真似をして、鼓を打ちながらかく謡《うた》った、という。その鼓の「ていとう〱」という響きさえも、その詞には記されている。それはまさしく「御託宣」の「鼕々《トウ〱》打《ト》ッ鼓ノ響」にほかならない。かの女はただ戯れに巫の真似をしたのではなかった。その託宣が示すような、神楽のわざをもて神の耳をそばだて、結縁をとげて仏道に導かれんことを願う、神の欲するところを己れが演じてみせた。それは、あらわには書かれずとも、ある種の憑依による狂乱の許でなされた「クルイ」の如き行為であろう。

そのとき、神前で声あげてうたわれた「とてもかくても候、なう〱」とは、実に直截な訴えのことば、神も眠を覚まし耳ふり立てずにおかないような切迫した惹句であった。そして、それは単なる祈願のための挨拶ではなく、たしかに和歌の世界に根ざしたことばである。

とてもかくかくてもよそに嘆く身の　はてはいかがは成らむとすらん

破格な、なまなましい息づかいまで聴こえてきそうな、それは憂き我が身の行末を思いやる（そこに或る種の魂の離脱が幻視されていることに注意したい）嘆きの歌の作者は、和泉式部である。それはさかのぼって、名高い逢坂山の蟬丸の歌にたどりつく。

世の中はとてもかくても同じこと　宮も藁屋《わらや》も果てしなければ

現《うつ》し世の栄花の無常を諦観するその突きはなしたような諷喩のうそぶきは、やがて発心へと赴く、そうした道筋が言外にひそんでいる。あるいは、後世にそうした意味を与えられるほどの挑発力が、その「とてもかくても」には籠められていたのだ。

それを受けとめ、さらに自らの遁世の生き方へとあらためたのが西行である。そして、彼の歌にはこのことばが、世を捨てた己れの境涯に立ちながら他者の運命を見すえ、諦めよと呼びかける強いメッセージとしてよみがえる。

ながらへてつひに住むべき都かは　此世はよしやとてもかくても

保元の乱に敗れ、讃岐に配流された崇徳院に送った歌の一首である。西行は、この廃王に満腔の同情を注ぎながら、かつ彼の抱く「此世」への執着をするどく感じとり、そこに発する妄念を静めようとする。やがてそれは白峯の墓前における「よしや君」の絶唱につらなるのである。

かような志を秘めた響きが、ふたたび中世にあらわれたのは、山王の社頭における、いささかならずものぐるおしい祈りの表白としてであった。しかもそれは、巫のまねびとして鼓を打ちながら詠《うた》いいだす神歌《かみうた》の発句のごときことばであった。これは、神によびかけ、その言触《ことぶ》れを引きいだす囃《はや》し詞として投げかけられ、さながらに神の詞の発端ともなるような両義性をもっている。『一言芳談』の説話はそれを後世の救済という仏法の回路(4)のなかに位置付けているが、念仏聖たちの道心が託されたさような解釈とは別に、女の魂からの呼びかけというべき、より多義的で豊かな〝声〟がその響きの余韻からきこえてきそうである。

二　アヅサヨヅラの起こり

叡山の僧たちは、「とてもかくても」のような行為をいかにとらえ、そのことばをどのように聴いたであろうか。そこに、叡山天台の根本をなす大乗円頓戒の血脈を伝えた求道上人恵尋の言を書きとめてみよう。弘長三年（一二六三）に行われた『普通広釈』の講義録である『円頓戒聞書』(5)には、「妙覚ノ位ニ菩薩アリ」という義について、次のように神にかけて説く。

果位（ノ）仏ノ神ト顕（レ）給フ事、尤（モ）可レ得レ意也。如レ此、和光垂迹ノ相ヲ得レ意ツレバ、於二神殿前一ニ、種々ニキネ《（巫）》等ガクルイスルモ、皆、仏菩薩ニ結二怨念一者ヲメシヨセテ、令二帰依ノ心ニ住一セ、成二和合義一故ニ仏ノ戒品功徳者増進スル時ニ、キネカクルイモ神慮ニハ叶事、事実ニヲモシロキ也。

中世天台の教学――さきの託宣が「論談決釈」と呼んだような――の側でも、和光垂迹の神のはたらきとしての「巫ガクルイ」を決して無視してはいなかった。否、それは思いのほかに大きな位置を、かれら学匠とその目指す仏道修行のうえに占めていた。

　中世の叡山に生きる学侶たちに、真の道心のありかを教えさとし、解脱に赴かしめるのは、神明であり、その媒ちは（夢想や示現とともに）巫覡による「クルイ」としての歌舞や託宣であった。恵心僧都源信が、金峯山の「正《マサ》シキ巫女」に心中の所願を問わせれば、うたいいだした「十万億の国々は海山隔て遠けれど　心の道だに直《なを》ければ　努《つと》めて至るとこそきけ」という歌占《うたうら》に啼泣して帰った（『古事談』）という説話は、端的にそのあたりの消息を語っている。そして、何より山王こそが、もっとも彼らを擁護し見そなわす神明であった。『山王絵詞』[6]（『日吉山王利生記』の古態本）には、そうした霊験譚がくりかえし語られる。たとえば恒舜僧都のごとく、貧しくて離山を余儀なくされるところに山王のお告げに恩顧をこうむり、やがて往生を約束される、というたぐいの説話としての典型が幾つも見いだされる。その〝典型〟もまた、既に見たように南都における興福寺の学侶と春日神のそれと等しいものであった。そのような、学侶が神明に導かれる、いかにも中世的な宗教上の回路を繋ぐ巫《きね》たちのしわざについて、さきに引いた『山王事』は、きわめて興味ふかい記事を載せる。

　山王において巫覡を御子《ミコ》と称することについて、昔、叡山に具房僧都実因という尊い智者が、木辻という所の女に、やがては山王に仕《つこうまつ》りて世を渡るために「アヅサヨヅラ」という事を始めて教えた。彼が遺言として

　主《ヌシ》ニ向ハズトモ、夫《ソレ》ガ思ハム事ヲ占フトイフ事ヲ人ニ報《シ》ラセヨ、夫《ソレ》ヲセム折ハ、弓ノ絃《ツル》ヲ打ツモノナラバ、其音《ヲト》ニツキテ浄土ヨリ来テ、弓ノ絃ヨリツタイテ、ヲノレガ口ニ入テ、人ノ問ント思ハン事ヲイハセム。

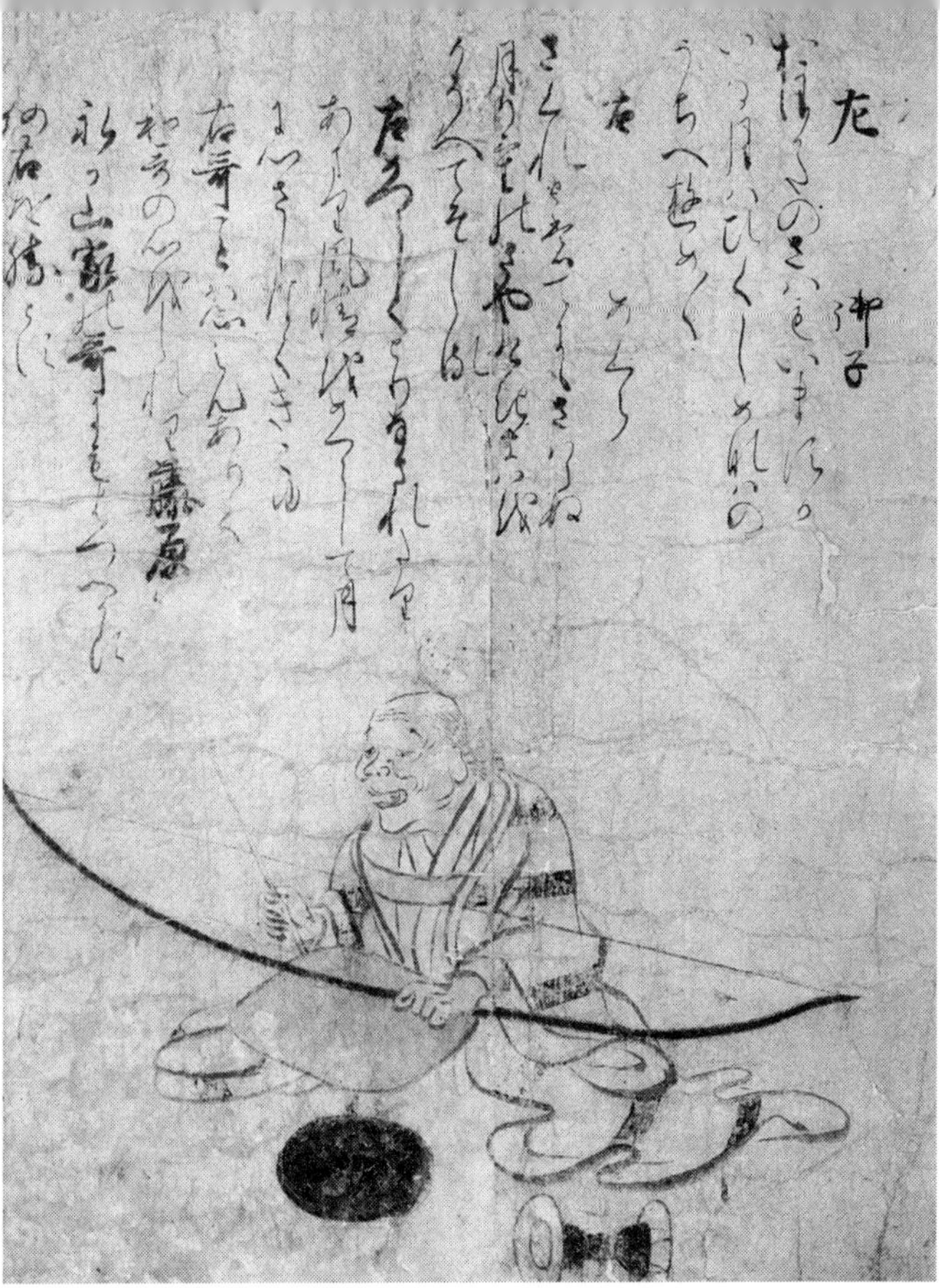

図18　東北院職人歌合断簡

建保二年（1214）八月十五日，都の東北院に道々の者が集《つど》い，歌合を催した，という設定の許に，種々の職能民を登場せしめ，彼らに言寄せその芸能につけて俳諧を巧む，その姿を滑稽に描くのも，本来の構想の一環であった。それは発想からして王者の遊びであったろう。花園院の筆と伝えられる曼殊院本は，歯をむき出してあざ笑う巫女と一対に丸裸にされた博奕《ばくち》打をヲコ絵風に洒脱に描く。それと別系統の，断簡で伝来する鎌倉時代古写本の巫女は，琵琶法師と対になり，鼓を携える曼殊院本と異なり，これは梓弓を高坏に乗せて打つ，あきらかに梓巫女の口寄せの姿であった。

と云いおいて死んだ後、その通り始めてみれば、約束のように見るが如く何事も明らかに云うことができた。それより日本国中に今も「アヅサヨヅラ」は行われている、という。これは、いわゆる梓御子のこと、現に東北のイタコたちに伝えられるような霊の口寄せのわざを、梓弓の鳴絃に寄せて語りいだす巫女たちの起こりを説く縁起であった。叡山の周辺に伝えられたそのような「寄絃《ヨツラ》」の作法については、叡山文庫真如蔵に寛永七年（一六三〇）書写の『鳴絃之次第』が伝えられてその一端が知られる。生霊・死霊と狐憑きごとに仏神の降託として告げられるその故実は、おそらく中世に遡るものだろう。その創《はじ》まりが叡山の尊い学匠に由来するという伝承は、同じく叡山文庫天海蔵の『一乗拾玉集』(7)（叡海撰、長享二〈一四八八〉年成立）という法華直談の注釈書にも、より露《あら》わなかたちで説かれる。実因は、八坂《やさか》の御子に落堕し、その契りゆえに女に梓による口寄せの法を伝えたというのである。その罪業ゆえ、彼は滅後に魔道に堕ち、琵琶湖の鮒《ふな》と転生し、しかもなお智者たる余執去り難くて法文を湖水中に唱えていた。そして、己が法文を後世のために、かの愛執の契りを結んだ県《あがた》御子の梓弓に乗せて語りいだした、ともいう。それは、かの南都の学生璋円が魔道に堕ちたいきさつに通ずるものがある。実因が湖中に転生してもなお法文を唱えて僧と問答を交わしたという話は『古事談』や『宇治拾遺物語』(8)にみえるから、その因縁はかなり古くまで辿れるものらしい。

そのような奇妙な伝承からは、高僧と巫女との関係に託して、ある寓意的な主題が表明されている。実因のような学匠が担う、難解な聖教や法文ばかりが決して唯一の得道成仏の因ではない。かれと如何ともしがたい宿縁で結ばれた巫女のはかなくも卑しいワザにこそ、まことの出離得脱をことほぐ神の祝福は宿りたまう、という理《ことわり》が秘められているのではないか。そのワザがかれによって案じいだされ、それを通してまた法文も伝えられたというところに、僧と巫と、互いの存在が象る対極的な世界が出会うところにおいて分かちがたく成就する、不可思議な翻《ひるがえ》りの劇《ドラマ》が見いだされる。それは、叡山のような巨大な寺社の周縁にあって、この世界を活気づける役割を果した彼女たち巫祝の徒の生業《なりわい》の真の意義を語りあらわす物語であったろう。

三　ヒヒクメの遊び

僧を導く山王の示現は、多く、若宮的な神である十禅師の託宣が担って顕された。『山王絵詞』は、随所に十禅師の告げる詞を記し、それが各々の霊験譚の核となっている。それは巫女に限らず、さまざまな者の口を介して発せられる。たとえば、そのうち「寄姫《よりき》ノ太郎丸」とか「姫座ノ寄琴」とは、さきの梓御子にもつらなる託宣をこととする巫者の一類であろう。十禅師社の周《まわ》りには、廊御子《ろうのみこ》という巫覡の組織(9)が在ったが、その座の中に見える名である。その縁起を説く『廊御子記』によれば、十禅師神が児《ちご》と変じて慈円僧正の許へ通《かよ》い、その間にできた「最愛ノ者」を叡山の谷に捨てたが、それが社頭に育《はごく》まれて御子となった、という。それゆえ、廊御子の「幼達《ヲサナダチ》」は叡山の児として過すともいう。そういった担い手たちを介して、山王のさとしは、幼きもののうえにあらわされる。『山王絵詞』で敦光の妻に託した十禅師は、「明神は嬰児の行《おこない》を示して、与物結縁をいたす、衆生得脱の因縁、熟不まちまちなり」と告げるのである。[10]

ふたたび『山王事』に戻ると、その末尾、結論にいたって、その託宣に言うような神の結縁の不可思議なはからいを、最もよく知られた十禅師の託宣文「和光同塵結縁事、二度其事既已畢、今度不詣我宝前、何知生死尽不尽」を引き、その理《ことわり》を次のようなひとつの因縁をもって示そうとする。

陰陽堂僧都慶増、大宮に詣で、法施を奉ろうとすると、そこに小童部《こわらはべ》どもが多く集って「ヒヒクメ」ということをして騒がしい。ヒヒクメは、いまの〝子取《こと》ろ〟のような子供の世界に伝承された遊びである[11]（その由来と遊びの詞については、古く『名語記』[12]に説かれ、また『三国伝記』には恵心僧都が始めたという縁起説[13]が載せられる）。邪魔だと童たちを追い払い、心閑《しず》かに法施を参らせて帰山した夜の夢に、山王は示現して、「我、実《まこと》に小童部の遊戯を愛せんとに非ず、和光同塵の結縁の為にさせし事をば、何《いか》に妨げ侍るぞ」と呵責した。ここに神慮を悟り、翌日、懺謝のため今様を作って社頭に参り、小童部を呼び集め一緒に交じってヒヒクメの遊びをし、今様をうたった。

大宮権現は　思へば教主《けうす》の釈迦《さか》ぞかし

一度も此地を踏まむ人は　霊山界会の友となる

『梁塵秘抄』にも収められるこの今様は、山王の本地を明かし、その参詣の功徳を讃《ほ》むるもの。その歌の由来を説くこの物語は、これを謡《うた》って神慮の計りがたき尊さを言祝《ことほ》いだ、社頭の巫たちの神遊びとともに語りいだされたものでもあったろう。

この説話は、やはり『山王絵詞』にも採られている。そこではこの前に一段が加わり、慶増は山上

図19　地蔵菩薩霊験記断簡

地獄に堕した衆生の救済者として，六道能化の徳を普く施す地蔵尊の霊験は，早く平安時代に『地蔵験記』が編まれたが散佚し，中世に再び編まれ，絵巻化された，その一部が今に伝えられる。地蔵の神通は，何よりいとけない童たちのため。童子のヒヒクメ遊びの因縁を説いたその中の一段も，そうした地蔵の本誓を具現する。もと法然寺に蔵された一巻には，地蔵が先頭に立ち，錫杖を揮って鬼をひるませ，たたらを踏ませている。後ろに連なるのは僧と尼に俗人の男女（優婆塞・優婆夷）の四衆である。鬼まで含め，それが皆幼く可愛らしく描かれているのは，いかにも子供の遊びについて説かれる趣向であるからでもあろう。

に修学し精進して居れば社に参らずとも神慮に叶うだろう、と恃《たの》んでいたところ、重病をうけ、弟子僧に託宣あって山王の祟りと知られ、怠《おこた》りを申し社参を誓うと平愈した。そこで参詣したところで、さきの話に続くのである。

僧は、自らの行学の懈怠《けたい》によってではなく、己が得法を誇る高慢ゆえに神の祟りを蒙り、あながちに神の許へひきよせられ、結縁をうながされる。僧にとっては法施の妨げでしかなかった、童子の無心な遊び戯れは、無縁の衆生を誘い得脱にいたらしめる媒ちの、もっとも素朴な〝入法界品〟として、深い慮《おもんぱか》りから発した営みとして、神に祝福される。僧は、我が身に蒙ったこの神のさとしにつきうごかされ、ふたたびその庭に赴いて、童とともに、あそび、うたう。そのとき、かれもまた一人の巫となって、そのあそびに身をゆだねたのであろう。中世の神と仏の、浅きから深きへ通底する思いもかけぬ玄妙なつながりは、ここに、ヒヒクメのあそびや今様の歌声のなかにあらわされ、成就した。

遊《あそ》びをせんとや生まれけむ　戯《たはぶ》れせんとや生まれけむ
遊ぶ子供の声きけば　我が身さえこそ動《ゆる》がるれ

という『梁塵秘抄』の今様は、ここにおいて、かの僧が歌ったとして何の不思議もない。

第五章
霊地荘厳の声

一　二条の旅と仏神の声

『とはずがたり』の後半は、宮廷を離れ、出家して尼となった後深草院二条が、或る「宿願」を心に深く抱きながら諸国を廻る、所謂〝修行篇〟とも呼ばれる東国から西国にわたる長途の旅がその叙述をかたちづくっている。その「宿願」[1]の本意は決して明らさまにされることは無い。その一方で、展開される旅の中で絶えず想起されるのは、二条を見放して宮廷より追いやった筈の王、後深草院の存在であり、院との邂逅と対話が巻四の、そして院の死と追善が巻五の、それぞれ構成上の頂点をなしている。このうち、東国、鎌倉、そして東国最大の霊地であった善光寺への旅が、巻四前半の中心となり、二条における〝東下り〟（海道下り）が、彼女の担う文学伝統の許に繰り展げられ、その途次にも多くの霊地とその仏神を拝し巡っている。そのなかでも、熱田社は、二条にとって、尾張国守であった父雅忠の死をめぐる想い出に関わる、格別な神であった(2)。

二条は東下りの途上で、まず熱田に参拝してそのゆかりを明かし、更に鎌倉での重大な使命というべき将軍交替を見届けるつとめを果たし、善光寺参籠を遂げた帰途にも再び立ち寄って、ここで初めて、以降、一篇の最後までそれを成就することに全力を傾注し全霊を捧げた「宿願」のことを告げて、それを最初に行うべき道場として、此処を選んでいるのである。それは、端的には、五部大乗経の書写・供養・奉納という営みとして為《な》されるものなのであるが、いまだそのことは明かされていない。

しかし、此処にて華厳経を写そうという二条の望みは、大宮司に妨げられて行うことが叶わない。仕方なく上洛し、南都への巡礼と尼寺訪問の後、再び下向して今度こそは遂げようと社頭に参籠したその夜、彼女は社殿の炎上という椿事に遭遇する。「神火なれば、凡夫の消つべき事ならざりけるにや」忽ち焼け尽くした社殿を翌朝、大宮司が率いる大工達が検分するに、「開けずの御殿」の跡、まだ余燼のくすぶる礎のあたりに奇妙な箱が無傷で立っているのを一同は見いだした。「神に殊更御睦《むつま》じく仕ふる」祝詞《のと》の師がこれを窺い見たところ、赤地の錦の袋に嚢まれた御剱らしきもの——すなわち熱田の神の御正躰たる神剱である——が確認され、ただちに摂社八剱《やつるぎ》宮に納められた。作者はその、炎上を契機とした〝神剱顕現〟という奇蹟の光景に二条自らが立ち会うかのように記述している。更にこれに続いて、「この御神は……」と、熱田の神の縁起語りとしての草薙剱の由来を、これも炎上に「焼け残りたる御記文」を「ちと聞き参らせ」たものと断って記している。

そこに述べられる熱田の縁起[3]とは、末尾こそ草薙釼の由来として結ばれるが、語り始められる「この御神」とは、景行天皇十年に生まれ、東夷降伏の為に下向する――すなわち日本武尊のことに他ならない。そして、その「先の生れ」前生は素盞烏尊《そさのをのみこと》でもあり、八岐大蛇からもたらされた釼でもある。加えて、かれが伊勢に赴いて釼を授かり、また錦の袋に入った火打を賜る相手は、倭姫命ではなくて「伊勢大神宮（天照大神）」そのものであるかのように記されている。そうした、日本武尊とその佩《は》かせる草薙釼とが、前生の素盞烏尊とその獲た藂雲釼《むらくものつるぎ》とに重なり合うように説かれた縁起が示す、あらたな神格が、この炎上という大事を契機に説き出され、二条もそれを承けて唱導する。それは二条自身にとっての「見しむば玉の夢の面影」と思い合わせられて、そこでこの縁起を敢えて書きしるしたのだと注釈するように、内より発する強い要請があったのだろう。「不思議にも尊《たうと》く覚《おぼ》え侍し」という彼女の感慨からすれば、それはおそらく、二条にとっての王である後深草院につらなる皇統に関わる重き啓示であった。それ故にこそ、熱田神が草薙釼であると共に皇統の祖たる日本武尊でもある、という縁起が、炎上による神釼顕現と倶に露れたことに鋭く感応して、自らそれを媒介するようなしわざをなしたと思われる。

『とはずがたり』に記し留められた、熱田の神のあらたな顕現とその本縁の開示は、実は孤立した営みではなかった。後深草院の宮廷においても、やはりこの炎上を契機として、熱田の神自らこの王に語りかけることがあったのである。

熱田社の祝詞の師の末裔である田島家に伝えられた『熱田大明神御託宣記』[4]は、その記録である。

図20　熱田宮古図

中世熱田宮の景観を，社頭の市庭や海辺の魚棚まで含めて描きだした，享禄古図と称される参詣曼荼羅の古い一例。海道を往来し参詣する人々の姿が数多あらわされる。それと共に，熱田宮独自の社殿であった，土用殿と呼ばれる本殿の後ろに位置する草薙剱を納めた宝殿や，その奥にある楊貴妃の墓と伝える五輪塔など，蓬萊山にも見立てられた中世の熱田宮をめぐる独特の空間と世界像がそのなかに凝縮されている。

正応四年（一二九一）六月、すなわち炎上より四箇月の後に、後深草院の姫宮（久子、伏見天皇と同腹の妹）、のちの永陽門院が、病悩の末に絶え入ったところで突如言葉を発した。彼女はそれまで一言も喋ることは無かったが、法皇に物言いたげな気配を示し、病床に臨んだ院に「我をば如何《いか》なる者《もの》とか思食」と高らかに声をあげたのである。急ぎ平服のままでその席に参じた内大臣実兼らに対し、王の御前にて無礼ぞと叱責し、次のような名宣《の》りをあげる。

我は是、天照太神の首素盞鳥尊（弟）化現日本武尊改天藂雲字遊行草薙丸正一位熱田太神也。

この、事々しくも長大な名宣《の》りは、そのまま『とはずがたり』の縁起語りのそれに重なる、炎上を機に説き出される「御記文」による複合した神格であり、それは「天璽位」として集約して示されている。

以下に展開される熱田の神の託宣は、本地の寂光の都・法性の山より人界に垂迹して以来、百王守護の誓いを怠らず東夷降伏の為に蓬莱山に居をトし利益を施したにもかかわらず、吾が社の焼けし事を奏聞なく王の耳に入らぬことを深く恨む、という。そこで、「あら恨《うら》めしや、何を守護将軍ぞや」と、当時交替したばかりの将軍である院の皇子久明親王ひいては幕府を批難する口吻を垣間みせることは注意される。一方、氏子の中には「殊更内外よく宮仕ふ神官あり」その忠を法皇が賞すべきであると主張し、おそらくは『とはずがたり』にも言及される、大宮司と対立する立場にあった祝詞の師の側が発したメッセージが籠められている。その上で、詠歌を以て伝えられる神の思い嘆きが、三首示される。

神代より跡たれ初《そめ》しかくらくの　森の木陰は荒れはてにけり
わが床《とこ》は露の宿《やど》りになりはてゝ　来るとしもなき人ぞ恋しき
荒れはつる我《わ》が宿とはぬ恨《うら》みをば　かくれてこそは思《おも》ひしらせん

その嘆きは、ほとんど閨怨の情というに近い。夫の通いも絶え果てて独り寝をかこつ女の恨みと等しく詠われて、その恨みの思いの焔が身より余って社を焚いたのだ、と明かす。その間、姫宮の吹きいだす「御気」は黒煙の裡《うち》に焔となって立ち昇り、宮中を耀かせた。院はこの奇瑞に対し、希いのままに叶えようと応え、「猶も詳しく御物語候へ」とうながし、再興造営の助成を約して、「南無熱田太神」と声をあげて礼拝する。これにたいして神（姫宮）は「王と我とは隔てなし、往日は天璽の位たり、今は王を守る神なり」と言祝《ほ》いで、名残り惜しやと思いをのこし、経の講釈による法味を嘗めてもなお、その詠歌において「ひと」（後深草院）の余所《よそ》なる心地を歎くのである。更に、志ある人は和歌・連歌し酒宴して吾が心を慰め、廻向せよと法楽を求めて、ここに託宣の場はさながら宴の座となる。

神（姫宮）は、院の御酌を受けて三度参らせたところで、「法皇の御声を聴き参らせん」と今様を所望する。そこで院は、「蓬萊の山には千年《ちとせ》経る」という、祝言と思しい今様を一首詠いだす。これが、熱田社を蓬萊山と観じた中世の縁起説をふまえて、当座に神を言祝ぐ意《こころ》を籠めたものであることは言うまでもない。違わず「御感あり」、今度は自ら御酌に立ち、「嘉辰令月」と朗詠の声をあげてこれに唱和する。そして「御声肝に銘じぬ、法皇も三度御参候へ、自舞候はん、はやせや〳〵」と囃子《はやし》を求め、おそらく院はじめ一座が同音にて謡いはやし、その拍子《はやし》と声とに合わせて一時ばかり乱舞しつつ神はあがっていった。その、憑依の極みの狂いともいうべき乱拍子の謡いとは、次のような詞であった（傍点の箇所は写本自体の訛りと思われる部分を私意によって訂してある）。

　鷲が峯　鳴《な》るは滝の水　日は照《て》るとも　絶《た》へずとふたり、皇《すべらぎ》はたうたり

この今様は、たとえば『梁塵秘抄』に収められる「滝は多かれど嬉《うれ》しやとぞ思ふ　鳴る（は）滝の水　日は照るとも　絶へでとふたり　やれことつとう」の如き祝言が元歌であろうか。その末一句は例の、推参を景気づける囃し詞であるが、この歌の場合にも同様な囃しが唱えられたものかも知れない。これも、当座の景気に合わせてありふれた祝言を歌い替え、初句の鷲が峯（霊鷲山）に神が本地の「法性峻山」にあがることを象り、末句に院の、ひいて持明院統の皇統が永遠なることを言祝ぐ歌として、託宣の後座の饗宴および〝神上《あ》げ〟の儀を締めくくったものであろう。

　熱田社とその社領は、後深草院が継承した持明院統の所領のうちでも、最大であった長講堂領荘園に次ぐ重要な財産であった。亀山院を家長とする大覚寺統とのきびしい角逐のなかで、後深草院は何としてでも熱田社を掌握しておかなければならず、その為には、熱田の神の意を迎えることが必要であった。熱田社の側からも、時の治天との結びつきを求めていたであろう。但し、その託宣の経過ないし歌や詞からは、何か切迫した緊張感が漂い、それが当の神が憑いた姫宮の激情の表白として現出しているようである。おそらく、熱田社の側からは内部の対立と同時に朝廷における自社の処遇に対する不満を含むものがあり、それが炎上を機に噴き出したものであろう。それは、確かに後深草院の

宮廷の最も奥深いところ（後宮の皇女）において引き受けられ、発信された。ここで神の意志の発顕を担う皇女は、かつての伊勢における斎宮のごとき、熱田の神の巫女の役割を果たしている（付け加えるなら、同じく熱田でこの機会に縁起を唱導しつつ院の御衣の小袖を料として宿願の供養を遂げる二条もまた、ひとりの巫女的な存在であった）(5)。それにたいして院は自ら、その積る思い嘆きや恨みを受けとめ、これを慰撫する役割を勤めなくてはならなかった。そのとき、院はこれを成就するに〝御声〟を媒ちとする今様の芸能をもってしたのである。

この託宣記において何より注目されるのは、後深草院の〝声〟によって、神との対話や讃嘆そして帰還に至るまでの過程がとり運ばれ、動かされていることである。しかもその最後に至って、心解けた神の昇天は、彼が後白河院から引き継いだであろう今様の声わざの芸能によって、当座の興の成就として実現されているといえよう。

『とはずがたり』巻二にしるされるように、後深草院は今様伝授を行っており、郢曲の相承者であった(6)。伝授が行われた伏見御所には二条も同行し、後宴にも侍っていたのだが、そこには白拍子も参入し、「祝言の白拍子」が舞われている。「異様《こと》におもしろく」と評されたその遊芸の興余に披露された「相応和尚の割れ不動」という白拍子は、御室法親王でありながら彼女を激しく恋慕する有明の月の妄執に脅かされる二条を戦慄させる物語でもあった。この離宮は水辺の交通の要衝でもあり、最後には鵜飼も登場し、院はこれに二条の衣（雪の曙からの贈物であった）を纏頭《かづけもの》として与えてしまう。それらの光景や挿話からは、遊び者、道々の者たちの芸能において戴かれていた中世の王の伝統を、後深草院もまた引き継いでいたことが察せられる。

この、今様に堪能であった後深草院は、『とはずがたり』によれば、生母大宮院をもてなす二度の遊宴の座において、女院の所望により、それぞれに今様を披露している。それらは何れも、当座の興として賞翫されるものであった。だが、それればかりではない。この一見親密な母子の宴が、兄後深草よりむしろ弟亀山を愛していたと伝えられる大宮院と院との、隠微な葛藤と、加えて幕府の介入により皇位継承権を奪回した後の関係修覆という権力の確執までを含みこんだ上での応酬であった消息を、『とはずがたり』はたしかに見据えているのである。全てを承知の上で、それらの酒宴の最中に女院の強いての望みにより「御肴《さかな》」として謡われた院の今様は、その場に居た二条にとっても「いとおもしろく聞え」、また「似る物なくおもしろ」き「御声」であったのだった。

二　辺土修行と足摺り

諸国の霊地——東は善光寺から西は厳島まで——を巡って修行する二条の旅を記す『とはずがたり』では、しかし、それらの霊地に今様の歌声はついに響かない。

二条は、海道を旅する途上で遊女たちと出逢う。(7) 東国下りでは、赤坂宿の遊女長者の姉妹と琴や琵琶の音楽を介して互いに秘めた思い嘆きを歌に詠み交わし、西国下りでは鞆の浦の遊女長者が尼となって遁世した草庵を訪れて発心問答を交し、遊女たちに名残を惜まれて去る。だが、そこにはついにかの女たちの歌声は聴かれない。宮廷の宴の座で、後深草院の今様の声を、その場の機微に即してあれほど鋭敏に聴きとった二条が、自らの霊地への旅においては専ら和歌のみを記し、殆どそうした声を書き留めていないのである。

但し、その霊地への旅において、熱田において彼女が「ちと聞き参らせ」たように、それぞれの霊地の縁起や仏神の霊験を二条は聴き、記している。前章で述べたように、春日若宮に参って拝殿の馬道で通夜するうちに、拝殿巫女の数《かぞ》える白拍子の霊験譚を夜もすがら聴いて「いよ〱頼《たの》もしく、尊《たうと》くこそ覚《おぼ》え」て書きつけるのも、その一例である。彼女はその旅のなかで、たしかに何らかの〝声〟を聴いていたのだ。

その中でも、最も深い印象を与える縁起——霊験の語りは、土佐の足摺岬の伝承であろう。それは、蹉跎山金剛福寺の縁起説(8)と言うより、むしろ端的に足摺伝承と呼んだほうがふさわしい。それは、四国の辺土《へんど》を巡る修行者や往来《ゆきき》の旅人に無縁の慈悲を施す千手観音の霊験語りである。観音化現の小法師に伴われて一葉の船に棹さし、南方補陀落世界へ去っていく、これも菩薩と化した弟子の小法師を見送る坊主が「心憂《う》く悲《かな》しくて、泣く〱足摺《あしす》り」したゆかりにより、足摺の岬と言う、と伝える。実はこの弟子小法師も菩薩の変化して坊主に慈悲を誨《おし》え発心へと導いたのであろう。それを再説する二条にとっても「いと頼《たの》もし」と受けとめられた語りであった。岩に留められた足跡をしるしとして、この無縁の場のありようを問いかける旅人二条にたいして説かれた縁起語りは、これも修行の旅のなかで聴きとられた〝霊地の声〟と言ってよい。

図21　華厳縁起絵巻　義湘絵

求法の為の留学を了えた義湘が故国新羅へ帰るにあたり，彼を恋慕する善妙は，心尽しの衣を仕立て捧げようと岸辺に到る。時おそく，既に船は出帆した後であった。遠ざかりゆく遙かな船影を望み，善妙は海際で涕泣悲歎する。その悶絶避地の有様は，絵巻において“足摺り”として描かれるのである。これは絵画史上の“足摺り”の最もあざやかな一例であった。

こうした足摺伝承の語りは、また形と語り手を替えて、長門本『平家物語』にも見いだされる。鹿谷事件に連座して配流される丹波少将成経が、遙々西海を下る船路で、遙かに足摺の岬を望みつつ想起されるという形で、成経の心中の語りの態により説かれる。師の聖人の補陀落渡りに弟子が捨てられ置き去りにされ、名残惜しさに倒れ伏し足摺りして喚《よば》い悲しみ、その足摺りにより地が穿《うが》たれ身を隠す程になった。弟子の魂は去り現身《うつしみ》に聖人の供となって補陀落へ参ることを得、その姿は此地に留まり、本地は観音、垂迹は足摺明神として顕れた、という。この伝承を本地語りとして、昔、人たりし因位の時の別れの悲しみを知る神であれば「成経が歎を止め給へ」と、本地垂迹の仏神の慈悲を乞い、伏し拝んで漕ぎ去るのである。

これらの足摺伝承の語りは、歌こそ無けれ、すぐれて霊地の霊地たるべき条件をものがたり、象るものだろう。人の、悲しみの極み、もだえこがれて地に倒れ臥し〝足を摺る〟という、全身をあげてのしぐさ振舞には、たとえば「あそびの声」に喚びおこされる身の動《ゆる》ぎにも通ずる〝声なき声〟を聴きとることができるのではないだろうか。それはまた、妣《ハハ》の国を恋うスサノヲが啼きいさちるように、幼な児の母を慕って泣くように、素朴にして遙かに深い身体の記憶に根ざし、それを喚びさます情動でもある。そのうえでなお、足摺りをモティーフとする中世の伝承が、岬の突端より遙かな他界を望み其処へ渡ろうとすることを語るように、その彼方に〈聖なるもの〉を希い見ようとする心意と結びつくところにおいて、この身ぶりは人の奥深く抱く根源的な渇望のしぐさと言ってよい。現身の人としては叶わぬ存在や世界にあこがれ、なお到ろうと足掻《あが》く哀《かな》しみがなせるしわざである。二条も

（そして成経も）、宿業とも言うべき己が運命を背負いつつ旅する（流される）途上である。そのとき霊地をめぐっての語りが我が身の上に重なるように聴こえ、「隔つる心あるによりてこそ、かかる憂き事」を思い知り、別離の悲哀は語りのなかの足摺りの激情に身をまかせることを介して痛切に共感される。しかも、足摺りに身をゆだねることがこの世にとらわれてある人を彼方の〈聖なるもの〉へ超出させる手だてだと言うのであれば、そのものがたりを聴き伝えた彼らにとっても、それは等しく祈りであり救済であったろう。

　遡って、『梁塵秘抄』の中に、それと響きあう歌をたずねてみるに、たとえば僧歌の次の二首が想起される。

〽我等《われら》が修行に出《い》でし時《とき》　珠洲《すゝ》の岬《みさき》をかいまはり　打廻《うちめぐ》り　振棄《ふりす》てゝ
　一人越路《ひとりこしぢ》の旅《たび》に出でて　足《あし》うちせしこそあはれなりしか。

〽我等《われら》が修行せし様《やう》は、忍辱袈裟《にんにくけさ》をば肩《かた》にかけ　また笈《おい》を負《お》ひ
　衣《ころも》はいつとなしくほたれて　四国《しこく》の辺路《へち》をそ常《つね》に踏《ふ》む

能登と四国と、それぞれ辺土の辺路《へぢ》修行をする行《おこな》いを謡う。辺路とは山嶽とは別に海辺の路を廻り歩む修験の苦行の一形態であり、四国一周の辺路（遍路《へんろ》）がその代表であった。[9] 中辺路《なかへぢ》や大辺路を歩む熊野参詣もそのひとつであり、これによれば、石動山《いするぎ》を含む能登もまた越路における辺路であり、そのなかで足摺や室戸に匹敵する岬として珠洲岬があったものだろう。とくに珠洲《すゝ》を鈴にかけて「振《ふり》すてゝ一人《ひとり》越路の旅」に赴く修行者（西行が己れの出家修行を歌うに、鈴鹿山を越えるにかけて「憂き世を

よそにふり捨てゝいかになりゆく我が身なるらん」と戯れるのに通ずる）として、もしくは取り残されて「足うち」するとは、あるいは足摺りを踏まえて戯れたか。もしくは一種の足摺りではなかったか。そうであれば、歌謡の世界のなかに詠い込まれる霊地の修行の旅は、やはり足摺りと響きあっている。

中世の物語世界のなかで、最も名高い足摺りは、『平家物語』の「足摺」であろう。さきの成経と一緒に流された康頼、そして俊寛。彼ら流人の物語は、『平家物語』を織りなす緯《よこいと》として、歴史に翻弄される人間たちの悲惨な運命が、その恩愛別離と絡めてあざやかに描き出される。その中でも、赦免から漏れてただ一人鬼界島に取り残される俊寛の「足摺り」(10)こそは、辺境に流し棄てられた者の悲哀の極みとして、罪障の宿業を負うた人の空《むな》しくもはかない足掻きとして、最も強烈な印象を聴く（読む）者に刻み込むものであろう。それは、物語の説く因果としては、俊寛の表明する仏神への不信と己が慢心の現報として、しかし彼自身にとっては理不尽きわまりなく降りかかった災厄であった。それに直面した俊寛の、足摺りを頂点とする余りにも未練な生への執着にしがみつく哀れは、やはり「これ具してゆけ、われ乗せていけ」とおめきさけぶ絶叫の〝声〟となって発せられるものであった。その後に彼を尋ねあてた有王の眼前に現れる、生きながら餓鬼道に堕してなお執着にとらわれた姿から一転、有王を善知識として自ら食を停めて死んでゆく臨終には、有王を媒ちとして人間の深重の業《ゴウ》を捉えようとするまなざしが窺われる。そこには人界の苦悩を極めることで却《かえ》って解脱と救済を希求しようという、中世唱導の理念が籠められている。しかるに、それが何より「足摺り」というなまなましい人間の身体の記憶と分かちがたい姿はたらきにおいて語られるところに、すぐれて『平家物語』のものがたりとしての深みはあった。「足摺り」を象《しる》しとして〈聖なるもの〉が開示されるところには、たしかに『とはずがたり』の足摺説話と通底するものがあるだろう。

三　康頼熊野詣と足柄の歌

俊寛の物語と並行して、成経と康頼のそれぞれの流され人の物語も、互いに絡み合いながら大きな物語をかたち造っている。成経のそれは、有木別所の配所で殺される父大納言成親の無惨な運命と結びついて、母や妻子との恩愛別離の悲劇も併せて、父の幽魂を追善供養する孝養の唱導文学となっており、また、康頼のそれも、老母と別れ（延慶本等の読み本系では、漸く帰洛して再会する直前に母が亡くなるという悲しみを語る）、更に配流の途上で出家し、のちに遁世の聖となって仏法入門の書たる『宝物集』を著した、と言う記事をもって締めくくるのであり、まさしくメタ・テクスト的に唱導文学としての結構を備えている。

この康頼が(11)、成親らと共に、後白河院の今様の弟子として『梁塵秘抄口伝集』巻十に登場する。またそのなかで、院の御熊野詣にも加わって、院が熊野本宮で通夜の中に示現を蒙って法楽の今様を謡った折も、康頼はその座に連なっていた一人であったとされている。その如く、彼がみずから今様の声わざに携わる芸能者であった消息も、やはり『平家物語』がものがたるところであった。

『平家物語』では、俊寛と好対照をなすように、流され人の祈りと救済の物語は、康頼と成経の二人においては〝霊地への修行〟としてかたどられている。それは、既に康頼が鬼界島への配流の途上、周防室積《むろずみ》の泊りにおいて出家し法名を性照と名乗るところから始まっているといえる。この室積の地は、『古事談』等に見える、性空聖人が生身の普賢と感見した神崎の遊女長者が鼓うちながら謡う今様に唄われた故地である（但し『平家』は此処で康頼に西行ぶりの遁世述懐の和歌を詠ませている）。「康頼祝詞《のつと》」において、康頼と成経は、「本《もと》より熊野信心の人なれば、如何《いか》にもして此島の内に熊野ノ三所権現を勧請し奉て、帰洛の事を祈《いのり》申さばや」とて、鬼界島の内に那智の御山をはじめとして熊野三山を見立て、康頼入道を先達として毎日に熊野詣の真似《まね》びをする。その参詣毎の祈りの詞として、康頼によって誦まれる祝詞がこの一段の芸能の焦点である。そして、この丹誠の祈請に応え、権現の利生がもたらされるのが「卒都婆流」においてである。その示現は、この仮初《かりそめ》の「三所権現」の宝前に二人が通夜し、夜もすがら今様を謡う暁にもたらされた。康頼のまどろむ夢中に、沖より白帆をかけた小舟が漕ぎ寄せ、中より紅の袴を着た女房が数多《あまた》あがり「鼓を打ち声を調《ととのへ》て」

　万《よろず》の仏の願よりも　千手の誓いぞたのもしき
　枯たる草木も忽《たちまち》に　花咲き実なるとこそ聞け

と三反うたい澄《す》まし忽ち消えた。康頼は、これを龍神の化現とし、那智の西御前は本地千手観音であり龍神はその眷属二十八部衆のひとつと解し、念願は納受されたと喜ぶ。これを最初の験《しるし》として、次々に帰洛という祈願の成就を開示する霊験が展開されるのである。

この今様が、『梁塵秘抄』仏歌のうちに収められるのとほぼ等しい（第四句末「説《と》き給ふ」）歌であること、また、『口伝集』巻十において、後白河院が熊野新宮の礼殿に通夜して千手経を読誦した折、御正躰が輝き心澄み、その感激により暁方に謡いいだした今様がやはりこの歌であった。これは、偶然の一致ではないように思われる。それは、『口伝集』で院が述べるように、「神社に参りて、今様歌ひて、示現を蒙《かぶ》る事」の例《ため》しのひとつであり、また、熊野という〝霊地〟における今様を介しての仏神の示現であった。康頼の今様示現もそれを共有しているのであるが、なおそこには、霊地の仏神の本地と垂迹の相がその示現において明らかに感得される構図がより鮮やかである。垂迹の権現への祈りに応えて本地とその功能が示されるとは、今様歌の宗教的構造に根差すものかも知れず、巫女とも遊女とも紛う女房により謡われるということは、そうした今様歌の芸能の場がさながら垂迹の神祀《まつ》りから本地の法楽に通ずる構造を示すものかも知れない。

今様こそ介さないが、そうした仏神の示現は『とはずがたり』巻五の末にも記される。作中で最も深い宗教的意義を籠めた夢である。二条は熊野那智山に参籠して宿願の一端となる般若経書写の修行を営む。その果ての暁方の夢に、社殿から出御された故後深草院や遊義門院を拝して己れの修行を賞《め》でられ、父より垂迹としての院の御躰の不具に示される本誓を告げられる。そして懺法の声で覚め、千手の御正躰であるところの扇の骨を感得するのであった。ここにも、あくまで王（および王権）の深秘に拘わりながら、垂迹の相から本地の示現がもたらされる構造が貫かれている。[12]

再び『平家物語』における康頼に戻れば、その後、更に和歌による示現があって、康頼は千本の卒都婆を作り、自作の歌を刻みつけて殊に熊野と厳島に祈り海へ流す。その一本が厳島の社頭に漂着し、偶々西国修行の途上に参詣していたゆかりある僧が法施するところに見いだし、笈に差して都の母の許へ届けられ、更には法皇の叡感あり、清盛にも披露されて赦免に至ったという、いかにも和歌の徳を宣揚する展開となっている。いまはそうした歌徳説話的な部分は措く。注目したいのは、それまでの康頼による〝人真似の熊野詣〟が、今様等の芸能と深く結びつき、しかもそれが〝霊地〟での霊験として発現したり感得されていることである。そのことは、これまで主として述べてきた覚一本等の語り本系諸本よりも、読み本系と言われる延慶本や長門本、そして『源平盛衰記』において一層はなはだしく強調されている。

延慶本・長門本・『盛衰記』における康頼熊野詣の位置は、延慶本と長門本が配流から赦免に至るまでを全体として一連の叙述とする（しかも熊野詣の次に卒都婆流を置くように語り本と基本的に構成を同じくする）のに対して、『盛衰記』は、巻七に配流と卒都婆流を配し、巻八を隔て巻九に康頼熊野詣から赦免以下を置くように、大きく二つに分割され、しかも構成が異なっている。更に、都での赦免が決定したことを記した上で熊野詣の事が叙されるという形で、構成上は熊野への信仰と修行により報われたという宗教上の因果を無化するような仕組とも見えることが注意される。その熊野詣において、康頼により今様が謡われる基本的な記事を含むのは延慶本である（但し、康頼にたいする千手の今様示現の事は見えない）。長門本には康頼が今様を謡うことは見えず、むしろ前述した足摺説話を含む成経の霊験や夢想譚等が大きな位置を占めている。そして『盛衰記』は、延慶本と共通したテクストを基に再構成し記事を増補せしめたらしく、その一環として康頼による法楽の今様が多く含まれているのである。

延慶本における康頼の芸能は、熊野詣の結願に至り、「卅三度ノ結願ナレバ身ノ能ヲ仕候ベシ。聖(性)照カ第一ノ能ニハ今様コソ候シカ」と口上を述べて「神祇ノ巻ノ今様」を謡う。

仏ノ方便ナリケレハ　神祇ノ威光タノモシヤ
叩ハ必ス響《ヒヽ》キアリ　フケハ定《サタ》メテ花ソ咲《サ》ク

この今様を本宮證誠殿に、次の今様を両所（結・早玉）権現に廻向し奉る、として、

白露ハ月ノ光ニ黄ヲ沾《(うるを)》ス　化《(をしへ)》アリ
権現舟ニ棹シテ向《ムカ》ヘノ岸ニ寄《ヨ》スル白波

その後句を謡いも果てず涼風が吹き、三所の梢が動《ゆる》ぎ、康頼はこれを「神風」の影向として詠歌し、成経もこれに付けて詠ずれば、帰鴈の瑞相が示される。以下、二人がこれを礼拝し、次いで康頼が祭文（祝詞）を読み、これに虫喰の文字（神詠）の瑞相が示されるという展開となり、最後に康頼が草堂にて島人に念仏を勧め「念仏ヲ拍子ニテ乱拍子ヲ舞ケリ」という踊り念仏の勧進で了る。

『盛衰記』は、延慶本において一連のものである三所権現への今様を前後に分けている。はじめに「白露」の今様以下の展開を祝詞や虫喰神詠等を含めて配し、次に通夜の法施として語り本にある千手の今様の夢想を挿入し、再び延慶本のごとき参詣次第の真似びから、前述した結願の礼拝として、「今日ハ暇給テ黒目ニ下向シ侍ベケレバ、身ノ能ヲ施テ法楽ニ奉ラン」とて「仏ノ方便」の今様を謡

うのである。『盛衰記』における康頼の法楽の今様はこれのみに止まらず、延慶本の如き参詣次第を基とした叙述の裡でも、延慶本が「……奉幣御神楽ナムドノ事コソ叶ハズトモ、王子々々ノ御前ニテナレコ舞《(馴子)》計《ばかり》ハ心ノ及ブ程ニ仕ルベシトテ、少将ハ天性無骨ノ仁ニテ如レ形ノカヰナサシ、康頼入道ハ洛中無双ノ上手ナリ、魍魎鬼神モトラケテ慈悲納受ヲ垂ラムトゾ舞ケル」とある部分に付して、「昔今ノ事ヲ思出テ」として、

サマモ心モ替カナ　落ル涙ハ滝ノ水　妙法蓮花ノ池ト成

弘誓ノ舟ニ竿指テ　沈我《しづむ》等ヲノセ給へ

という独自の今様を加えている。

全体として『盛衰記』における康頼は、生得の芸能――声わざの達者として形象されている。[13] 同時に、俊寛との論争を通して自ら表明するように[14]、権実にわたる仏神の本誓を悟り、それに結縁する方便を厚く信ずる、熊野参詣の理念を体現するような人物像である。この康頼は、延慶本が既に説くところだが、熊野へ三十三度参詣の宿願を立て、院の三度の御幸に随って併せて十八度を遂ぐるも、なお残る十五度を此処で果たす為に、三山に見立てた夷三郎を祀る岩殿に参ろう、と言う設定である。そして熊野詣の先達として成経を導き、彼から七度の礼拝を受けるまでに至るのである。『盛衰記』が大きく拡大してみせた康頼熊野詣の結願における参詣の道行次第のなかで、とりわけ強調される作法所作がある。康頼により、神の御前にて今様を謡うことをもって法楽に備え、その歌に神が感応して示現を蒙る、という〝今様霊験譚〟のかたちが繰りかえされていることである。康頼が遠流という

過酷な罪科を蒙った原因は、彼の鹿谷で謀議の酒宴の際の猿楽《さるごう》ごと（瓶子《へいし》を平氏に見立てその首を取って戯れる）にあった、と『盛衰記』はあえて説明する。だが、この参詣における康頼の熊野参詣の裡でなされるもろ〳〵のしわざは、そうしたヲコな振舞やモドキの真似びなどではなく、あくまで誠の信から出でた営みとして描かれている。そこで康頼が立ちはたらき演《の》べることは、祝詞から法楽の今様に至るすべてが、おそらくは、院の御熊野詣を頂点として中世の熊野詣のなかで実際に行われ、響いていた〝声〟を再現してみせるようなものではなかったか。その〝声〟は、「南無日本第一大霊験（熊野）三所権現」という祈請の詞から始められ、祝詞において真名の祭文を訓読して誦唱するところを中心としながら、何より礼拝に欠かせぬ法楽の今様において発現する。それは丁度、宴曲中の大曲『熊野参詣』を想起させる。その各段毎に「王子々々との馴子舞、法施の声ぞ尊き」と結ばれ、「南無日本第一大霊験熊野参詣」と唱えられるのも、熊野詣の道中に響く〝声〟を象る巧みであった。

熊野詣の〝声〟の記憶をそこに籠めたかと思われる『盛衰記』の一段でとりわけ注目されるのは、そのなかで康頼が「足柄」を謡っていることである。語り本系と共通する千手示現の今様は、彼が通夜し法施を手向け、暁方に歌をうたい、「其終リニ足柄ヲ歌テ、礼奠ニ備《ソナ》ヘ奉ル」、その上で夢中にもたらされたものであった。しかもその今様は、紅の袴を着た女房三人が鼓を脇ばさみ拍子を打ちながら「足柄ニ歌ヲ合《あはせて》歌」ったものだという。

今様中の大曲《ダイゴク》「足柄」については、馬場光子の「『足柄』考」[15]が、その、今様のなかでも特異な位置を占める「神歌《カミウタ》」の様相と、それが境の神を祀る東国の風俗歌として海道に生きる傀儡達により青墓に結集され、都にもたらされて『梁塵秘抄』はじめ〝今様圏〟成立の基盤となった消息を明らかにして余すところがない。『今様の濫觴』(16)には、それを管理・伝承した遊女《アソビ》・傀儡《クグツ》等の系譜が記されており、後白河院もその流れの末に名を連ねたのであった。

馬場氏が指摘するように、「足柄」については、その起こりにまつわる多くの伝承があった。傀儡の女たちにこの歌が伝えられるについては、『吉野吉水院楽書』が載せる、次のような伝承が説かれていたようである。

宮ノ御子ニ、宮姫ト申ケルガ、迷ヒ給テ、足柄山ノ麓ナリケル穂屋ニ宿リテヲハシケルニ、家主《ヌシ》ノ云様、此ノ足柄明神ハ、赤キ御料ヲ賞《メ》デ給フ由、語リケルニヨリテ、赤キ御料ヲシテ明神ヲ祀《マツ》リテ、大曲《ダイゴク》ヲバ皆ナ習ヘリ、ト云々。

その「赤キ御料」とは緋紅の袴のことであろう。古代の官女や中世の巫女、そして遊女を象徴する装束でもあるそれは、足柄の神に手向ける旅人の祀りと歌を担う女たちのしるしでもあったと思われ、『更級日記』に見える、同じく足柄の麓で空にすみのぼる声でうたった女たちもまた、そのように装っていたに違いない。それが『平家』や『盛衰記』では、本地垂迹の仏神の示現の今様をうたう女房たちにも重ねられたものだろう。

「足柄」は、これもよく知られるように、『平家物語』巻十、捕われ人《びと》となった三位中将重衡の東下りの旅を語るうち、足柄の山を越えるところで言及される。

図22　鶴岡職人歌合絵

弘長二年（1262），宗尊親王が将軍として鎌倉の鶴岡八幡宮における放生会に臨んだ際，道々の職人たちも社頭に参集して歌合を催した，という。京の朝廷から関東の幕府へと移った権力の許で，諸道芸能もまた，かような文芸を介して再編されることになる。その中には『東北院』にない職能が網羅されるが，遊女と白拍子の一対もそのひとつ。海道上の遊君や，静や微妙など舞女も，将軍に親しく参上して御披露目する芸能者であった消息は，『吾妻鏡』に詳しいところである。

「恋せばやせぬべし、恋せずもありけり」と、明神のうたひ始め給ひける、足柄の山をうちこへて……　（覚一本）

という、「足柄」を代表する歌であった「恋せば」の曲にまつわる、これも起源伝承を裡に秘めた想起として、海道下りの語りに摂り込まれていた。それは、その重衡の死出の旅というべき東下りに登場し、宴のなかで音楽―声を介して心を通《かよわ》し合う遊女千手の芸能物語とも響きあうものではなかったか。ともあれ、この「恋せば」にまつわる足柄明神の本縁譚である、関（境）の神としての男女二神、夫妻の神の別離の伝承[17]は、やはり『平家物語』の世界に投影されていた。

延慶本および『盛衰記』巻十には、免《ゆる》された成経が康頼と共に帰洛し、ついに妻子と再会を果たす場面で、成経が北の方の痩せ衰えた容貌を「三年ノ物思イ」（『盛衰記』・延慶本には「三年」の語なし）の故とみて感慨を催すという一節に、妻を振り捨てて異国へ渡った足柄明神が帰ってきて、妻の「殊ニ白ク美シク肥フトリ給タル」を見て、「滝ノ水モ冷《スザマジク》、恋セバ痩モシヌベシ、我ヲ恋イ悲ミ給ハザリケルニコソ」とて妻を離別した、という挿話が加えられている。その本縁譚には、「足柄」の歌が明神の詞として本文に含み込まれて説かれている。「恋せば」ばかりでなく、「滝の水」もまた「足柄」の一曲であったらしい。成経と康頼の鬼界島配流は、帰洛まで三年に及ぶものであったことは、『平家』諸本の等しく説くところであった。その三年が、この「足柄」伝承を引きよせたものであろうか。

『梁塵秘抄口伝集』巻十によれば、この康頼もまた「足柄」を習っており、それを得意としていたのであった。「康頼、声におきてはめでたき声なり」とはじまる康頼評のなかで、後白河院(18)は次のように述べている。

さとくもあり、娑羅林・早歌など弁《ワキマ》へ歌ふこと、心得たる上手なるが、歌の程より心がすぎて、まだしき歌も疾《と》く心得て、のどむる事なくて、歌い過《あやま》ち多かり。（中略）たしなまず、うは走りて物を習ふ故なり。様《やう》の歌も、足柄なども、我にも多く習ひたり。「滝の水」小大進、「恋せば」さはのあこ丸に習ひたりとこそいひしを、我に習ひたりといふとかや。節もすこし、しどけなき所ありし物を……（下略）

康頼は、その才気にまかせて敏《さと》く心得た上手であるが、充分にたしなまず、上面ばかりなぞって習い得たと思い込みしてうたうので、歌い謬《あやま》りや、しどけない節廻しがある。「足柄」を、すべて己から習ったなどと称しているが、実際には「滝の水」や「恋せば」という主な曲は小大進やあこ丸から習ったのだ（己は知っているぞ）、という。続けて、康頼が吹聴する院よりの今様伝授が実は「御様」とは別物であることを歌うたいのひめうしにも見破られていたことであった、などと内幕を暴露され、かなり辛辣に批評されてはいるが、同時に、康頼の多才と器用振りがうかびあがってくる。また、「足柄」は、院にとっても容易ならぬ難曲であり、大曲中でも特異な旋律様式と節廻しをもっていたことも察せられるのである。

こうした、今様の達者であり、「めでたき声」の持主であった康頼が、後年の配流に及んで、流謫の地において熊野参詣に擬した修行に臨み、その法楽として「足柄」を謡ったと『盛衰記』が言うのは、決して唐突な設定ではなかったろう。そうして、これに応える霊験としての示現の今様も、やはり「足柄」の歌に合わせて謡われなくてはならなかったのであろう。この一幕が、神歌として今様の始源に位置する「足柄」につけての今様霊験譚として語られることは、かりそめの遊び戯れながらも誠の信を致して修行する者に果報がもたらされる、権から実への済《すく》いの途を寓意する康頼熊野詣の宗教的意義をより一層深めるものであろう。そこには、東国の海道上に生きる声わざ人《びと》たちの秘伝たる「足柄」を、康頼もまた会得し、それをうたうことによって仏神の感応を蒙った、という構図が含意されているのではなかろうか。その上で、帰洛を果たした後の「足柄」伝承の想起も——これはもう一人の成経に分けもたれているが——見事に対応して符節を合わせている。このようにしてみたとき、『盛衰記』の、康頼をめぐる物語における芸能伝承の世界との重ね合せは、「足柄」の歌をしるしとして一連の脈絡をつくりだしている。そして、ここに、東国の歌謡である「足柄」が、熊野の神への参詣儀礼を介し、西海を経て日本の果てまで流れ漂い、うたわれていることは、まことに興ふかく、象徴的な音像を響かせているといえよう。

ここに響くものこそ、すぐれて霊地を荘厳する声であり、それを媒ちとなって担う、都と辺土と、中世を往還する声わざ人である康頼のはたらきは、仏神の本誓方便を明かし、現世に憂悲苦悩する人と〈聖なるもの〉との交信を、その〝声〟において成就するものとして、あざやかに立ちあらわれているのである。

第六章
熊野考

〈熊野〉とは何か？　それは、私がなにかあることを考えているとき、ヒョイとはいりこんできて、私の思考をかきみだし、果ては私の思考そのものと重なりあってしまう、そういうなにものかである。(1)
（丸山静「馬頭観音」）

一　熊野へ詣る王と聖たち

いかなる理由《わけ》か、熊野は王たちを引きよせた。

宇多法皇から始まり、亀山上皇に終る歴代の〝院〟と呼ばれる王たちが、この南辺の海山のあいだを頻《しき》りに歩む。とりわけ、白河、鳥羽、後白河、後鳥羽の四院にわたるおよそ百二十余年の間、熱狂的な熊野御幸の高揚が世を覆った。熊野とは何か、ということを考えてみようとするとき、これらの王たちの異常とみえるまでの熊野への傾倒につきあたる。それは同時に、〝院政〟という王権のありかた、それによって形成された中世の世界を想い描くにあたっても、無視できないことであろう。

熊野へ最初に赴いた宇多法皇については、その熊野への参詣の動機が何であったかは明らかでない。しかし彼が深く真言密教を崇信し、空海の先蹤を追って自ら受職灌頂を授かり伝法阿闍梨となり、御室法流の開祖となった事蹟と、それは無関係ではないだろう。熊野は、真言宗と深く結びついた修験にとって重要な聖地であり、真言行者にとって山林斗擻の修行の実践は、その成就に大きな力をもたらすものであったからである。一方で、吾が子醍醐帝との相克が道真の失脚左遷事件などを介して覆いがたいものであったことは、その『御記』が示唆する如くである。あるいはそうした失意もまた、法皇を熊野へ赴かせた理由のひとつかも知れない。

入道して、修行の御供《とも》にも、これ（寛蓮）のみぞ仕《つかふ》まつりける。されば、熊野にても、日根《ひね》といふところにて、

（故郷《ふるさと》の）旅寝《たびね》の夢《ゆめ》に見《み》えつるは（恨《うら》みやすらむ又《また》と問《と》はねば）

とも詠《よ》むぞかし。人〳〵の涙落《なみだお》とすも、理《ことはり》に哀《あは》れなることよな

『大鏡』が語る宇多法皇の熊野修行は、「旅寝の夢」の歌を引いて「哀れ」に彩られている。

およそ一世紀近くを経たのち、花山院が熊野へ旅立つ。彼が帝位をなげうって遁世出家した、それが藤原氏による策謀の結果であったとしても、発心ゆえに現世の栄華を捨てる、その過激に傾斜する生き方は、中世を先取りするものであった。院は叡山で受戒後、まず書写山に登り、六根清浄を得た持経聖人性空に対面し、その後で熊野へ本格的な修行にいでたつのである。

花山院の、御出家の本意《ほい》あり、いみじう行《おこな》はせ給ひ、修行せさせ給はぬ所なし。されば、熊野道《みち》に、千里《ちり》の浜といふ所にて、御心地損《そこな》はせ給れば、浜面《ずら》に石のあるを御枕にて、御とのごもりたるに、いとをかしく海人《あま》の塩《しほ》焼く煙《けぶり》の立ち昇る御心細さ、げにいかに哀《あは》れに思《おぼ》されけんな。

旅の空　夜半《よは》の煙とのぼりなば　海人の藻塩火《もしほび》たくとやみん
（『大鏡』巻三　伊尹伝）

『大鏡』は、院の熊野修行のことにはじまって、まことに印象的に、この廃王の肖像を描きだす。(2)その冒頭に説き出《いだ》される歌物語めく一節、千里の浜に病み臥《ふせ》った院の眼は、海人の焚く煙にゆらめきながら冥界へ立ち昇る己が魂を幻視する。熊野へと辿る道程は、そのまま院にとっては遙かな冥路《よみぢ》への旅であった。

「かかる程に、御験《しるし》いみじうつかせたまひて」中堂にて験競《げんくらべ》のあったとき、試みに院が念じてみたところ、その駆使する護法の憑《つ》いた法師が屏風に引きつけられて身動きもならぬ、許させると忽ち躍り出るように逃れ去った。それを『大鏡』は、前生の戒力に加え、国王の位を捨てた出家の功徳ゆえ、と説くのである。それは、『大鏡』がくりかえし強調する「王威」のいみじきことの一例であるが、花山院の場合は「御験」としてまた別格である。験競とは、出峯した山臥たちが斗擻の修練によって鍛えた行力を競いあう儀であるが、かような花山院の験力は、熊野における伝承によれば、那智山の千日におよぶ参籠の果てに獲得されたものである。

『熊野山略記』(3)那智巻によれば、那智山は花山法皇御庵室をはじめとする花山院伝承に満ちており、それは那智山独自の組織や仏事行法の故実と深く結びついている。正暦年中と伝える法皇の参籠は、六十人の禅侶により構成される瀧籠り行の先蹤となった。この瀧衆の参籠修行には、多くの礼法が定められ厳格な年臈階梯が存し、その次第昇進は五智如来の成仏を象り、また灌頂として王位に准《なぞら》えられてもいた。彼らの夏《げ》中勤行には、供花《くげ》や穀断菜食のほかに、常客を延年衆と呼び、毎夜「乱舞《らっぷ》廻雪之曲」を奏したという。さきの験競は、こうした延年の祭儀―芸能のなかで催されたものであったろう。

後年、白河院時代の寺門（三井寺）の偉大な先達であった大僧正行尊は、没落した皇族の末裔として、貴種であると共に苦行者、かつ風流者であったが(4)、その若年の修行時代に大峯をへて熊野へ参籠し、こうした験競の場において都にゆかりの人と出逢い、次のような歌をもって応《こた》える。

心こそ身をば捨てしか幻《まぼろし》の　姿も人に忘られにけり

修行の凄絶はここに軽妙な挨拶に転じている。が、これも、修行の果てに熊野へ至ったのが一箇の捨身であり、そのうえに変身と再生を果たすものであることが踏まえられている。

中世遁世者の典型であった西行も、那智に参り、瀧の上に攀《よぢのぼ》り、花山院の庵室の跡を尋ね、そこに咲きほこる桜に院の詠歌「木のもとをすみかとすればをのづから　花みる人になりぬべきかな」を想いおこし、

木のもとにすみけるあとをみつるかな　那智の高嶺《たかね》の花をたづねて

と詠じ、さらに三重《みかさね》の瀧を礼して「身に積る言葉の罪も洗はれて　心澄みぬる三重の瀧」と詠む。熊野もまた西行の修行の地であり、花を賞で心を澄ませる歌境と分かちがたい霊地であった。三重の瀧とは、大峯の奥駈けの峯中にある秘所のひとつであるが、那智山の側ではあの大瀑布を一ノ瀧として、その上の二ノ瀧と三ノ瀧を合わせて三重の瀧と称してもいた。この瀧は、これも『略記』によれば、法皇参籠の時、ここに那智の本地千手・如意輪・馬頭観音が顕れ、眷属の廿八部衆も歴々とあら

図23　西行物語絵巻

劇的な遁世を遂げ，しばし閑居の後に修行の旅に出で立った西行は，吉野山の逍遙を経て，熊野へと歩みだす。その道における，絵巻の中心となって描かれる舞台は，千里浜《ちりはま》の海辺づたいの路であった。かの花山院が病み臥って立ち昇る塩屋の煙に己が魂の行方を幻視したように，西行はその傍らの庵に居て眺めながら何をみたのであろうか。

われたという。いまも二ノ瀧の上には花山院の庵の趾と伝える遺跡があり、石の櫃がその名ごりとして残っている。

熊野、とりわけ那智にふかくしるしづけられた花山院の足跡は、後代の修行者にとっての先蹤というばかりではなく、むしろ、この霊地の特質をあらわし出すしるしの如きものではなかったろうか。

何故、花山院は熊野へ引きよせられたのだろうか。

増基法師の歌集『いほぬし』の序文によれば、彼は、

世を遁《のが》れて心のままにあらむと思ひて、世の中に聴き遠《とを》く所々《ところ》をかしきを尋ねて心を遣《や》り、かつは尊《たふと》き処々を拝みたてまつり、我が身の罪をも滅《ほろぼ》さむとある人――

として己を形象し、ただちに熊野へ一介の修行者として詣でるのだが、これはそのまま花山院の境涯に置きかえてもあてはまる姿だろう。この「庵主《いほぬし》」は、紀伊路をへて熊野の御山を目指した。本宮で多くの客僧達が庵室に籠る、その一つに仮寓し、早朝の勤行には、御堂に「頭《かしら》ひき嚢《つつ》みて蓑《みの》うち着《き》つつ、ここかしこに数知らず詣《まう》で集まりて、例時果《は》ててまかり出づるに、あるはそ上《（ママ）》の御前《まへ》に留《とどま》るもあり、礼堂の中のはしの元に、蓑うち着《き》つつ忍びやかに顔《かほ》引き入れつつあるもあり、額突《ぬかづ》き陀羅尼《だらに》読むもあり、様々に聴きにくく、露《あら》はにぞと聞くもあり」という様子であったが、とりわけ霜月の御八講に参じて、「その有様、つねならず、あはれに貴《たふと》し」と評し、次のように詠む。

愚《おろか》なる心の闇に惑《まど》ひつつ　憂世に巡る我が身つらしな

花山院や増基法師のような遁世者が修行に赴いた熊野について、まとまって言及された最古の記述

は、その霜月の法華八講会を説いた『三宝絵』下巻「僧宝」の仏教年中行事の一段である。
『三宝絵』は、花山院の同母妹にあたる、冷泉院皇女で賀茂斎院をつとめた尊子内親王のために、源為憲が撰んだ仮名の仏教入門書である。彼女は、円融天皇の妃として入内していたのだが、十七歳で突然に出家を遂げ世間を驚かせた。花山院と共通した異様なまでの激しさを感じさせる生き方に注目されるけれど、その貴女の為にとて為憲が描きだした仏法世界の一環として象《かたど》られる熊野の世界も興味ふかい。それは簡潔に、中世へと展開する熊野という霊地の性格をよく把えている。それゆえ、あえて読みやすい形で引いてみることにしたい(5)。

紀伊国牟妻《むろ》の郡《こほり》に神います。熊野両所、證誠一所となづけたてまつれり。両所は母と娘なり。結《むすぶ》早玉と申す。一所は添へる社《やしろ》なり。此の山の本の神と申す。

以下、熊野への道、そこでの修行とその功徳が、対句仕立てで構成された叙述によって明快に説かれる。

紀伊国は南海の際《きは》、熊野の郷《さと》は奥の郡《こほり》の村なり。
山重なり河多くして、行く歩《みち》遙かなり。
春ゆき秋来りて、至る人まれなり。
山の麓《ふもと》に居る者は、菓《このみ》を拾いて命を継ぐ。
海の辺《ほとり》に住む者は、魚漁《すなど》りて罪を結ぶ。
もしこの社《かみ》居ませざりせば、八講をも行はざらまし。

此の八講なからましかば、三宝をも知らざるまし。

五・十人までも語り伝へ難かるべき眇々《べうべう》たる所に妙法を広め聴かしめ給へるは、菩薩の跡を垂れたるといふべし。

四日の檀越《だにをち》・執行《しぎやう》は、ただ来たれる人の勧むるに随ふ。

八座の講師《かうじ》・聴衆は、集まれる僧の勤むるにまかせたり。

僧供は、鉢・鋺《かなまり》をも設《まう》けず、木の甲《かう》に受け帯袋に入れる。

講説は、裳袈裟を整へず、鹿皮・蓑《みの》を着、脛巾《はばき》をしたり。

貴賤の品《しな》をも撰ばず、老少をも定めず。

以下、賢愚経に仏が五種の施の徳用を讃《ほ》めることを引き、それを前提として熊野の特質を引き合わせて説く。

此の（八講会の）施僧の庭をみるに、五種みな備へたり。

(一)これまで至れる者は、遠く歩めるなり（参詣）。

(二)還らむとするは、遠く去るなり（還向）。

(三)糧《かて》なき者は、飢へ疲れたるなり（修行者・参詣者の飢渇による精進）。

(四)足はれたる者は、病し苦しぶなり（行者の苦患による代受苦）。

(五)経を読み呪を誦するは、法を知れるなり（仏事による法施）。

（これに施をなす）檀越の今の世に福を得る事、疑ひあるべからず。（下略）

遙々とこの霊地に辿りついた修行者たちによる、彼らのための、身分や貴賤を問わぬ、自律的で平等な仏事――それが熊野の八講会であった。そこは、貧しく飢え疲れに臨み、また病んで痛みに苦しむ彼らが施行を受くる庭でもある。『いほぬし』の主人公も、そうした一人としてこの場に連なったのであろうし、恐らくは、花山院もそうであったに違いない。王も無名の修行者もともに等しく苦行してこの地に至り、同じく施しを受け、この救済の庭に檀越として施しを与える者も、その結縁の功徳によって現世に利益を得る――熊野は、そのような無縁の慈悲の原理によって、他から聖別された場所なのである。

二　熊野縁起

熊野における〈聖なるもの〉の始源について、〝熊野狂い〟の院の許であれほど足繁く参詣に励んだ朝廷の貴族たちも、ことその神の正体や本縁についての正確な知識は、思いのほかに乏しくあやふやなものであった。それは、後白河時代に惹起した熊野神領における神人殺害事件を契機に発した、熊野が伊勢大神宮―天照大神と同躰であるか否か、という問題について宮廷中の識者が諮問に答えて提出した報告書である『長寛勘文』[6]に露呈される。

既に、白河院政期の一代の碩学であった大江匡房自身が、その『江談』に、源俊明の談ずるところとして「熊野三所本縁如何。被答云。熊野三所ハ伊勢太神宮御身云々。本宮并新宮ハ太神宮也。那智ハ荒祭」という理解を示している。かれらの観念の裡では、熊野と皇祖神とは同躰という、今の常識からすれば驚くべき事態が進行していた。それは、単なる祭神説の混乱という次元のことではなく、より根本的な違乱、記・紀に体系化された神々の系譜を換骨し、ひとたび確立された古代の〝王権神話〟を奪胎するような、熊野という得体の知れない〈聖なるもの〉による侵犯と把えても大袈裟ではないと思われる。

『長寛勘文』に引用された『熊野権現御垂迹縁起』によって、はじめて纏まった形の熊野の縁起の存在と、その内容が知らされる。この神は、もと唐の天台山の王子信の旧跡であり、八角の水精の石として鎮西の彦山に降り、次に伊与の石槌に渡り、次に淡路の遊鶴羽《ゆずるは》に渡り、次に紀伊の切部《(切目)》山の松の木の元に渡り、次に新宮の神蔵《かんのくら》に、次に同じく新宮の阿須加《あすか》社の石淵谷に勧請され、結・早玉と家都美子《けつみこ》の二宇の社殿を祀った、という。こうした、各地に遷座を繰り返しながら祀られるのは、伊勢も含めて、古代から中世にかけての神の縁起の普遍的な構造であるが、熊野の場合はそれが全て修験の霊山であることが注意される。その上で、この神は、本宮大湯原に三所権現として化現したが、その因由として、最初は猪の躰で現れ、熊野部千与定という犬飼に追われて遂に月の形を櫟《いちい》の木の上に顕し神名を明かした、という。猟師が獲物たる獣を追って山中に分け入り、それが神―仏として顕現するという伝承の型は、立山や大山《だいせん》などの縁起にも見いだされる、普遍的な霊山の縁起に繋がるものである。空海を高野山の霊地に誘《いざな》った南山の犬飼のように、これも熊野という霊地とその〈聖なるもの〉を顕す嚮導者《ナビゲーター》なのであるが、その媒介者は同時に、自身の生業《なりわい》としては猟師という殺生の罪業と肉食の不浄に纏《まと》われた存在であり、それは『三宝絵』に言われる如く仏法によってのみ救済される存在である（或いは、仏法がことさらにそうした差別をつくりだしたとも言えるのだが）。それがむしろ霊地の神―仏を出現させるという逆説によって、熊野の始源的な〈聖なるもの〉を成り立たしめているのである。

熊野権現の始源は、本地垂迹説と結びついて、西天の仏生国に求められる。真福寺に蔵される一群のテクストは、金峯山―大峯の蔵王権現に関する縁起と一具をなして、熊野権現の縁起についての最古の体系的な記述である。(7) その一本には延久二年（一〇七〇）の本奥書があり、それは後三条天皇の時代、すなわち院政の始発期という歴史的な転換点を示しており、やがて始まる白河院の熊野御幸を予告するような象徴的な年代である。縁起そのものは、熊野三山を支配した寺門派修験に対抗して南都の修験の主張が反映された、中世初頭の諸縁起説や記録を集成したテクストであることが、川崎剛志の研究(8)によって明らかにされている。その説くところ、熊野権現は天竺摩竭提《マカダ》国の大王慈悲大顕王であり、結の御子、早玉の王子と眷属と共に、衆生済度のために紀州無漏《ムロ》の郡に垂迹したという。また、神武天皇の御代に大和国に雅顕長者なる者があり、伊勢に詣で天照大神に権現と蔵王の本縁を語り紀州と吉野の霊地を賜らんと願い、また帝にもその本縁を説き示した、その再誕が役行者であるという（『熊野三所権現金峯山金剛蔵王縁起』）。

こうした本縁を記したものとおぼしい『大峯縁起』が延久二年に本宮の證誠殿に安置された、と記す真福寺本のうち『熊野権現金剛蔵王宝殿造功日記』によれば、寛治三年（一〇八九）に長円が「熊野権現降下御坐因縁」を弘め申したことにより、翌四年に白河院の御幸があり、増誉を先達として本宮に詣で、この『大峯縁起』を開いて御覧あり、大江匡房がこれを読み上げた、という。このような、熊野―大峯縁起が参詣した王の前で読み上げられ、王がこれを聴聞した、という主張が、実は院政期の白河院の金峯・熊野参詣の日記・記録にもとづいて仮構された産物であることも、川崎氏によって既に指摘されている。(9) 問題は何故、そのような虚構を敢えて巧んでまで、こうした主張を唱えようとするかということであろう。

院という王権による猛烈な一大運動というべき熊野御幸の発端となったと位置付けられている、この神聖な縁起《テクスト》は、役行者の末裔たちによって、厳重な定めのもとに相伝されていた、という。『熊野三所権現金峯山金剛蔵王縁起』の「縁起相伝事」には、これを「蓑笠」を着て相伝すべし、その時は「大飲食《だいおんじき》」を備えよ、とある。蓑笠を着るのは大魔を見ざる故だという。この奇妙な故実は、恐らく修験の入峯作法とかかわるものだろう。それはまた、熊野に参る修行者が必ず蓑を着ていた姿として記されていたことを想起させる。ちなみに、今もそうなのであるが、本宮は、熊野の中心であると同じく、金峯―大峯の山中斗擻修行の終点であり出発点であった。この霊地における「蓑笠」は、何かその特質を象徴するようなものではないか。続く「可修行大峯事」には、入峯の日にあたり、先達は同行にたいし「大飲食」を備え、峯中では毎日一度僅かな食を与えよ、と定める。また「カツエニノゾミテモノホシカラム行人」には金剛供を備え、その仏供を食せ、という。今も山中では登山する者に時として「ヒダル神」が取りついて一歩も進めなくなることがあるというが、苦修練行の果てに即身成仏を目指す山臥の入峯修行においても、飢渇はその身につきまとう。この苦しみを罪障懺悔の行として、これを宥《なだ》むる作法が、右のような奇妙な故実に繋がるのであろう。『古今著聞集』釈教に収められた平等院僧正行尊の伝には大峯入峯にあたり携えた米を笙岩屋にて疲極の山臥に残らず饗して詠んだのが、『金葉集』に収められた次の歌であるという。この逸話もそうした伝統を背景にしていよう。

草の庵なに露けしと思ひけん　もらぬ岩屋も袖はぬれけり

入峯の作法と一対をなすべき、『熊野三所権現金峯山金剛蔵王縁起』の「熊野三所権現参詣事」条では、垢離《こり》などの精進を住所にても道中にても怠るべからず、といい、更に「不弁男女、不嫌上下、万事可平等」という。これこそ、熊野参詣ということの意義を最も端的に示した原理であろう。そこには、熊野という霊地に一貫して漂う響きの主題が聴こえている。『いほぬし』や『三宝絵』が描くような熊野の光景、蓑笠を纏った修行者たちが「貴賤の品を撰ばず、老少を定めず」営みつくりだす無縁の場は、こうした縁起における大峯―熊野の聖域の原理と分かちがたく連なっている。飢えや病いに苦しみ、厳重な精進をなしつつ、男女・貴賤の差別なく目指すところ、熊野は、王すらも一介の庶民と同様、浄衣に藁沓脛巾《わらぐつはばき》にて参るのが習いである。院の熊野御幸も、こうした原理の許になされ、むしろそれに導かれたものではなかったか。千里の浜に病み臥す花山院の熊野詣の光景には、たしかにそうした面影がうかがわれる。

三　浄不浄を嫌はず

熊野権現が長頭巾の山臥姿で顕れて、本宮證誠殿に通夜する念仏聖一遍に告げたのは、「……阿弥陀仏の十劫《ごう》正覚に、一切衆生の往生は南無阿弥陀仏と決定するところ也。信不信をえらばず、浄不浄をきらはず、その札を配るべし」という示しであった。その後、百人ばかりの童子たちが現れ、「その念仏うけむ」と札を取り念仏して何処ともなく去った。一遍はこれを九十九王子の化現かと思う（『一遍聖絵』巻三）。「融通念仏すすむる聖《ヒジリ》」として、一遍は熊野詣の路を歩みながら道者に念仏を勧め札を授けていたが、そこに出逢った一人の僧は、一念の信心の起こらぬ故とて札を受け取るのを拒んだ。一遍は、信心起こらずとも受け給えと、強《あなが》ちに押しつけたのだが、この出来事は彼に深刻な疑問を懐《いだ》かせた。〈念仏は、信心して為《す》るものか？　念仏を信ぜぬものにも往生は可能なのか？〉――そうした一遍の迷いを権現の夢託はあざやかに断ち、彼はここに弥陀の他力本願の深意を領解《げ》して、遊行の旅に赴くことになる。弥陀の本願としての念仏がまさに権現に「證誠」されたのである。この託宣のなかの、念仏への絶対的な信を決定《けつじょう》した一句は「信不信を撰ばず」であったが、それは後に続く「浄不浄を嫌はず」という句と呼応した形をとってあらわれる。これは、単なる対句的修辞ではない。この後句こそ、熊野の神とその霊地の本源的な性格をよく表象する詞であった。

さきに真福寺本の縁起でみたように、金峯山と同様、熊野詣もその進発に際しては厳重な精進―物忌と潔斎が要求され、行歩の間も絶えず先達の指示にしたがい垢離をかき、祓《はら》えを修しながら海山のあいだを辿るのであった。しかし、熊野は金峯―大峯の側とは全く異質な面をもっていた。大峯が女人禁制であるのに対し、ここは女人の参詣を許し、御山の霊地の裡であっても月水の穢れすら忌まず許容する、同じく女人登山を拒む高野山から「男女猥雑の砌《みぎり》[10]」と呼ばれるような領域であることだ。そして、本宮や新宮は「乱行僧」と称される法躰ながら妻帯世襲の衆徒によって運営されていた。新宮や田辺の別当家はその代表である。

神託中の「浄不浄を嫌はず」という権現の詞は、たとえば浄穢の差別の一項である女人の性を排除したり区別したりせず、縁起にいう「男女を弁《わきま》えず」「万事平等」なるべしという、熊野の霊地の原理から発した神の誓いのごときものである。それが、一遍にとっては、根本からの信の転回――思想的転換――の契機となったのである。熊野という霊地にあっては古くから普遍的な習いであったものが、彼を介して、中世の全くあたらしい信仰のありかた（すなわち遊行）を生みだすことになったといえよう。

あらためて確認するなら、この「浄不浄を嫌はず」とは単なる観念上の題目ではない。それは、熊野という霊地へ参入するための、きわめて生々しい鮮烈なイメージをともなった儀礼そのものを指している。修行の前方便としての参詣途上の厳重な垢離や祓は、先達の口伝において、熊野参詣の始源をものがたる神話的イメージとして説き明かされる。平安期に遡る成立とされる葛城・大峯修験の口伝を集成した九条家本『諸山縁起[11]』所収の「役行者熊野山参詣日記」では、箕面で神の啓示を蒙り熊

一遍聖

図24　一遍聖絵　巻三

熊野へ詣る途上，一遍は出逢った或る僧に賦算札を強《あなが》ちに押しつける（絵にはこの僧の上に「権現」の墨書が注される）。そこでの問答によって聖《ヒジリ》自身の心に生じた疑念を胎したまま，彼は本宮に到り，長床での参籠通夜の間，夢中の光景がそこに展開する。證誠殿の前には先達姿の熊野権現が立ち，聖に神託を告げる。その右側の斎庭《ゆにわ》では童子が群れ集まり，聖に札を乞いうける。熊野三山の宮曼荼羅に描かれた社頭図を扮本として用いながら，その景観のなかで，聖にとって最も重要な回心を遂げるプロセスが繰りひろげられるのである。

野へ参る道中、至る処でおびただしい穢れや違乱・障碍に遭遇し、悪鬼・鬼女・老女・産婦・童子・悪魚などに出逢い、おびやかされる。そこでは死骸や流血の汚穢とともに〝女人〟に形象される穢れもさまざまに立ち現れる。これを、行者は神の告げにしたがい呪文や祓えをもって立ち向かうと、それらはたちどころに姿を消し、さながら〈聖なるもの〉に変化する。これは、その穢れや障碍自体が〈聖なるもの〉の陰画的《ネガティヴ》な祝福であり、行者が熊野の霊地に到達するための試練として必須の構造の形象といえよう。熊野参詣とは、その道中が、はなはだ両義的ながら、潔斎と同時にあえて穢れに触れることも厭わないで――むしろ穢れのなかをくぐり抜けるようにして、それが却《かえ》って熊野の〈聖なるもの〉の本質に親しみ、これを顕しだすという回路であったのではなかろうか。

中世、盛んに流布し唱導された親鸞上人の絵伝や談義本のなかに、〝平太郎因縁〟という一段がある。既に永仁三年（一二九五）覚如によって制作された『善信聖人親鸞伝絵』の第十一段「熊野霊告」にも説かれる、親鸞伝には欠かせない伝承であった。その、広く流布され膾炙された物語[12]においては、親鸞の念仏の教えをうけ、許されて熊野参詣する常陸国の平太郎が、途中の路上で死骸に出逢う。平太郎はこれを哀れみ、自ら屍を手厚く葬って――つまり清浄なるべき道中で死穢を身に纏いながら参詣すると――権現は夢中に聖人と対座して顕れ、その慈悲の行いを讃め、また念仏の信心を勧めた、という。和光同塵して垂迹した神々が、己れの許に参詣しようとする聖にたいして、何よりも慈悲を尊ぶことを示し教えるという一群の霊験譚が中世には『沙石集』をはじめ諸社の霊験記に見えている。そこでは、聖の前に死者の骸《むくろ》が現れ、彼は参詣道中の精進を構わず敢えてこれを背負って葬

図25　親鸞上人絵伝　第四幅

甲斐万福寺に伝来した六幅の親鸞伝絵は，覚如による祖師伝の聖典化以前の，関東門徒による豊饒な親鸞伝承を包蔵し，為に異端として本願寺に召し上げられ遂に返却されなかったという。真仏（平太郎）による熊野詣の逸話はそのうち二幅にまたがって展開されており，那智瀧や熊野川下りを含む新宮など三山を巡る浄衣姿の道者が随所に点綴されて霊地を結びつける。本宮における夢想は，證誠殿の上に阿弥陀如来が顕現する特異な構図で，光明が霊地全体に放たれてその功徳が道者に加披される。その図像は（図 26）熊野権現影向図とも共通しよう。

り、その穢れを憚って帰ろうとすると歩まれず、ついに参詣を遂げ、その慈悲行を神明が喜んだという託宣がくだされた、という話柄である。熊野を舞台とする平太郎因縁もまた、その一類である。しかしそこでは、行者や聖の代わりに一介の無学な庶民が、穢れを背負いながらの参詣修行によって却って祝福を蒙るという構造を担うのである。

それは、古い縁起のうえに、やがて〝熊野の本地〟として、御師や熊野比丘尼が携えて汎く諸国に説き語られた五衰殿《ごすいでん》の物語にも、姿をかえてあらわれた構図であった。山中に殺害された后妃の首のない骸《むくろ》によって、王子が育《はぐく》まれる。流血淋漓たる産穢と死穢の最中《さなか》から若宮が誕生する、そのおぞましくも強烈なイメージのなかに、熊野における〈聖なるもの〉の本質があざやかに映しだされているだろう。

四　熊野詣の霊験と王たち

熊野の神が、「浄不浄を嫌はず」「男女を弁へず、上下を嫌はず」「貴賤の品を撰ばず」に、隔てなく遙々と参る者に慈悲を垂れることは、中世の説話伝承のなかに、くりかえし主張されている。たとえば、『古今著聞集』（巻一神祇）にみえるふたつの話がそれである。そのひとつは、徳大寺実能の熊野参詣の際、夫役に伴った「垢離棹《こりさほ》」と呼ばれた男、一行の垢離の水を常に汲む役を勤める下﨟であった（「棹《サホ》」は熊野における男の忌詞、女は「板《イタ》」である）故に人々にかく称されたが、その懇志が神に賞《め》でられたという。もうひとつは、盲目の男が参詣を遂げて神前に祈請するに、権現が夢に前生の業因――彼はもともと日高川の魚で、参詣者の松明《たいまつ》の火に照らされて人界に生じ、結縁の功徳により目が開く――を示されたことである。

そのような、賤者や不具者に慈悲をもたらす主題を一方に示しつつ、中世に、より広く流伝した熊野霊験譚は、和歌や歌謡を核とし、それを媒ちにして伝承されている。

早くは『袋草紙』にみえ、汎く語られた奥州名取の老女の参詣譚がそれである。熊野へ年毎に詣でていた女、年老いて行歩《ぎょうぶ》叶わず、

道遠し年もようやく老いにけり　思ひおこせよ我も忘れじ

と詠めば、権現は本地阿弥陀の姿として彼女の前に顕現した、という。これは名取熊野堂の縁起として、この地に活動した熊野比丘尼と修験による唱導の所産と推察されるが、[13]それは単に鄙の縁起に留まらぬ広がりをもった和歌説話であった。この霊験譚を絵解いたものと思しい〝熊野権現影向図〟は数本が伝存し、それは山越阿弥陀来迎図の垂迹ヴァージョンとでもいうべき趣の説話画[14]である。更に、これは能『護法』の本説ともなって芸能として演ぜられた。[15]そこではワキの老女は巫女であり、詠歌の徳に応えて出現するのは護法金剛童子である。

あるいは、『沙石集』巻五、後嵯峨法皇の熊野詣に駆り出された伊勢国の長夫《ながぶ》の一人が、本宮にて、

音無《おとなし》に咲き初めけむ梅の花　匂はざりせば如何《いか》で知らまし

図26　熊野権現影向図

顕現する阿弥陀仏の巨大さは，これを拝する道者が画面右下に小さく描かれることで強調される。半身を紫雲涌きあがる裡からあらわした仏の輪郭が，雲中にうき出すように工夫されて，視えないものが出現する〈聖なるもの〉のイメージが感得される。元徳三年（1331）銘を有し最古の作例である檀王法林寺本では上部に書かれた五山僧の賛が機能の一端を担っているが，この絵は名取老女の和歌説話によって語られる絵解き唱導の媒体であった。

と秀歌を詠じたのが天聴に達し、下向の道中に召さんとして、北面が馬に乗りながら歌を参らせよと命ずれば、

　花ならば折《(降)》りてぞ人の問ふべきに　なりさがりたる身こそつらけれ

と、また秀歌にて応えたので御感あって公事を免ぜられ勧賞を蒙った、という。この話のかたちでは霊験譚ではなく、単なる和歌功徳説話(16)なのだが、これもまた能に脚色されて『巻絹』という曲となっている。そこでは初めの歌を中心に、より劇的に構成されており、後場では「祝詞《のりと》の巫女」に憑りついた「音無の天神」が舞い謡って——つまり託宣の芸能化——人々を祝福する霊験能として実現される。

　名取の老女も伊勢国の夫も、ともに熊野参詣にかかわって詠歌の徳用により利生を蒙った。それが芸能の場に置換されたとき、それとは見えぬ後者の説話も、やはり神顕現の霊験をあらわし救済の奇蹟を示すのである。それは、熊野を舞台とする伝承がすべからくはらむ主題が、芸能を介してはからずも露《あらわ》れ出たものかも知れない。

　こうして芸能とむすびついた熊野霊験譚として何よりも知られるのが、『平家物語』巻二「康頼祝詞」の物語であろう。

　罪を得て西海の果て鬼界島に流された康頼と成経は、島に祀られる岩殿を熊野三山に見立て、いわば私に勧請して、これに参詣し修行に擬すことにより帰洛を願う。康頼は、自らその先達として歩み、自他の罪障を懺悔し救済を祈る。それは熊野参詣の本義に叶った作法なのである。物語の、芸能

としての眼目である「祝詞《のっと》」は、実際に中世の参詣者が神前に読みあげた形式に倣った擬作であろう。この神前に康頼が夜もすがら今様を歌えば、暁方に海上より舟に乗って女房たちが鼓を打ちながら、

万《よろず》の仏の願よりも　千手の誓いぞたのもしき
枯たる草木も忽《たちまち》に　花咲き実なるとこそ聞け

と今様を歌いつつあらわれた。これを権現の願を納受したしるしと喜ぶと、果たして赦免の使が到来した。既に前章で詳しく述べたこの物語も、やはり熊野の霊験譚の類型に即したものであった。

この四句法文歌の型をもつ今様は、康頼が仕えた後白河院の著『梁塵秘抄口伝集』巻十にみえる、院自らが応保二年（一一六二）の熊野参詣に本宮の礼殿にて歌い霊験あったと記されたものである。うたい込められた千手は熊野の那智西御前すなわち結宮の本地であり、それは本地の感応であるとともに那智の龍神化現のしるしでもあったのではあるまいか。後白河院は〝千手の持者〟とも称されたほど深く千手を信仰した法皇であったが、その背後には熊野の本地垂迹説があったのである。『平家物語』の流人康頼救済の話は、彼と今様の芸能を介して、実はその王である後白河院をめぐる熊野の世界を説きあらわしているのではあるまいか。

後白河院の熊野詣について、より詳しく説く『源平盛衰記』は、巻三「法皇熊野山那智山御参詣事」において、その先蹤として花山院の熊野詣とりわけ那智千日籠りにまつわる神怪な伝承を記す。

花山法皇ノ御行《（おこなひ）》ノ其間ニ、様々ノ験徳ヲ顕サセ給ケル。其中ニ、龍神アマクダリテ、如意宝

珠一顆、水精ノ念珠一連、九穴ノ蚫《アハビ》貝一ヲ奉ル。法皇此供養ヲメサレテ、末代行者ノ為ニトテ、宝珠ヲバ岩屋ノ中ニ納ラレ、念珠ヲバ千手堂ノヘヤニ納ラレテ、今ノ世マデモ先達預ㇾ之渡ス。蚫ヲバ一ノ瀧壺ニ被二放《ハナチ》置一タリト云フ。白河院御幸時、彼蚫ヲ為ㇾ被ㇾ見、海人《アマ》ヲ召レテ瀧壺ニ入ラレタリケレバ、貝ノ大サハ傘《カラカサ》バカリトゾ奏申ケル。参詣上下ノ輩《トモガラ》、万《ヨロヅ》ノ願ノ満《ミツル》事ハ如意宝珠ノ験《シルシ》也。飛瀧ノ水ヲ身ニ触ルレバ、命ノ長キ事ハ彼蚫ノ故トゾ申伝タル。

これと同様の記事は『元亨釈書』方応、花山法皇の項にも見える。白河院がその宝を探らせたという後日譚は、あきらかに花山院の熊野詣と修行が、白河から後白河へとつらなる熊野へ参る王の系譜のはじまりとして認識されていることを示すのだろう。「九穴の蚫（鮑）」を海人に潜《かづ》かせて見せしむるとは、後の物語ではあるが、幸若舞曲『九穴の貝』の、頼朝の命により、鎌倉由比ケ浜の沖に畠山六郎重保が水練の技を披露して九穴の貝を潜き上げる、ということに窺われるように、伝承世界のなかでは、王権の象徴としての宝珠などを水界―龍宮から争奪の末に獲得する、という神話の構造[17]が連綿と語り継がれており、それがここに投影されているように思われる。してみると、熊野―那智は、院による王権にとっての根源的な象徴物を他界よりもたらす、あるいは籠め蔵《かく》す、神秘な場であり回路なのである。

そのことを考えるときに、『盛衰記』に続いて記される、同じく那智山に安倍晴明が魔を祭ったという岩屋のことも気になるところである。

花山法皇ノ御籠ノ時、天狗、様々奉ㇾ妨《サマタゲ》ケレバ、陰陽博士安倍晴明ヲ召テ被二仰含一ケレバ、晴明、狩籠《カリコ》ノ岩屋ト云所ニ、多ノ魔類ヲ祭リ置《ヲク》。那智ノ行者、不法懈怠ノアル時ハ、此天狗共嗔《イカリ》ヲナシテ恐シ、トゾ語伝タル。

晴明は花山院にゆかり深い。既に『大鏡』にも、花山天皇が遁世して王位を棄てたことを式神を駆使して居ながらに察知したという挿話がしるされる。『熊野山略記』によれば、晴明は那智の狩籠岩屋に数多の障碍神や魔類を封じ込めたばかりでなく、法皇の勅定により、七星を勧請して降臨させたという。また、同書の末に引かれる「晴明瀧本記」なるものによれば、彼は行者の修法に魔神が障りをなせば嗔《いかり》をなし、王位に祈り祀る、という。那智において晴明は、花山院ゆかりの〝王権〟を守護する呪師として位置付けられているのである。この、行者に障碍をなすような〝魔〟とは、天台寺院の常行堂に祀られる護法神である摩多羅神にも共通する両義的な神格である。その摩多羅神について、『渓嵐拾葉集』では、那智の瀧衆がこれを祀るのに「天狗ノハネヲトリ（跳踊り）」という特殊な祭儀を用いているという。それは、今も那智に伝わる田楽の踊りを想起させるような伝承である。

さらに『略記』を繙《ま》くと、こうした那智の霊所のひとつ七石《なないわ》（別所籠岩屋）には、摩多羅神をはじめとして、弁才天、大黒天、訶利帝母などが祀られる。また、十柱《とはしら》王子は、花山法皇の御本尊として悉地成就の本尊である、大荒神、歓喜天、吒《ダキニ》天、鳩槃荼《クバンダ》鬼、天龍八部などの諸尊が祀られる。いずれも速疾の効験をもたらす天衆であり、晴明が狩り籠めた魔にかかわる（あるいはそのものともなる）存在である。中世王権の背後に、これらの天衆を祀る外法《げほう》が深くかかわっていたことは、かつて論じたところ[18]であるが、那智にはそれらの神格が余さず狩りあつめられているかの如き様相を呈している。なお熊野を尋ねれば、本宮から大峯に到る入峯路の登拝所にあたる玉置山[19]には、この十柱王子をはじめとする天衆が祀られており、なかでも、三狐神（天狐・地狐・人狐を併せた福徳敬愛の神、白《しら》専女《とうめ》・吒枳尼天ともいう）という異類にして根源的な生産と性愛の力を喚びおこす神[20]が地主神として祀られる処である。

花山院につながる熊野の神々の水脈は、「悉地成就」の語に象られるような、王権を、最もひそかな欲望に根ざす、性と暴力と穢れのおぞましい部分において成り立たせしめている天衆―使霊《ミサキ》たちの群れにつらなっている。

そもそも何故に花山院は熊野へ赴いたのか。その因縁について、『熊野山略記』は、院が参籠した御庵室―御墓所にまつわるひとつの伝承を載せている。

御参籠之時、在二頭風之御悩一。爰霊夢告云。
法皇先生者、当山行人也。入滅之後、其頭在二瀧上峯一。自二頭目一木出生ス、依レ之在二頭悩一、尋二取之一、致二孝養一者、頭悩平愈悉地成就云々。
仍、八月彼岸前十日之間、尋二出之一、彼岸中七日致二孝養之儀一。其相、模ス二尺迦涅槃之儀一ヲ。彼岸後三日、顕シテ二悉地成就之相一、御悩惣平愈。是、彼岸例法三七日断食、巡新衆規模也。

法皇の前生は那智山の行人であり、瀧峯にあるその髑髏の目より木が生い出ずるにより頭が痛むのだ、これを尋ね取って孝養すれば悩みも平愈し行も悉地成就するだろう、という。そこで彼岸にあたり、これを尋ね出し、釈迦涅槃の儀を模して孝養仏事を行ったところ悉地成就の相があらわれ、御悩も愈えたという。古くは『古事談』に見え、そこでは花山院が在位中に頭風を病み、晴明に占わせると前生はやんごとなき行者で大峯の宿で入滅し、その行徳により天子に生じたのだが、髑髏が巌に落ちはさまってかく痛むのだ、という話になっている。こうした前生の髑髏をめぐる因縁話は、御熊野詣をはじめた宇多法皇についても語られていたことが仁和寺の鎌倉初期の記録である『三僧記類聚』[21]に見え、法皇の前身は那智山の行者であり、那智瀧に投身して入滅したにより常に頭風を煩ったという形で説かれている。こうした伝承は、熊野詣の因縁として貴族や僧侶たちの間に語りつがれていたもののようだが、『那智山略記』では、それを行者の悉地成就の本縁として説く。それは、かの立川流の髑髏本尊を如意宝珠として祀って悉地成就を祈るのにも通ずるような、中世王権の宗教的深層を表象する伝承像であろう。

この話柄はまた、後白河院と、その創建になる蓮華王院三十三間堂の由来因縁を説く縁起として伝承されるものでもあった。すなわち、院の前生は蓮華房という熊野修行者（もしくは本宮の宮籠）であり、参詣路の傍の川辺に果てたその骸の髑髏に柳が生じ貫いたので院の頭悩が生じ、占いによりその因縁が知られて弔った、それが三十三間堂創建の発端となった、というのである。これは現に行われる蓮花王院修正結頭に際して万病平愈を祈る〝柳の加持〟の由来に繋がり、ひいては浄瑠璃『三十三間堂棟木《むなぎの》由来《ゆらい》』にも投影される縁起説であったが、古くは無住の『雑談集』、吉田経房の『吉口伝』、真福寺本『往因類聚抄』[22]（室町期の法華経直談の為の因縁説話集）西誉聖聡の『初重聞書』（室町期浄土宗の談義註釈）などにみえて、中世に汎く唱導された作善の功徳を説く因縁譚であった[23]。熊野の地においても、熊野川の畔《ほとり》、本宮と新宮の中間にある楊枝《ようじ》薬師堂に伝わる縁起が、同様な後白河院の髑髏の伝承を伝えている。

院という権力の最大の象徴《モニュメント》というべき三十三間堂は、同時に法皇による最大の作善の形代であった。その本縁が王の前生を顕してこれを弔う供養として説かれるという回路は、何を意味するものか。王の前生が卑賤な修行者として参詣の道中に朽ちた旧骨であるとは、紛れもなく熊野という霊地の底辺を支える人々によって王という存在が在らしめられている、という主張である。さきの『著聞集』の説話のように、不具や病悩を介して前生の因縁を告知されるという伝承の構造は、熊野にあってしばしば語られるところであった。(24) その構造のうえになされた作善が、院の〝王権〟を象る御堂を成就せしめた。そうした中世王権の神話の背後には、熊野という世界が抜きがたく横たわっている。

五　熊野へ詣る「をぐり」たち

熊野へ赴こうとする人びとがひとしく抱いていた願望は、王にまつわる伝承が象徴するような、不具や病悩に苦しむもの、あるいは貧窮と飢渇に呻吟するものが、この霊地に詣ずることによって愈やされ、済《すく》われよう、との希《ねが》いではなかったろうか。

そこに思い到ったとき、藤原宗忠が自ら熊野詣を遂げた時の記録のなかに書き込まれた短い一節を、忘れることができない。

社辺有二盲者一、従二田舎一参二御山一者《てへり》、聞二食絶由一、給レ食。

（『中右記』天仁二年〈一一〇九〉十月）[25]

中辺路の山中、岩神王子の辺《あた》りで宗忠が出逢ったのは、道に飢えて祠《ほこら》の傍らにうずくまる盲人であった。彼はその盲人が遙々と何処からかやって来たことを聞きだして食を施しているけれども、そのような人々が一体どれほど熊野への路を辿っていたことだろう。

既述した、参詣の道中での厳重な潔斎の習いを説く先達の口伝のなかにイメージされる、あのおぞましい汚穢と魔鬼の災難、そして飢え竭えたモノたちの跳梁は、じつは、熊野道者たち自らの俗界より携え抱えてきた穢れであり業苦の外在化したものに他ならなかったのではないか。だからこそ、彼らはひとしく、その途上で幾度も垢離と祓えを繰りかえしながら、それを罪障懺悔の苦行として、霊地に参入せねばならなかったのである。それは、五躰満足な人においても同様であった。宗忠の熊野参詣記によれば、彼はその途上で日頃、「或手足不レ叶、或又有二不浄夢想一。如レ此之時、早以レ祓。仍強不二記置一」と述べている。さだかには記さぬ彼のその道中での不具と不浄の夢想は、熊野詣の経験ということがいかなる性質のものであるかを、何より雄弁に語っている。[26]

そうした、熊野詣という道行―修行が何か普遍的な人間の経験として成し遂げようとする、逃れがたい業苦と罪障からの全き抜済——それは、山臥や聖たちがその過酷な修行において目指したものであり、また一遍がその遊行において遭遇したものであり、物語伝承の次元においては、霊託や芸能の領域にあって成就しうる、一箇の幻想のごときものであろう。

中世の末に至り、説経『をぐり』(27)の主人公小栗判官は、まさにそのような存在としてあらわれた。心不調(淫乱)ゆえに東国常陸に流された都の貴種は、「天よりも降《ふ》り人」の威をもって御所を構え張行するが、相模の豪族横山党の照手姫を恋うて強ちに婿入りして一族に憎まれ、毒酒に謀《はか》られてあっけなく殺される。非業の死を遂げた小栗は、冥途にて閻魔大王に「大悪人」と責められながらも、ともに死んだ十人の殿原(家来)たちの懇望によってこの世へ差し戻され、蘇《よみがえ》る。

塚のうちからあらわれたのは、「髪ははははとして、足手は糸より細うして、腹はただ鞠《まり》を括《くく》たようなもの、あなたこなたを這い廻る」六根不具の、目も見えず耳も聞こえぬ、もはや小栗という人格を喪った抜け殻と化していた。これを見いだした遊行上人によって、それは「餓鬼阿弥」と名付けられ、土車に載せられて、「熊野本宮、湯の峯に入れよ」との大王の御判にまかせ、胸に札《ふだ》を付け、東海道を宿送《しゅくおく》りにして遣《や》りだす。海道を上《のぼ》るこの土車は、流浪して転々と売られ、青墓《おうはか》の宿の遊君の長者に水仕女《みずしめ》として身をやつしていた照手の前に止まる。夫《つま》とは知らず、その夫の回向《えこう》のために、「一《ひと》引き引いたは千僧供養《せんぞうくよう》、二《ふた》引き引いたは万僧《まんぞう》供養」と、照手は姿を狂気にもてなして踊りながら大津まで送る。

熊野の御山に入っては、大峯入りの山臥先達の背に負われて湯の峯に入られ、七七日に至って本復し「もとの小栗殿とおなりある」。三山を入堂する小栗に、熊野権現は山人と現じて金剛杖《こんごうづえ》を授け、小栗は修行者として洛中の父の屋形に戻り、我身を名乗りあらわして勘当を許され、今度は帝より美濃国をも賜わって、照手と再会し、東国に帰還して末永く栄えた、という。

『をぐり』は、その結びに、小栗は美濃国垂井おなことの神体正八幡と斎《いわ》われ、照手は結《むす》ぶの神とあらわれた、とあって、『神道集』以来の典型である本地物《ほんぢもの》の結構をもつ。しかし、この物語はそうした中世物語の常套を至るところで逸脱した、もはや他の何物にも還元できない『をぐり』という物語そのものになっている。

この世と冥途、東国と熊野、さまざまな次元を往還し経《へ》めぐる壮大な遍歴を遂げた小栗の物語は、その暴死と蘇生の強烈なイメージによって、何よりも他の物語から隔たっている。それはひとえに主人公小栗の「大悪人」ぶりであり、その果てに閻魔から送りかえされて地上にあらわれたすさまじい姿によるだろう。餓鬼阿弥という、飢渇・穢れ・不具をすべて具有するおぞましい姿、それは、まさしく熊野に詣ずることによってのみ救済されるべき存在が体現されたものである。その意味で、『をぐり』は熊野そのものなのだ。

『をぐり』において、どうしても無視できないのは、彼を熊野へ赴かせる業因となった、その〝悪〟である。小栗の〝悪〟は、妻嫌いや大蛇と契るという「不調」、あるいは傲慢や向こう見ずな恋慕など至るところに満ちているが、何より「鬼鹿毛《おにかげ》」という荒振る馬にこそ象られる。小栗が恋ゆえに無理に押し入った横山の許には、あまりに偉大でとうてい常人には馴らして乗りこなすことのできない荒馬があった。何しろ荒野の中に鉄《くろがね》の格子に囲まれた巨大な籠《ろう》のような厩《うまや》を造り、その中に鉄の鎖《くさり》で七重八重に繋いで漸く縛りつけられているような代物である。それは、武力として所有したのはよいが思惑以上に強力すぎて人間には制禦できなくなってしまった畏るべき威力を、その力におびえなが

図27　をぐり絵巻

黄金で豪華に荘厳された御堂に馬頭観音として祀られるところをもって『をぐり』絵巻の鬼鹿毛は斎《いわ》いこめられる。破格なまでに傾奇《カブキ》の趣向が横逸した岩佐又兵衛の絵巻は，説経・古浄瑠璃の語り物を題材とするが，その中で最大のスケールを誇るのがこの絵巻である。その主役は，どう見ても主人公小栗より，むしろこの鬼鹿毛というべきだろう。この馬が偉大にして畏るべき〈聖なる暴威〉そのものであることを描きだすのに，又兵衛の画筆は最も躍動しているようである。

ら辛うじて封じ込めている我等が現実の寓意[28]のようにみえる。横山は、小栗をその餌食にしようとそこへ送りだす。ところが、あろうことか彼はこの馬を、宣命《せみよう》をふくめ、やすやすと随えてしまい、見事に乗りこなして横山の目の前で曲乗りの妙技を尽くして披露してみせるのである。人馬一体となって馬を操る小栗には、東国の戦士集団（殿原）たちを統《す》べ従える大将としての資格が充分にそなわっている。

鬼鹿毛に乗る小栗の姿を遠く遡れば、中世の聖徳太子伝は、攻め来る蝦夷の軍勢を太子が馬に乗りながら神変力を現じて降伏したり、また、人に随わぬ龍馬たる甲斐の黒駒を宣旨によって召し仕い、これを駆って飛翔し東西諸国の霊山や神祇を巡る、英雄としての太子像を描いている。それは、東国や奥州の念仏聖もしくは修験者が本尊として祀り、今も民衆の間に伝えられている「まいりの仏」の〝黒駒太子〟画像に象られる伝承像に通ずるものだが、それは太子《タイシ》という御子神―若宮であるとともに、中世の〝王〟のひとつの姿でもあった。あるいはまた、東国の伝承世界のなかでは、『日光山縁起』の有宇《ありう》の中将とその愛馬「青鹿毛」の姿も重なり合うだろう。中将も、妻離《つまさか》川の水を飲んで妻の朝日の君と死に別れ、現世と冥途の境を越えてよみがえり、前生の業因をあきらかにすることでこれを本誓として神とあらわれる。小栗と鬼鹿毛は、そうした伝承像の連なりの上にある。

しかし、なお、小栗と鬼鹿毛の、説経の語りのなかに生成するあの姿は、それら伝承像にはもはやとうてい引き戻すことのできないものである。それは今までにない全くあたらしい何ものか――餓鬼阿弥の対極にあって、『をぐり』のものがたりの最もかがやかしい姿であると同時に、畏るべき威力であり暴力でもある何ものか——をもたらす。しかもそれは、彼の死と蘇《よみがえ》りの旅としての熊野を目指す道行をよびおこす契機でもある。『をぐり』にあって、餓鬼阿弥と鬼鹿毛とは、あたかも王と王権という、他者性に満ちた威力を体現する同じエネルギーの両面なのである。

そこに、かつて王たちが熊野を目指して赴く苦行の道において渇望し、興じ、身を費やしたものが何であったかが、遙かな時と位相をへだてながら、端的に示されているように思われる。

六　王、「をぐり」に遭う

花山院も、その何ものかを渇望しつつ熊野へ赴いた王であった。彼は、清浄な行者であり、無恥な好色であり、風流の道化であり、数奇の歌人であった。そしてまた、一人の小栗であった。あるいは、小栗になろうとした、と言った方がよいかも知れない。

『大鏡』は、「帝(花山院)、馬をいみじう興《けう》ぜさせたまひければ」舞人の馬を内裏に引き入れさせ、殿上人達を乗せてその様を見物した。これだけでも人々は驚いたのだが、あげくの果てには自ら乗ろうとして中納言義懐に制止され、憤りのあまり赤面し困ったことになりそうな気配であった。義懐は即座に意外な乗馬の技を披露したので、帝の気嫌は直り興ぜられた、という。この話は、花山院の、帝としてふさわしからぬ「御本性のけしからぬ様」として説かれているのだが、そこでは、彼はついに自ら馬に乗る——つまり、決定的に帝としての威儀を違乱するまでのことはし得なかった。

だが、その花山院の前に、得体の知れない何ものか、が出現する。

『今昔物語集』巻二十八「東人《アツマビト》通二花山院御門一第三十七」の語り伝えるところは、こうである。何処からあらわれたのか、「東ノ人」が花山院の御門と知らずに馬に乗りながら渡り過ぎようとした。花山院の御門の門前を乗り打ちするという無礼は、『大鏡』によれば、大臣隆家が車に乗りながら過ぎようとして阻まれ、ついになし得なかったという挿話が語られるほどに重い咎であった。この無礼を早速に見咎めた院の人々は、走り寄って取り押さえ、男を馬に乗せながら中門へ引き入れた。この騒ぎを聴きつけた花山院は、嗔《いか》って「いかで我が門をば馬に乗りて渡るべきぞ。其奴《やっこ》、乗せながら南面《おもて》に将《ゐ》て参れ」と命じ、院は寝殿の南面に居て、南庭に引き入れられたこの乗馬の男の姿を見物する。以下に、院の眼から眺められたように叙《しる》されるその〝男と馬〟の有様は、まるで院自ら筆をとって描いたかの如くに鮮明で奇妙に具体的である（原文を適宜読み易く改めた）。

「年三十余許《ばか》りの男の、鬚《ひげ》黒く鬢《びん》つき吉《よ》きが、顔少《すこ》し面長にて、色白くて、形月々《かたちつきづき》しく、綾藺笠《あやいがさ》をも着せながら有るに、笠の下より□□て見ゆる顔、現《げ》に吉《よ》き者と見えて、魂《たましい》有らむと思《おぼ》ゆ。紺の水干に白き帷を着て、夏毛の行縢《むかばき》の星付き白く色赤きを履《はき》たり。打出の太刀を帯て、節黒の胡録《やなぐひ》の、雁股《かりまた》に并に征箭《そや》四十許り差《さし》たるを負《をい》たり。箙《えびら》は塗箙なるべし。黒く□□めきて見ゆ。猪の片股を履たり。革所《ところ》々巻たる弓の太きを持たり。真《ま》鹿毛なる馬の、法師髪にて、長《たけ》五寸《つき》計りなるが、足固くて、年七八歳許り也。アハレ、逸物《いちもつ》や、極《いみじ》の乗物かな」と見ゆ。

さすがに馬好きの院の観察であったが、彼の眼はむしろ馬上の男の面《つら》だましい、そして見事ないでたちや振舞、さらには手綱さばきにひきつけられていたようだ。院は、しだいにこの〝男と馬〟に魅せられたようになって、やがて、その妙技を心ゆくまで眺めんものと、彼を解きはなつ。

院、馬の極《いみじ》く翔《ふるま》ふを御覧じて感ぜさせ給て、庭を度々引廻《たびたびひきめぐ》らかすに、馬、小駕《こあがり》しつつ極《いみじ》く翔《ふるま》へば、「鐙抑《あぶみおさ》へたる者も去け、口をも免《の》せ」と仰せ給て、皆去けられぬれば、馬、弥《いよい》よ逸《はや》るに、男、手綱《たづな》を取緩《とりゆる》めて、馬を搔《かき》□□れば、馬、平《たひら》に成て膝を折て翔《ふるま》ふ。然《さ》れば、「極《いみじ》く乗りたり」と返々《かへす》す感ぜさせ給て、「弓持たせよ」と仰せ給ければ、弓を取せたれば、男、弓を取て脇に夾《さしはさ》むで馬を翔《ふるま》はす……

この、人馬一体となった妙技に、院だけでなく御所中の人々が魅了され、中門は見物が市をなす有様だった。と、突然、男は馬首をめぐらして中門より馬をかき出《いだ》し、馬は飛ぶように走り出《い》で、人々を蹴散らかして一散に馳《は》せ去ってしまった。追い付くものかは、行方は誰も知らない。

院は、「此奴は、極《いみじ》かりける盗人かな」と評したのみで、さして腹立ちもせず、あながちに捜索させることもなく沙汰止みになった、という。院の面目をつぶしてヲコの評判を洛中に広めてしまった男ではあるが、その鮮やかな逃げっぷりに却って感嘆したかのようだ。そこに、院のいう「いみじかりける盗人」の認識が注目される。『今昔物語集』において異彩をはなつ、危険な魅力をはらむ盗賊たちの活躍をそこに重ね合わせることもできるだろう。男は、平然と王威をないがしろにする〝悪〟として把えられる。しかるに、院は、御所の南庭で見事に振舞い、一瞬のうちに駆けぬけた〝男

―馬〃にうたれ、何処かひそかに共感するところがあったのではなかろうか。その〃悪〃は、やはり世俗の秩序を超えたところにある。

この東人の正体は分からない。だが、謎めいて、暴力的なまでの魅力を放つこの人馬一体の何ものかこそは、ひとりの「をぐり」ではないだろうか。花山院は、「をぐり」に出逢い、かれをいましめようとして返り討ちにあったばかりでなく、かれに魅せられ、ひそかにあこがれたのだ。それは、院の熊野へのあこがれ——渇望と呼んでもよいあこがれに、どこかで通じている。

第七章
笑いの芸能史

一　古面の笑い

芸能のもたらす〝笑い〟とは、どんなものか。いかばかり言葉を費すよりも、はるかに雄弁に、いまに残され伝えられた古面の咲みが、それをものがたる。

舞楽面における二の舞の一対――一方は腫れふたがって舌を突きだした死相の漂う苦悶、もう一方はこれを嘲けるかのごとく哄笑する――ともに醜く膨張した対照は、それがいかなる舞や所作をするにせよ、あからさまで残酷な蔑視のもとでの〝笑い〟をかたどっている。これにたいして、熱田神宮に伝えられる一群の神面は、半ばはたしかに笑いの表情を示しながら同時に憑依の異貌でもあって、一面的にはとらえられぬ多義的な神性を感じさせる(1)。加うるに、同じ熱田神宮の正月の踏歌神事に用いられる高巾子《こうこじ》の面は、魁偉な相貌に加え、への字に結んだ口元からは所謂〝笑い〟はうかがえない

図28　舞楽面　二ノ舞咲面・腫面

八戸の櫛引八幡宮は，鎌倉初頭に奥州征討で戦功のあった南部氏が入部して創建された。そこに，鎌倉期に遡る秀れた舞楽面が九面伝来するうちの，二ノ舞の一対である。何故か奥羽の寺社には舞楽面が多く伝わる。それは中世に舞楽が導入されたことと勿論一連の現象であろう。二ノ舞の古作の優品は熱田や厳島にも伝わるが，これはその強烈な死相というべき苦悶と暴力的なまでの哄笑の，表情の極端な落差が際立っており，しかも一具として見事に呼応しあう，すぐれた造型を示す。

ながら、かつての宮廷における男踏歌の主役として滑稽なことを口走ったのであろう高巾子を彷彿させるものであろう。

中世に至ってあらわれる、猿楽の翁の面にかたどられる表情こそ、芸能がもたらす〝笑い〟の、もっともあざやかにして普遍な相貌であったといえよう。それは猿楽――サルゴウゴト――の本質そのものであり、かれらのワザによって惹きおこされ、かもしだされた見所のさざめく笑いやどよめき咲いもまた、それらの表情と呼応し、ともに息づくものであったに相違ない。翁面は、中世初めから猿楽の芸能の核をなすものとして、翁（白式尉・黒式尉）・父尉・冠者という典型の成立のなかであらわれる。そこには、老－若の対比とともに、笑うものと笑わざるものの対比もかたどられる。その中心に、もっとも老いたる笑うものとしての翁面は、顔中に畳まれた皺のなかに目鼻口をシンメトリィに刻み込み、その老の波のパターンのなかに咲みが多義的な神性とともにあらわされる。そして、その面の構造上もっとも重要なのは、切頸《あご》である。遠く、舞楽の採桑老の面から由来したであろうその構造は、この曲が老人の述懐の詞を誦唱することから要求されたものであった。翁もまた、今もその謡《ウタ》いに伝えられるようなさまざまな祝言の詞《コトバ》を唱えるものであった。コトバを発する機能《はたらき》の具象であるこの切頸によって、その咲める口許は決して固定されることはない。それは、つねに彼の発する詞《コトバ》によって〝笑い〟がよびおこされることを示している。言葉と〝笑い〟とは、翁において一体であった。

これらの面をつけながらシテたちの発した笑い声――そしてともに沸きおこった人々の笑い声

図29　熱田神宮神面

熱田神宮には，踏歌神事や酔笑人《えようど》神事など古式ゆかしい独特の祭儀が今も伝承されている。踏歌神事に登場する高巾子《こうこじ》役の神面は，魁偉な相貌の秀れた古面であるが，この四つの神面もまた，そうした祭儀の世界を想像させてくれる神秘的な面ばせである。咲みをうかべた笑いの相と，釣り上ったり左右不対称に歪んだ癋見《べしみ》と嘯《うそぶき》の相の，それらは憑依の異相を想わせる多義的な造型である。

――は、もはや時の彼方に遠く去って聴きとるすべはない。その意味で、古面の表情は、かつて生きた芸能の痕跡であり、もしくはその姿態や音声が凍りついた化石に過ぎぬ。しかし、それらは何と豊饒で神秘な謎にみちて、観るものの心をゆさぶるかたちだろう。その像《イメージ》からただちに過去の芸能を幻視することは、ほしいままな夢想でしかないと非難されるかも知れない。けれど、誰も、この古面たちがいにしえの芸能の場において其処にまきおこる笑いとともに生きられた瞬間の証人であることを否定することはできない。いかに厳格な実証主義者であろうと（はた〝笑い〟を罪悪として峻拒する修道僧であろうと）、ここにのこされた笑いの証拠は歴然と刻印されて疑うべくもない。にもかかわらず、我々の歴史のなかで、悲劇でなく喜劇について、涙でなく笑いについて書かれたとされる「詩学第二巻」は、ついに書きのこされることはなかった。果たして、本当にそうだろうか。遙かに時空を隔て、衰えた想像力では、それらの笑いのしるしから声を聴きとり語りを読みとることが困難になっているだけではないのか。されば、黙して語ろうとせぬ文献のなかから〝笑い〟をよみがえらせ、その声を聴こうと、笑止を覚悟で大袈裟な徒労をこころみるほかはない。

二　王権神話の笑い

〝笑い〟と芸能のかかわりについては、早く記紀神話のなかにみいだすことができる。それは、神話の体系のなかでもひときわ重要な局面においてあらわされているようだ。

『日本書紀』神代上巻でいえば、天岩戸に閉じ籠った天照大神を如何にしてか再び顕し出そうと、八百万神達が議《はか》り、ついに思兼神の計らいにより巧みだされた祭りのさまざまな営みの挙句に登場した天鈿女命《あめのうずめのみこと》がなした「巧作俳優《ワザヲギ》」のしわざ。それは「顕神明之憑談《カムガカリ》」としてかの女がなす「嘘楽《エラギ》」であった。「嘘」は「噱」であり、これは「笑兒」（説文）であり「笑不止」（広韻）の体でありその声でもあった。ウズメのシャーマン的な呪儀は、天照《アマテラス》―太陽の復活を期し魂の再生をかたどる所作であろう(2)とはよく言われる解釈であるが、その極みに〃笑い〃が決定的なはたらきをなすことに注目しなくてはならない。『古事記』によれば、かの女は「胸乳をかき出《い》で裳緒《もひも》を陰《ほと》に押し垂れ」たので、「ここに高天の原動《とよ》みて、八百万の神共《とも》に咲ひき」とある。ウズメのワザは、性の暴露におよび、これを見物し共に祀る神々たちの〃笑い〃をよびおこすものであった。その笑い声を不審に思い窟の内のアマテラスは戸を細く開けて外をうかがう。それを合図に手力雄命に引きだされて天地に再び光明がもたらされ、また神々の面《おもて》も照らされて白くなった。最後のところは「面白《おもしろ》」の語源説として古くは『古語拾遺』の天石窟神話の結びに説かれるところであり、神々が歌い舞い、「アハレ、アナオモシロ、アナタノシ、アナサヤケ、ヲケ」と喜悦の声を身振りと共に発した、その詞の注として附会の説明がなされる一環なのだが、それは決してただ牽強の解釈と一笑に付し得ないリアリティをもった所説である。皆な面《おもて》が白くなったというイメージには芸能の場（庭《ニワ》）の生成という原初的な感覚が反映されているように思われるからである。それ故か、この解釈は中世にも根強く生き続け、世阿弥の『風姿花伝』第四神儀にも説かれるところであるが、面白《ヲモシロ》とはヲカシと共に〃笑い〃と分かちがたい言葉であることはいうまでもない。

このウズメの笑いは、のち、神代下巻における天孫降臨の段でもあらわれる。ホノニニギノ尊の先触れとして、葦原中国へ至る衢《ちまた》をさえぎる猨田彦《サルタヒコ》神にたいして、かれを圧倒する威力をあらわした際にも胸乳を露わにかきいだし裳帯を臍の下におしたれて「咲噱《あざわら》」いて向かい立った、という。猨田彦に「目勝」ったウズメは、かれの名と住処《すみか》を自らあきらかに告げさせて服属せしめた。ひいては降臨の道をひらいた功により媛女《サルメ》の姓を賜わって、中臣・斎部両氏とともに祭祀儀礼をもって宮廷に仕える氏族の始祖となった。

『古語拾遺』によれば、ウズメは「古語《フルコト》に天乃於須女《ヲヅメ》、其神、強悍猛固《コハクアラクタケクカタシ》、故以て名とす。今俗に、強《コハ》き女を於須志と謂ふは、此の縁なり」という。ウズメのシャーマン性とは、そのような猛々しいおそるべき力と表裏一体である。かの女の〝笑い〟もまた、性の力とうらはらな荒々しい威力の発現であった。再び、『古語拾遺』における天岩窟の記述をみれば、そのウズメのワザを、あきらかに後世の宮廷に行われた神楽の所作の起源として意味付けている。(3) それは、斎部と共に媛女氏が担った十一月中の寅日に行われた鎮魂祭の儀礼の濫觴である。その後段に「媛女が祖も亦、神の怒りを解く」とあるのは、あきらかに天岩戸でのウズメのはたらきをさしているが、神の怒りを解くそのはたらきは、神々の笑いをよびおこし、その〝笑い〟にいざなわれてのものであった。

記紀神話におけるもうひとつの〝笑い〟、それは、神武の東征をめぐる物語のなかにあらわれる。『書紀』巻三、神武即位前紀において、大和に侵攻する彼の軍《いくさ》が忍坂《おさか》に八十梟師《ヤソタケル》を討つのにあたり、謀《はかりごと》して敵を「誘」い（『書紀』はこの「誘」を「ヲコツル」と訓じる）、窖《ムロ》に虜《アタ》と共に酒宴し、その最中、歌の声を合図に殺戮《みなごろし》する。この時、「皇軍、大きに悦びて、天を仰ぎて咲ふ」とある。

イマハヨ　イマハヨ　アアシヤヲ

イマダニモ　アコヨ　イマダニモ　アコヨ

続いてうたわれる敵の首級を挙げた凱歌というべき歌謡の、間の手というべき「阿阿」は、『日本書紀私記』によれば「咲声」であるという。この歌を含めて、神武の軍が次々と敵を撃ち破った際にうたわれる一連の祝勝歌を、久米歌と呼ぶ。そのなかには至るところ〝笑い〟が響いている。

『古事記』では、宇陀のエウカシが自分の謀り設けた罠に逆にかかって死んでしまった、その屍を斬りきざんだ血まみれの殺戮のあとの大宴会にうたわれた久米歌の末のリフレインに、それが聴こえる。

エエ　シヤゴシヤ　（コハイノゴフゾ）

アア　シヤゴシヤ　（コハアザワラフゾ）

シギを捕まえるために罠を張ったら、何と鯨がひっかかったよ、とエウカシをあざわらう酒宴での爆笑は、敵の屍をさかなに勝利をことほぐ、これも血なまぐさい猛々しさにみちた戦士集団の雄たけびである。(4)

久米歌は、『書紀』に、「今し、楽府《おほうたどころ》に此の歌を奏《うた》ふときには、なほ手量《たばかり》の大《おほ》き小《ちひさ》きと及び音声《こゑ》の巨《ふと》き細《ほそ》きとあり。これ古への遺《のこ》れる式《のり》なり」とあるように、かつて王とともに戦って国土を征服し王権を獲得した原動力となった戦士たちの武勲《いさおし》が歌舞のワザとして伝承されていたのであるが、そのなかにはこの〝笑い〟も、たんなる記憶としてでなく現《うつつ》の声として響いていたはずである。王の即位の祭式である大嘗会の後宴にあたる豊明節会に、吉野の国栖《くず》とともに大伴・佐伯両氏が舞人を率いて参入し久米舞を奏するのは、服属儀礼の一環として芸能が神話と呼応して演ぜられたのである。王権の始源に、その成立の過程での〝笑い〟は、まつろわぬ者どもの血塗られた殺戮のうえに、芸能として立ちあらわれるものであった。これと、さきの天岩戸におけるウズメと神々の〝笑い〟は、かならずしも無関係ではない。この神話をふまえた祭式と芸能が王の生命力の、ひいて王権を成り立たせる構造を支える儀礼となっていた。その意味でこれも王権の始源をしるしづける決定的な地点に〝笑い〟はまぎれもなく刻印されている。それだけではない。岩戸籠りをひきおこした張本のスサノヲは、その犯すところの天ツ罪国ツ罪の咎により、千座置戸を負せられ爪を抜かれて根の国へ祓いやられる。追放される彼の背中にも、神々の〝笑い〟は礫《つぶて》のごとく浴びせかけられたかも知れぬ。

いまひとつ、記紀神話における〝笑い〟は、その語こそなけれ、地神第三代の彦火火出見尊《ひこほほでみのみこと》による海宮遊幸譚のなかにうかがわれる。神代下巻において、兄火闌尊《ほすそりのみこと》は海宮より還った弟彦火火出見尊を恨んでなお責める。そこに弟が海神《わたつみ》より賜わった潮満珠《しおみつのたま》を振るとたちまち兄は溺れ、許しを乞えばようやく潮涸珠《しおひのたま》を出して助かる。第二の一書では、弟に降伏した兄は「今より以往《のち》は、吾が子孫《うみのこ》の八十連属《やそつづき》に、恒に汝の俳人《わざびと》とならむ（一に云はく、狗人《いぬ》といふ）」と誓う。これが、今に至るまで天皇の宮墻《みかき》の傍を離れず、代々《よよ》に吠ゆる狗して奉事《つかまつ》る「隼人《はやひと》」たちの起こりである、という。隼人もまた、大嘗会においては宮門を護り、儀式の始まりにあっては群官の入来に「吠声《べいせい》」を発する独特な作法を伝えていた。それは、『古事記』が「汝命の晝夜の守護人《まもりびと》として仕へ奉らむ」と言い、「今に至るまで、その溺れし時の種々《くさぐさ》の態《わざ》、絶へず仕へ奉るなり」と言うように、ただな声でなくあきらかに神話とあい応じたワザであった。その様は、『書紀』第四の一書に知られる。兄は「著犢鼻《たふさぎ》」し、赭《そほに》を以て面と掌に塗り、身を汚して、永く弟の「俳優人《わざおぎびと》」となろう、と誓い、その上で例の潮満珠によって溺れたありさまを仔細に演じてみせる様が記述されている。これも天孫—天皇に服属し、その王権を守護する者とそれが奉仕する芸能の起源を説く神話であるが、そこに隼人が俳優人としてなす所作は、あきらかに神代に溺れたありさまの模倣、つまりモノマネである。そのワザは、『書紀』の漢文に潤色された叙述の上でも紛うかたなく多分の滑稽味がうかがえる。しかし、服属の演技を文字通り課せられた隼人たち自らが〝笑い〟を発したのではなかろう。この場合、〝笑い〟はおそらく隼人のワザを観る王の側にあった。

記紀神話のなかにしるしづけられた〝笑い〟は、皇祖神や天皇が再生—誕生するなかに、むしろそれを誘《いざな》うようにして発せられる。しかも〝笑い〟は、その過程で追放され排除される——ひいては殺戮される——存在と分かちがたく結びついている。降伏のありさまを服属した人々に演じさせるしくみと、それを記すまなざしのうちにも〝笑い〟はあったはずである。そうした〝笑い〟は、つねに王権の始源に根ざす排除と征服と支配の暴力性——そのおぞましさと背中合せにある。

隼人に負わされたワザヲギの滑稽は、以降の朝廷において、同じくタフサギを着ける勇健敏捷なる相撲人《すまいびと》にうけつがれた。諸国から召されたチカラビトたちは、左右兵衛・近衛に宿し、毎年七月末に行われる相撲節会において、天皇臨御のもとに左右に分かれてその技と力を競った。鳥羽天皇の保安年中までは恒例で催され、保元三年に信西によって再興されたが、高倉天皇の承安四年をもって停絶した。その意味で古代王朝の命運を象徴するような儀式である。その、本番というべき召合の翌日に抜取が行われ、更に追相撲があり、了《おわ》って乱声が出《い》だされ左右より楽舞が奏される。次いで種々の雑芸がなされ、そのなかに、相撲節会に欠かせない演《だ》し物である散楽―猿楽が演ぜられた。

相撲節会には、その勝負の負態《まけわざ》としての芸能が必ず伴なっており、これは左右近衛府によって運営せられ、楽所が舞楽を奉仕した。このなかに唐伝来の種々の雑伎曲芸などが演ぜられ、とりわけその代表としての芸能が「散楽」のちに「猿楽」と称される演目であった(6)。

相撲節会における「散楽」が具体的にはどのようなものであったかは、あきらかでない。ただ、それがたしかに観るものの〝笑い〟を呼ぶものであったことは、記録からも僅かに知られるところである。『三代実録』元慶四年(八八〇)七月二十九日条によれば、相撲節会にともなう近衛府による音楽と散楽と散楽雑伎が各々その能を尽くしたあと、その散楽の伎《ワザ》によってよく人々を「大咲」せしめた賞として、右近衛の内蔵富継・長尾米継の二人に絹一疋を賜わったという。ここに「大咲」した人々の座の頂きには天皇が坐《ま》しまし、それが後世の芸能者に纏頭《かずけもの》を下すのと等しい賞を、そのワザにたいして賜わったのである。その記事の末に加えられる「所謂滈湝《ヲコ》人近」之矣」という注により、それが〝笑い〟をよびおこす〝ヲコ〟なワザにたいしてとくに授けられたものであることがわかる。

散楽―猿楽は、ウズメのワザヲギの系譜上にある、宮廷の御神楽《みかぐら》の庭にもくりひろげられた。御神楽もまた、平安時代には近衛府の官人が人長《にんちょう》をはじめとしてすべてを担うところである。その完成形態を伝える御神楽の次第(7)によれば、神事としての採物や韓神の舞が了り、後半の前張《さいばり》を仕る間にあって、座は宴に移行する。盃酌が勧められ、人長が才男《さいのお》(才仕《ざえつか》うまつるべき男《おのこ》)を召す。座中の殿上人以下を見まわし、舞人陪従の数を尽くして召し、時の体・時の気色に随って才試《ざえこころ》みを問い、「下﨟の中、散楽に堪能の者」をとくに召しかえしてその才を尽くさしめた、とある。古く、大嘗会の豊明節会にともなう清暑堂御神楽から発展した内侍所御神楽や、賀茂臨時祭の還立《かえりだち》の御神楽など、洗練をきわめた宮中の御神楽を一方で活気づけたのは、近衛舎人らによる猿楽であった。そのありさまは、『宇治拾遺物語』のなかの「陪従家綱兄弟互ニ謀タル事」にあざやかに語られている。「世になき程の猿楽なりけり」と言われた家綱行綱兄弟(8)の、御神楽の夜の、いささかお下劣な猿楽ごとはあまにも名高いゆえ、ここにあらためて語りなおすこともないだろう。説話は、その描写もさることながら、その上で、この二人の猿楽コンビがお互いに謀《たばか》り、出し抜きあった戯れをこそ、一箇の猿楽ごととして捉えている。しかも、この纏末を「上」すなわち堀河天皇まで聞召し「中々ゆゝしき興にて有ける」のが一話の結びであった。御神楽の猿楽も王のもとでの〝笑い〟をたくらむ。行綱が「ふりちうふぐりを、ありちうあぶらん」と庭火を走り廻ったのを「上より下ざまにいたるまで、大かたとよみたりけり」とある。王は、たしかに笑ったのだった。それは、たしかに岩戸の前での高天の原のどよめきと遠くで響きあっていよう。

図30　神楽図

北野天満宮所蔵の舞楽図（図 5）と一対をなす障子絵，世俗の芸能を主題とするその左方は，霜月に行われる宮廷の御神楽か，または賀茂や石清水の臨時祭の神楽の如き，由緒ある神楽の庭を描いたもの。庭燎《にわび》に照らしだされた左右の座に召人や唱人の奏する音声のなか，人長の採物舞が興たけなわである。残念ながら人長の面貌は欠損してその表情を見ることが叶わない。しかしその仕草の身振りにそれが猿楽《さるごう》ごとであるのが察せられよう。右下の一団は，或いは踏歌であろうか。階《きざはし》の上には，描かれねど確かに王が座《まし》して御覧あるだろう。

猿楽を通して、王とヲコ人は、〝笑い〟のなかで交歓する。そこにもたらされたものは、恩賞としてのヲコ人への纏頭ばかりではあるまい。天皇と猿楽とは、王権の儀礼の過程のなかで、それを絶えず生成するのに欠かせない何かを、そこで交《か》わしあっていたのだ。

三　祭りの庭の笑い――『新猿楽記』

王朝の猿楽がいかなるものであったかを自ら文に記すのが、『本朝文枠』巻三に収められた、村上天皇と秦氏安（実は蔵人の藤原雅材）による『弁散楽』である。策問と対策という文章の形式を借りて、ここに宮廷における散楽―猿楽が象《かたど》られる。

帝は、かつて著聞する名人の、また今しも目前に演ぜられた散楽のありさまを述べ、そのヲコにして自《おのずか》ら頤《あご》を解かしめる（笑いを催す）ワザの由来を「未審《いまだつまびらかならず》」と尋ねる。それはたとえば、「鞭を揚げて半蔀《はじとみ》に騎《の》り、何方を指してか逃れ去る。柱に傍《そ》ひて胡簶《やなぐひ》を負ふ、誰人の為にしてか装ひ備ふる」という臨時の奇態であったり、また「相撲《すまい》の師伝」「傀儡《くぐつ》の秘術」として伝えられるような芸、あるいは、近衛の侍従や中将から伝え聞いた「月次《つきなみ》に随ひて変ず」「円座に憑《よ》りて光を放つ」というがごとき模倣《モノマネ》の巧みであった。その来歴、その仔細を知りたい、と村上天皇は望む。

これに応えるべく、「散楽得業生」という（文章得業生をもじった）架空の肩書のもとに、近衛の下級官人で散楽に通じた人物という設定のもとで、自らのワザの位置づけをこころみる。「対策」の肩書には「正六位上行兼腋陣吉上」と称す。この官位は、宮廷の御神楽における猿楽の担い手としてもふさわしい。その〝猿楽論〟は、まず「楽《たのしび》」とは人民が王化の治よろしきに順《したが》ったあらわれ、歌舞は聖化の恩徳に感じてなされる遊びに応ずるもの、と説かれる。それゆえ、王が見聞されたそれらヲコなるワザは、そうした遊楽の余りのこと、みな少年の「戯言《ざれごと》」であり、ふたしかな噂にすぎない。喧伝された古来の名人のワザというのも酔興の冗談ごとであり、かの変化《へんげ》のしわざも全くたわ言であろう、としりぞけられる。果ては「咲を含み頤《おとがい》を説く論、あにこれ酎台（猿楽者）の本業ならんや」と、己れが〝笑い〟をもたらすワザを担う存在であることを、自ら否定してしまう。

そこでは猿楽を、今上帝の治世を賛美して、上古の質朴に還り万民が遊楽し四方みな伎芸を修めたという経書の本文に言う理想のあらわれとする以上の認識は示されていない。要するに、修辞にとらわれてしまったのだ。ただ、それがなされる場が、相撲であり、「神楽の雪の夜」（「短男《ひきひと》の身を軽くするを怪しぶ」）であり、また「踏歌の春の天《そら》」（「高冠の舌を呑むを恨む」）であることが知られる。そうして、そのワザが、末尾の「一日鼻を欠く詞に通ぜず」という、氏安自身の謙辞にあるような、後の「一日の猿楽に鼻を欠く」（『平治物語』）という諺に通ずる、衆人を興じさせてやまないものであった消息は、たしかにうかがい知られるのである。

「対策」の文章からは、猿楽の〝笑い〟をよびおこす運動のあり方は、どうにも把えられず、修辞はそうした精神からいよいよ遠ざかってしまう。ただし、策問と対策というおもだたしい文体のもとでなされる、その架構の設定と〝猿楽〟という主題の選定じたいが、一種のパロディ、戯れとして滑稽を誘う趣向を企てている。ことに、村上天皇という〝王〟の名の許に、かかる戯れがなされていること自体が大きな意味をもつだろう。

村上天皇その人に、それを許し、もしくは発想するような動機があったろうか。同じ『本朝文粋』巻一には、村上御製として「観テレ射《ユミイル》ヲ寄ス二左親衛将軍一ニ古調十二韻」と題する雑詩が収められている。宮中に催された競射（賭弓《のりゆみ》の競技）に左右の兵衛府の舎人らが技を競うありさまをはなはだ誇張した筆で描きだしたもので、しまいには酔余の大騒ぎとなる、就中、競いあう一方の人物描写は興味ふかい。「又、異躰の者あり、名号を最明《いとあきら》となす。野鎚誰か弁ずるを得ん、蝦蟇尤も驚くに耐えたり」。すなわちガマそこのけの醜い異形だというのである。こうしたグロテスクな人物像は一種の道化であり、彼が演ずるところ、その結びの一行は、かくある。

納尊《（ご当人）》水に堕ちんとして、唯だ劣《つたな》しと咲ふ音声のみ

〝笑い〟でしめくくられる宮中の遊興の一幕が、帝の手によって象られる。これもまた、一場のヲコな猿楽であった。かように自ら〝笑い〟をしるす王にとって、その由来をヲコ人に尋ねる試みは自然なことであったことだろう。

『本朝文粋』の編者である藤原明衡も、また自ら〝猿楽〟についての文章をものしている。それが『新猿楽記』である。本書は、序に描写される幾たりもの猿楽者とそのワザについての記述から、当時の猿楽の様相を伝える芸能史上の貴重な資料として、注目されている。それはもちろんであるが、しかし、序に登場する猿楽だけでなく、この記の全体が一篇の〝猿楽〟なのであり、「新」たな「記」

による「猿楽」のこころみとして成り立っている。その世界を開示し、喚びおこすための前座として、序の猿楽たちは登場させられているのである。

同じく明衡による『雲州消息』(明衡往来)には、稲荷祭の活況を告げ、これに返す報のなかに、やはり猿楽が登場する。それは『新猿楽記』に通ずる芸能者たちの群像であるが、その中でも翁と媼が登場するかまけわざが特筆されており、それが咲いを喚びおこす猿楽の代表であったのだろう。これら祭りの芸能に見物が熱狂し没入するありさまは、まさに「一日ニ有二缺クレ鼻ヲ之心一興」であったという。この稲荷祭——そうして、そこに大挙してあらわれ演ぜられる猿楽が、『新猿楽記』の舞台でも、その枠組をつくりあげる狂言廻しとして枕にふられたのである。すなわち、この祭り—猿楽を桟敷にて見物する右衛門尉一家の妻子眷属を列挙し、これが本篇を構成する。かれ—かの女らの職能・技芸・道具・容姿・性格などが、後世の、一方では職人歌合のごとく文辞に趣向を凝らした典型としてイメージ豊かに象られ、また一方では往来物と等しく語彙と知識の体系的な網羅として連ねられ、一人ひとりの肖像がそのままかれらの担う世界として浮き彫りにされていく。右衛門尉の三人の妻たちにはじまるその群像の〝顔見世〟は、よく巧まれた配合と対比の妙を織りなしている。

たとえば冒頭の第一の妻——この衰老し醜悪な媼は、失われた夫の寵を求め洛中の性神を歴訪して熾盛なる「愛法」を行う(9)。その狂乱の凄まじさはおぞましくも滑稽を催すが、彼女は同時に以下に列挙される多くの子女を産んだ母である、と結ばれる。それは一種山姥のごとき大地母神的な存在を想起させる。そしてこれと対照的に最後に登場するのは、九郎の小童。舞楽の華というべき童舞を演じてその可憐な態《ワザ》に衆僧の敬愛と贍仰を一身にあつめる児《ちご》である。猿楽にはじまり、末尾を入調の童舞でしめくくるのも、祭礼芸能の場をふまえた心にくいたくらみであろう。かれら職能民群像の全体は、この最初と最後の肖像によって鮮やかに縁《ふち》どりされ、その内の各々もいわば連想的に番《つが》えられつつ、その肖像の幾許かは多分の滑稽味をはらんでいる。

一例を挙げれば、十二の公《きみ》「美女」と番《つが》えられる十三の娘「悪女」は、その醜陋さをいやがうえにも並べたてた挙句、最後に「但し近来《ちかごろ》、夜這う人あり、と云々」という落ちが付く。その相方は『白氏文集』の「売炭翁」を下敷にしてもじった大原より出てくる炭売りの翁である。続く十四の御許《おもと》の夫、「不調放逸《ふぢようしれもの》」の白太主《はくたぬし》は、つまりは無頼漢《やくざもの》であるが、やはり醜いこの短軀にひとつの偉大な逸物《いちもつ》が備っている。そうしてその形態効能を縷々と記す。これは定めて『本朝文粋』所収の「鉄槌伝」すなわち玉茎を擬人化した戯作文をふまえ、ひきうけたものであろう。その、性の暴露とでもいうべきペダントリィが既にして笑いを期しているだろうが、何よりかれは〝笑う男〟であった。「笑いを好み常に歯を露《あら》はし、戯れを愛して早く面暴《おもてあら》し」という、その人物造型そのものが〝笑い〟をいちはやく象っている。

『新猿楽記』は、かつて宮廷の内部で神事儀礼に演じられた猿楽が、洛中洛外の民衆の祭りに賞《め》でられるようになった様を、それを見物する側の視点から、その場における〝笑い声〟や〝笑う面《おもて》〟とともに、あざやかに捉えている。その記《テクスト》全体が一箇の〝猿楽〟である。それ故にこそ『新猿楽記』と名付けられたのである。その場をつかさどり、祭りと見物を媒介する軸となるのは、記中には遂に姿をあらわさぬ一家の主、右衛門尉某である。六衛府の下級官人のひとりとして、かれもまた、王に仕え、宮廷に所属する〝芸能〟を担う人々の環をかたちづくる者、〝猿楽〟をワザとする近衛舎人につらなる存在であった。(10)

四　物云いおかしき奴の笑い――『今昔物語集』

文章における〝猿楽〟事の実験であった『新猿楽記』の作者、そして『本朝文粋』の編者たる藤原明衡は、また説話世界の登場人物でもあった。『今昔物語集』巻二十六第四話、また『宇治拾遺物語』巻二第十一話「明衡欲〻逢〻殃事」によれば、この博士、さる宮仕えの女房を語らって一夜の逢瀬を傍の賤家に過ごすが、事情を知らぬ家主に密夫と間違えられ危うく殺されかけた纏末が語られる。希有の命を助かった明衡自身が語り出すのでなかったら世に伝わらぬであろうそれは、いわば掌篇の艶笑譚《コント》の趣きをもっている。

『今昔物語集』の巻二十八本朝附世俗は、一巻を挙げて〝笑い〟の物語に費している。いわゆる〝ヲコ話〟の集成である。そのうちの幾許かも重なって収められる『宇治拾遺物語』と共に、この二篇は中世の〝ヲコの文学(11)〟の金字塔というべく、文学史のなかで異彩をはなっている。しかし、それらの物語に響きわたった〝笑い〟をいかに聴き、読みとるかという課題(12)は、いまなお我々に突きつけられ残されたままであるといってよい。

その冒頭に語られる「近衛舎人共稲荷詣重方値女語第一」こそは、さきに述べた『新猿楽記』の背景である稲荷山を舞台とし、また猿楽の笑いの主たる担い手であった近衛舎人を演じ手としてくりひろげられた、一幕の艶笑譚である。

二月《きさらぎ》初午の日、洛中の貴賤上下ことごとく稲荷詣に集うなかに立ち交じった近衛舎人どものうち、とりわけ好色な茨田重方、参る途に出逢った艶に着飾ってなまめかしい女を早速口説きにかかる。重方は、己が妻のように妬み深く猿面で心も販女《ひきめ》のようなのは離縁しようと日頃思っていたところ、ここで貴女のような方をお引き合わせ下さったのは御社のお験《しるし》に違いない、どうかお宿に一緒に同道しよう、と衣を深く被《かず》いた女の胸許に烏帽子をさしあて拝み倒さんばかり。すると女は突然、重方の髻《もとどり》をつかんで、彼の頬《つら》を山も響くばかり打った。驚いた重方、女の顔をよく見れば、何と妻君である。「早う、我が妻の奴の謀《たばかり》たるなりけり」。常日頃、夫の浮気僻に悩まされていたこの妻、その尻尾を捕《つかま》えて、稲荷の御社の前で「シヤ頬《つら》打欠て、行来《いきき》の人に見せて咲はせむ」ために、かく仕組んだのである。それ見ろ、言ったこっちゃない、とこれを見物して腹を抱えたのは、お仲間の近衛舎人どもである。散々の体たらくで家に帰った重方と妻との掛け合いが更に重ねられ、彼はまた妻にあざわらわれる。「あなかま、この白物《(痴れ者)》、目盲《めしひ》の様に人の気色もえ見しらず、音《こゑ》をもえ聞きしらで、嗚呼《ヲコ》をさがして《(さらして)》人に咲はるるは、いみじき痴れ事にはあらずや」とは、いささか楽屋落ちの気味も無くはないが、よくこの痴話ゲンカの〝ヲコ〟の勘所をとらえた詞であろう。

この艶笑譚は、猿楽の後継者である狂言のなかにうけつがれて、『因幡堂』という演目となり洛中の因幡堂に舞台を変え、またこれを種とした歌舞伎狂言『花子』として今も演じつづけられている。稲荷山は、『新猿楽記』の第一の妻が「愛法」のためにしきりに詣でる祠のひとつでもあり、『雲州消息』稲荷祭条にみえる猿楽の衰翁と嫗の「始めは艶言を発し、後には交接に及べり、都人士女の見物、頤《をとがい》を解き腸《はらわた》を断《たた》ずといふことなし」というワザが演じられたところでもある。豊饒を予祝し男女の媒ちとなる愛法の神としての稲荷の祭りと芸能を、(13)その背後に負ったこの艶笑譚は、強いて狂言の舞台と重ねずとも、それじたい極めて演劇的な、見事な構成をもっている。夫婦一対の痴話の戯れは、近衛舎人をシテとした猿楽そのものである。これほど中世のヲコなる〝笑い〟の幕開きとしてふさわしい演《だ》し物はなかろう。

同じき巻二十八の第十話では、この稲荷山の笑劇《ファルス》にも立ち会った近衛舎人の一行のひとり秦武員がヲコをはたらく。禅林寺僧正尋禅の宮中祈禱所で物語のあった次《つい》で、傍に控えていた武員は貴僧の御前で錯《あやま》って「いと高く鳴してけり」。誰がこの音の張本か、一同、顔を見合わせて沈黙が拡がろうとしたとき、

武員、左右の手を真広《まびろげ》て面に覆《おほひ》て、「哀れ、死なばや」と云ければ、その音《こゑ》に付きてなむ、御前に居たりける僧共、皆咲ひ合ひたりけり。その咲ふ交《まぎ》れに、武員は立走りて、逃て去《い》にけり。

放屁は、つねにヲコ（尾籠）の原点といってよい。けれど、それに加えて、己れの失錯をただちに笑いに化してしまう武員のはたらきこそが猿楽なのである。当座における当意即妙の詞とワザにおいて、猿楽が本領を発揮する。その成就は一座の爆笑によって告げられる。武員は、自らのひきおこし

図31　福富草紙

後崇光院の作になると伝えられるこの鳴滸物語の絵巻は，放屁の妙音を奏でる特技を会得した高向秀武が中納言邸に参上披露して引出物を得た幸いを，隣の福富が羨み，俄か芸を仕込んで柳の下の泥鰌を狙う。ところが出たのは音ならぬ実《み》の方で，打擲され追い出されて血塗《まみ》れで帰るのを，妻は遠目に纏頭の緋の衣と勘違いするという，ヲコの一幕は，やはり推参の芸能が基本のモティーフであった。

た笑いの渦のなかを遁走して姿をくらます。それも、こうした場におけるひとつの約束事のようなものであった。[14] 自ら笑いを惹起する張本たるヲコの者は、「お呼びでない」とその場を退散し、ただ笑いだけが残される。

この、「尚聞《なほ》かむままに可咲《おかし》き」事は、「武員なればこそ物可咲《おかし》く云ふ近衛舎人にて」し遂げたことであったという。

近衛舎人とヲコをめぐって、もう少し視野を拡げてみれば、かれらがもっぱら演ずるところの神楽歌に次のような歌謡がある。猿楽の演ぜられた宴のあと、前張《さいばり》のうち、掛け合いでうたわれる早歌の一首である。

〽本 舎人こそう　後こそう
　末 我もこそう　後こそう
〽本 近衛の御門に　巾子《こじ》落つと
　末 髪の根のなければ

——近衛の御門に巾子が落ちたとさ——ハゲてたのでネ——と落ちが付く、巾子落ち、ひいて冠落ちの滑稽は、これも物語のなかで猿楽事として伝承される典型であった。巾子—冠—烏帽子という冠《かぶ》り物は、古代から中世にかけての男性にとって一人前の社会の成員の象徴《しるし》、その身分階級を表示するに欠かせぬ装束の具である。それは巾子の内に髪（元結）を押し込んで固定するものであるから、髪が無ければ頂きに止まろう筈がない。『今昔』巻二十八のなかで、「安房守文屋清忠落冠笑語《かうぶりをおとしてわらはれしこと》第二十六」に、したり顔の尊大な官僚が、同輩の思わぬ挙止の拍子に冠を打ち落されて、上達部に大咲いされたのは、禿げ頭が露見[15]したからだった。「髪の根のなければ」なのである。

「近衛の御門に巾子落つと」の方も、同じく巻二十八「近衛御門倒人蝦蟆語第四十一」によって笑いの物語として具体的にイメージされる。いつの頃か、近衛の御門に人を倒すガマが出現、ここを通る者は必ずそれを踏みつけて倒されてしまう。この噂を聞いたさる大学の衆——かれは「世のヲコの者にて、いと痛《いた》う物咲ひして、物謗《そし》りする者」であった——が、あらかじめそれと知っておれば倒されまい、と挑む。たそがれ時に至れば案の定、ガマは御門の内にうずくまっている。だまされまいぞ、とこれを踊り越えた途端、むりに押し入れていた冠がぽろりと落ち、これが沓《くつ》に当たったのをガマと勘違いし、こいつめ〳〵と踏付けるが、巾子が剛《つよ》くてたやすく潰れぬ。「蟾蜍《ヒキ》の盗人の奴は、かく強きぞかし」と無い力をふり絞ってなおも遮二無二ふんづけているところを、上達部の行列が通りかかる。見れば髻を放った怪しい奴、問われての名のりはことごとしくも「自ずから音にも聞食すらむ、紀伝学生藤原の某《なにがし》、兼ては近衛の御門に人倒すガマの追捕使《ついぶくし》」と言挙げして咲われる。雑色共に小突きまわされ、上着も引き破られ、頭をさぐれば冠も無い。てっきり雑色共のしわざと思い、返せ戻せと走りかかる途端、近衛大路にうつぶせに倒れ、顔を突っかけて血まみれ、ついにふら〳〵と大路の溝にのびてしまった。これこそ、文字通り「一日の猿楽に鼻を欠く」ていたらく。あるいは、猿楽に興ずる余り、「畳を戴きて深泥に斃《たお》れ臥し、筵を着て堀川に落ち入る。これを見て嘲り笑ふ人、あへて勝計すべからず」(『新猿楽記』)という果てのありさまと同じではないか。『今昔』の結びは、こんなヲコな者でも一応、大学の衆であった。けれど、こんな軽々しい心では、文を読み習うのも怪しいことだ、と辛辣に評するが、しかし、この主人公「藤原某」は、もしかすると、ひょっとしてあの明衡の若き日のことではあるまいか。

それはともかく、その展開は、次々と継起する出来事と所作とによって、息もつがせず笑い転げさせるドタバタ喜劇《スラップスティック・コメディー》とでも称すべき猿楽事の連続である。そして、その契機は冠落ちであった。管見に入った最も古い冠落ちの笑いは、菅原道真の『菅家文草』巻七所収「左相撲司標所記《ひだりのすまひのつかさしめのところのき》」であろう。相撲節会の庭を象り飾る標の山の風流の設けを詳しく記述したその末に、天皇に仕える内竪《だいじゅ》の童《わらわ》賀茂善行が天皇が用足しされたおまるを捧げて走り出てきた途端、標の籬《まがき》に冠をぶち当てて落とし、糞まみれにして仕舞った。細工たちがこれを取り上げて洗い乾し、元通りに冠せてやった。「風骨前《さきに》レ倍《まして》、敢て咲ふ者無かりき」と結ぶ。王の許で催される晴の儀式の開始直前のささやかな椿事の一幕である。これもやはり、王だけは存分に笑うことができたであろう。

冠落ちとは、世の物笑いになるヲコの筆頭、それが晴《ハレ》の、公衆の面前であればなおさらのことである。その最たる例が、『今昔』巻二十八「歌読元輔賀茂祭渡一条大路語第六」であろう。同じ話は、『宇治拾遺』にも「元輔落馬の事」としてみえている。――清原元輔、内蔵《くら》の助《すけ》となり賀茂祭の使をつとめてその還《かへ》さに一条大路を渡る。若き殿上人の車が並ぶ前で、乗れる痩馬がつまずいて、真逆様に落馬した。起きあがった元輔のありさまたるや、冠は落ち、しかも「髻露なし」。あわてて冠を取らせようとする馬添《そえ》を制し、元輔は夕陽をうけて照り輝く鍋のような禿げ頭のまま、「咲ひ喤《のの》しる」

殿上人たち見物の衆の前に歩み寄る。彼は、そこで落馬—冠落ち—禿頭露見という救いがたいヲコの三重奏を、あえてこれはヲコにあらず、かような仕儀も理《ことわ》りの必然よと、ひとつひとつ指折りかぞえ上げて道理を言いきかせ、尤もらしく先例を勘《かんが》え挙げたうえで、「されば案内も知り給はぬ近来《このごろ》の若《わか》公達《きんだち》、これを咲ひ給ふべきにあらず。咲ひ給はむ君達こそ、返てヲコなるべし」と身振りをまじえ一席大演説をぶった。その挙句、大路に突っ立ったまま、高らかに「冠もてまうで来《こ》」と呼ばわり、もったいぶって冠を（無い髻に）差し入れた。彼は、観衆の注視のなか、千両役者のように大見得を切ったのだ。これを見た人々は、一同「諸心《もろごころ》に咲ひ喤《ののし》りけり」。——祭りの、大路の、物見の人々の笑い声のなかに、元輔のヲコは、ただの恥辱におわらぬ、祝祭の場を活気づける当座の猿楽事として転換し、成就したのである。

そうして、これもやはり、賀茂祭の還さの渡しにおける習いのごときものとしてよく〝演ぜられる〟ワザであったらしい。再び明衡の『雲州消息』をみれば、稲荷祭に続く賀茂祭の条、そこに出来した珍事は、「内侍ノ御前《サキ》ノ帯力《タチハキ》某《シ》丸、忽チニ以テ落馬。騎ル所ノ者ハ駑駘《ドタイ》（遅き馬）也。是レ挑尻ノ致ス所ロカ。適々《タマ〳〵》冠ヲ落サズト雖モ、其ノ巾子、已ニ墊《ヒシゲ》テ、林宗カ冠ノ如シ。上下ノ人々、掌ヲ抵《タヽ》ク耳《ノミ》。薄暮ニ事訖ヌ」というもの。もって『今昔』の元輔落馬譚の背景が想像されよう。その上で、これを更なるヲカシに転生させる元輔の弁舌と演技による猿楽のワザが発揮される寸法だ。そのとき注目されるのは、『今昔』の結びの一節である。

この元輔は、馴《なれ》者の、物をかしく云ひて、人笑はするを役とする翁にてなむありければ、かくも面無《おもな》く（憶面もなく）云ふなりけり。

ヲコなことを、その物云いによってヲカシ(16)に化してしまう、その結果として人を笑わせることを「役とする翁」が元輔であった。こうした「物云ひ」の達者が、巻二十八では各々の説話のなかで、その主役として、またその〝説話〟を媒介する語り手として、くりかえし登場する。さきの秦武員のごとき近衛舎人に限らず、僧俗さまざまな身分の「物云ひの上手」「きはめたる物云ひ」「物云ひをかしき者ども」の群像こそ、ヲコなる〝笑い〟をたくらみ、仕遂げ、喚びおこし、それをまた語り、世に伝え、聞く人々をも興がらせ挙《こぞ》って笑わせる、一箇の典型的存在というべきだろう。(17) 逆に、元輔の譚《はなし》における祭りの庭《ニワ》のヲコ――ひいて猿楽ワザの成就も、すべては「物云ひ」にかかっている。芸能における〝笑い〟も、「物云ひ」の詞《ことば》に生殺与奪の権を握られている。『新猿楽記』のはじめに登場するような猿楽たちも皆、そのような「物云ひ」に自らのワザを賭けていたことだろう。そのとき、かれらの面《おもて》にもまたさまざまな〝笑い〟が、あの翁の面に刻まれていたように、漂い放《はな》たれていた筈である。

五　世継翁の笑い――『大鏡』

「物云ひ」の達者――〝笑い〟をうみだすと共にその語りを媒介する人物の存在は、『今昔物語集』に限らない。『大鏡』における世継の翁もまた、そうした「物云ひをかしき者ども」の一人といえよう。

仮構された物語の場を巧むことによって構成された『大鏡』は、その物語を、いとも長命なる大宅世継《おおやけのよつぎ》という翁に語らせる。この翁は、語り手として、相伴する夏山繁樹翁とともに、帝の列伝より始め、藤原摂関家の大臣たちの数代にわたる群像を、御堂関白道長を中心に、豊かなエピソードを交えて無礙自在に展説する。己れの親しく見聞したことに伝聞を織り交ぜたその物語は、世継翁の生彩にみちた語り口とその語りを彩る豊かな表情、対する繁樹や、あどをうつ若き侍との三者間の応酬によって隅なくふちどられ、そこに形象される語りの場がまたあらたな物語をいざない生成していく様が、随所に巧まれている。それは、この物語の場――雲林院菩提講(18)という仏事の説法の導師を待つ聴衆の間に出来した、自然発生的な一座――の傍らに居て、よそながら耳を傾けている匿名の聴き手によって眺め、聴きとられたもの、という設定である。かれは、決してこの語りの座に介入しない。そして、ただ聴くばかりで心中に感嘆や興を覚えながらもついに一言も発さず、また、これをのちに書きとどめた、という設定もなされていない。それゆえ、この聴き手(もちろん作者とは区別されるべき存在)による語りの場の情景描写は、いわば歴然たる草子地的な文として物語全体を分節している(19)。

世継翁が示す、その豊かな語りの表情のうち、もっとも印象的なのは〝笑い〟であろう。開巻冒頭、聴き手が目撃したのは、「例人よりは、こよなう年老ひ、うたてげなる翁二人、嫗《おうな》と行あひて、同じ処に居ぬめり。あはれに同じやうなる物のさまかな、と見侍りしに、これらうちわらひ、見交《みかは》して云ふやう……」という有様。物語は、まず高らかな笑い声とともに始められる。さらに、次いで登場する若き侍が彼らに介入する場面でも、「『……いで興あること云ふ老者たちかな、更にこそ信ぜられね』といへば翁二人、見交《みかは》してあざわらふ」と、これも視線を交じえ仕草をともなった笑いが最初の反応である。後にも、翁は若者たちに「なあなずりそ」年寄りだからといって馬鹿にしなさんな、と牽制し「扇をさしかくして、気色《けしき》だち笑ふほども、さすがにおかし」。扇という小道具（それは猿楽の翁にも欠かせない小道具であり、翁の所作をすぐ想い浮かべることができる）を巧みに用いてのその笑いは、むしろ挑発的な気配である。そうした笑い声の響くなか、翁たちの「昔物語の興あること」が次々と繰りだされるのである。

物語のなかでも、幾つかの場面で、合の手を入れるように笑いが挿入される。たとえば、帝紀のうち、陽成院の条の終りに、「『……いかに、昔はなかく〳〵に、けしきある事もおかしき事もありけるもの』とて、うち笑ふけしき、ことになりて、いとやさしげなり」。同じき例は、兼家伝の末「『……』とて、ほほゑむ」、あるいは道長伝の中間「『……とかやうけたまはりし』とて、心よくゑみたり」。

また、同じ中で貫之女《つらゆきのむすめ》の鶯宿梅の故事を語り了り、「『……』とて、こまやかにわらふ」。草子地にとらえられたこれらの〝笑い〟は、翁たちが物語の合間に感きわまり眼《まなこ》をおしぬぐうのと同様、その語りいだしたことどもに様々な陰影を与え、如上に述べきたった物語の一段一段を締めくくり、それにある表情と余韻を与える工夫であり、それを媒ちとして物語を読者に呈示する〝説話〟の技法といってよい[20]。

翁の〝笑い〟は、その物語を媒介する装置というに止まらぬ、それを逸脱し、ふくれあがる、翁じしんの形象——肖像として、独自なはたらきを示す。たとえば、帝紀の終りの部分、翁が己が語りを真澄の鏡に喩えての自賛の辞が一くさり続いて、「『……』など、したり顔《がほ》に付き、絵に描《か》かまほしくみゆ。あやしながら、さすがなさけつきて、おかしく、まことにめづらかになむ」。

さような「したりがほ」は、全体の終り近く、翁の己が物語を真実と誓い、仏の説法にたぐえて再び自賛する、言挙げのうそぶきのあとにもあらわされる。『大鏡』における「昔物語」の首尾の大枠をふちどる翁の表情は、笑いを伴って、いささか誇張された戯画的な挙措と結びついている。それは、彼が物語しつつ自ら興ずる有様にも連なろう。帝紀の末、「『……いで興ありのわざや。そらに翁、今十廿年の命は今日延ぬる心地し侍』と、いたく遊戯《ゆげ》するを、みきく人々、おこがましく、おかしけれども……」。

あるいは、全体の末近く、「……いみじきあざれ言《ごと》どもに侍れど、まことにこれは、徳いたりたる翁共にて候。などか人の許させたまはざらん」。かような遊戯、たわぶれの詞が、物語る翁の表情と呼応している。それを、見物する聴き手が、ただ「ヲカシ」ばかりでなく「ヲコ」がましいと評すところが注目される。翁はここで、たしかにヲコなことをその「物云ひ」のワザにおいて見物の眼を意識しながら演じているのであり、ひいてそれは一種の猿楽にほかならない。

『大鏡』の物語が全体としても、また細部においても、それぞれ一篇の猿楽ごとを象っている、その消息をよく示すのは、幕間に、翁たちの戯れが、齢に似合わぬ好色に及ぶくだりであろう。道長伝の末に、世継が己の妻とのなれそめを語り、のろける段、「『……さるほどに、居付き候ては、翁を又、人によもほか目せさせ侍らぬをや』と、ほほゑみたる口つき、いとおこがまし」。続く、これに応えた軽口にたいし、「『……かゝる命ながの行き逢わず侍らましかば、いと悪しく侍らまし』とて、心よく笑ふ。げにときこえて、をかしくもあり、語るもうつゝのこととも覚えず」。翁は、ここに至って自らの高らかな哄笑とともに一座を魅了してしまう。この、嫗を前にしてのヲコなる戯れ言は、かの稲荷祭の庭で「艶言」を発す猿楽の翁どもの見物の笑いを喚起するワザに通ずるものであろう。その語りごとの尋常ならざる不思議さも、ヲコなる笑いによって幻惑され、その紛れに、めでたき祝言として昇華されるかのごとくである。

『大鏡』の翁は、猿楽ごとをつかさどり、極めたる物云いのおかしきによって芸能の場――一座――を成就させたヲコ者たちの系譜に、たしかにつらなる。それを、テクストの世界に転移させ、物語の媒介者として演戯させる作者の巧みは、自在に操る翁の口を通して、その表現せんとする事どもを説かせた。翁は、それゆえに一箇の狂言まわし、または傀儡でもある。古き猿楽―散楽芸のひとつに傀儡があるのは、その意味でまことに興味ふかい。

一体、『大鏡』の、跡をくらまして決して姿をあらわそうとしない作者は、いかなる世界からそのような発想を獲たのだろうか。その点で示唆的なのは、翁の出自を語るなかに、彼と大学の衆―学生たちとの交流を、ちらりと言及させていることである。「翁らが説くことをば日本紀きくとおぼすばかりぞかし」という名高い言挙げは、その底に紀伝道の学生の教養があり、その上での「あざれ言」の遊びと、例の博士明衡にみるような、平安朝の知識人における芸能とヲコな〝笑い〟の世界との深いかかわりが透けてみえるようである。

六　追放される笑い

『大鏡』に語られ、ことほがれた道長の世の末、後一条院の御代の何時頃《いつ》か、殿上人・蔵人たちによる「種《くさ》合せ」が催された。その纏末を、『今昔物語集』巻二十八「右近馬場殿上人種合語第卅五」はものがたる。

種合せは、左右に方《かた》を分かち、世にありがたき希有な珍物を求めいだし、これを趣向をこらして出しつつ勝負を競うあそびである。宮廷はこぞって左右何れかに分かれ、互いに挑みあった。殿上人から舎人に至るまで、ことごとに競いあう熱狂が一時、宮廷を覆った。北野の右近馬場を会場として、(21)埒《らち》の前、大臣屋の左右にそれぞれ幄《あく》舎をしつらえ左右の座と定める。当日は周りに洛中上下の見物が群集し、そのなかには、女車に乗った関白道長がひそかに立ち交じっていた。

いよいよ剋限となり、左右双方は風流をこらし財《たから》を尽くして着飾り、座についた。注目すべきは、そのなかに「口聞《きき》(利)吻《ら》ありて、物可咲《をかし》く云ふ者」の座がともに設けられていたことである。それは、「互ひに勝負ある間、言を尽し、論ずる事共多」き為の備えであったが、例の「物云ひ」が、こうした場に一定の役として立ちはたらくものであることは興味ふかい。

勝負たけなわとなるうち、左の方から練りいでたのは、関白の随身として覚えめでたい近衛舎人の下野公忠である。左の競《くらべ》馬の微妙《めでた》き装束に身を固め、みごとな馬を駆って馬場へ打ちいでた。諸人、これを観て「尤も興あり」。ところが、これに対して右の方からまかり出たのは、貧相な老法師の、ひしゃげた冠と犬の耳のように垂れた追懸（武官用の冠飾り）をつけ、古ぼけた右の競馬の装束をずり落ちたように着くずし、干《から》鮭を太刀に佩《は》かせ、「猿楽の様」な帕《も》格《かう》（舞の頭巾）をして、女牛に粗末な結鞍《ゆいぐら》を置き、この上にまたがったという代物。この、とんでもない出し物に、公忠は恥《はずか》しめられたと嗔《いか》り、即座に引っ込んでしまう。これをみた見物、「手を扣《たた》て咲ひ合たる事かぎりなし。相撲の負けて入るを咲《い》ふが如し」という有様。勝負ありとみた右方は、ただちに乱声を発し、落蹲《らくそん》の舞を出す。種合せに伴い、勝負舞を出すことになっていたのである。左方も陵王の舞を用意していたが、思いがけぬ状況にとまどううち、先を越されてしまったのだ。

関白、これを車中から見て、落蹲が出たのを「奇怪也」とし、その舞人を「搦めよ」と下知した。その声を耳ざとく聞きつけた落蹲の舞人多好茂《おおのよしもち》は、さりげなく踊りながら楽屋へ入ると、そのまま装束も解かず逃げだす。馬にとび乗って大宮大路を下り、さらには遙か天王寺に逃げ込んでしまった。龍王をかたどった落蹲の面をつけたまま洛中の大路を真昼間に疾走したのである。これを目撃した人々が大騒ぎしたことは想像にかたくない。本当の鬼と思い込んだ子供の中には驚きのあまり病みついたものもいたとか。関白の不用意な一言から生じた思いがけない椿事は、種合せの興をさまして台無しにしてしまったが、そればかりでなく、物語の結びに、「其の中に、落蹲の舞人の、面形をしながら馳て逃たる事をぞ、世の人咲ける」とあるように、ヲコなるもの笑いの種として、世に記憶されたのだった。

それは、全体が見事な一篇の笑劇として展開され、種合せの遊びの庭から生じた時ならぬヲコの事の次第——猿楽ごととしてとらえられる。もっとも、そこに出る「猿楽」の語は、女牛にまたがる聖人の扮装のひとつ、恪格の体についての形容であるから、狭義の、猿楽の芸能者のような格好だ、という意味ではあるが、しかし、この扮装のいでたちそのものは、どうやら猿楽ごとに深いつながりがあるらしい。

ここに想起されるのは、『宇治拾遺物語』[22]の「聖宝僧正渡二一条大路一事」、また『古事談』巻三僧行にも収められる聖宝の逸話である。慳貪な上座法師が、大衆の僧供米を要求する聖宝に難題をふっかける。「賀茂祭の日、ま裸にて、たふさき計《ばかり》をして、干鮭太刀にはきて、痩たる女牛に乗て、一条大路を大宮より河原まで、『我は東大寺の聖宝也』と、たかく名のりて渡り給へ」そうしたなら僧供を引こう、という。聖宝は、大仏に金《かね》を打って誓いを立てる。当日、大衆が桟敷打って見物するなか、大路が騒然とすると思えば、聖宝、まさしく言われた通りの格好で渡って来る。それも、なお「牛の尻をはた〳〵と打て、尻に百千の童部つきて『東大寺の聖宝こそ上座とあらがひして渡れ』とたかく云ひけり」。賀茂祭ではこの年の一番の見ものであった、という。

かような風流のいでたちは、『古事談』にも言及される[23]ように、僧賀聖人にも伝承されるところ。

『発心集』巻一「多武峯僧賀上人遁世往生の事」に、師の慈恵大師良源が僧正となった悦びの参内の行列の前駆《さきがけ》として加わった姿は、「乾《から》鮭といふものを太刀にはきて、骨の限りなる女牛のあさましげなるに乗りて、屋形口に打つ……おもしろく練り廻りければ、見物のあやしみ驚かぬはなかりけり。かくて、『名聞こそ苦しかりけれ、乞児の身ぞ楽しかりける』とうたひて、打ち離れける……」。ここには、さきの聖宝のそれにあったであろう見物(の〝笑い〟)はみえず、それはもはや賀茂祭の渡しに演ぜられるのでもないのだが、ふまえられているのは、明らかに祭の還さに一条大路を練りあるく風流の趣向であった。『古事談』や『宇治拾遺物語』の書きぶりからすれば、当時そこに必ず登場する代表的な出し物であったこの趣向(24)の起こりとして、聖宝の逸事が語り伝えられていたらしい。

この風流、貴かるべき聖人を干鮭の太刀と痩女牛という奇態なしかも破戒を暗示させるものに取りあわせているのだが、表面的には、単なる引きおとしと見える。しかるに、それは、聖人の慈悲ゆえの捨身のいでたちとして敢えて笑いものになり、却《かえ》ってそこから居直って慳貪を諷する、という物語の設定によって、聖から俗へ、また俗から聖への翻転《ひるがえり》がその姿のうえに象られているのである。僧賀聖の伝承の場合は、これをふまえて反俗―反権威の遁世聖の奇行のシンボルとして採用したのだろう。それは、仮装にとどまらない。聖宝もそうであるが、僧賀は、その扮装のうえで、なお、おもしろく練り、拍子うちながら歌う。すなわち、これを芸能としてすすんで演じ戯れているのである。それもひとつの猿楽であり、その猿楽ごとそのものが、するどい諷刺や批判と化している。

『今昔物語集』の右近馬場の種合せの場合も、そうした、祭りの庭の風流の猿楽ごとが利用された

図32　僧賀上人行業記絵巻

その道心ゆえに権威を厭い，敢えて佯狂と偽悪の振舞をなしたと伝承される天台の高僧，僧賀の生涯は，室町末期に至り，彼が晩年を送った多武峯において，説話伝承上の逸話を集大成した『僧賀上人行業記』として編まれ，更に絵巻化された。その中に，『発心集』がものがたる師の良源が天台座主に任ぜられた慶賀の行粧に巧んだ風流の事が一節をなしている。それは，痩せた女牛に乗り乾鮭《からざけ》を大刀に佩いた聖人の仮装のすがた，賀茂祭の還《かへ》さの風流の伝統的モティーフを用いての諷刺のしわざであった。

ものであったろう。左方がまっとうにめでたく美々しくいで立ったのに対する、正反対の代物をもち出すことで、引きおとし、転倒をたくらんだものである。しかもその猿楽には、権威を嘲笑する諷刺の毒がたっぷり盛られていた。道長がこの勝負に口を出したのは、直接には、お気に入りの随身公忠が侮辱された所為であろう。けれども本当のところは、思いがけず突如として持ち込まれた風流の猿楽が放つ毒が、彼の不興を買ったのだ。しかし、何より、そこにわきおこった見物の〝笑い〟こそ、彼をいたく刺激し挑発したに相違ない。その怒りは、衆人の「笑ふとひとしく」始まった勝負舞の舞人に向けられるのだが、これはとんだ腹いせのとばっちりを喰《くら》ったというところではないか。ただ、その好茂がたんに不運な犠牲者とだけ片付けられる存在かどうか。『今昔』と同じ話を記す楽書『教訓抄』巻五では、もう一人の舞手の政方を御堂関白みずからいましめて埒の柱に縛りつけた、という。また、天王寺に逃げ込んだ好茂を「金青鬼(25)は物隠れやはする、確かに参れ」と召したけれども、ついに参上しなかった、ともいう。芸能者が直接に権力者の怒りを蒙るのは、どうやら理由の無いことではなかった。それは彼の遁走そのものが洛中を巻き込んだヲコなしわざとして京童たちに笑われ評判となったこととも無関係ではないだろう。

道長が、その権力をもって芸能の場に介入したについては、じつは前科があった。『本朝世紀』長保元年(九九九)六月十四日条に記される、祇園天神会の折の出来事である。

この年の祭りには、去年より无《む》(無)骨《こつ》と称する法師形の雑芸者が、京中の人々に見物せしめるため、材《はしら》をもって社頭に渡した。それが大嘗会の標《しめ》を引くごとき作法であったため、時に左大臣であった道長、これを聞き驚いて停止の宣旨を下し、検非違使に命じて追捕させた。しかし無骨はいち早く逃げ去ってしまい、捕物は空振りに了った。ところが材の停止は、ただちに天神の忿怒をよびおこし、祝師は礼盤よりころげ落ち、社辺の下人に神が憑いて託宣をなした、という。

無骨が渡そうとした大嘗会の標に似た材とは、いまも祇園祭をしるしづける鉾の原型のごとき風流とされるが、何より注目すべきは、それを巧み設けた張本として追捕をうけ、それをまんまと逃げ了せた無骨その人の存在である。『本朝世紀』の注によれば、彼は実名を頼信と云い、世間では仁安などに交じわる者である、という。仁安は『新猿楽記』に登場する猿楽者のなかの仁南と同一人とみられるからには、無骨も猿楽びとのひとりとして祇園会の風流を猿楽ごとによって賑わしたのであろう。道長が咎めたのは、ただその材が大嘗会の標の柱《(山)》に似るという上っ面の不敬ではあるまい。問題はそれを浅く「作法」であり、王権の祭儀を猿楽が風流にことよせてもどくところに生ずる〝笑い〟こそ停止されなくてはならなかったのではないか。

同じく『本朝世紀』長和二年（一〇一三）六月十四日条の祇園御霊会においては、御輿のあとに「散楽空車」が出たが、これも道長の命によって雑人輩をして「散楽人」を打ち留め、その衣裳を破らせている。祇園会の猿楽は、どうやら道長にとって目の敵であったらしい。しかし、この威嚇と狼藉にもかかわらず、神輿を担う供奉人と見物人たちは御神の「徴咎」あるべき由を称して動かず、ついに追却しえなかった。果たしてその後、氷雨ふり雷電とどろいて神の怒りがあらわれた、という。

祇園会という洛中民衆の祭りの庭にあって、朝廷―摂関政治の規制と弾圧の対象になったのが猿楽であり、あるいは猿楽者の為すしわざであることは、道長の権力が何を「奇怪」として目の敵にし排除しようとしたかを、あざやかに浮かびあがらせる。記録には、それはついにあからさまには記されない。けれども、そこにあの『今昔』の物語を重ねてみたとき、猿楽者のしいだし、いざなう〝笑い〟こそ真の犯人であることが知られるのである。

こうしてみると、猿楽や〝笑い〟を抑圧しようとする道長が、「物云い可咲《おかし》き」猿楽的笑いによってしるしづけられた文学である『大鏡』によって賛美されているのは、はなはだ皮肉なことのように思われる。もちろん、その賛美は決して一筋縄ではくくれない性質のものだ。

そこで無視することができないのは、『大鏡』のなかにおいては、道長に軽しめられ邪魔物扱いされた花山院が、時としてヲコと〝笑い〟に満ちて描かれていることである。それは既に前章で詳しく述べたところでもあるが、その幾多のエピソードにみえる彼の風流と狂気は、たえずある種の滑稽さをはらんで語られる。そのなかでは、源俊賢が「花山院の狂ひは術《ずち》なきものなれ（どうしようもない代物よ）」と評したのを、道長はたしなめながら大笑いするのであるが、彼の〝笑い〟に、かえってこの廃王の「狂ひ」の姿が凄まじいばかりに浮き彫りにされる。続けて語られる花山院をめぐる出来事は、たしかに〝笑い〟と「狂ひ」のありさまを活写している。

父冷泉院の御所へ火事の見舞いに赴いた時には、馬に乗りながら天辺に鏡をつけた大きな笠を頭光として火事の炎を反射する奇妙ないでたちで現れ、これを迎えた冷泉院は車中から高やかに神楽歌を唱い出したので、高階明順が「庭火いと猛《まう》なりや」と秀句して「万人え耐へず、笑ひたまひにけれ」

という一幕が語られる。花山院の「頭光」は、かの『弁散楽』の中の円座を頭光とする猿楽と通ずるものであろうし、火事の火を神楽の庭燎《にわび》に見立てる趣向である冷泉院の神楽歌も、近衛舎人どもの猿楽のパロディなのであろう。しかし、何より興ふかいのは、それに続けて語られるもう一幕の花山院の〝風流〟である。

長徳三年（九九七）四月、花山院が賀茂の「祭りのかへさを御覧ぜし御ありさま」は、院に顧従する「いみじき一の者共、高帽頼勢をはじめとして御車の尻に多くうち群れ参りたりし景色ども」ひいて院自身の装いにいたっては甘子《こうじ》の実をつらねて数珠として車の外へ長く出して見せたのなど「いと興あり」まことに見ものであったという。この、側近随一の頼勢は、院に仕える「勇悍々了の法師原・大中童子」の筆頭であったろうが、彼はただの悪僧ではなく、その「高帽」という異形からして、頼信―無骨同様の猿楽法師であったと推察される。ところで、この折の院の物見は、前日に院のそれら従者たちが公任らの車に狼藉をしかけた闘乱のほとぼりもさめやらぬうちのことであった。早速に検非違使がその張本を捕えようとやってくると注進されただけで、威勢よくみえた彼らは皆、「蜘蛛の子を風の吹き払う如く逃げ」散ってしまい、院の車だけがとりのこされ、こっそりと引きあげる破目になってしまった。おそらくは頼勢も真先に逃げ去ったことだろう。それからは検非違使に手ひどく責めたてられて「太上天皇の御名は朽《く》たさせたまひき」という。王と、王の威をかる者共の演ずる滑稽な纏末は、この後の章でも再三に及んで中世に再演されるのを見ることになろう。

花山院は、乱暴をはたらいては追捕され逃散するがごとき無頼の徒に取り巻かれていた。それはそうなのだが、かれらをもし、あの、道長がたえず敵視した猿楽とつらなる類いととらえるなら、その賀茂祭りの還さの渡しの光景は一挙に〝笑い〟のひびくヲコなる猿楽ごとの世界に結びつく。そうして、院の「狂ひ」と風流はかかるヲコなる芸能の世界に根ざす、〝王の営み〟であったことが理解されるのである。前章に述べたところの院の仏道修行と熊野詣も、その延長上にあった。そもそも花山院は〝王〟の運命があやうくもきわどく体現された人であったが、芸能者の運命もまた彼に象られているといえよう。

かつて、相撲節会や神楽の庭における近衛舎人たちのように、宮廷のうちにあって、王に庇護され、王とともに笑い、王の膝下に戯れるヲコ人としての猿楽が在った——それはいまだ、しばらくは存続するだろう——。これにたいして、宮廷の外部にあって、絶えず違乱をはたらき、勘当を蒙って追放される猿楽や芸能者の存在は、それとは一見無関係にみえて、実は表裏として通底するものであろう。猿楽は、権力をめぐって、〝賞翫〟と〝迫害〟の全く対照的な運命を生きる。自らのつくりだす〝笑い〟がかれらの生である。かれらの生は〝笑い〟につきうごかされて何れかに否応なく赴く。いずれにせよ、その双方に〝笑い〟そのものは変わらずにある。そうして、その果てに、かれらは高らかな〝笑い〟とともに姿をくらまし、ついに捕えられることはない。

第八章 ヲコ人の系譜

一　ヲコの〝笑い〟と権力

我が国の文芸のなかに根ざす〝笑い〟の伝統を掘りおこした先達は、柳田国男であった。民衆の生活文化のなかに絶えず生動している〝笑い〟と、それを担う人びとの存在を、たとえば「ヲコ」という言葉を軸に再発見しようとした一連の著述[1]は、今もあらたな世界認識を触発する力を秘めている。そこで特に注目されたのは、『今昔物語集』巻二十八に聚められた四十四話の「ヲコ」物語の群れであった。ここには、「ヲコ」なるものの「ヲカシ」の様々が物語として記述され連ねられ、まさに変態百出せしめられている。また、「ヲコ」を為《し》いだし、語りひろめる「物云ヒヲカシキ」輩の群像も描きだされる。彼らが、その語りと共に演じるしわざをも併せて描写しながら、それらの物語は、それぞれに一幕の「ヲコ」の場を生成する。

柳田は、「ヲコ」に「単なる人間の活き方という以上」の、一種の芸術の域に達していた、人生を明るくするものとしてのはたらきを見ようとする。それを証明するために、「ヲコ」の多義性と多様な機能とを、巻二十八の諸話を素材として考察しているのである。[2]

たしかに、巻二十八には、一筋縄ではいかない〝笑い〟が満ちており、それを遍ねく捉えるのは難しい。そうして、それらの中には、柳田が敢えて無視したり採り上げることをしなかった「ヲコ」や、または否定して視野から追い払ってしまった〝笑い〟も含まれている。それは、柳田の学問を貫く主題およびまなざしの全てにわたって指摘されることでもあるのだが、たとえば、ひとつには〝性〟にかかわるものであった。下がかった露わな〝笑い〟は「原始的」として排される。[3] もうひとつ、これも彼がはっきりと拒絶し否定する〝笑い〟がある。それは政治的な諷刺の〝笑い〟である。つまり、国家や権力者または利害上の敵対者たる誰彼を槍玉に挙げての攻撃や批判であるような〝笑い〟は誤ったものなのである。[4] かく断ずる柳田の姿勢は、その主題にも似合わぬようなモラリスト的な、あるいは体制的なものである。

あらためて問うてみたいのは、柳田が回避したり否定してきた、さような〝笑い〟もまた、「ヲコ」の欠かせぬ一面であったのではないか、ということである。むしろ、それは終始、「ヲコ」という文化的位相――一種の運動――を生みだす基本的な構造《モティーフ》であったとさえ言いうるのではなかろうか。〝性〟をめぐる〝笑い〟についてはここでは措く。ここでとくに注視してみたいのは、権力――なかんずく王権をめぐる「ヲコ」の〝笑い〟である。そうして、その「ヲコ」を演ずる人々の姿――〝笑い〟を生みだす人間のはたらきである。単純な、敵味方の間に戦いのなかで交わされる〝笑い〟にとどまらず、強大な武力や権力を持った相手にたいして、弱者の対抗する最大の武器が〝笑い〟である。否、そうした抑圧された弱者の抵抗という図式のなかにのみ〝笑い〟は閉ざされない。権威を相手どって嘲弄する笑いを目の敵にするばかりでなく、その笑いを逆手に取って自ら進んで笑われることによって己れを荘厳しようというしたたかさが権力というものにはあろう。権力は常に笑われるものであると同時に、笑われることで権力が成り立つという逆説もありうるだろう。更に権力は自ら〝笑い〟をつくりだし、操りもするのであり、やがて追放するに至るのである。そうした政治（あるいは軍事）権力をめぐる〝笑い〟が最も先鋭なかたちであらわれ、しかもあざやかにかたどられるのが『平家物語』であった。『平家物語』における〝笑い〟は、まさにこの、柳田が取り上げることのなかった、きわどくして決して一面的ではない「ヲコ」の〝笑い〟が大きな位置を占めている。何となれば、戦《いく》さ——権力と武力のせめぎあいが物語の中心にあるのだから、それは当然であろう。その代表的な〝笑い〟のありようは、巻八、法住寺合戦という物語の一節と、そこに登場する「鼓判官」という異名（あだ名）をとった知康という一人のヲコ人の運命を通して、すぐれてあざやかにあらわされる。

二　ヲコの物語としての「鼓判官」

平家一門が木曾義仲によって都を追われた後、後白河院は、あらたな僭主義仲と次第に対立を深め、寿永二年(一一八三)十一月十九日、義仲は法皇が軍勢を集めて立て籠っていた法住寺御所を攻め、たちどころに蹂躙する。これは院（公家）の側が直接に武力をもって武士に対抗しようとした初めての事態であり、それがあっけない敗北を喫してしまったという点でも、後の承久の乱の先蹤としてとらえられる、政治史上にも注目すべき争乱である。

この、義仲による法住寺殿襲撃の一件は、九条兼実の『玉葉』や吉田経房の『吉記』に詳細に記録されてその顚末が知られ、また『百練抄』にも概略が抄録されている。しかし、それらとは別な次元から同じ事件について、源顕兼の編んだ『古事談』は、興味深い記事を伝える。第四勇士の一段である。

> 木曽冠者義仲、推二参法住寺殿一之時、軍兵已破之由聞食テ、遣二泰経卿一、被レ見レ之。出二北面小門一、見レ之処、官軍等皆逃二東方一。爰、大府卿（泰経）云。イカニカクハ、イツシカ引候乎。早可二返合一云々。シカリトイヘドモ、一人無二返合之者一。干レ時、赤ヲドシノ冑キテ、乗二葦毛馬一之者、只一騎、聞二此詞一云。安藤八馬允右京(宗)、命ヲバ君ニ奉候ヌ、ト云テ、馬鼻ヲ返テ馳二向敵方一了云々。

義仲の法住寺殿攻撃は、そこでは「推参」と認識されているのである。これに対抗する軍兵が早くも敗れたりとの一報に、法皇は近臣の高階泰経を遣して督戦させるが、官軍は悉く逃げだして誰も引き返して戦う者はいない。その時、ただ一騎の武者がこの詞を聞き、「安藤八馬允右宗、命をば君に奉り候いぬ」と名乗りをあげて馬首をめぐらして義仲の陣へ突入した、という。

法住寺合戦における、この短い挿話は、多勢ながら寄せあつめの院方の軍事力が、寡兵なれど勇猛で聞こえた義仲の武士たちにひとたまりもなく敗れ去ってしまった中で、ただ一人、勇気と忠節を示した武者の姿を描きだす。

彼だけが守り抜こうとしたのは、そこで「推参」されてしまう「君」すなわち法皇である。院は、泰経を通して、この「推参」による驚天動地の事態を知るところとなり、やはり泰経の口を介して引き返して戦えと命令を下すが、誰もその詞に耳を貸す余裕はない。純粋に軍事力による敗北よりも、或いはこの、王の声(院宣)による威令が届かなくなる瞬間こそ、真に王威の崩壊するときではなかろうか。だが辛うじて、その詞を聴いて引き返した安藤右宗一騎によって完全な崩壊はまぬがれたといえよう。『古事談』のこの一挿話は、間接的ながら義仲の「推参」によって侵犯される院の存在とその王権というものをとらえているのである。

ただし『平家物語』では、この法住寺合戦に、院自身は直接前面にあらわれない。代わりに登場するのが、院の近習であり、はじめに院の御使として義仲と交渉する、壱岐判官平知康である。

天下に勝れたる鼓の上手でありければ、時の人、鼓判官とぞ申ける。

この世間周知の異名を承知の上で、義仲は法皇の申し入れを拒む代りに、この使者を嘲弄する。

抑、和殿を鼓判官と云ふは、万《よろづ》の人に打たれたうたか、はられたうたか。

開口一番、秀句じたての挨拶である。鼓に引きかけて、打ち張られる程度の奴よという愚弄である。これに怒った知康、返答もせず（使としての交渉の使命も放棄して）立ち帰り、法皇に義仲を讒奏する。その申状の理屈の短絡ぶりがおもしろい。

義仲、嗚呼《をこ》の者で候。唯今朝敵に成候なんず。急ぎ追討せさせ給へ。

秀句で彼をヲコづいたヲコの者は、朝敵であり、追討されるべき存在である、ということになってしまう。事態は、ただ知康の詞の上でひたすらエスカレートしていき、法皇もこれを受けいれるのである。かくして法皇が軍勢を集めているとの報を聞いた義仲は、

是は鼓判官が凶害と覚ゆるぞ。其鼓め打破って捨よ。

と自ら立って軍を発向させる。この鼓にかけた秀句がさきの秀句と呼応していることはいうまでもない。そして、これを興がるのは他ならぬ物語の聴衆――読者である。鼓判官という異名が、後述するように知康の芸能にかけてのものであるということを前提としてこの応酬を共有するのは、実は読者なのである。そうして詞のうえで、軍陣の太鼓ならぬ鼓が打ち破られて、合戦の幕が切って落とされる。

この秀句の呼応の前提として、かかる物言いをするヲコの者たる義仲像が「猫間」の段に描かれていることに注目したい。それは、殿上人の代表として彼の前にあらわれた猫間中納言（これも異名で

ある）にたいして、「猫は人に見参するか」と開口一番秀句で先制し、饗応も田舎臭い大盛りの汁かけ飯というぶせき代物を「猫殿は小食におはしけるにや、きこゆる猫おろしし給ひたり。かい給へ」と強飯責めにして嬲《なぶ》る。「猫」呼ばわりして笑いものにする田舎者義仲の「もの云詞続きの頑《かたくな》る事限りなし」という有様に、中納言も「興醒め」して肝心の交渉は一言も果たせず退散したのである。義仲と朝廷（院）との交渉について、異名にかけてのヲコを仕組むという同じ仕掛けの〝笑い〟がここにも繰り返されている。また、その次には、参内のため車を仕立てたところ、乗り慣れぬ牛車の中で牛飼童からいいように翻弄される義仲のヲコぶりがあらわされる。(5) その両者の対話のすれ違いが何ともおかしく、また最後の「いかで車ならんからに、素通《すどほ》りをばすべき」の落ちによって哄笑を誘うしかけであろう。この「猫間」の二つの挿話は、それぞれ独立した笑話としても読めるが、なお、それらは「其外おかしき事多かりけれども、恐て是を申さず」と結ぶ、物語内の語り手であり編集句でもある水準で統括される枠組の辞《ことば》に示される、義仲という新参の僭主であり怖るべき武威の持ち主に対する評価として集約される。それはまた、さらに重ねて義仲をヲコの者として笑いのめす諷刺の種がそのほか幾らも転がっていたという消息を告げてもいるのである。(6) 両挿話は共に、義仲の詞が、そのヲコを決定的にする大きなはたらきを担う。その上で、猫間殿の困《こう》じ果てた表情や義仲の車中での滑稽な姿がうかびあがる風情である。そして、何より詞の「物云い」こそがヲコの者の資格を義仲に与えているのである。

「鼓判官」では、さようなヲコの者義仲の挑発が契機となるが、次には知康自身がヲコの者となっ

て活躍する。「軍《いくさ》の行事」を承った彼のいでたちは、

赤地の錦の直垂に、鎧《よろひ》は態《わざ》と着ざりけり。甲《かぶとばか》計りぞ着たりける。甲には四天を書て押たりけり。御所の西の築垣の上に登て立たりけるが、片手には鉾を持ち、片手には金剛鈴を持て打振々々、時々は舞ふ折もありけり。

普通ならば「軍の大将」とあるべき筈が、これは「行事」である。「行事の弁」という如く、朝廷の公事・儀式を司り、その進行を指揮する役目の称であるから、合戦にはもとより似合わぬ柄なのだ。その、過差というべき異装や振舞については、これも合戦向きではなく、むしろ芸能的といえよう。これが何に由来するかは、後節に改めて説くことにしよう。この姿を見て、院方の「若き公卿・殿上人」たちは、「風情なし」と酷評し、更には「知康には天狗憑いたり」と〝笑う〟。この一節が、知康の所業を、かれらに〝観られるもの〟として一箇の枠組に入れて描いていることに注目したい。

知康は、そこで大音声を挙げて、法皇に敵対するものの必ず滅亡する理《ことわり》を、昔は宣旨を読みかけるだけでも効力あり、末代の今に至るもその威は失せず、刃向かえば却《かえ》ってその矢先が己れの身に立つであろう、と詞の力によって王威を宣揚する。これも一種の〝言葉戦い〟というべきであろうが、この大言壮語の言挙げが、義仲に対する最後の決定的な挑発となって、その軍勢の「鬨《とき》」のおたけびとして撥ね返ってきたのである。かくして、戦闘が開始された。

解き放たれた義仲軍の猛攻の前に、寄せあつめの院方の軍勢はひとたまりもなく破られ、俄じたての城郭たる御所は火を懸けられて燃えあがり、あっけなく院方は敗北するが、その際まっさきに遁走

図33　平家物語絵巻

『平家物語』十二巻および灌頂巻を全て絵巻化しようとした林原美術館本は，もと岡山藩池田侯の所蔵になる近世初期の本格的な大和絵による優作である。但し物語のもつ運動やヲコの笑いを含む遊びは，説明に過ぎた画筆のよく構想するところではなかった。法住寺合戦に臨み，御所の築地の上に立って義仲軍を挑発する鼓判官知康の，奇態な扮装としわざを再現しようとする試みもまた然り。しかし，この構図が，遠く中世聖徳太子絵伝の稲城の上で太子と対決する物部守屋の姿と似通うのは興味ふかい。

したのが知康である。

軍の行事知康は、人より先に落にけり。

彼が逃げ出したのが引金となって、全軍は雪崩をうって潰走し我先に逃亡する。その周章《あわて》ふためいたぶざまな有様が、さきの知康の威勢のよい言挙げと対照的に戯画的に誇張されている。これに文字通り追い討ちをかけるのが、あらかじめ「在洛の者共」にたいして御所（院）より披露されていた、「落人を打殺せ」という下知である。それが却って先に落ちる破目となった院方にふりかかり、石を散々に打ちかけられてしまう。これは、院によって動員された「向へ礫《つぶて》、印地《いんぢ》、云甲斐なき辻冠者原、乞食法師ども」の力を利用しようとした戦術であったのが、見事に失敗し同志討ちを演じてしまったわけである。「軍の行事」知康の指揮下に入ったこれら役立たずの連中が演じてみせるのも、やはりヲコなしわざに他ならないが、かれら洛中のごろつきたちがやがて「印地の大将」と呼ばれるような武芸の担い手として中世文芸の世界に登場してくる、その面目の一端がここにのぞいている。「恥ある者は討死にし、つれなき（厚顔）者は落ぞ行く」とは、率先して逃亡した知康を念頭に置いてあてこすった一幕の結びである。つまりヲコの者知康は、そうした無頼連中の頭目としてイメージされているといえよう。

この戦いで殺された院方の貴族や高僧たちを列挙したあと、やはり落人となった三位頼資の滑稽が幕間に挿入される。衣裳をすっかり剝ぎ取られて素裸となり、頭を隠せど尻丸出しという見苦しい躰ながら、路次を道々尋ねつつ見物の態で道行するという、何とも呆けた落人ぶりに、「見る人皆手を叩て笑ひあへり」と、これも〝笑い〟で結ばれる。それは、さきに知康の珍妙な「軍行事」ぶりに若殿上人たちが「笑はれける」のと呼応するような道化であり、総じてこの合戦全体が〝笑われる〟べきヲコな見ものであったことを示しているのではなかろうか。(8) ここに至り、法住寺合戦は、知康をはじめとする貴賤のヲコが演じられる舞台となり、これを洛中の上下の人々が見物して笑い興ずる、一種の都市の祝祭のごとき場として現出する。

『平家』はこの法住寺合戦を、まことに馬鹿げた、笑止な事件として性格づけ、その原因を、「法住寺合戦」段の末で、院北面の一人である宮内判官公朝より報告を受けた頼朝が「先づ鼓判官知康が不思議の事を申出して、御所をも焼かせまいらせ、高僧貴僧をも滅ぼし奉るこそ奇怪なれ」と述べるところに結論づけている。そして、彼を「違勅」の輩として解官処分を早馬にて申し送る。慌てた知康は、急ぎ鎌倉へ下向し、何とか参上して弁解しようとするが、頼朝はとり合わず、結局すごすご帰るほかはなく、稲荷の辺りに逼塞して「命ばかり生《いき》て過しけるとぞ聞えし」というのである。

かくして、語り本(覚一本)では、法住寺合戦は、すべてが鼓判官知康と義仲とのヲコな詞の応酬から惹起され、最後に知康の失墜と没落で幕を閉じるという輪郭を明らかにしている。

一方、読み本系諸本のうち、延慶本と『源平盛衰記』では、この最後の部分で、知康をそのまま袖へ引込めては飽き足らず思ったか、彼をそこで更に一働きさせている。そこに浮かびあがるのは、転んでもただでは起きないしたたかな鼓判官像である。

延慶本巻四上に位置する法住寺合戦の事での知康の描写には、覚一本に較べると随分に詞が多く、幾許かの演戯的所作が加わっている。彼の異名の由来を「究竟ノシテテテイ打ノ上手」と云い、また合戦に臨んで征矢《ソヤ》をつまぐって罵ったり、大師の御影を縣け並べたりとにぎやかである。そうして、鎌倉へ下向のくだりでは、頼朝の御所に推参するに至る。

兵衛佐（頼朝）ノ許ヘ参テ、見参入ムト伺申ケレトモ、申次者モナカリケレバ、侍ニ推参シタリケルヲ、兵衛佐、簾中ヨリ見出テ、子息左衛門督頼家ノ末少《(いまだわか)》クオワシケルニ、ヤ、アノ知康ハ、究竟ノヒフノ上手ニテアムナルゾ、是ニテヒフアルベシ、トイヘト《(ママ)》モ、砂金十二両、若君ニ奉リタリケレバ、若君、是ヲ持テ、知康ニ、是ニテヒフアルベシ、ト宣ケレバ、知康、十二両ノ金ヲ給テ、砂金ハ吾朝ノ重宝也。暫ク争カ玉ニハ可㆓取候㆒ト申テ、懐中スルマヽニ、庭ヨリ石ヲ三取テ、ヤガテ縁ヲノボリザマニ、目ヨリ下ニテ、数百千ノヒフヲ片手ニテツキ、左右手ニテツキ、サマ〳〵ニ乱舞シテ、ヲウ、ト云音ヲアゲテ、ヨキ一時ツキタリケレバ、簾中ヨリ始テ、参合タル大名小名、興ニ入テエツボノ会ニテゾ有ケル。兵衛佐、誠ニ名ヲ得タル者ノ験ハ有ケリ、トテ其後、見参セラレタリ……

「推参」してきた知康を見て、頼朝は幼い頼家を介して、彼に「ヒフ」（一二、お手玉の別称。古くは弄玉と称し散楽雑伎のひとつで、田楽芸にもあった）を所望する。玉代りにと賜った砂金の袋を抜け目なく懐中した上で、彼は縁に登って妙技を披露する。これに興じた頼朝は見参を許した、という。

『盛衰記』巻三十四もほぼ同様であるが、「是ニテ鼓ト一二《ヒフ》ト有ベシ」と所望されて、彼の本芸というべき鼓打の美技が先に演ぜられる。

> 知康、畏テ（砂金を）賜テ、先、鼓ヲ取テ、始ニハ居ナガラ打ケルガ、後ニハ跪《ヒザマヅ》キ、直垂ヲ肩脱《カタヌギ》テ様々打テ、結句ハ座ヲ起テ、十六間ノ侍ヲ打廻テ、柱ノ本《モト》ゴトニ無盡ノ手ヲ涌《ワカ》シ躍《ヲトラ》シタリ、宛転タリ。腰ヲ廻シ肩ヲ廻シテ打タリケレバ、女房男房心ヲ澄シ、落涙スル者モ多カリケリ。

以下の展開は延慶本と同様である。かくして漸く見参が叶った知康であるが、懸命の弁明にもかかわらず、ただ冷やかな沈黙を守る頼朝の前に「竿《サヲ》ヲ呑《ノミ》スクミテ」退散を余儀なくさせられた、という。結局は事態はいささかも変わらなかったのであるが、それなのに両本は何故このような挿話を加えているのであろうか。延慶本はその末に、「知康、サシモ鬱深ク、院マデモ不レ可レ被二召仕一ト被レ申タリケルニ、無レ墓ヒフニ目出テ、兵衛佐、見参セラレタリケリ。人ハ、イサ、カノ事ナリトモ能ハ可レ有物哉トゾ覚ケル」と、まるで『十訓抄』第十「可レ庶二幾才能芸業一事」に見えるごとき教訓譚という躰でこれを結ぶ。『盛衰記』も同趣である。

「推参」から「見参」への転換、それが芸能の力によってなしとげられるというのは、既に第三章で論じたように、一種の典型的な芸能説話の類型を踏襲している。「推参」する芸能者の、その才芸の力によって身分の規範や制度を超越するしわざを現出する、そうした主題が中世の物語伝承の世界にひろく存在していた、これもその変奏のひとつなのではないか。知康ほどの勘当を蒙ったヲコの者であっても、その芸能の徳によって賞翫せられる。これは、『平家』の物語上の本筋からは逸脱したものとみえるが、そこにはこの鼓判官という存在が担っている「ヲコ」の者としての一箇の典型的肖像をあざやかに見てとることができるのである。

三　世ノ中ノ狂イ者

『平家物語』における法住寺合戦の叙述は、慈円の『愚管抄』のこの事件に関する叙述と重なるところが多い。第一に、院に近侍する「北面下﨟」たる知康らが主導して惹きおこしたことであるとする認識が共通する。但し、院方に与する軍事力として、『愚管抄』は明雲配下の「山ノ悪僧」を挙げるのみであり、『平家』が列挙するような印地たち洛中の無頼連中の存在は言及されない。第二に、合戦自体はあっけなく結着がついて一方的に院方が敗北し、「ホロ〳〵ト落ニケリ。散々ニ追チラサレテ」「サルヤウナル武士モ皆ニゲニケリ」というていたらくであったとすることも共通する。第三に、この合戦が「天狗ノシワザ」「天狗ノ所為」であるという認識を共に示していることである。但し、『愚管抄』はこの事件を崇徳院の御霊に結びつけて解釈しており、『平家』では天狗は知康の奇怪な振舞にたいしての評言としてのみ用いられている点が異なっている。この点でも明らかなごとく、両者を較べるに、『愚管抄』と共通する認識をふまえながら、『平家』はそれを全てヲコの者知康一人に収斂してかたどっているといってよかろう。

かような、法住寺合戦という〝歴史的事件〟を物語世界のなかで再構成するにあたって、「鼓判官」という人物像を形象し、それに焦点を当てて叙述する背景には、好一対のヲコの者たる義仲の存在は勿論ながら、何よりその上に立って彼を操り、また義仲と対決するまことの張本たる後白河院の存在を無視することはできない。

そのとき、やはり『愚管抄』に評される後白河院の在り方は、注目すべきものである。

大方、コノ法皇ハ、男（在俗）ニテヲハシマシ、時モ、袈裟タテマツリテ、護摩ナドサヘヲコナハセ給テ、御出家ノ後ハ、イヨ〳〵御行《ヲコナヒ》ニテノミアリケリ。法華経（読誦）ノ部数ナド、数万部ノ内ニ百部ナドニモヲヨビケリ。ツネハ、舞・猿楽ヲコノミ、セサセツ、ゾ御覧ジケル。

そこには、後白河院の〝仏法狂い〟とでもいうべき密教修法や法華読経への傾倒と並んで、「舞・猿《サル》楽《ゴウ》」の如き芸能を常に賞翫していたという、一見矛盾するような嗜好が指摘されている。それも、「セサセツ、ゾ御覧ジケル」、つまり、ただ見物するのではない。態《ワザ》と演じさせて、それを観るのである。更に、院の崩御後に、近習の一人であった源仲国夫妻が院の霊託と称して祭祀を要求した事件（これを慈円は「狐・天狗」の誑惑の所為と断じている）について、頼実の言として、

故院ハ、下臈近ク候テ、世ノ中ノ狂ヒ者ト申テ、ミコ・カウナギ・舞・猿楽ノトモガラ、又、アカ金ザイク何カト申候トモガラノ、コレヲトリナシマイラセ候ハンズルヤウ、見ルコ、チコソシ候へ。

と、院を取り巻いていた輩とその雰囲気を評している。それは、院の編纂になる『梁塵秘抄』および院自らの筆になる同口伝集巻十の著述に如実にうかがえるような、今様をはじめとした雑芸の「声わざ」の芸能への熱狂と、遊女《アソビ》や傀儡子《クグツ》に代表される芸能者との親しい交わりを、批判的な角度から捉えた証言であった。院の、王としての独自な個性と、それと呼応しあってはたらきかけていた世界

が、この鼓判官知康の形象と重なり合っているのである。

『平家物語』において、それは知康一人に限られたわけではない。その典型として、これも院の近習かつ検非違使であった平康頼を挙げてもよかろう。彼は、鹿谷における平家打倒の為の謀議において、酒宴の興が極まった乱舞の果て、院より「猿楽仕れ」と命ぜられ、「余りに瓶子(平氏)の多う候に、もて酔うて候」と当座の秀句を吐くと、これに俊寛が「いかが仕るべき」と応じ、西光が「首を取るにはしかず」とその頸を打ち落とすという掛け合いに至る興言利口の猿楽を演じ、一座の喝采を博した。ここでも院は「セササセツ、ゾ御覧ジ」たのである。そうした康頼像は、やはり『愚管抄』がこの鹿谷事件の記事で、彼について、「康頼ナド云、サルゴウ、クルイ物ナド、ニギ〳〵ト召使ヒテ」というのに呼応している。しかるに『平家』では、彼はその後、鬼界島に配流されてから、「康頼祝詞」「卒都婆流」において神仏の霊験を体現する聖《ヒジリ》的な存在へと変貌していく。その消息は第五章に説くごとくである。それにたいして知康は、同じく猿楽《サルゴウ》する狂い者として徹底して描かれており、その位相のままで物語の舞台から去っていくのである。

四　鼓判官知康の肖像

鼓判官知康の、「猿楽、狂い者」と等しい物語上の姿は、さまざまな文献の上にもたしかに認められるところであった。

後白河院自身が、出家直前の嘉応元年（一一六九）に著した『梁塵秘抄口伝集』巻十のなかで、知康に言及している。院の周囲に集《つど》い、院と倶に今様を歌い習う、院の弟子とも云える近臣・近習たちの評が連ねられているが[9]、そこに康頼らと並んで知康も挙げられている。

　知康、昨日今日の者にてあれども、声あしからぬ上に、おもなく歌ふほどに、習ひたる程よりは上手めかしき所ありて、あしくもなし。

この時点で知康は院の許には新参者であったが、地体の声も悪くない上に、臆するところなく歌うので、習い修した程度より上手めいて聞こえるという見所があって、悪くはない、と凡そ好意的に評されている。「おもなく」というところなど、この短いコメントの中に、院は実に鋭く彼の個性を把えているようである。

『玉葉』によれば、安元二年（一一七六）三月に行われた院五十御賀に際して供奉した北面武士のうちにも、「左兵衛尉平知康」の名がみえる。やがて、平家時代の末、治承三年（一一七九）十一月の清盛のクーデターにより院政が停止され多くの院近臣が粛清、排除された後、彼は「法皇近日第一近習者也」（『玉葉』治承五年正月七日条）と呼ばれるようになっていく。そして、寿永二年七月、平家が義仲に逐われて都落ちする混乱のなかで、叡山へ脱出した院にただ一人付き従ったのが知康であった。

　タヾ北面下臈ニ、トモヤス、ツヾミノ兵衛ト云男、御輿カキナンドシテゾ候ケル。（『愚管抄』）

「北面下臈」とは、出自の身分が低いながら院の身辺に仕えて重用された「近習者」の一典型であり、院北面のうち下北面に属するものをいう称であった。『愚管抄』にいう当時の官人層の説明のなかでも「下ハ衛府・所司・允候ヒテ、下北面、御幸ノ後ニハ箭負ヒテ仕ウマツリケリ」と位置づけられる。その本官は、六衛府のうち、左右の衛門府に属する尉（判官）であり、つまりは検非違使であった。『玉葉』および『愚管抄』が「兵衛」と云うのに従えば、兵衛府に属していたらしい（その際も判官と称する場合があった）。

院にひしと添うようにして生き残ってきた知康は、再び院が政を執り、平家が去った後には、その役目柄、院の軍事・警察権を司る立場に成り上がったのであろう。法住寺合戦の直前の時点において、彼は太神官の託宣と称して「物狂」と評される振舞に及んでいる（『吉記』寿永二年十一月十五日条）。急速に嵩まっていく義仲との対決姿勢を、どうやら彼自身が神仏の威を借りてでも強化しようと、一種の憑依状態を演じ、経房の目からみれば異様な「狂い」と思われる姿に映ったのである。これが『平家』にいう「知康には天狗ついたり」という形象を支える背景であった。

法住寺合戦に続いて、義仲滅亡の後も、『吾妻鏡』によれば、知康は検非違使の「大夫尉」として在任しており、義経から宗盛や清宗らの首を都にて受け取っている（文治元年〈一一八五〉六月廿三日条）。ところが、同年十一月、頼朝と義経との関係が険悪となり、遂に義経が「反逆」して程なく都を没落した際、彼も義経に一味した咎により、頼朝が院に要求して高階泰経らが配流・解官されたのに連座して追放されている。同書には「前廷尉知康、殊現二奇佐一之間、被二憤申一之処、称レ可二陳申一、所レ参二向関東一也」（十二月十一日条）とあり、その処分の後、知康は鎌倉へ下って陳弁のために「参《まい》向《むか》」っている。それは『平家』にも対応する記事であるが、物語が法住寺合戦に結びつけているのに対して、これは義経と院の関わり（義経は後白河院に強請して頼朝追討の院宣を賜っていた）において、殊に頼朝の怒りを買い忌避されるような役割を彼が果たしていたことを示している。のち頼朝は、院への申入れの中に、わざわざ彼について一条を割いて院の意向を伺う。その返答で、院は頼朝の計らいに一任し、沙汰に及ばず、と冷たく突き放している。おそらく、ここに知康は院にも見棄てられ、進退きわまったことであろう。

しかし、知康は十五年の後、院や頼朝の没後、再び『吾妻鏡』に出現するのである。

二代将軍頼家は〝蹴鞠狂〟であった。この遊芸を愛好する余り、彼は後鳥羽院にたいして、院北面のうちの蹴鞠の名人を師範として下向させることを願った。建仁元年（一二〇一）九月、京より紀内所行景なる北面武士が鞠足として大江広元の周旋で鎌倉に来訪する。それからは『吾妻鏡』には連日のように鞠の遊宴が新将軍の許で催される記事が載せられ、幕府の宿老たちの眉をひそめさせることになる。

その遊興の日々の一齣、建仁二年六月二十五日、政子を招いての御鞠会の盛儀の最中に、忽然として壱岐判官知康が登場する。夕立が降り庭が水浸しとなったのを、彼は自分の直垂や帷を解いて敷き、水を吸取らせる。「時逸興也、人感レ之」と、機転により座を沸かせたのである。鞠が果て、酒宴となって勧盃数巡、ここに当時都より下向していた白拍子微妙[10]が登場し舞曲を演ずるに、知康は鼓役を勤める。それは、鼓判官の異名をとった如く、彼の表芸であった。そうして宴たけなわとなった時、彼は銚子をとり御前に罷り出て、一座に連なった北条五郎時連にたいして「酒狂」の余り放言する。貴方は容儀・進退抜群といえど、その実名が太《はなは》だ下劣である。「連《ツラ》」の字は、銭貨を連（貫）ねる儀か、または歌仙貫之になぞらえる儀か、いずれも宜しくない、早く改名しなされ、と。これに将軍も同意して仰せあり、時連は宴席にて改名の仕儀となった。座興というには、いささか出すぎた振舞というべきであろうが、果たして翌日、この有様をみていた政子は、還ってから「雖レ似レ有レ興、知康成二独歩之思一、太奇怪也」とその行儀に憤り、彼の旧悪をあばき立てる。その申状を聴こう。

伊予守義仲、襲二法住寺殿一、依レ致二合戦一、卿相雲客及二耻辱一。其根元、起二於知康凶害一也。又、同二意義経朝臣一、欲レ亡二関東一之間、先人（頼朝）殊令レ憤給。可レ被二解官追放一之旨、被レ経二奏聞一訖。而今、金吾（頼家）忘二彼先非一、被免《ユルス》二昵近一、背二亡者御本意一之由、有二御気色一。

政子は、法住寺合戦が知康の「凶害」（これは『平家』の語と同じ）より起こり、更に義経に与《くみ》して頼朝打倒を図ったことを亡夫が深く憤った為に追放された行状を挙げ、そういう人物を頼家が寵用することを頼朝の素意に背くものと諫めるのである。

だが、それ以後も知康は相変わらず頼家の身辺に出没して、その遊興に従い、彼の気嫌をとり結んでいる。同年九月十五日条、御鞠の勝負を頼家が行景と争った際には、百五十度を打ち揚げたとき、突然知康が座を起って鞠を打ち落として仕舞った。そうした挙に出た理由は、もしも君が落とされた場合には公私共に恥辱になろうから私めが打ち落として差し上げました、というのである。「知康所為、非二指《サセル》尾籠（ヲコ）所存一」を女房から聞かされた頼家は「頻御入興」であった。あるいは同年十二月十九日条、折からの大雪の間を頼家の鷹狩に随行して帰途についた知康は、亀谷で馬より落ち、そのまま古井戸にはまって仕舞った。辛うじて命を助かった彼は頼家より小袖二十領を賜ったという。これも、やはりヲコの所為ではなかったか(11)。それ故にこそ纏頭がもたらされたのであろう。知康の所為がもたらす「入興」と纏頭と、それはいずれも芸能者の本領である。

やがて、頼家は北条氏との対立のあげく、外戚の比企能員らが討たれて孤立し、遂に将軍位を廃されて伊豆へ押し籠められ、殺害されてしまう。建仁三年九月の事であるが、それに伴う処分というべく、広元の沙汰として知康は行景と共に都へ帰される。体よく追放されたのであろう。以後、彼の行方は記録にあらわれない。

このような『吾妻鏡』に見える知康の姿は、将軍という武門の〝王〟に常に随伴する道化――太鼓持ち――の典型が体現されているようである。それは、シェイクスピアが創出した異彩を放つ人物像のひとつ、若き日のヘンリー五世の莫逆の友フォルスタッフを想起させる。酒と女にうつつを抜かし、いまだ世に出ぬ王子と共に遊興するこの道化的侠客は、最後には放蕩の極みに酔死し、ヘンリーは戦いに出で立ち勝利して王冠を戴くのであるが、此方の舞台においては、若き不羈の将軍は〝王殺し〟の非命に遭い、ヲコ者知康は放逐されるのであった。

五　検非違使と咒師猿楽

知康の如き「北面下﨟」が、どうしてかような役廻りを演じ得た（させられた）のであろうか。それは、彼の、検非違使としての職掌と密接に関わることであったと思われる。令外官として洛中の治安を司った検非違使は、別当に指揮せられて非違の罪科の糾弾をはじめとする強大な権限を持ち、行幸路次の巡検・普請・清掃および橋や川など公界的な場の管理にもあたり、〃罪〃ばかりでなく、王朝都市の〃穢れ〃を清めるシステムを維持運営する。王権の暴力装置としての検断―警察的機能ばかりでなく、宮廷諸公事の奉行、公家の法会・祭礼の守護の役割から派生して、そこに演ぜられる諸芸能および諸職ともつながりあっていた。[12] そうした検非違使の多様な機能を背景として構想されたのが、右衛門尉某の一家の祭見物という枠組によって展開される藤原明衡作『新猿楽記』である。猿楽者たちの演ずるヲコな芸能の描写を発端として、洛中の諸芸諸職の道々の者たちの肖像が連ねられる、遊女や巫女、細工、そして博奕打ち等のやくざ者など、やがて後白河院の周りを取り巻くような者たちの原像である。既に前章で述べたように、その叙述自体が一箇のヲコの文学であるという仕掛けは、その中心に検非違使を戴く（更に、その上に眼に視えない天皇を戴く）ことによって成り立つものであった。

降って院政期に、法勝寺已下の院御願寺において、恒例として天皇及び院の御幸があって行われた修正会・修二会に際して演ぜられる咒師猿楽（散楽）の芸能を執行・運営するのも、院北面でもある検非違使の職掌であった。猿楽というヲコの芸能と検非違使の接点は、ここに恒常的な〝場〟を院の許でもつのである。

後白河院時代の咒師猿楽の芸能について、[13] よくその様相を伝える資料を瞥見してみよう。後白河の皇子である守覚法親王の著になると推定される『釈氏往来』[14] の正月状往信によれば、

夜前ノ法勝寺ノ修正、俄ニ有二リ御幸一。（中略）咒師猿楽等、互ニ盡シテ二伎芸一ヲ、各々備フ二叡覧一ニ。某丸猶第一之大也。體如ク二飛鳥之軽一キカ、態ハ褊《サミス》二増犬之妙一ニ。木工・常陸已下、贈二当色一而抃躍《ベンヤク》シ、放テ二狂言一ヲ而歓呼ス。年来雖レ接《マシハル》ト二此会一ニ、未レタ如カ二去夜之見物一ニハ。

吉田経房の『吉記』（養和二年〈一一八二〉正月十八日条）は、同じく法勝寺の修正会において、

初夜了。咒師六手乙宮太郎丸了、相次了、近年皆夭亡云々。可然輩諸道、如比。
散楽如例侍只三人、木工以下也。給装束。

更に、後白河院は、この芸能を愛好して、昼咒師として、本来の場である寺院の後戸から内裏へその舞台を遷して公然と賞翫するようになった。兼実の『玉葉』（建久二年〈一一九一〉二月二一～七日条）はそれを記録する。

此日、於二内裏一南殿北壺也有二昼咒師事一法成寺咒師也余召二進之一（中略）唱人着二蛮絵袍一、或冠、或甲。於レ体者、元装束也。是、布衣之者、依レ不レ可レ参二御所之壺一、先例如レ此也。但、於二散楽一、不レ禁二布衣一、是先例也。

図34　東大寺二月堂修二会　達陀

練行衆による行《おこな》いのうち，最も目覚しいのがお水取りの十二日から三夜にわたって修される達陀《ダッタン》である。後夜の咒師《しゅし》作法に挿入されるかたちで，咒師の宰領の許で，鏡を付けた金襴製の兜か覆面のような達陀帽を被った八天《はってん》が登場し，八天加持を行う。水天は香水を洒水し，火天は香火を撒き，芥子・楊枝が飛び，大刀・鈴・錫杖が振り鳴らされ，法螺が吹かれる。次に松明加持が行われ，火天の持つ大松明が燃え盛るまま，一同が内陣を駈け巡る。鳴り響く貝の声と共に，堂内は喧騒と興奮に満たされる。それは遙かに院政期の御願寺で営まれた呪師の走りにも連なる法儀であり，芸能の始源を今に伝える演技でもあった。

此日、於二禁裏一、有二昼咒師事一（中略）屏戸西辺、侍散楽等六人候レ之俗三人僧三人。於二唱人一者、着二蛮絵袍甲等一。至二于楽人一者、被レ免二烏帽体一、依レ為二狂者一也。是先例云々。

それらの記録に登場する咒師およびこれと一具の侍散（猿）楽の芸能は、飛鳥のごとき「抃躍（おどりはねる）」であり「狂言」を放って歓呼するものであった。参内して演ずる際も、楽人は「狂者《クルイモノ》」たるにより烏帽子を許されたが、他は蛮絵袍に甲を冠るという姿であった。その、甲を着用し〝狂う〟咒師たちの猿楽芸は、かの知康が行事として法住寺御所の屏の上で憑かれたように舞う異相の姿に重ね合わせられるだろう。

その芸能はまた、ただヲコな猿楽事ばかりであったわけではない。定家の『明月記』（建久九年正月十一日条）には、

円勝寺修正、猿楽等闘諍。又、法成寺咒師之中闘諍。

あるいは、同記（建久二年正月十二日条）は次のように記す。

今朝、猿楽面長、給二検非違使季国一。夜前、不レ入レ興、不レ叫喚一、奇怪之由、有二仰事一。

その如く、咒師猿楽たちの間では、その上演の合間にしばしば闘争が惹起している。(15) それは、この芸能が一面で持っていた躍動する荒々しさと連なるものであろう。そうして、『平家』における咒師猿楽的な知康の異形も、それは院の武力としてその呪的《マジカル》な暴力性が利用されたのであったかも知れない。また、そこに糾合された洛中の無頼の輩とも、その面で繋がりあっていたと想像される。この芸能が本来的に有する暴力性こそ、それを観る人々、そして、その頂点にある〝王〟が求めていたもの

ではなかったか。それ故にか、修正会の咒師猿楽が「叫喚」せず後鳥羽院の不興を買った咎で、「奇怪」として検非違使に引き渡され禁獄されてしまうことにもなるのである。それは、検非違使知康の真似び、しいだした「奇怪」とは対極の位相にある出来事であるが、何より雄弁にその芸能の性格と検非違使との関わりをものがたっている。

六　鼓判官の原像

院という〝王〟の許において、その体制を維持し秩序を更新させる役割を担っていた検非違使に根ざし、その支配下にあった咒師猿楽の如き芸能者が演じいだす〝狂い者〟のヲコなワザ――それが、『平家物語』における鼓判官知康の造型には多分に投映されていると思われる。それは、ただ咒師の装いや芸能が反映されているというばかりでなく、より深層に底流として在り続けたヲコな猿楽芸の伝統が、『平家』の物語世界のなかに導入されたヲコ物語の系譜に結び付き、また、それに触発されて産みだされたものであったといえよう。

そうした、芸能者の猿楽ワザがヲコ物語として象られたものは、『今昔物語集』巻二十八や『宇治拾遺物語』に幾つも見いだすことができる。しかるにそれらでなく、ふたたび『古事談』勇士の巻に収められた一話をみれば、それは短いながら確かに鼓判官のヲコに通ずるものを示している。

奥州の俘囚の長、藤原基衡が一国を押領して王威をないがしろにしていた処に、白河院の寵臣宮内卿入道師綱[16]は、陸奥守として下向し、宣旨を下して公田を検注しようと信夫郡に入った。基衡は、郡の地頭季春に同心して実力でこれを禦ぎ、遂に合戦に及んで官兵は討たれ疵を蒙り追い払われた。自衛の為とはいえ宣旨に背き違勅の罪を恐れる基衡に、季春の言う様は、主命に背き難く一矢を放ったのみ、君の知らぬ事として我が頸を差し出せ、と。そうした訳で、師綱は検非違使を遣して季春の身柄を受け取り、基衡からの頻りの助命の歎願をも聴き入れず、遂に季春は斬られた、という。この一話の末尾に、次のような一節が付属している。

又、山林房覚遊ト云侍散楽ヲ、(師綱ハ)トモニ具タリケルガ、本奈良法師ニテ、帯二大劔一、武勇甚之者ナリ。而合戦之日、最前ニ逃畢。帰レ館之トキ、イデキタリケレバ、先陣房カクレウトゾ付タリケル。

国司の、王威を宣旨に帯しての入部に従軍した「侍散楽」は、わざと大劔を佩いて武勇者という触れ込みの悪僧であったが、いざ合戦という段になって真先に逃げ失せ、全てが終わってからおめおめと姿を現した。そこで山林房を先陣房に、覚遊を改め隠了《カクレウ》と異名を付けた。見かけ倒しの臆病者、というわけである。この話は、『十訓抄』第十にも『古事談』にもとづいてあり、「徒事なれども、一つのおかしきことありけり」として載せられる。参考までに、これも挙げておく。その末尾の一句は、またしても人々の〝笑い〟という枠組によって説話を成りたたせている。

国司師綱被レ下ける時、山林房覚遊と云猿楽、共にくだれりけり。本は南都の悪僧にて有けるとて、武勇を事とし、太刀を身に離たざりけり。合戦の日、宗《むね》とこれを頼みたりければ、物具して打いでたるに、季春がつはもの進みよるを見て、未《いまだ》一矢も射ぬさきに、鞭を揚て、後の山に逃げ入にけり。事はてゝ、つれなく帰り来けるに、国司是を嘲て、山林房の覚遊を改て、先陣房の覚了とぞ付たりける。人〳〵わらひけり。

いかにも中世のいくさ物語の萌芽を想わせるような勇士の忠節と主従の情愛（これに対する国司の豪胆）を主題とした物語の末に、かような猿楽者を主役とするヲコな話が添えられていることが、まず注目される。そうした位相自体が猿楽（狂言）的な構造を示しているのだ。その、院の近臣たる国司に公然と対捍する基衡と季春主従の姿は、院に敵対し真向から攻めかかる法住寺合戦の義仲の先蹤ともいえよう。その幕間狂言として演ぜられる覚遊のヲコは、どうやらそうした、王権と武者との闘争を主題とする如きいくさ物語に、時として伴う笑劇《ファルス》のひとつであるらしい。鼓判官の原像は、そのような「つれなき」輩の仕でかすワザによって語られるヲコ物語にあった。

王威をかりて武勇に対抗すべくヲコを演じ、いちはやく姿をくらます猿楽者という、鼓判官的な存在は、更に時を遡って見いだすことができる。それが、前章の最後に触れた、『大鏡』に語られる花山院をめぐるヲコな物語であった。

花山院について幾つもの挿話が連ねられている中に、賀茂祭の還《かへ》さの渡しを院が見物する話がある。その前日に、院の従者たちと藤原公任の従者の間で闘乱事件があった。[17] これは、長徳三年（九九七）四月十五日に実際に起きたことであるが、『小右記』によれば、この闘乱の記事中に、はじめて飛礫《つぶて》の事が見えることは注目される。[18] その報復として道長は検非違使に張本を追補させようと宣旨を申し下したが、これを聞いた行成が院に通報したので、危うく弾行されることはまぬがれた、という。祭りの当日、花山院が風流をこらした車に乗り、大路を押しだす威勢は、「いみじき一のものども、高帽頼勢をはじめとして、御車の尻に多くうち群れ参りし気色ども、いへば愚かなり」という有様であったのが、検非違使が昨日の事を起こした童部どもを捕えようと発向したとの報せを聞いた途端、

そこらさぶらひつる者共、蜘蛛の子を風の吹き払ふごとくに逃げぬれば

後にはただ院の車だけが取り残されて、大路に居並ぶ物見車のうしろをすごすごと引き揚げる破目になってしまった。「さて検非違使着きや、いといみじう辛《から》う責められて給て、太上天皇の御名は朽《く》たさせ給《たまひ》てき」と、検非違使が絡んで院の名誉失墜という形でこの一件がとらえられている点は注目されるが、なお、これは逃走のモティーフを核として、ヲコな〝笑い〟をよびおこす物語なのである。但し、そこにはいまだ院の王権に拮抗し対決する武者の存在は現れていない。しかし、それはあの、花山院の門前を馬に乗りながら通り、院の縛《いまし》めから解き放たれて遁走する東人《あづまびと》のうえに見いだされるのであったかもしれない。

見物の人々の〝笑い〟を背に、遁走して姿をくらまし、再び強顔《ツレナク》（厚顔に）も面をさらす鼓判官の像は、こうして、典型的な猿楽の狂い者の演ずるヲコなしわざをモティーフとした物語の流れを汲み、それを敷衍したものであった。それは、院という王権の許でなされた戯れであり、院の王権を脅かす武力に対抗するための傀儡であり、王権自体のもつ暴力性の象徴でもある。そうして、それはま

た、同じ権力によって駆使された挙句に追放される道化の運命を体現するものであった。

知康はいかなる運命を生きたのであろうか。史料の上での探索とは別に、想いやられるのはこのヲコ者の行方である。

すでに第一章で触れた、『沙石集』の中の一挿話を想起していただきたい。承久の乱により、後鳥羽院の本所を喪い、零落し白拍子の鼓打をして田舎を流浪する男が、老い果てて再び都へ還ってきた。旧知の人々の前で、彼は鼓を打ちながら歌う。

　昔は京洛に花やかなる容《かた》ちなりき
　今は江湖に落ぶれたる翁となる

かく歌い舞うその姿に、皆、その心中を想い涙を誘われたという。己れの境涯を朗詠の一節を借りて白拍子の謡にする当座の芸能のワザが、そこで成就したのである。落ちぶれた己が身にかけて、猶もしたたかな芸能者の意地が、そこにはひそんでいる。むろん、これを知康のなれの果てだと強弁するわけではない。ただ、「鼓判官」と呼ばれたような芸能者の行方を想像するよすがにはなるであろう。

終章　文覚私註

一 文覚推参

義仲との合戦で蹂躙され焼失するまで、法住寺殿は、後白河院の御所として、院の王権の中枢であった。そこには、院の仏法帰依の象徴であり権威の殿堂でもある蓮華王院とその宝蔵(1)が連なり、その周囲には、院が深く信仰し参詣を欠かさなかった熊野や日吉も勧請され、惣社を含めた社頭は院の配下の道々の者たちや宗教者の祝祭の場であった。そこに遊女《あそび》や傀儡《くぐつ》たちも花を参らせ、今様雑芸を歌い興じたの(2)である。

その法住寺殿に、突如、一人の聖《ヒジリ》が推参する。

『平家物語』巻五「勧進帳」はその纏末を物語る。難行苦行の末に威力すぐれた「やいばの験者」となって、当時荒廃していた高雄の神護寺を復興せんと法皇に助成を求めて参ったのは、文覚《もんがく》である。彼は、「御前の骨《こつ》なき様をも知らず」御遊の折節とて取り次ぐ者がいないのを幸い、いきなり御坪の内へ踏み入って、「大音声をあげて」法皇に呼びかける。「大慈大悲の君にておはします、などか聞《きこ》し食《め》し入ざるべき」と引き展《ひろ》げて読み上げたのは、神護寺再興の助成を乞う勧進帳である。物語はその全文を引き載せるが、それは文覚がやはり大音声で「……とこそ読み上げたれ」と読まれる〝読みもの〟だからである。

その時、院の御前では御遊の最中であった。妙音院師長をはじめとする廷臣たちによる管絃の音楽は、やがて朗詠から風俗催馬楽、そして今様を歌うに至り、その面白さに院も付歌《つけうた》してその声が響くところ、興たけなわに轟いたのが文覚による勧進帳読みの大音声であった。調子も違い、拍子も乱れて興が醒めたのを怒り、「そ首突け」と法皇の仰せである。しかし、「天性不敵第一の荒聖」なる文覚は、只ではつまみ出されなかった。仰せを蒙って早速追い出そうと手を出した判官資行の烏帽子をいきなり手に持った勧進帳で打ち落とし、彼を拳《こぶし》で突き倒してしまった。本鳥《もとどり》を放たれた資行はおめおめと殿上の大床に這い上って逃げる始末。更に文覚は右手に刀を抜いて寄って来る者を突こうと身構え、左手に持った勧進帳と合わせて両手で得物を振り回すように庭上を走り廻る。「御遊もはや荒《あれ》にけり」の仕儀とはなった。

この闖入者の狼藉を取り押さえるべく打ちかかったのが、院北面の安藤武者右宗である。この右宗こそは、既に前章で述べたごとく、やがて来《きた》るべき法住寺合戦において「推参」した義仲に唯一騎勇戦して立ち向かったとされる武士であった。肱《かいな》を突かれながら文覚と取組《とっく》み合い上になり下になりし

図35　文覚法住寺殿推参図

岩佐又兵衛画と伝えられる，さまざまな物語上の一場の人物群像を描きだした連作のひとつは，『平家物語』の文覚による推参のありさまを主題とした，いかにも又兵衛好みの題材である。荒法師文覚が勧進帳を捧げ，資行判官を鉄拳で突き倒すところ，後白河法皇も簾中から姿をあらわしてこれを驚き入っているのも面白い。

ているところを、大勢が寄ってたかって押さえつけ、散々に打擲した。大立ち回りの挙句に引っ立てられながら、文覚はなお院に向かって踊りあがり悪口《あっこう》を吐き続けたという。

『平家物語』が一幕の見事な活劇に仕立て上げた、文覚による法住寺殿推参事件は、そこで読み上げられた勧進帳の日付によれば治承三年（一一七九）三月の出来事とされているが、実際には承安三年（一一七四）の四月二十九日のことであった。九条兼実の日記『玉葉』の同日条には、その一件が簡潔に記されている。

高尾聖人文覚参二院中一、眼前所二望千石庄一。依レ無二許容一、吐二種々悪言一、殆放二言朝家一云々。仍、北面輩承レ仰、搦二捕之一凌礫、給二検非違使一云々。

兼実はその最後に、「是又天魔之所為也」という感想を付け加えている。その短い記述からも、望む寄進を得られなかった文覚が悪口雑言を吐き散らして法皇と朝廷を罵ったこと、そして何よりこの行為が紛れもない〝推参〟であったことが端的に示されている。

一方、この事件については、文覚の立場からの記録が神護寺文書の中に遺されている。『文覚四十五箇条起請』(3)は、元暦二年（一一八五）に法皇から念願の寄進を賜わった文覚がこれを機に寺僧に新制を示し、法皇の御手印を捺して起請した置文であるが、その前文に当時までの彼の履歴が記されている。文覚は仁安三年（一一六八）に神護寺に初めて参詣し、その荒廃を嘆いて、「王法之力」を離れては仏法も当寺も興隆すること能《かな》わず、「吾君」法皇に封戸荘園の寄進を訴えようとした。その事情は次のように記される。

承安三年癸巳夏比、参二上法住寺御所一。為二当寺興隆之依怙一、可レ被レ寄二進庄園一之由、令二奏達一之処、更以無二御裁許一。而猶強依二訴申一、早可レ罷二出御所中一之由、被二仰下一事度々也。雖レ然、自不レ蒙二御裁許一之外、縦使雖レ尽二一生一不レ可二退出之由、猶所レ令二申上一也。其故者、今所二訴申一興隆仏法之大願、是非二自身之悕望一、又非レ為二名聞利養一。近者助二支王法一、慰二万民之愁歎一。遠者利二益一切衆生一、令レ度二生死之苦海一之故也。是則、菩薩之大願也。雖レ尽二未来際一不レ可二退失一也。如レ此令二申上一、不二退出一之処、以二北面之衆并力者法師等一、種々令二凌礫一之後捕レ搦、預二賜検非違使信房一畢。

事件の輪郭はほぼ『玉葉』と同様であるが、さすがに彼の言い分は詳しい。法皇が自分の所望を容れてくれぬのなら梃子でも御所中を動かぬという再三の覚悟表明は、ほとんど強訴というべきだろう。[4]物語が勧進帳を読み上げるのに対して、こちらでは命をかけて不退転の理由を滔々と演説したことになっている。しかし、その「参上」がやはり〝推参〟に他ならないことを、この記録も明らかに示していよう。

語り物芸能である幸若舞曲には、彼を主人公とした『文覚』という曲がある。[5] それはこの法住寺殿推参から始まる。「あらざる大願」を起こし、生身の不動明王に会って「権者」となった文覚は、神護寺の鐘撞《かねつき》堂の勧進に御所へ参り、折しも雲上の管絃講の最中「勧進帳を文覚は高らかにこそ読まれけれ」。追い出そうとする侍たちへの文覚の抵抗は過激である。帯した剣でたちまち七、八人の侍を刺し殺してしまう、殺生も厭わぬ聖であった。それは彼の勧進帳を侍が七つ八つに引き裂いて捨てた咎なのである。「黒衣の上の恥辱」を蒙り、これを遺恨としての報復だった。舞曲の文覚はそのはじめから『平家物語』の枠を大きく逸脱しているが、彼の行為は、そこでもやはり「おさへて参り、狼藉をいたす」〝推参〟であった。

文覚が高らかに読み上げた勧進帳の大音声によって興を醒まされた殿上の御遊は、『平家物語』諸本のうち、延慶本や長門本そして『源平盛衰記』など記事が増補された読み本系のテクストでは、華麗な宮廷音楽の饗宴といった様相を呈している。その音楽についての叙述は、妙音院師長の琵琶を頂点として、源資賢の笛、雅賢の笙など当代一流の音楽家が紹介され、その妙技が競われる晴の舞台であり、更にそれら楽器とその音律について中世の音楽の体系的知識が披露される段《くだり》である。そこに、黄鐘調をめぐって説かれるのは、法皇という王の許での音楽による世界の縮図のごとき秩序であるが、それを破り乱すのが文覚の「大音声」なのである。(6) 彼の放った〝声〟こそが王権を荘厳すべき音《おん》声《じょう》に違乱をはたらくという尋常ならざる事態であったことを、これらの諸本は示している。文覚の〝推参〟とは、そうした表象の次元までも含めた中世の世俗的秩序を侵犯するような行為となるのであった。

二　笑う聖人

禁獄された文覚は、やがて伊豆国へ配流された。しかし、それは闘乱して刃傷沙汰まで惹きおこした推参の咎ゆえのことではなかった。文覚の『四十五箇条起請』では、捕われた彼に、これより後に御所へ「参入」しないことを約束すれば免《ゆる》そうと院宣が下された。これに対し文覚は、院の勘当を蒙っても一念の退心なく、大願を遂げる為には免されれば猶も参上して訴えよう、たとえ死罪流罪に及ぶとも不退転の覚悟であると答え、ついに流されることになった、という。誠に威勢のよい啖呵を切った、信念ゆえの殉教者の姿がそこには描き出されている。これとは異なり、『平家物語』の語るところでは、女院の崩御による大赦で出獄した文覚は、猶も懲りず勧進帳を捧げて勧め歩くばかりか、洛中で公然と法皇を批難し滅亡の遠からぬことを言い立てる。その「恐《おそろ》しき事《こと》」である不穏な言動こそが流罪を招来したというのである。

それにたいして舞曲は全くあらたな趣向を巧みだす。捕えられた文覚がただちに死罪となるところ、法皇の命により七条大路に土窟《どくつ》を掘って百箇日閉じ籠めるという刑に処せられる。生きながらの入定というべき趣向であるが、土窟中の文覚には、叡山根本中堂の薬師如来が宮毘羅《くびら》大将を遣わして薬を服《ぶく》させ、更には中堂に召し出し、文覚は無事に百日を過して出現し、法皇を感嘆させる。その上で改めて法皇の所望によって勧進帳を空《そら》で読むところで、一曲の頂点に達する。土窟籠りとは、擬死再生の儀礼を芸能化したような仕掛だが、そこに霊験の主体として立ちはたらくのは神護寺の薬師ならぬ叡山中堂の本尊なのである。(7)

配流と定まった文覚は、まず検非違使の許で下部《しもべ》の放免たちに預けられる。『平家物語』がそこで語るのは、幕間に演ぜられるヲコな狂言である。放免たちは罪人から土産《どさん》の粮料つまり賄賂を取る習い、聖にも依怙を無心する。文覚はこれに応え、東山の辺に知り合いが居るので文を遣《や》ろうと、紙を要求する。怪しげな紙を持っていくと、こんな粗末な紙では駄目だと怒って放り出し、殊更上品の紙を求めさせる。彼は笑って「この法師は、物をえ書かぬぞ、おのれら書け」と代筆させるのである。ここに文覚が文——すなわち漢文——を自らは書かないと標榜すること、そこに『愚管抄』が彼について「行ハアレド学ハ無キ上人」と言う(8)のに照応する人物であることが反映されているのは興味深い。勧進帳からはじまり、物語上の文覚と文書（書かれたもの）との関係は彼の独特な個性の一端をなすひとつのモティーフとなるだろう。ともあれ、文覚が口述筆記させた粮料依頼の消息の最後に明かしたその宛先は、「清水の観音房」つまり清水寺の御本尊であった。馬鹿にされたと怒る放免たちに彼は平然と、年来《としごろ》頼み奉る清水の観音でなくて誰に要事を申そうか、と澄まして答えたものである。

　この笑話は『盛衰記』において更に尾鰭が生じている。「抑、我ハ天性筆ヲトラヌ者也」という文覚は能筆の手書《てかき》を呼び寄せ、放免たちに着物を質に入れさせて酒を振舞い引出物をとらせる。「文覚が申サン様ニ少モ違エズ書給へ」と文を書かせ、さて宛先は誰と問われて、打ち笑って先の落ちを明かすのであるが、なお「世《ヨ》ニ可レ笑事ナレドモ、放免共ハ腹ヲ立スヘテ不レ咲。文覚一人ノミゾ手ヲ扣《タタキ》テ笑ケル」と笑いが追いうちをかける。放免たちはこんな「嗚呼《ヲコ》ノ事」をして後悔するな、思い知らせてやると罵るが、これがまた文覚を笑いころげさせる。挙句に、観音に利生の願いをかけるは嗚呼の事か、お前達こそ嗚呼の者よと饒舌に弁じたてる。ヲコというお前たちこそ却ってヲコだと逆襲

図36　文覚上人画像

神護寺に伝来する，隆信筆と伝えられる文覚の肖像は，上人の入滅を遠く隔らぬ鎌倉初期の制作と推定される。ゆったりと坐した大柄な体軀とその魁偉な風貌は，忘れがたい印象を与え，高い頰骨と固く結んだ口許からは強烈な意志と個性が発散している。だが思いかけず目は柔和な光をたたえ，その手指は仏像のごとく深い慈悲を示している。物語から立ち上がる文覚の生き方と性格を重ねてみれば，その風貌はいよいよ生彩に豊むもののようである。

する当弁利口は、物言いの達者の伝統的な才覚であった。その上で、自らヲコを仕掛けて罠にかかった様を笑うという、ヲコの仕掛人として文覚は登場している。そこでの文覚は笑う聖《ヒジリ》であった。

加えて、延慶本と『盛衰記』は更なるヲコ話を設けて、文覚の謀り事により護送する連中はまた徒《いたず》らに右往左往させられる。官人共の前でわざと昼寝して、勧進して蓄えた用途を佐女牛《さめうし》（若宮八幡）の鳥居の下に埋めたと虚《ソラ》寝言して聞かせる。真に受けた連中が早速掘り返すが幾ら掘ってもある筈がない、というのが延慶本である。『盛衰記』は、淀津で同族の渡辺党に預けられるが、その梶取らが勧進の用途を「枉惑」して奪おうと企むのに文覚は先手を打って、忍《しのび》声に祈りながら五条天神の鳥居の下に埋めてあると聞かせる。以下は同じ纏末だが、根を掘り返されて倒れてしまった鳥居を在所の人々は怪異として取り沙汰し、臨時の祭りを催して造替するという、それこそ祝祭的な一幕も添えられる。そして、文覚の悪口に怒った連中が「不当ノ大虚言ノ御房」と罵って、つい口を滑らせて失敗を明かしてしまったのを、文覚はしてやったりと大喜び、何故金輪際まで掘らなかったのだなどと追い打ちをかけ、「フシコロビテゾ咲ケル」と、再び大笑いするのである。

そこでは、さきの清水観音への消息を巡って繰り展げられたのと同じ形のヲコ話が繰り返されている。両者を重ね合わせてみれば、文覚が体現する笑いの性質が浮きあがるだろう。『盛衰記』の饒舌なまでに詳らかな物語において描かれるのは、自ら仕掛けた悪戯《いたずら》に乗せられて空《から》騒ぎする人々を笑う文覚である。謀《たばか》りの成功がその笑いの引金であり、その笑いにより、騙された人々は皆な愚者（ヲコな者）と化してしまうのである。それは、他者を翻弄し、操り、支配する、特権的な笑いでもある。

いわば、トリック・スターの笑いといえよう。『今昔物語集』や『宇治拾遺物語』の幾多のヲコ物語には、こうしたかたちで笑いを惹起する存在——笑う聖人——はいまだ殆ど見出されない。(9) それは、ただ笑われるばかりのヲコ者の道化とは異質な、狂言回しの役柄である。やがて芸能の舞台に登場する「推参な奴」太郎冠者たちの先駆けが文覚であった。その一方で、古いヲコ物語と共通する物言いの上手という彼のはたらきは、彼が演出するヲコの一幕の額縁もしくは枠組を成している。罠に掛かった彼の獲者《えもの》たちが抗議の声をあげるや、自分の嘘が正当なるべき理を秀句を以て言い立てる、その口利きにより止めを刺して揚げる勝利の凱歌が文覚の笑いである。ちなみに、舞曲にはこうした文覚をめぐるヲコの笑いは全く見られない。

このヲコの笑いが、王への推参の挙句の捕縛と配流に至る間に、幕間狂言のように配されていることとは無意味ではなかろう。この聖が、乱入して寄付を強要する総会屋でもなければ、不敬な言辞を弄して迫害される危険な煽動者というだけでもないことを、その笑いが示している。逸脱する越境者のしるしとして負わされた〈聖性〉の反語的表現こそが、おそらく文覚の笑いなのであろう。

三　捨身と入定

配流される文覚は、その途上で、まさしき聖《ヒジリ》としての存在をあらわすことになる。

『四十五箇条起請』で文覚の主張するところは、伊豆へ配流されるにあたり、下向するまでの三十日のあいだ断食したという。三十一日目に至り、内心の「仏天之大願」により漸く食し身命を継いだ。その間、或る時は打ち縛られ、或る時は杻械に繋がれるという拷問を蒙った。これら種々の苦悩は罪人が獄卒に遭って責められるに等しいものであったが、「興隆仏法之願」のため片時も退転なく聖朝の安穏を祈って一念の怨心もなかった。これも無上菩提の為、難行苦行と存ずる故であった、というのである。流人としての苦悩が地獄における罪人への呵責に譬えられるところ、彼にとってそれは断食を含めて一種の聖《ヒジリ》としてのイニシエーションであったことが明らかである。その苦行を一貫して支えるものとしての「大願」が、そこにうかびあがる。

『平家物語』も、その大願による断食のことをそのまま用いて一段の結びとしており、「されども気力少しも衰へず、船底に行ひうちしてぞ居たりける」と、只人とも思えぬ超人的な聖の像を現出させている。そればかりか、その間の海路においてひとつの奇蹟を仕組む。すなわち、途中の天龍灘《なだ》にて大風に遭い大波に船が覆りそうになる。楫取らが慌て騒いだにもかかわらず、文覚は平然と船底で高鼾《いびき》かいて寝ていた。いまはと見えた時、跳ね起きて船舷《ばた》に立ち、沖に向かって「龍王やある」と「大音声」で喚ばわって叱りつける。するとたちどころに風波も静まり、無事に着いたというのである。その豹変もあざやかだが、何よりもまたしても「大音声」を以て龍王を召請し叱咤して、配下の龍神らの悪戯を忽ち止めさせるという偉大な呪師ぶりが興味ふかい。物語は、やはりその〝声〟において文覚の威力を発動させるのである。

延慶本は、龍王を三度まで呼ばわって「高声」に詈《ののし》るのを、人々は例の入道が「物狂」さよとヲコがましく聞くところに風波が静まったと脚色するが、それを一層面白く語るのは『盛衰記』である。船底の文覚が、高鼾から始まって、大揺れの中で臥しながら「穴面白《あなおもしろ》」と声歌《しょうが》する暢気さに、一同は危難に遭って祈りもせぬ無智無行の僧よと譏《そし》る。これを聞いた彼は暫くして這い起き、「物ガクサケレバ起ズ」と言いながら余り歎くが不便《ふびん》さに浪風止めて見せようと、舳《へ》先に立ちはだかり睨みながら「龍王ヤ候〱、イカニ海龍王共ハナキカ、曳々《ゑいく》」と呼ばわり、制すもかまわず念珠押し揉《も》み「大ノ声ノシハガレタル」を以て海龍王呵責の詞を吐く。千手経の持者として観音を深く憑《たの》む文覚に龍神の守護は理《ことわり》との嗔《いか》りに、聞く者はこの僧の「物狂」に驚いて悪風にあうのも当然と呟くが、風波の静まるや現金にも悦んで文覚を尊み、譏《そし》ったことを反省するのである。文覚は彼らに嬾惰懈怠なれども僧を敬えよと教訓して千手陀羅尼を誦せば、梶取たちは皆な敬い礼したという。龍神叱咤の一幕は、文覚の声と詞が梶取たちとのやりとりと倶に表情も豊かに敷衍拡大されて演出される霊験譚のパロディというべきか。

続いて、延慶本と『盛衰記』では更に、文覚が領送使の問うに答えて、龍神に三種の誓願ありと名目を立てて説法の弁舌を振い一同を教化して、そのうちの一人を出家させて弟子にしてしまうという一節が加わる。この問答から窺われる文覚は、龍神の仏法帰依の功徳と加護を蒙る仏法興隆の行者である。その長大な説法は、(『盛衰記』では殊に)饒舌であり、そこでの文覚は能説の説経師として立ちはたらき、その唱導教化の詞の力で無知の者を発心・出家へといざなう導師として造型されている。ただしそれは文覚が天狗を祀る者として男を僧となし僧を男になすという、いわば誑《たぶら》かしの能力を発揮した結果であると評されていることにも注目しておいてよい。この勧進聖の教化は、必ずしも仏法者の正しいはたらきとばかりは認識されていないようである。なお『盛衰記』はその末尾に、「常ハ笑《オカシ》キ物語シテ、己モ咲、人ヲモ笑シテ、ツレ〴〵ハナカリケリ」と、さきの〝笑う聖〟に響き合うように、やはり文覚自らが笑うと同時に人をも笑わせる物語僧の姿を与えて一節を締めくくっている（長門本にも同文あり）。とすれば、それまで長々と叙《しる》される彼の教化の弁舌も、『盛衰記』の場合はすべてヲコ物語の変奏にほかならない。

　舞曲における龍神叱咤はまた異なった展開をみせる。「空《そら》いびきかいて」船底に伏していた文覚の頭《つぶり》を波が打ち込んで濡らしたのを怒り「えい龍王め」と大音上げて罵るところに、波上に出現したのは龍宮の乙姫「こひさい女」[10]であった。上人を拝さんその為に渡辺より付き添えども、船底に寝てばかりでその隙なく、あえて風波を立てて拝そうとした由を語り、今は角《つの》も落ち成仏得脱疑いなしと喜びを告げる。あきらかに法華経提婆品に説かれる文殊の渡海教化と龍女成仏をふまえて、この奇蹟を語り替えた趣向である。そうであれば、これは千手のそれでなく法華持経者としての文覚の験徳である。そしてこの霊験は、あの土窟籠りの新趣向とも照応するかと思しい。大地と海と二元にまたがり異界に往還して威験を揮う聖《ヒジリ》文覚の面目躍如たるものがある。

　この霊験の舞台としての海路についても、『平家物語』では伊勢の安濃津から乗船したというが、舞曲は、法皇の仰として「構へて文覚を本道をば叶ふべからず、熊野の灘を廻《めぐら》し舟路たるべし」と宣旨あってわざわざ熊野経由で赴いたことになっている。既に『盛衰記』が同じく南海道経路を辿ると説くのだが、一体何故に熊野を経るのだろうか。渡辺党の拠点である淀川河口の摂津渡辺を発つという設定に由来することは当然としても、それだけではあるまい。熊野は、水軍の蟠踞する地域であると共に、文覚が修行した那智を含む霊験の地としての熊野三山を抱くところである。後白河院の熊野への深い信仰も当然想起されるところであるが、所謂〝海の修験[11]〟の存在とも関わるかも知れない。そういえば、那智ではひとつの印象深い修行が海に向かって営まれていた。浜の宮補陀落寺において中世を通じて続いていた補陀落渡海のことである。小舟をさながら密閉した無戸室《うつむろ》と作《な》して行者をその裡に籠め、遙か南海に向けて纜《ともづな》を放つ捨身入定の行は、奇妙にも文覚の断食して船底に臥っていた籠りのイメージと似通うようである。但し、それが一転して船端に立ちあがり悪口罵詈というべき龍神叱咤に及ぶところにこそ、物語上の文覚伝承の破格な展開があるのであるが。

　文覚を補陀落渡海上人と重ね合わせてみることは、単に表層の相似を指摘することに止まらない。捨身入定とは、生きながら他界へ超出する為の手立てであろう。たとえ片道切符であろうと、その行が往生転生の術《すべ》と信じられたればこそ営まれたのであった。そして、文覚の那智瀧での荒行は、それと等しい捨身の行に他ならない[12]。『平家物語』の文覚譚において必ず語られるごとく、聖としての威力を獲得したのは、那智での千日籠りの修行の試みとして瀧に三七日打たれることによってのゆえであった。そこで文覚は一再ならず死に入りながら、童子に曳き上げられてよみがえる。しかも助けられるのに声を怒らせながら抗うのであった。そのように、生死の堺、そして他界と現世とを往還する霊験をあらわす聖としての文覚のはたらきは、物語においてあざやかに示される。

勧進聖としての行業も、捨身入定とは無関係ではないようだ。後に伊豆で頼朝に挙兵を勧める為に院宣を得ようとするところ、『平家物語』は伊豆山参籠と風聞して上洛するのだが、延慶本と長門本は弟子に三七日入定すると披露させてのこととする。そこで『盛衰記』は、またしてもこの入定を巡って一幕の笑劇を巧みいだす。七箇日の入定とて国中に披露して、塗籠にした方丈の庵室を造り、一箇処開いた扉に外から鎖を差して入定しようというのである。奈古屋上人の入定とて国中の貴賤市の如く群集して拝むという盛況となった。縄床上に結伽趺坐し大日の印を結んだ文覚は睡るが如く貴げに見え、終日拝まれた後に扉は閉じられ鎖が差される。文覚は夜になってから、あらかじめ床下に構えておいた地底の通道《トンネル》から抜け出して密かに上洛した。首尾よく院宣を得て帰り着いたのが丁度八日目である。出定の日には、また国中の男女が雲霞の如く集まった。弟子が鎖を外して扉を開けると、そこには文覚が威儀乱れず、定印違わず、髪生《お》い伸び痩せ黒ずんだ姿であらわれた。弟子が鈴《レイ》を鳴らすと驚覚して出定したのを、見る人々はいよいよ仏の如く貴んだ、という。殆ど大師入定のパロディといえそうな、真言行者としてはいささかならず不謹慎な仕業である。密使をつとめるアリバイ工作の為に、却って公開のイベントを催して人目をくらまそうという奇術《トリック》であり、劇場犯罪型の企みであるが、ここにも確かに祝祭的な場が現出している。この、とんだ偽入定も一種の勧進興行とみれば納得がいく。それは中世に、狂惑《きょうわく》の聖のよくする所業であった。わざと偽の捨身を構えいだし、信者の浄財を集めておいて逃げだす詐欺の手口である。(13) しかし文覚のそれは、『宇治拾遺物語』の、衆人の面前で入水往生に失敗して頭を破《わ》られてしまった空入水の上人よりは上等の詐術というべきだ

図37　那智参詣曼荼羅絵巻（一）

熊野三山のうち，那智山青巌渡寺はまた，西国三十三所観音巡礼第一番の札所である。この那智をはじめ，已下の観音霊場や伊勢大神宮・多賀大社等の寺社について，室町末期から近世初期にかけて一群の霊地図像が制作された。「参詣曼荼羅」と総称される。紙本着色で折り畳まれて持ち歩かれ，随所で掛け並べて，熊野比丘尼や穀屋聖などの絵解きによって勧進唱導の具とされた那智参詣曼荼羅の，これは絵巻の形態の中に同じ図様を収めた，きわめて珍しい遺例である。那智山の，神体であり象徴である那智瀧には，荒行する文覚とこれを扶《たす》けあげる二童子が描き込まれ，それも曼荼羅図像に欠かせないモティーフであった。

図38　那智参詣曼荼羅絵巻（二）

那智参詣曼荼羅の右下は，南海に面した浜の宮と補陀落山寺で，そこに描かれる不可欠な要素が補陀落渡海である。それが絵巻では，月を配する瀧に対して日を配する位置付けに変えられている。渡海上人が乗った船は，四方に鳥居を打った無戸室《うつむろ》の屋形に上人を籠め，名号を帆に上げて（但し絵巻では白帆），いましも曳く船の纜から解き放たれようとするところである。彼らのうち何人がフダラクを望んだか，それとも暗闇のなかで足摺りしたか，誰も知らない。

ろう。

四　後戸の音声

伊豆における文覚は、奈古屋の奥の観音堂に住み、流人頼朝と出会う。語らう裡《うち》に、彼は頼朝に将軍の相ありと告げ、日本国を従えよと謀叛を勧めるに至る。罠かと怪しみ容易に心底を明かさぬ頼朝に志の深さを見せようと、懐《ふとこ》ろから髑髏を取り出し、これこそ御身の父義朝の頭《こうべ》よと示す。頼朝は「一定とは覚えねど」なつかしさに涙を流して心を許し、蹶起へと決定的な一歩を踏み出すのである。

いわばこの髑髏こそ、頼朝が挙兵し、やがて源氏の天下となり日本の大将軍となる為に必須な契機であった。文覚が相して予言した如くに事が運ぶには、彼が取り出した小道具による手品が必要であった。それが如何にも胡散臭い、否、後に明らかに偽物であったと語られるいかがわしい代物を介して遂げられるところこそ、物語の眼目であろう。『吾妻鏡』文治元年（一一八五）八月三十日条によれば、文覚は頼朝に確かに父義朝の首をもたらした。但し、それは平家が滅びた後に、頼朝が父の菩提を弔う為に鎌倉に創建した勝長寿院の供養に臨んで、東獄門の辺《あたり》から探し出され、弟子の首に懸けて持参されたものであった。

文覚は、自ら上洛し後白河院に頼朝の勅勘を申し免《ゆる》されようと提案するが、頼朝は、勅勘を蒙った身の答が人の事を申そうという聖の心算こそ怪しいと疑う。文覚はこれに応え、自分の事ならいざ知らず和殿の事を申そうというのが悪いものか、院宣を貰ってこよう、と「突《つ》き出《いで》」る。そこで前述の如く伊豆山に七日参籠と風聞して密かに上洛を遂げ、藤原光能を介して首尾よく法皇による平家追討の院宣を賜わり、八日目に帰着して頼朝にもたらした。『平家物語』には院宣の全文が引用されているが、これが如何にも怪しい代物であることは周知のところである。既に慈円は、『愚管抄』にこの文覚による院宣の事を述べて、「但シ、コレハ僻事《ヒガ》ト覚《オボ》ユ」とわざと注しているのである。しかし物語において、頼朝はこの院宣を拝して錦の袋に裹《つつ》み、首から懸けて石橋山の戦さに臨んだという。その院宣の扱いは、文覚が彼に示した父の髑髏と奇妙な相似をなしている。それも文覚が首に懸けて山々寺々を廻ったというのである。髑髏と院宣とは、何れも文覚が頼朝にもたらした限りなく偽に近い物《モノ》であり文《フミ》であった。こうしたあやしげなものを持ち歩き、それを証《あか》しとして彼が勧めるのは「謀叛」なのである。推参して勧進帳を読んだ文覚の、勧進聖としてのはたらきは、ここに髑髏と院宣を操って世の転回を企てる「おそろしき聖」の所業と化した。それはしかし、勧進という営みと、そこでモノを媒ちとした価値の転換やあらたな創出という機能と、必ずしも異質なものではないのではなかろうか。(14)

延慶本と長門本は、両者の出会いを温室《おんじつ》での湯施行の場に設定する。はじめに、奈古屋の観音堂における文覚の行法と諸人の帰依が語られ、無欲にして清浄な行者の姿が示される。それは更に湯屋を営み一万人を浴《あ》ませる湯施行へと発展する。文覚は己を「乞食法師」と称し、釜の火を焚き、湯の呪《しゅ》願《がん》を行う聖としてはたらく。そこに姿をやつした頼朝が従者と共に湯を浴びようと訪れる。正体を見抜いた文覚は彼に大将軍の相ありと告げ、年来見参に入ろうと思えど推参するのも不作法とうち過ごしていたところ嬉しくも対面が叶った、と柄にも無く殊勝な挨拶をする。これを契機に互いに語らうようになったという。こうした出会いがなされる無縁の場としての温室とは、やはり勧進聖の作善の営みのひとつであった。貴賤を問わず万人に等しく浴ませる湯施行において〈聖なるもの〉が（最も賤しく穢れたものから）顕れるという奇蹟の霊験譚が、中世には繰り返し語られていた。湯屋の場とは、現世の境界を超越する無縁の原理がはたらくところであった。[15]それは流人頼朝が大将軍たる相を顕すのに格好の舞台であろう。しかも、火を扱うのは古代以来、聖《ヒジリ》の大切な務めであった。そうした聖とは、罪障を浄める聖なる湯《ユ》を司ると同時に、そこに参入し、それを浴《あ》んで本躰たる貴種としての身上をあらわす者の為に欠かせぬ通過儀礼を掌る存在ではなかったろうか。

『盛衰記』は、二人の対面にあたり、文覚の「物狂」の様を弟子の相照なる僧（この名は文覚の相人としての性格の分身を思わせる）に語らせる。現《うつ》つ心なく、絶えず変化する彼の相貌は、「或時ハ高声多言ニシテ傍若無人、或時ハ柔和神妙ニシテ禅定ニ入ガ如ク也」と極端な両面性において示されるが、また常に見境なく弟子たちを榊の枝で打ちすえるので皆な逃げ去ってしまったという、まるで神木動座の強訴における神人《じにん》の暴力沙汰のような振舞をその極みとする。しかし、たまたま同宿した一人の僧が情けなく打たれたのに腹立ち、杖を奪い取ってしたたかに彼を打ち返した。文覚は、自分を打ち返す程の器量ならば只者でなかろうと弟子にして覚文と名付けた、という。[16]頼朝はこの話に「打笑」い、それでは覚悟して見参しよう、と対面に臨んだ。奇矯な聖の振舞は、またしてもヲコなしわざに及ぶのである。そうして訪れた頼朝が、いつ打たれるかと待ち構えるところ、文覚は彼をあらゆる角度から睨み廻した挙句、唐突に居直り礼拝してその目出き相を告げる。そこに演ぜられるのは、いかにも猿楽的な滑稽な所作挙措である。

再び延慶本によれば、頼朝は勅勘を免されることを望むにあたり、ひとつの夢想を文覚に語る。三島大社に盛長を供として千日詣を行った満願の夜、社の東にある大柞《ははそ》の樹の間に鉄縄が張られ、そこに平家の雲客の首が数多《あまた》懸け並べられていたという。これを平家滅亡の兆しと解くのは、やはり文覚である。読み本系諸本に共通して押しだされるのは、かように天下人の未来の運命を指し示す相人または夢解きとしての文覚のはたらきであった。

相人としての文覚のはたらきがより拡大されるのが舞曲である。その活動の舞台は奈古屋でなく、伊豆の大嶋（もしくは大崎）の観音堂という設定だが、それは大嶋に流されたという役行者の伝承(17)が投影されているかも知れない。そこに、かの覚文が登場し、師を追って此処に尋ね会い、二人して相《さう》形《ぎやう》の法を行って占えば浦人共が参り集って尊む。噂を聞いた頼朝は、御占《うら》申さんと海を渡って参り、御堂の「後堂《うしろだう》の縁の板をとうとうと踏み鳴し給ふ」。勤行中の文覚はこれを聞き、勘《かん》えて「日本国の主《あるじ》となるべき人の足音」と判じて覚文に語るのである。この御占を聞いた頼朝は祝着至極と帰りかかるが、盛長に勧められてなお後堂に立ち続け、勤行の後に文覚と対面する。文覚は早速、「父義朝の成れる姿、見たく候か」と笈の中から七重の錦に包んだ髑髏を取り出す。頼朝はこの古びた髑髏を一旦は疑うが、文覚は獄門より盗みだしたこの髑髏を「百日壇にて行《をこな》い」所持していた来歴を語り、髑髏に呼びかける。すると髑髏の眼から涙そそぎ声が微かに聞こえたので、頼朝は生ける人のごとく口説いて流涕する。この髑髏が偽物かどうかはもはや問題ではない。文覚の験力で蘇った亡魂との対面が果たされたのである。(18) その最後に、院宣ならぬ「十二箇条の巻物」が引出物として文覚から頼朝へと授けられる。それは五大・五行・五節にかけて天地と国王と仏神と源氏そして衆生の祈禱をあらわす五巻に、平家を失い滅すべき調伏の七不思議をあらわす七巻を合わせた秘伝の巻物であった。

舞曲がその後半に描きだすのは、たんなる相人を超えた、畏るべき呪師としての文覚である。源氏再興を祈り平家を呪咀調伏する勤めを行う文覚は、勧進聖というよりむしろ修験と陰陽道を兼ねた験者であり祈禱師というべき存在である。そのはたらきは、相形の法を行うことにはじまり、後堂（後戸）での足踏の音を聞き分けて「しかん（支干か）」を以て勘え御占すること、つまり占星術を用いての呪法で発現する。そこに想起されるのは、古代以来の法呪師《ほずし》による反閉《へんぱい》の所作であろう。それは、既に第八章においてみたように、南都や六勝寺などの大寺院に行われた修正会の行法の一環として、金堂等の後戸を巡って演じられた法儀であり、法皇已下の廷臣が参詣して御覧ある中世王権の祭儀でもあった。そしてその咒師の「走り」は天部や鬼など異形の者が登場し、やがて咒師猿楽もしくは後戸猿楽と呼ばれる芸能者が叫喚や跳躍により演ずるところともなり、ひいては翁の誕生にまで連なる中世芸能の揺籃であった。(19) その世界を重ねてみたとき、舞曲における頼朝は、いわば後戸における猿楽の翁――芸能者が体現する後戸の神にあたる役割を演じている。そして文覚は、畏るべき霊威を秘めるその〈聖なるもの〉を観《み》あらわし喚《よ》びおこす呪師の役割を果たしているといえよう。その両者が出逢うところ、魔を攘《はら》い鎮め福徳をもたらして天下の御祈禱を致す唱聞師の祝言の営みが、源平の闘争に重ねられていることが見てとれる。後戸での足踏は「とう〳〵」と響いた。それは紛れもなく翁の登場に臨んで唱えられる「とう〳〵たらり」に連なる囃子であり、また遠く、修正会の鬼が出現する時に後戸で鳴らされる音声——ダダとかダンダ、あるいは東大寺二月堂の修二会の達陀《ダッタン》などに通ずる異界のものを招喚する音——神出現の声であるところの「乱声」が響いている。(20)

物語の上で、頼朝がそうした芸能者—芸能神的な存在を体現するについては、それら後戸の神の代表格というべき、天台宗寺院の常行堂に祀られる摩多羅《まだら》神という護法神の祭儀や伝承を無視することができない。(21) 慈覚大師円仁が引声念仏を伝えた際に海中に顕れたと伝え、常行三昧行を守護すると同時に障碍神であり行疫神でもあるという畏るべき相をもつこの神は、常行堂の後戸もしくは艮《うしとら》の隅に秘《ひそ》かに祀られていた。それは、常行堂の修正会において延年の主役として祭りの場に顕現し祝福を唱える、翁と等しい神である。

今も伝承される平泉の毛越寺常行堂修正会の延年では、祝詞《のりと》として鼻高の異形の翁面を付けた役僧が摩多羅神の祭文を読むために登場する。(22) 常には堂の後ろに位置する神殿に祀られ、この時に当たって衣冠を着け種々の芸能と倶に出現して本地を説くのである。中世に遡って、その豊饒な祭儀の世界を文献の上で伝えるのは、多武峯妙楽寺と日光山輪王寺の常行堂であった。それぞれに残る室町期の常行堂修正会の故実書(23)には、修正会と一体となった延年の本尊として摩多羅神が遷座して祀り顕さ

図39　摩多羅神画像

常行堂の後戸に秘かに祀られた畏るべき障碍神は，荒ぶる神であると同時に念仏の守護神であり，猿楽の道の宿《しゅく》神として芸能神でもあった。中世天台口伝法門の秘儀である玄旨帰命壇の本尊としても拝されたその図像は，七星を戴く三尊形式で，衣冠を着け鼓を打ちながら唱歌する壮年の主神の左右に，補頭装束の二童子が笹を採って舞う姿が配される。その囃し詞は「シシリシ」と「ソソロソ」と，男女の二根を唱え煩悩即菩提を象ると口伝する。それはあきらかに猿楽の翁をイメージして創りあげられたイコンであろう。

れ、堂僧たちがこれを巡って種々の歌謡や乱舞《らっぷ》をうたい演じながら狂躁を現じ、田楽や猿楽に及ぶ延年芸を披露する次第が詳しく記されている。多武峯常行堂の摩多羅神の神体は翁面そのものであり、またそれは大和猿楽の祖神である宿《しゅく》神とも重ねられた[24]。あるいは日光山常行堂において、北斗七星に象られた翁面や冠者面など古猿楽の仮面群が格子に懸け並べられて摩多羅神の御輿を迎え、それらがいわば摩多羅神の化身として立ちはたらいた有様がしのばれる。

中世日光山の〝異貌の神〟は、いつしか頼朝と重ね合わせられてもいた。堂僧という結社の秘密の神であった摩多羅神は、日光山出身の天海大僧正によって此処に江戸幕府―徳川将軍家の聖地東照宮が創建されるにあたって、日吉山王と並び東照大権現家康の傍らに、頼朝の本地として祀られることになったのである。それが天海の唱えた山王一実神道に拠る附会というばかりでなく、なお根深い伝承の背景のなせるわざであった消息を、舞曲『文覚』の頼朝像はものがたっていないだろうか。

伊豆走湯山にも常行堂があり、そこにはやはり摩多羅神が祀られていた。『伊豆山略縁起[25]』によれば、その下常行堂は、頼朝の造営として「国家安全の禱祈、戦陣死亡の追福」の為に修正会が行われ、五日目の夜に摩多羅神の祭があった。「其作法希代にして、別当を初め鉦鼓の拍子を打て一の秘物即摩多良神之秘像を押戴き、神秘の和歌を唱詠し、扇を取て舞踏する事、故実ありて外人に見する事を許さず、されども此物の音をだに聞けば、其歳の疫癘災難等を免るゝとて、諸人戸外に群参す」。その祭儀は、秘められた神をめぐって狂騒を喚びおこす歌舞の音声に象られるものであった。頼朝と摩多羅神は、ここにおいても繋がれていたのである。

図40　輪王寺常行堂古猿楽面

日光山輪王寺常行堂の艮《うしとら》隅には摩多羅神が秘め祀られ，その神像は袈裟に覆われて誰も見た者はいない。その修正会には，常行三昧の法儀の一環として，延年に猿楽その他の雑芸が数を尽くして堂僧により演ぜられた。その時，堂の格子にこれらの面が掛け並べられる。それぞれの面の裏には，七星の名が朱書されてその配列が知られる。『常行堂故実双紙』によれば，修正会の顕夜には，摩多羅神の御輿《みこし》迎《むか》えと称して滑稽な猿楽《さるごう》ごとが演ぜられたという。これらの面は，かつてそこで行われた古猿楽の面影を今に伝えるものであろう。その童や冠者，尉や翁たちの多くが咲み笑う面であるところに，その芸能の性格が察せられる。

頼朝の大将軍としての登場が、摩多羅神の如き異貌の神の顕現に重ねられるとすれば、彼を祀りあらわす呪師としての文覚のはたらきも、その神の祭儀を司る役割と遠いものではあるまい。それどころか、文覚の存在そのものが、威力ある護法神であり畏怖すべき荒ぶる障碍神であり祝福の歌舞を司る芸能神でもあるような、この神の複雑に絡まりあった多くの面貌を体現していよう。『平家』諸本でさまざまに描かれる文覚の呪師的なはたらきは、舞曲において一段と際立ち、ついに後戸での足踏の音を介してあらたな聖性を纏った将軍神を招喚するに至るのである。

文覚の、呪師としてのはたらきを象るもうひとつの重要な呪具が、父義朝の頭《こうべ》と称す髑髏であった。舞曲におけるそれは、いかにも立川流の髑髏本尊のような妖し気な聖遺物と化している。密教修法の秘法の本尊である宀一山《べんいっさん》舎利すなわち如意宝珠と同躰とされ、空海の『御遺告』に説かれた能作性珠の造立法を男女赤白二滞和合の精髄としておぞましく敷衍した髑髏本尊の作法は『受法用心集』[26]に詳しい。百日壇を行い、七重の錦に裹むという舞曲の一節は、それを想起させるところがあろう。喚びかけるのに応えて流涕する、いわば〝生身〟の髑髏の奇特神変を語るのも、そこに説かれる「頓《とん》成悉地《じょうしっち》法」の霊験と重なる姿である。摩多羅神にも連なる尊格である妙音弁才天ないし吒枳尼天《ダキニ》を祀る頓成悉地の法は、それが現世一期の利益を求めるのみであるという反仏法的性格から、外法《げほう》という烙印を捺された。髑髏を盗みだし[27]、祀り、持ち歩く文覚には、そのような外法を操る聖のイメージもつきまとっている。

『平家物語』そのものが、既にして外法を物語っていたのであった。反平氏の陰謀が発覚して清盛により流され殺された藤原成親の栄達の由来として、彼が賀茂社の後ろの杉樹の洞の裡に百日の間、聖を籠らせて吒天法を行わせたという。成親の異例の昇進と一転しての非業の死は、そのあざやかな現報であった。長門本や『盛衰記』では、清盛その人が、祐真なる真言師から伝授された陀天法成就の行者であったという逸話を説く。平家繁昌の由来として、彼が貧道を遁れ一期限りの福分を得るために、蓮台野（葬地なれば髑髏が散乱していたであろう）で狐を狩り、貴狐天王を礼して、荒神を鎮め、弁才・妙音・吒天の外法を成就し、清水観音への千日詣の末に利生の夢想を夢解きされて栄達に至ったというのである。平家の盛衰を、外法の成就とその反動としての報いに宛てて説こうとする、それは物語の深層に流れる或る思惟―欲望のかたちと言ってよいだろう。(28)

こうした外法を行う聖としての文覚のはたらきの究まったところが、舞曲の最終幕で平家調伏を祈る場面だろう。延慶本および長門本には、奈古屋に草堂を建立し毘沙門を安じて平家を呪咀したとあり、(29)その風貌が僅かにうかがわれるが、舞曲に至ってそれは全面に押し出される。文覚は、虚空に呼ばわって力者を勧請し、空飛ぶ輿を舁かせて上洛する。院宣を得る為の隠密の上洛が、行者の神変に置き換えられているようだ。また、既に延慶本で頼朝の夢想として、三島社の王子を舞台に平家滅亡を予兆するような呪咀のイメージが文覚について語られるが、文覚自身はそれを夢解きして平家滅亡と相すれども、自らが呪いを積極的に行うわけではない。しかし舞曲では、洛中に潜んだ文覚が、昼は町へ出て供物を買いあつめ、夜は祇薗林（そこは祇薗社の後ろである）の中に三重に壇を築き七重に棚を結い、百八十本の幣串を削り平家の名字を書いた人形《ヒトガタ》として立て並べ、調伏の法を営むのである。調伏法の場面は語り物文芸の一趣向であるが、文覚のそれは密教修法というより陰陽道の呪法に近い。たとえば今も土佐の山中に伝承されるいざなぎ流神道の太夫たちの行う呪咀《スソ》の法[30]を想起させるものである。三七日の満ずる時、それら数多の幣はばっと乱れ合い、ちょうど平家の雲客たちの首が切れ明王の利剱にかかると見えたのを成就の相として壇を破って出たというところが、舞曲における文覚最後のはたらきである。そこには、外法成就の聖としての文覚がまさしく立ちあらわれている。

文覚が調伏法を行うような聖であったことは、実は『吾妻鏡』の寿永元年（一一八二）四月五日条によって知られるところであった。この日、頼朝は多くの御家人を率いて江島に赴いた。それは、文覚が彼の御願を祈る為に大弁才天を江島に勧請して供養法を始め行うのに臨むためであったという。密儀として行われたこの修法は、奥州の主藤原秀衡を調伏する為のものであった、と明かしている。同月二十六日に文覚は三七日断食し肝膽を砕いての祈りを了えたことを、頼朝の許へ参じて報じている。その調伏の祈りは当面結願したのであろう。弁才天法も吒天法の一種であった。[31] それが全く成就するのは後年、文治五年（一一八九）に至ってのことであるが、平家の滅亡より以前に、文覚はたしかに外法に類する調伏法を修したと伝えられているのである。

外法成就の聖としての文覚像について思い合わせられるのは、早くから彼が天狗と結び付けられて記述されていたことである。既に法住寺御所推参事件について兼実が文覚の所行を「天魔之所為」と評したことが想起されるが、その弟の慈円に至っては『愚管抄』において彼について「天狗ヲ祀《マツ》ルナドノミ人ニ云《(イハレ)》ケリ」という風評を記している。[32] これは、天台座主という顕密仏教の中枢を担う慈円

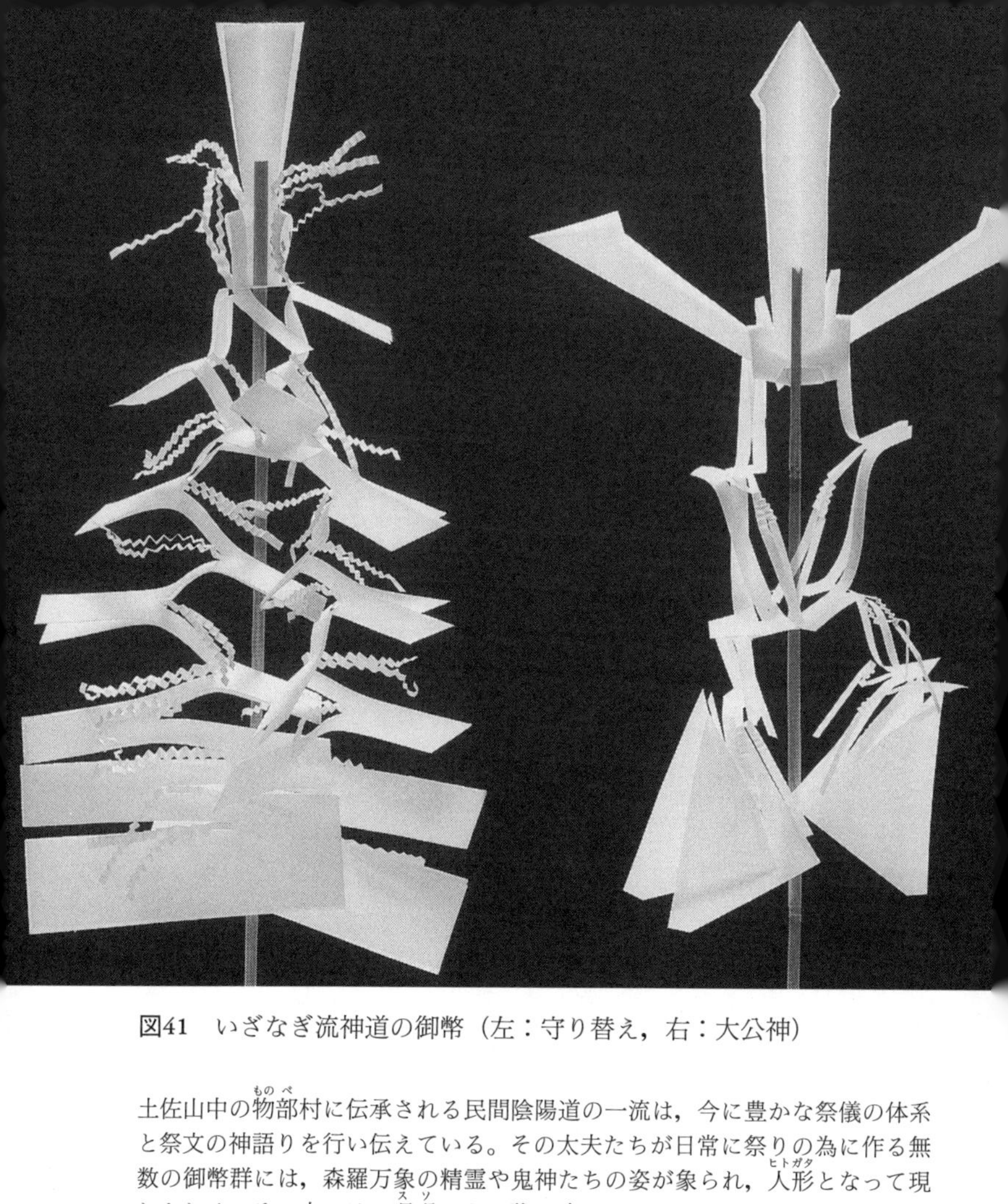

図41　いざなぎ流神道の御幣（左：守り替え，右：大公神）

土佐山中の物部《ものべ》村に伝承される民間陰陽道の一流は，今に豊かな祭儀の体系と祭文の神語りを行い伝えている。その太夫たちが日常に祭りの為に作る無数の御幣群には，森羅万象の精霊や鬼神たちの姿が象られ，人形《ヒトガタ》となって現わされる。その中には，呪咀《スソ》により祓い遣らわれるモノたちの形代も含まれている。

自身の立場からする認識であったかも知れず、だからこそ文覚という聖の一面をするどく捉えた言であろう。高僧や聖人が己れの慢心ゆえに魔界に堕したのが天狗であると言い、また外法本尊の眷属であり、そのはたらきを擬人化した下等の使霊でもあり、崇徳院のごとき怨霊となった廃王をその首領に戴くこともあった。既に『今昔物語集』において、顕密仏教世界の周縁で、仏法と王法とが深く絡みあったはざまに、天狗は外法と結びついて立ちはたらく存在であった。[33]「天狗ノ法ヲ成就シテケレバ」と、文覚を天狗法すなわち外法を駆使する聖として語ることが延慶本や長門本にみられることは、先にも僅かに触れた。それが『盛衰記』に至るや、文覚そのものが天狗に重ねられる。その出生を語る独自の挿話の中で、両親が長谷寺観音に申子する祈りに応えた夢想として、鳶《とび》の羽根を賜るという瑞相が示されるが、いうまでもなく人の目に見える天狗の化身はこの鳥の形をとった。そもそもの誕生からして、文覚は「元来天狗根性」なることを現わしているといえよう。同じく『盛衰記』に「天性不当ノ物狂」という彼の「物狂《ブッキョウ》《ものぐるい》」という性格[34]もまた、天狗と分かちがたい属性の発現であった。延慶本と『盛衰記』に共通する後白河法皇の御灌頂をめぐる騒擾に付随した所謂〝天狗問答〟の一段は、中世の天狗—魔界についての認識が体系的に展開された論義というべきテクストであるが、いうならばその具象化された人物像が文覚であるともいえようか。その点で長門本が例の文覚による天狗法成就の一節の後に、その〝天狗問答〟の所説を要約したと思しい記事[35]を加えていることは、何ともまた示唆的である。

五　悪口と謀叛

天狗としての文覚の表象は、何よりもその〝声〟にあった。

延慶本は、文覚が頼朝に父義朝の頭《こうべ》を授ける際の述懐として、「(平家打倒の)志ノ深サヲ三宝ニ祈テ声ヲ上グ、『我願成就セヨ』トヲメキ叫デ物モ食ワデ有シカバ、見聞人ハ皆、『文学(覚)ハ天狗ノ付(憑)テ物ニ狂カナ』ト申シ合イタリキ」と自らに語らせている。その点でも『盛衰記』は一層詳らかであった。巻十八の末、文覚配流の纏末を締め括る一節に、「元来天狗根性ナル上ニ、慢心強ク高声多言ニシテ、人ヲモ人トセザリケル余リ、院御所ニテ悪口ヲ吐、預二勅勘一、被二流罪一ケリ」という。彼の「高声」とは、王の許に参ってあるべき作法としての「微音」とは全く対極にある、無礼のしるしであった。既に述べたように、『平家物語』(覚一本)における文覚の行動様式は、推参から配流まで一貫して「大音声」によって特徴付けられている。それは、勧進帳を読む声や龍神叱咤の声というだけでなく、仏神と交通する声であると共に、王をはじめとして世の人々の間に階級をこえて響きわたる声であり、同時に権威に向かって投げつけられる飛礫《つぶて》のように痛烈な声でもあった。それは「悪口《あっこう》」とも呼ばれた。

法住寺御所で大立ち回りの挙句捕えられた文覚は、いましめられながら院の方を睨み大音声をあげて、「奉加をこそし給はざらめ、これほど文覚に辛《から》き目をみせ給つる報答は、思ひ知らせ申さんずるぞ」と法皇を罵る。延慶本はこの詞を「三声」も喚《わめ》いたという。覚一本は更に、引き立てられて行く文覚に次のような奇怪な詞を吐かせる。

「三界は皆《みな》火宅なり、王宮《くう》と云ふともいかでか其の難をば遁《のが》るべき。たとい十善の帝位に誇《ほこ》ったろうと云ふとも、黄泉《くはうせん》の旅に出でなん後は、牛頭馬頭《ごずめず》の責《せめ》をば免《まぬか》れ給はじものを」と躍り上り〱ぞ申しける。

これは到底引かれ者の小唄などではない。法華経譬喩品の「三界無安、猶如火宅」偈に拠りながら、王威も無常には勝てず、死後は地獄堕ち必定と、不吉極まりない捨台詞《すてぜりふ》であった。延慶本ではこの詞が後に唱えたという「無常讃」の文句に宛てられている。禁獄された文覚が大赦により一旦許されてからの勧進再開に、今度は世間に向けて放つ詞は、「哀《あは》れこの世の中は、只今乱れて、君も臣も共に亡《ほろ》び失せんずるものを」という「おそろしき事」つまり滅亡の予言である。その「荒言」（長門本では「狂言《きやうげん》」）は国家転覆を扇動するアナーキーな呼びかけにエスカレートしている。

この、法皇に向けられた、そして配流の因となった「悪口」について、きわめて雄弁で興味深いのは『盛衰記』である。その詞は、およそ三箇処にわたり延々と展説される。まず法住寺殿推参の場面では、資行の烏帽子を打ち落として右宗に組みとめられる間に、判官公朝が退出をうながすのに答えて己の申状を存分に述べる。それは大願を起こして勧進の為に推参した自らの行為を正当化する弁舌である。その言い分では、さきに「調子乱ル、大音ニテ、片言ガチナル勧進帳ヲ読」んだのも、「暫《（シバラク）》長夜ノ御眠醒奉ン為ニ、聊《（イササカ）》妙法ノ音ヲアゲテ勧進帳ヲ読侍ル」ということになるのである。

次に、捕えられて引き立てられながらの弁舌も、「少モロハヘラズ」、法皇を罵る詞は一層饒舌である。院の仕打ちを不当と批難し、かかる悪王の代《よ》に逢う身の不運を嘆き、臣の愚をなじり、僧に手をかける末世を慨嘆する。己が恥は汝らの恥、遠からず思い知らせよう後悔するなと「御所中響ケト叫ケリ」。私度僧―聖への権力者の迫害が必ずや現報をもたらすことは、既に古く『日本霊異記』が長屋王の滅亡を例にとって説くところであった(36)。文覚はそうした聖として象られ、下獄してもなお「悪口ハ止ズ」、三宝の捨てずは神護寺の鎮守や護法も利生を現し給え、と現報を期す祈念を声高に唱えて聴く人々を畏怖させている。そして、大赦により出獄した後の悪口は、それが吐《つ》かれる場と吐く文覚その人の姿と所作とを描写することによって、いよいよ不穏な扇動者《アジテーター》というべき人物像をあきらかにする。そのいでたちは、黒衣《ころも》に大刀を横ざまに佩《は》き平足駄を履く悪僧の辻説法というべく、勧進帳を握り「世ニモ恐レズ口モヘラズ」、人をかまわず「コヽノ闕《カケ》タルハ院ノ所為ヨ、頭《カシラ》ノ腫《ハレ》タルハ法皇ノ所行ゾカシ、蒸物《ムシモノ》ニ合テ腰絡《コシガラ》ミ」と言い立てながら御所の前を睨みつけ徘徊する。その口から唱えられるのは、延慶本に云う「無常讃」とはかくもあろうかという詞である。

官位ヲ高砂ノ松ニヨソヘテ祝《イハフ》トモ、春降《フル》雪ト水泡、消ン事コソ程ナケレ。輪王位高ケレド、七宝終《ツヒニ》身ニソハズ。況《イハンヤ》下界小国ノ、王位ノ程コソ危ケレ。十善帝位ニ誇ツ、百官前後ニ随ヘド、冥途ノ旅ニ出ヌレバ、造レル罪ゾ身ヲ責ル。南無阿弥陀仏〱、イツマデ〱。春夏ハ旱《ヒデリ》、秋冬ハ洪水、五穀ニハ実ナラズ、五畿七道ハ兵乱、家門ニハ哀声、臣下卿相煩テ、君憂目ヲ見給べシ。世中ハ唯今ニ打返《カヘサ》ンズル者ヲ。安キ程ノ奉加ヲナ、阿弥陀仏〳〵。

それは最後に「高念仏」を唱えて了る一種の和讃[37]であり、間に挿入される繰り返しのフレーズは調子よく囃す為の合の手であろう。それはまた、文覚に託された時の政道を批判する落書と言ってもよい詞である。挙句の果ては国家ひいて王位転倒の凶事すら予言する。それは『保元物語』の冒頭で熊野の神が白河院に巫女の歌占を介して示して聴かせたような、滅びと乱世の到来を告げる声である。「家門ニハ哀声《アイセイ》」とは、亡国の声に他ならない。ただ悪口というのみならず、『盛衰記』においてこうした声を駆使する文覚は、荒野の予言者であり、歌念仏する聖であり、また祭文語りでもあった。

現実に文覚が「アサマシク人ヲ罵《ノ》リ悪口ノ者」であったことは、慈円が『愚管抄』に証言する通りである。それは先述した彼の天狗を祀るという評判と同じ文脈で「人ニ云《イ》ハレ」るものであった。その文覚による悪口の実例を、神護寺文書の中に残された文覚自筆書状の一通[38]に見ることができる。後白河院から神護寺に寄進された荘園のひとつ播磨国福井庄に起きた水論を訴えたものだが、そこで標的になっているのは院の近臣であった下北面の橘定康なる人物である。彼が隣庄へ池の水を引いて福井庄の田を損ずる張本として批難されるのだが、それは次のように書き出されている。

橘判官殿ハ君（後白河院）の御いとおしみの人にておわしまし候へハ、兄《あに》とも弟《おとゝ》とも親《おや》とも頼《たの》みまいらせて候に、兄《あに》が妻をまきとりて候ハ親《おや》をまく定《（ぢやう）》ぞと、田舎世界《ゐなかせかい》にも申候しに、君の御《おん》いとおしみおはしまさん人ハ、よもさはおはしまさじと思《おも》ひ候しかども、只今《たゞいま》は一定さ候けりと覚《おぼ》へ候なり。

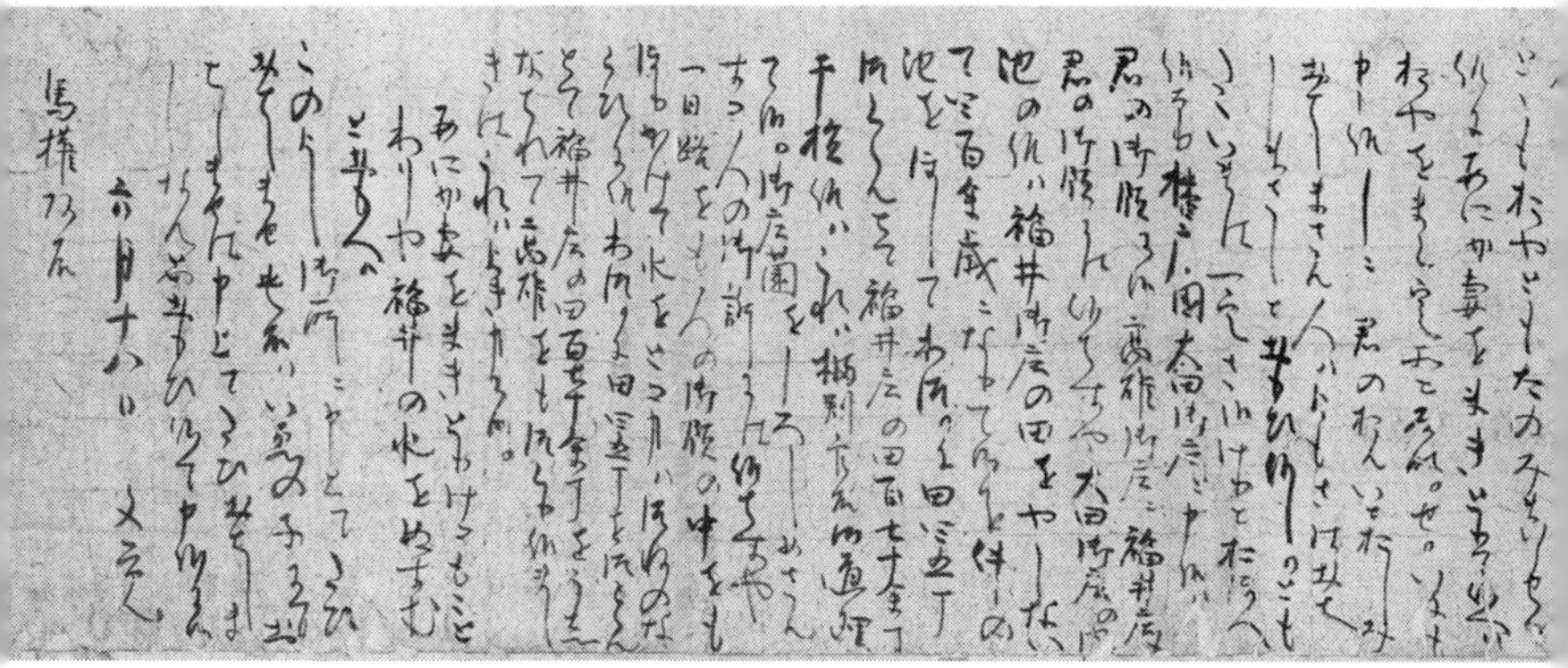

図42　文覚書状

文覚自筆として伝存する僅かな遺例は，神護寺領として彼が獲得した荘園への院近臣の侵犯について直接，当仁に批難の鋒先を向けたものであるが，その主たる後白河院を意識した文言である。これに対する橘定康の弁解の書状も併せて伝えられている。文覚の歌は，この他『明月記』（建久九年〈1191〉二月二十五日条）に俊成の許へ彼が持参した詠草の一部が書き留められているのが知られる。無心に直截に詠まれた真情あふれる文覚の歌は，定家の有心の幽玄とは対極に位置するものであったが，しかし何処か彼を動かすものがあった。

世の中の成り果つるこそ悲しけれ，人のするのは我がするぞかし。

また，『今物語』には，文覚の歌として，

世の中に地頭盗人なかりせば，人の心はのどけからまし。

と詠んで「我が身は業平には勝《まさ》りたり，春の心はのどけからましといへる。何条《なんでう》春に心のあるべきぞ」とうそぶいたと伝える。業平の名歌をたねにもどいた狂歌もまた，「世の中」に生きる「人」を思う慈悲心に根ざしたものであった。

院の寵臣を信頼していたのが裏切られたという怒りは、「兄の妻を婚《ま》き盗《と》る（密通する）は親を婚《ま》くのと一緒」という諺を引きあいに出して、彼の我田引水の所業を盗みと決めつける。然る後に具さな罪状告発が列挙され、そのとどめに一首の歌が書きつけられる。

　あにが妻をまきとりけるもことわりや福井の水をぬすむとおもへば

狂歌とも落首とも言ってよい文覚の無心の歌は、痛烈な武器としてその敵に投げつけられる。そこに用いられた卑俗な詞の元になっているのが「親まき」という罵り詞[39]である。それは「母まき」と同じく当時の最大級の悪口であった。

『平家物語』における文覚の悪口の鋒先は、後白河院だけに向けられていたのではない。それは頼朝にも、また後鳥羽院にも容赦なく浴びせかけられた。巻十二の末尾、六代御前の物語において、再び文覚は大きなはたらきを演ずる。そのとき、悪口は彼の真骨頂を示すものである。

平家の正嫡である六代は北条時政に捕えられ、頼朝の命により処刑されようとする。しかしこの可憐な美しい児を時政も容易に殺すことができない。母や乳母は、文覚にすがってその助命を懇願し、聖は六代を見て愛《いとを》しく思い、鎌倉に下り頼朝に宥《ゆる》しを請うべくただちに出立する。以下、間一髪のところで赦免の御教書を弟子が届けて救われる場面を頂点とする六代の物語は、全体として長谷寺観音の利生譚として説かれている。[40] そのなかで文覚は、曾て頼朝の為に嘗めた苦難を語り、その恩義を「鎌倉殿に受領神《ずりやうがみ》付給はずは、よも忘れ給はじものを」と言い放ち、自分に貸しがある以上は助命を乞いとろうと自信を示す。また助かった直後にも姿を現し、気色ゆゆしく頼朝から宥しを得た様を語る。「如何にも叶ふまじき由宣《のたま》ふ間、『聖が心を破らせ給ひては、いかで冥加の程もおはすべき』なんど様々悪口申しつれども」なお許さなかったのを、那須野の狩場にまで同道して漸く乞い請けたのだという。このくだりは諸本とも文覚の「悪口」についてさほど詳しい言及は見られないが、延慶本にはこれに加え、「……若此事聞給ワズハ、ヤガテ大魔縁ト成テ恨申ムズルナムド、カラカヒ奉リツル程ニ、今日マデ有ツレバ心本《(ココロモト)》無クコソ思給ツラメ』ナムド、タカラカニ打咲ケル気色、傍若無人ニコソ見ヘケレ」と、頼朝をおどしたりすかしたりして揺さぶって成果を獲得し凱歌をあげるような、豪胆な交渉人《ネゴシエーター》の風貌がその咲いにあらわされている。まるで崇徳院の如く「大魔縁[41]」となって恨もうなどは大言壮語にも見えるが、実はそうでもないことは、天狗や後戸の神との関わりで述べたとおりである。

文覚の悪口の鋒先は、最後に後鳥羽院へ向けられる。それは、彼の没落の因由でもあった。六代物語の結びにおいて、六代が遂に斬られ、ここに平家が断絶してしまうのであるが、それは彼の庇護者であった文覚が頼朝の死によって後楯を失い、失脚した為と説かれる。そこに『平家物語』は、直接の原因として、文覚と後鳥羽院との対立を語る。文覚は後鳥羽院に対し、その帝王にふさわしからぬ資質を公然と批判し、その兄である守貞親王の擁立を企てたという。それは明らかな当代への反逆であり、謀叛であった。覚一本によれば、さきの六代助命を不承不承ながら認めた際に頼朝は文覚を評してこう言ったという。

謀叛起さば、やがて方人《かたうど》すべき聖の御坊なり。

頼朝は見抜いていた。自分一人に忠実なるが故に挙兵を勧めたのではない。誰であってもよかった。時の権勢を揮う者にたいして必ず叛逆を企てる男、骨の髄からの革命家、それが文覚なのだ。

文覚の、叛逆者の血の騒ぎは、彼を最も危うい権力闘争《ゲーム》へと駈り立てる。

> 文覚は恐《おそろ》しき聖にて、いろふまじき事をのみいろひ給へり。（覚一本）

この謀叛の計画が本当に存在したかどうかは明らかでない。[42] ともあれ、正治元年（一一九九）二月六日、文覚は二条猪熊の宿所にて検非違使に捕えられ、『百練抄』によれば三月十九日佐度へ流された。その生涯で二度目の配流である。『平家』では、その配流先を隠岐とする。延慶本は、佐度に流されたのを頼家が取りなして一旦は召し返されたが、院が神護寺領荘園を収公したのを怒って悪口したのが聞こえ、さすがに鎌倉も庇い切れず、遂に隠岐へ流されたという纏末が述べられる。佐度から一時召還されたのは史実である。しかし何れにせよ、実際に文覚が最後に流されたのは対馬であり、配所に赴く途上、鎮西にて没している。隠岐とするのは物語の虚構である。そうした虚構が巧まれた理由は判りやすい。すなわち、覚一本に言うように、仇敵たる後鳥羽院がやがて承久三年（一二二一）に「御謀叛起させ給て、国こそ多けれ、はる〴〵と隠岐国まで遷されおはしける、宿縁の程こそ不思議なれ」という因果を説かんが為であった。つまり文覚の怨念が後鳥羽院を呼び寄せたという構図であり、主上「御謀叛」も文覚の所為ということになろう。彼は最後まで叛逆する「恐しき聖」であった。

隠岐に流された後鳥羽院は、そこで文覚の亡霊と語らう。覚一本には、隠岐において文覚の霊が

「荒れて恐しき事ども多かりけり」と御霊化したと言い、常に院の御前に参り御物語あったという。これも一種の霊の推参(43)に他ならないが、二人はそこで何を語らったのか。後鳥羽院もまた、その死後に怨霊と化し王をおびやかし世を乱すものと恐れられたことは、よく知られるところである。(44)あるいはそれを指嗾した張本を文覚と暗に名指しているのかも知れない。とすれば、文覚にとっては不倶戴天の敵《かたき》である院もまた、彼の永久革命の為の走狗に過ぎなかったことになるのではないか。

後鳥羽院に対する文覚の悪口は、端的に一言で尽くされる。延慶本によれば、こうである。

　当今ハ御及杖《（ギッチヤウ）》ヲ好マセ給ヒケレバ、文覚、及杖冠者トゾ申ケル。

武芸を好み諸道に通じたこの若き驕慢な帝王(45)に文覚が投げつけた悪口とは、異名であった。幾千万言を費しての批難よりも、ただ一つの絶妙な仇名がその標的の心臓を一突きすることがあるものである。それは口さがない京童にもてはやされること必定の傑作な命名であった。院の帝としての器量は、この異名により定まった。(46)それが院の逆鱗に触れたのであろう、配流の引き金となったという。ただし覚一本は、この悪口を、隠岐へ流される文覚が「『これほどに老の波に立って今日明日《けふあす》を知らぬ身を、たとひ勅勘なればとて、都の片辺《ほとり》にも置かずして、はる〴〵隠岐国まで流されける毬杖《ぎっちよう》冠者こそ安からね。いかさまにも我が流さるゝ国へ迎へ取らんずるものを』と跳《おど》り上り〳〵ぞ申しける」というかたちで、院を隠岐へ招喚する呪詛の一部としている。跳りあがりながら悪口を放つ姿は法住寺御所で法皇に対してのそれと重なり、彼の行動は首尾一貫している。それはよく計算された設定ではあるが、折角の肝心な異名は既にして引かれ者の小唄になってしまい、付け加えられた「この君は、余りに毬杖の玉を愛させ給ふ間、文覚、かやうに悪口申しけるなり」の一文も説明に堕してしまっている。

文覚と後鳥羽院との確執および承久乱をめぐって、延慶本の末尾近くに加えられる独自の挿話は、ただ悪口を吐くに終らず、死後もなお世を転倒しようとする文覚の執念のふかさを伝えている。彼はその死に臨み、己の首を高雄山に置け、都を望んで傾《かたぶ》けようと遺言した。その如く、死して十一年の後、彼の孫弟子にあたる明恵上人[47]の許にあらわれる。日中の行法を営む明恵の後ろに来て、文覚と名乗った声は、既に死んだ筈が何故現れたとの問いに答えて、「コノ及杖冠者ニツラウ当《アタラ》レテ候アヒダ、当リ返サムト存候ガ」漸くその復讐の許しを仏神に得たので、謀叛を起こすために廻文《めぐらしぶみ》を出すべく、その為の紙を所望する。言うが如く弟子の許にあった五十帖の紙を墓前で焼き上げると、数日後に再び日中の勤行の後ろに来て、お蔭で廻文を遣すことができ謀叛を起こして滅そうとするけれども、そなたには定めて公家より「関東損亡」の行いを命ぜられるだろうが、決して応えてはならない。逆に公家損亡と祈れ、さもなくば「御房ノ障碍神」となろう、と言って失せた。かく説いた上で、「隠岐院（後鳥羽院の旧称）ノ御謀叛ハ文覚ガ霊（の所為）トゾ聞ヘシ」と結んで因果を巧むのである。そこでも、文覚は徹頭徹尾謀叛の黒幕として立ちはたらいている。

　この不気味なエピソード[48]において殊に印象ふかいのは、霊となってなお謀叛を企む文覚が、明恵の後ろに出現して、その声のみが響くところであろう。そして、従わずは障碍《しょうげ》神となろうとの最後の言は、彼のあの後戸の神を祀る呪師的な性格が、霊となるやその祀るものと一体化した如き消息を示している。そして、姿を見せず背後の闇から声ばかりを響かせる文覚の欲するのは、廻文の料紙であった。文覚が死してもなお声と文書《フミ》と、二つの対照的な媒体に拘るところは、あの勧進帳において、これを携えて推参し大音声で読み上げるところと照応し、やはり一貫しているであろう。かつて仏法興隆を求めて院に推参した勧進聖は、霊としても推参し悪口しながら執念を伝え、ついに王法を滅すに至るのであった。

六　原罪と放逐

これまで文覚という聖について、種々のテクストの表層に浮かび上がるさまざまな姿をすくい取ってはその深みを探る試みを繰り返してきた。それは自ずから本書が各章において扱ってきた主題と重なり、それらが互いに結びつき呼応し合って展開し、逆にそれらが全て文覚という存在（あるいは文覚についての言説）に収斂するかのように説いてきた。彼は、声を武器に、推参を力として、ヲコの笑いを為《し》いだしつつ秩序と権威を突破し転倒を企てる。それは、芸能と祭祀のきわどい臨界を体現するがごとき存在であった。しかし、文覚という存在は、なお一筋縄で括ることができない。論ずる者の間尺に合わず収まり切れないものを発散し続けている。そうした、いつのまにか設定してしまった枠組を逸脱する何ものかに自覚的であるために、自己完結的な記述を敢えて停め、立ち止まって、この聖の来歴をかえりみてみたい。

文覚は、遠藤武者盛遠と名のる上西門院の北面に仕える武士であったという[49]。その家系出自、そして如何にしてかような聖とはなったか、『平家物語』の語り本系諸本にはそのことが全く捨象されている。一方で読み本系諸本は、彼の生い立ちや、在俗の身が出家して聖となる経緯を語る遁世譚がそれぞれに収められている。何より注意を惹くのは、それら諸本に共通する遁世物語の語りはじめが、彼の出家は女ゆえのことであったということである。

文覚の遁世譚は、いわゆる「袈裟と盛遠」として近代まで再生産されるほどによく知られた物語であった[50]。横恋慕した人妻の袈裟御前を自ら害《ころ》してしまい、その死を契機に出家したという。持戒精進の聖としては当然のことながら、六代の如く児はいとおしめども女の気配の全くない文覚であったが、意外にもその出家は女色に由来すると物語は主張する。舞曲『文覚』も、それ自体は語らないが、あきらかにその物語を前提としていると思しい一節[51]があって、それは舞曲の文覚がその身に纏う世界の一部をなしていたのだ。

諸本に共通するその遁世物語は、おおよそ次のような筋立てである。渡辺橋の供養法会に見染めた女房は、ある後家尼の娘で既にさる武士の許に嫁いでいた。盛遠はその母に強ちに媒《なかだ》ちさせて契りを遂げるが、女は夫を殺してくれれば夫婦となろうという。教えられた通り、酔い伏している夫の首を斬り落としてみると、それは女の首であった。夫に一部始終を告げて首を延べるが、彼は却って盛遠を赦し、これを機縁に発心出家する。盛遠も身替りとなり己れの手にかかって死んだ女を弔うため、出家して諸国修行に出で立ったという。文覚の尋常ならざる荒行の背景には、こうした愛欲ゆえに犯した罪業が秘められ、その懺悔滅罪の為の苦行が、聖の験力の源であったというのである。

延慶本では、女の母に対して盛遠がまず親子の契約をして三年の間懇ろに仕えた後、恋煩いの末に漸く年来の宿望をためらいつつ告白するという気の長い設定である。これに対して、長門本と『盛衰記』の盛遠は、いきなり叔母にあたる衣川殿に刀を突きつけて脅迫するという短絡的な手段に訴えており、橋供養で見染めた筈が以前から心にかけていた幼馴染であったというのも、いかにも無理な設定となっている。また延慶本の物語本文は、随所に漢文の対句による修辞表現が加えられ、それは延慶本全体の特色でもあるが、なおこの部分に際立つ唱導的性格の強いテクストである。(52) そこに、この遁世譚すなわち因縁物語の出自が自ずからうかがわれよう。さらに諸本の何れもが、女の自己犠牲を物語るこの遁世譚の末尾に、唐における類話として「東帰節女」の殉難譚を付している。これも和─漢もしくは三国にわたる例《ためし》を挙げる唱導説話の常套とみえるが、却ってその種を自ら明かしている。早く指摘されているように、『烈女伝』中の「京師節女」伝を基にしたこの説話を応用して創りだされたものが、この文覚遁世の因縁物語であった。但しそれは、恋慕した女の捨身を逆縁として男が〈聖なるもの〉へ到るという、中世唱導説話の一類が等しく踏襲する範型(53)へと転換させられている。そしてそれは、『平家』の物語内部においては瀧口入道時頼の遁世譚──横笛の入水死を伴うそれと、似たような出自の西行において語られる遁世譚(54)──恩愛深い妻女を捨離するそれとに、同調しつつ生みだされたものであった。

一方、別の視点からみるならば、この物語の舞台が、文覚の出身地である渡辺や鳥羽・淀という淀川水系に連なる所であり、物語の発端が渡辺橋の供養という祭儀の場であるということなどは、その物語の性格について或る示唆を与えるものだろう。水界をめぐる宗教民俗的な伝承の世界が背景にあるのではないか。橋そのものが古くから異界との境界であったが、中世の橋供養は異界に由来する障難を鎮めるべく仏神の来臨を祈る〈聖なる〉儀礼であったといえよう。[55]しかも、長柄《ながら》の柱の人柱伝説が示すように、伝承世界の約束事として橋の完成（供養）には必らず誰かの犠牲が要求されたのである。[56]橋供養の場で見染められ、死なねばならなかった女に、そうした古き犠牲の面影が揺曳しているだろうとは、既に近藤喜博の指摘するところであった。[57]水にゆかりある女の犠牲とは、古代の水辺で機《ハタ》を織り祭祀を営み神を迎える巫女の役割が伝承化されたものと構想する、折口信夫の唱えた水の女[58]の定めとも重ねられるものであろうか。袈裟とか衣川というその名からも、水にかかわる祭儀を司る女性宗教芸能者のはたらきが想起される。[59]かの女たちは、物語の中では遊女の気配すら漂わせており、それは媒ちする女の母の側に一層濃くあらわれる。女の、夫の身替りとなっての死も、単に一夫一妻制の許での夫婦の貞節に殉じてのものではなく、流れを立てる女としての義理立てを貫いたものと読むこともできよう。[60]何しろ盛遠は一たびは思いを遂げたのであり、女も余儀なくこれを受け入れたことを苦しむのであった。そこであらためて注目されるのは、延慶本の中で、盛遠が女の首を田の中に棄てて帰り、女が殺されたという報せを受けて漸く自分の誤りに気付き、田の中を探し廻って首を求め、探し当てた首を洗ってはじめて女の首と見知ったという、生々しくも奇妙な一節である。何故わざと田中に捨てて女の首を泥にまみれさせなければならなかったのか。あるいはそこに、田植の祭りをめぐって犠牲にされた早乙女の伝承などが遠く反映されてはいないだろうか[61]。

そうした民俗伝承の地平と連なる次元とは異なり、中世社会の男女の役割をめぐる葛藤の上からこれを読むこともできるだろう。そのとき、思いをかけた女を殺す男とは、どのような役割を演ずる存在なのだろうか。当時の風儀では、密通した間夫はその場で女ともども殺されて当然であり、武士のみならず広く一般にそうした私的制裁が許されていたことが知られている[62]。そうであれば盛遠は女の許に忍んで思いを遂げたところで自分が女と一緒に殺されることを覚悟しなくてはならなかったのであり、女も一蓮託生で追いつめられてしまったことになろう。これを遁れるために択ぶべき道はひとつである。姦通した男女が夫を殺害しようとした謀計は、実は余儀ない生き残りの選択ということもできるのではなかったか。女がもちかけた巧みは、あながち非現実的なものでもなかった。その実行の結果としてのどんでん返しは、だからこそ一層衝撃的な犠牲であり捨身として女の死を印象づけた筈である。自らの欲望のままに己と女を崖ふちに追いやり、言うなりに結果として下手人となった盛遠は、それゆえに聖なる犠牲をもたらす〝運命の力〟となったのだといえよう。

遠藤一族が連なるところの摂津の渡辺党という武士団は、こうした血醒い命のやりとりが語られるのに格好の演じ手であった。『平家物語』の橋合戦において宇治橋をめぐる戦さ物語の立役者の一方を担っていたように、一党の武勇は中世さまざまに伝承されていた[63]。更に、その始祖である渡辺綱について鬼退治の武勇譚が伝えられていることも無視することはできない。一条堀川の戻橋に美女となってあらわれたその鬼——茨木童子とも伝えられる——は綱に斬られた片手を取り戻す為に、綱の養母である伯母に変化して現れる。伯母は綱にたいして養育の恩を説き対面が叶わねば不孝すると脅して堅固の物忌を破り、首尾よく腕を取り返す。『太平記』や屋代本『平家物語』の「剣巻」に記されるその伝承は、盛遠とその叔母の関係の背後にも潜んでいはしまいか。渡辺党の武勇とは、その伝承に象徴されるような僻邪の威力を揮う呪的な性質を帯びたものであったのであり、その力は水界に接する境界で発現する。そこに、血縁の親族の女が関わっているのである。

延慶本の物語において、盛遠は己を孤（みなしご）であると言い、それ故に女の母である後家尼を母とも頼むと取り入るのだが、それ以上の詳しい係累は語られない。それに対し『盛衰記』のみが、父母の事から始めて、申子、誕生、生長など生い立ちを詳しく語っている。他に知られぬ伝承というばかりではなく、そこに描き出される幼童としての文覚像が興味深い。父も母も老いて子無きことを歎き長谷寺の観音に祈れば、鳶《とび》の羽根を授かると見て懐妊したとは前述の通りである。生まれたとき母は難産で死に、父も程なく亡くなり「堅固ノ孤子」となった盛遠は、丹波保津庄の下司春木二郎入道道善に預けられて養育されるのだが、その幼少の頃より手に負えぬ餓鬼大将であったという。

面張牛皮ノ童ニテ、心シブトク声高ニシテ、親ノ教訓ヲモ聞カズ、人ノ制止事ヲモ用ヒズ。庄内ノ童ヲ催シ従テ野山ヲ走、田畠ヲ損、馬牛ヲ打張、目ニ余タル不用仁也ケレバ、上下イカヾセント持酔タリ。

隣近所の持て余す乱暴者であったというが、その声高にして人の制止に拘らないという性格は、既に後年の聖となっての所行に通ずるものがあって、双葉より芳しい文覚生得の特徴として語られている。それだけでなく、この童の乱行はもう少し奥行の深い性質を帯びているもののようだ。

少《オサナク》ヨリ時々物狂ノ気アリケリ。容顔ハ勝《スグレ》ザリケレ共、大ノ男ノ力強ク心甲《剛》也。武芸ノ道人ニ勝テ、道心モサスガ在ケルトカヤ。常ニハ母ガ難産シテ死ニケル事ヲ云テ泣、父ガ事ヲ恋テ悲ム。

生まれつきの狂気も、醜貌も大力も、それらが刻印するのは、常人にない神の徴《しるし》であろう。しかも、難産で死んだ母を慕って泣き、一方で田畠を荒し牛馬を虐《いじ》めるのは、単なる悪戯《いたずら》ではなさそうである。それは、古く『日本書紀』や『古事記』に登場するスサノヲのしわざに似ている。火の神カグツチを産んで死んだ妣《ハハ》イザナミを慕って哭《な》くスサノヲは、父イザナギに神逐《かむやら》いに根の国へ逐われる。その時にあたり高天原に住む姉天照大神に対面し、己の清き心を示そうと参り昇ってくる。山も海も鳴りどよもして来たる、そうしたスサノヲの行動は、最も古い推参のすがたと言ってもよい。そして、天照《アマテラス》との誓約《うけひ》の果てに勝さびして暴悪の限りを尽くす。田を荒し馬を生剝ぎするその所行は、大祓《おおはらへ》の祝詞《のりと》に説かれる天津罪と等しいものであった。それは他のもろもろの罪穢れと共に、儀礼の上では解除《はらへ》されて流し棄てられるのであるが、神話ではスサノヲ自身がその罪を負って天上界から追放されるのである。『盛衰記』が独自に語る文覚の生い立ちは、たしかに成長した後の面影を既に幼くから宿しているように説かれるが、それを通して更に深いところに潜んでいる、彼に負わされた神話的属性をその饒舌のなかに表象しているようである。長じてもなお泣きやまぬ永遠の母性思慕と、一転し女に強ちな思いをかけて殺《あや》めてしまうまでの激情も、彼の荒ぶる両義的な性格のあらわれといえよう。物語上の文覚は、たしかに彼自らの始源的性格から発する推参や暴悪の所行により罪を負わされて王に流され、遂に流し棄てられるような人であった。自身もまた、己の所業に突き動かされるようにして〈聖なるもの〉へ自らを逐いやっていく存在であった。文覚という人物が、ただの卑小な罪人でない、絶えず謀叛を企てるような王法への反逆者であったればこそ、いかにも神話的古層を喚起させるような人物像が物語において、あえて象られるのであろう。

七　聖は嘯いて去った

逐いやらわれてこの世を去った文覚は何処へ行ったのか。延慶本『平家物語』では、冥界からなおも世を覆えそうとする声を発したのであったが、これを聴き容《い》れた明恵上人は、文覚をめぐってもう一つの不思議な話を語っている。正確には、文覚その人についてでなく、その弟子の行状なのだが、しかしそこには、確かに文覚の存在が影のように息づいている。この物語に耳を傾け、そこからいかなる声が聴えてくるか。ささやかな一片の資料から文覚の行方を尋ねることをもって、終章を説きおさめることにしよう。

高山寺に伝えられた明恵上人の伝記文献のひとつ、『明恵上人伝拾遺記』[64]中の一篇は、或る人の所持する御詞の中に云く、という引用の体裁で、某人が明恵の許へ詣でて法談の次《つい》でに、上人が語ったこととして、明らかな〝説話〟の枠組を設けなして物語られる。

そこに明恵が語るのは、悟性房という聖のことである。彼は、文覚が伊豆に配流されていた時、その地で弟子となり随逐した人であったという。「指テ学文《（問）》ナンドシタル人トハ覚へザリシカドモ、法理一筋、ハシタナク申キ。久ク山林ニ嘯《ウソブ》キテ、行道モ年積リシカバ、今ノ世ニハカヽル人モナクヤトゾ覚ル」という聖であった。彼は『平家物語』にも姿をみせる、伊豆における文覚の弟子たちの一人であった。あるいは『盛衰記』に登場する、あの、却って文覚を打ちすえて覚文と命名されたような聖であったかも知れない。ともあれ、この聖が神護寺に居住していた時、何を思ったか洛中の町に出て久しく勧進を営み、集めた勧進物を料足として、仏師に誂えて「等身ノ人形ノ衣冠正シク坐シタル」を大層立派に造らせた。見事に完成した、誰の似姿とも知れぬこの人形を背負い、町へ出て、大路に高く座を設けて坐らせ「綾羅錦繡」の衣服を着せかけて仰々しくもてなした。そして道を行き交う人々がこの「影像」に礼もせず通り過ぎれば腹立して咎め諍《いさか》い、「高声ニノヽシリケリ」という。この人形、初めは中将の君と号し、日毎次第に官位を上げて、中納言・大納言と称し、ついには大臣・大将と成り上って、「カヽル目出タキイミジキ例《タメシ》アラジナンドノヽシリケリ」という具合である。見聞する人々は大いに怪しみ、只事でない狂気の沙汰かと疑った。かくて十日許りして、聖は、四条の辻において「此人形、不思議奇特ノ振舞スベシ」来り集まって見物せよ、との旨を所々に簡《フダ》を立てて喧伝した。[65] 一体何事が起きるかと群衆の注目の中に、聖は二丈余りの高座の上に据えられた人形の前に進み出て、「大キニ声ヲ上テ叫ビ泣テ」云うことには、「コノ日来《（ヒゴロ）》、トカク馳走奔走シテ、所知ノ庄園ヲ儲テ、官《（ツカサ）》ハ大臣ノ大将マデニナリツル物ヲ」と「躍リ揚《（アガリ）》テ臥シマロビ叫《サケ》ビテ」大騒動した挙句、ついに松明に火を点《とも》し高座に昇りあがり、人形に火を放って焼き払い忽ち灰燼と帰した。見物の人々、或いは興を醒まし、或いは大咲いして、折角これまでいみじく営み荘《かざ》り立て、用途を費し結構してもてなしたのを忽ち焼きすてるとは、何と「嗚呼ガマシク物狂ハシ」いことかと嘲りののしった。すると、悟性房は、かれら嘲笑する人々に向かって爪弾《つまはじ》きをしかけ、高声に大演説をぶつのである。

　これは、只の人形に過ぎない、こうしてもて遊んでもちっとも差支えなかろう。汝らよく聞け、貴賤上下誰もみな不浄の身ながら「イミジキ事ガホニモテアツカヒテ」この世の栄華を望み富貴を求めて一生を徒らに費し、罪業の因ばかりをなす。かくも不浄の身を後生大事ともてなせど永遠《とわ》に生きられる筈もなく、忽ち無常の殺鬼に責められ中有に迷う身となろう。命もこの人形を焼く焔のようにはかなく消え果てるだろう。これほどの理を悟らずたわぶれるお前たち人間こそ「嗚呼ガマシク物狂ハシ」い存在だ、と「手ヲタ、キノ、シリツ(詰)ムル」のであった。この情熱あふれる教化の弁舌を聞いた人々は落涙し、心ある人は発心遁世したという。この奇抜な悟性房による勧進興行は、その頃、広く世間に取り沙汰された出来事であったという。

　その勧進の眼目たる人形に衣冠をつけ「綾羅錦繡[66]」をまとわせて高座に据えるとは、たとえば今も祭礼の山車《だし》などに飾る風流《ふりゅう》の造り物と同じ趣向である。物語・芸能・神話伝承上の人物が撰び出され、その風体を模した似姿が豪華な装束で飾り立てられ、町の辻毎に立てられ、或いは囃子とともに曳き回される、中世都市の民衆に親しく馴染のある光景[67]であった。しかし、悟性房の営んだ風流がそ

図43　津島天王祭の能人形

木曽川下流の尾張地方では，津島の牛頭天王社が疫神を祀り祓う拠点であった。その祭礼では，一方に疫神送りの秘儀として御葭《みよし》流し神事が行われ，一方で京の祇園社の山や鉾の替りに，天王川を舞台に舟渡御が催され，朝祭りとして風流をこらした能人形が造り物として五雙出される。その一番に，戦国時代以来の名家として「市江車」を出すのが服部家である。能装束の唐織や小袖を掛け並べて飾り立てられた上に高々と井樓《せいろう》を組み等身のシテとワキの人形を立てて能の番組を見せる。今も数十曲のレパートリーをもつという。

れらと全く質を異にするのは、その「等身」の「影像」が、人界のはかなき虚栄を象る形代として、わざとこれを崇め奉り、往来の人に礼拝を強いるほどの「物狂」とみえる狂言を巧んで、その本尊—偶像《アイドル》に仕立てあげているところである。そして、簡《フダ》を立て吹聴して御披露目し、最も高みにまつりあげたところで、一転、火を放って灰にしてしまう。風流を楽しむ中世人の遊びさながら、それを逆手にとっての無常の唱導が演ぜられたのであった。この偶像は、きわめて精妙に造られてはいても無名氏である。それは、あくまで世人一般を教訓する為の人形《ヒトガタ》であるからだ。しかし、人界の虚栄の相として象られたのは地下や武家ではない。虚飾に装われた上臈は、貴族としてその戴くところの朝廷に当てつけたものであることは明らかだ。目の敵にする者の人形を造って焼くことは、今も何処でも変わらぬ過激な抗議のデモンストレーションの絶頂であろう。それは只事ではない、批判というよりむしろ攻撃というべき示威行為である。悟性房の造りだしたそれは、なお無名の傀儡であるからこそ、これを操っての洛中の大路で白昼公然のパフォーマンスには、時世全体を撃つ諷刺という以上の強烈な批判の刃が仕込まれていたのではなかったろうか[68]。

但し、その批判は、この教化の説法では、あくまでも抽象的な一般論に終始して、特定の誰彼を名指しすることはない。けれども、それが何時、いかなる場の状況の許で催されたかによって、その言説は、文覚の勧進帳や悪口と同じく当代への批判として機能しうるのである。すくなくとも、四条大路の辻という洛中の真只中で行われた点からは、何処にその切先が向けられていたかは明らかであろう。しかし、このテクストでは語り手である明恵が「或時」とばかりで何時かを明らかにせず、悟性房が狙い撃ったであろう誰の時世であるかを定めがたい。物語は、敢えてその対象を朧化しているのである。

改めて確かめておきたいのは、この悟性房の、文覚が後白河法皇により伊豆に配流されてから彼地にて随逐し、一時神護寺に居住していたという経歴である。すなわち、彼の活動は、文覚による神護寺興隆の時期と重なるものであり、それが挫折した後鳥羽院政下の弾圧と配流をも、おそらく経験しているであろう。或いは自らも明恵の師である上覚と共にそれに随従していたかも知れない(69)。言ってみれば、彼は筋金入りの山林行者として文覚と志を同じくするひたすらな聖であった。一方の明恵は、元暦元年(一一八四)に九歳で高雄に入山してより、その時期に神護寺で修学していた。『梅尾《とがのお》明恵上人伝記』には、建久四年(一一九三)に衆中を厭い一時高雄を出て紀州白上に赴いたが、文覚の教訓により帰山したと言う。更に建久九年(一一九八)秋に「高雄聊か騒動する事有りしかば六ケ敷とて」再び離山して紀州へ去った。この騒動は文覚の逮捕と配流にいたる混乱をさすのであろう。神護寺に還住するのは文覚の没後の元久元年(一二〇四)になってからである。やがて建永元年(一二〇六)秋には後鳥羽院より梅尾の別所を賜わり十無尽院を創建する。両度にわたる神護寺離山の時期を除いて、住山の間に明恵は悟正房の一件を見聞した筈である。だが、『伝記』が文覚の配流およびその因をなした後鳥羽院宮廷との確執について一言も触れないように、『平家物語』とは対照的に、明恵伝の周辺では後鳥羽院への批判的な記述は表面に現れることがない(70)。明恵を伝承の媒ちとして、明恵伝の周縁に漂っていた文覚一味の勧進聖が仕でかした狂言の一幕をめぐるこの一挿話は、それ自

図44　華厳縁起絵巻　元暁絵

（右）義湘と共に入唐求法を志しながら，途上で“心の鬼”を観て，万法は心の裡にあり，他に求むるものなしと観念し故国へ引き返した元暁は，新羅において名高い自由人，風狂の僧であった。それが，市井にあって俗人や童と琴を弾じ音楽に興ずる遊びの姿に象られている。

（左）それのみならず，海山のあいだの大自然と一体化して坐禅し，また月を詠《なが》めるところを，絵巻は敢えて加えている。その姿は，絵巻の制作者である明恵上人の精神的自画像というべき成忍作樹上坐禅像と共通する。しかも，その山水の世界のなかで歌を詠む姿までもが加えられる。ここに元暁に託される明恵の希求する理想像は，そのまま悟性房の生き方でもあるだろう。

体でも、また『伝記』本体の文脈からも、後鳥羽院を標的とした批判として読むことができないようになっている。にもかかわらず、この聖の仕業にはいかにも強烈な毒が仕込まれており、その叫びからは、まるで文覚の分身のような反抗の気配を発散させているのだ。逆に言えば、だからこそこの一篇は、『伝記』にはどうしても結び付けることができず、本文から遊離した不安定な形で伝承されるしかなかったのであろう。

何より興味深いのは、この悟性房の行動が、物語上の文覚の行動と不思議に似通《かよ》っていることである。山林に修行し、勧進に立ちいでるのみならず、狂言をたくらみ、風流を構えいだして、高声にののしり、喧嘩を吹っかけ、大音あげて躍りあがり、唱導の弁舌をふるった挙句にお前達こそヲコだと言い放つ姿は、殆どあの文覚の勧進帳から配流に至る八面六臂の活躍を彷彿とさせるようである。その点で、彼はたしかに文覚の同志であり、その流れを汲む一党であった。その志からみても、彼の批判の刃の切先は当然のことに、当代の王権に向けられていたに違いないのである。それでなくとも、都の真只中でのこれほどまでに派手な興行は、自ずと検非違使に睨まれ、王の膝元での治安を紊《みだ》すものとして検断の対象になったことであろう。その身も安閑としては居れなかった筈である。それかあらぬか、『拾遺記』の記事は、その纏末を記した後に、「此悟性房、加様ニシ散シテ、イヅチヘカ行ケン、其後ハ聞得ズ」という。果たして、聖はしおおせたりと姿をくらました。もはや都には居られなかったのであろう、むろん神護寺にも帰れなかった。彼を庇護すべき文覚は、おそらく配流されてしまっていたからだ。すべて想像の域に入ることであるが、もしかしたらこの悟性房の企ては、文覚の配流とその死について朝廷に抗議するために打った、一世一代の命を賭けた大芝居であったかも知れない。

悟性房の行方は、しかし全く杳として知れなかったわけではない。一篇の末に、明恵はこんな伝聞を語っている。

那智山ノ瀧ノ上ニ草庵ヲ結ビテ、和琴ソバニ立テヽ、常ニカキナラシツヽ、独リ嘯《ウソブ》クト云僧ヲ、人ノ語リシゾ是ニヤト、アヤシク覚ヘ侍リキ。

熊野の那智の瀧とは、物語において文覚が荒行したその故地である。そして、その瀧の上は、花山院が草庵を営んだ伝説の遺蹟でもある。彼は山林に亡命したのだ。それも聖にとって最もゆかりある霊地へと。そこに携えかなでていたのは和琴であったという。嘯《うそぶ》くのはむろん歌謡であったろう。[71] 明恵は、この伝聞を裏打ちするように最後に一言を添えた。「此悟性房、当初《ソノカミ》、和琴ナラビニ郢曲ヲ稽古シタリシナンド、物語申侍リシナリト云々」と一篇の全体が結ばれている。それは、この聖の正体を示唆するような一言であった。和琴による音楽とともに、郢曲——すなわち今様雑芸の声わざは、彼の手なれたすさびであった。されば、彼の営むしわざが風流の芸能に限りなく近いことも理《ことわり》であろう。琴の音を伴奏に嘯く歌の声ばかりを響かせて、聖は飄然と去った。

注

序章　中世の声

（1）安田次郎「春日若宮おん祭り」『中世の興福寺と大和』山川出版社（二〇〇一）。
（2）高桑いづみ「「乱声」の系譜――雅楽・修正会から鬼狂言へ」『芸能の科学』24（一九九六）。
（3）世阿弥の『五音曲条々』に当道（能楽）の音曲を理論化するにあたり、祝言音曲が治世安楽音である根拠として同じく『詩経』大序を引いて示している。表章他校註『世阿弥――禅竹』日本思想体系24、岩波書店（一九七四）。
（4）弓削繁「亡国の音――承久の乱の解釈をめぐって」『岐阜大学国語国文学』19（一九八九）。
（5）拙稿「中世の音声――声明／唱導／音楽」『中世文学』46（二〇〇一）。
（6）「高声と微音」『ことばの文化史　中世Ⅰ』平凡社（一九八八）。「中世の音をめぐって――高声と微音」『芸能史研究』105（一九八九）。
（7）『今昔物語集』では、源大夫は「声を高くあげて『阿弥陀仏よや、おいく〳〵』と（金《かね》を）叩きて行く」のであり、これに対して、「海の中に微妙の御音《こゑ》ありて『ここにあり』と答へたまひ」とあり、基本的に、高声の念仏と微音の仏声という網野氏の指摘する対比的構造が〈聖〉と〈俗〉のふたつの世界を象り、媒介していることが鮮やかにみえる。なお、念仏における「金（鉦鼓）」の音は不可欠であり、その音―拍子と念仏の変奏《ヴァリエーション》の多様さを併せて把えなければならない。小峯和明「仏を呼ぶ声」『説話の声――中世世界の語り・うた・笑い』新曜社（二〇〇〇）参照。
（8）野守鏡では、この一節を引いて、声明における「懺法の典に、山風のおろし節《ぶし》、滝のつたひ節といふ口伝」があるという。また、念仏についても、同じく源氏物語の「こゑすぐれたる限りさぶらはせたまふ念仏の、暁方などしのびがたし」を引き、これを阿弥陀経の典によるとし、ともに紫式部は声明の名目（故実）を知って書いた、と主張する。

（9）清水真澄「能読の世界——後白河院とその近臣を中心に」『青山語文』27（一九九七）。同「能読の系譜——『読経口伝明鏡集』を中心に」『国学院雑誌』98-4（一九九七）。柴佳世乃「「読経道」考」『文学』9-1（一九九八）。

（10）拙稿「聖俗を遊戯する女人」『湯屋の皇后——中世の性と聖なるもの』名古屋大学出版会（一九九八）。

（11）小島裕子「「一心敬礼声澄みて」考——法文の歌が生みだされる場」『文学』10-2（一九九九）。

（12）伊藤正義・黒田彰編『和漢朗詠集古注釈集成』第三巻、大学堂書店（一九八九）五五四〜五五六頁。

（13）黒田彰「祇園精舎覚書——注釈・唱導・説話集」『続中世説話の文学史的環境』和泉書院（一九九六）（初出一九九〇）。清水宥聖「言泉集の位置——雑談集・平家物語との関連において」『国文学踏査』8（一九六八）。

（14）榊泰純「妙音院師長の音楽と日本音楽史上の位置」『日本仏教芸能史研究』風間書房（一九八〇）（初出一九六四）。

（15）岩佐美代子『校注文机談』笠間書院（一九八九）。

（16）三木雅博「楽の音と歌声をめぐる小考」『平安詩歌の展開と中国文学』和泉書院（一九九九）によれば、平安時代の和歌には楽器の音《ね》自体が詠まれることは無く、歌声に至っては全く登場せず、それらは和歌の世界が本質的に拒むものであったという重大な指摘をしている。

第一章　声の芸能史

（1）佐藤道子他編『お水取り　東大寺二月堂修二会』小学館（一九八六）。東京国立文化財研究所編『東大寺二月堂修二会の儀礼と所作』平凡社（一九七五）。

（2）拙稿「唱導における説話——私案抄」説話・伝承学会編『説話と儀礼』説話・伝承学'85、桜楓社（一九八六）。同

「唱導――唱導説話考」『説話の場――唱導・注釈』説話の講座3、勉誠社（一九九二）。
(3) 神と人の間を繋ぐ託宣の言葉については、折口信夫の論ずる〝みこともち〟論（「日本文学の発生」等『折口信夫全集』7）や、岩田勝が神楽の芸能において法者と神子との関係を説く（『神楽源流考』名著出版〈一九八三〉）のが参考となる。
(4) 高山寺典籍文書綜合調査団編『明恵上人資料』第一、高山寺資料叢書第一冊、東京大学出版会（一九七一）。
(5) 福田晃『神道集説話の成立』三弥井書店（一九八四）。同『神話の中世』三弥井書店（一九九八）。
(6) 黒田彰「神道集、真名本曽我と平家打聞」『中世説話の文学史的環境』和泉書院（一九八七）。
(7) 福田晃「曽我語りと唱導」『立命館文学』379～381（一九七七）。同「真名本曽我物語の唱導的世界」『唱導文学研究』第二集、第三集、三弥井書店（一九九九、二〇〇一）。
(8) 小林健二「能〈小林〉考」『中世劇文学の研究――能と幸若舞曲』三弥井書店（二〇〇一）（初出一九八四）。
(9) 錦仁「別本『冥途蘇生記』の考察」『伝承文学研究』33（一九八六）。
(10) 西口順子「性と血筋」『巫と女神』シリーズ女性と仏教4、平凡社（一九八九）。細川涼一「中世王権と「亡国の音」『逸脱の日本中世――狂気・倒錯・魔の世界』洋泉社（一九九六）。
(11) 大阪市立美術館編『聖徳太子信仰の美術』東方出版（一九九六）。津田徹英「中世における聖徳太子図像の受容とその意義」『密教図像学』16（一九九七）。拙稿「院政期における太子崇敬の展開」『説話文学研究』35（二〇〇〇）。
(12) 加賀元子「『法隆寺縁起白拍子』の周辺――作者重懐の文学環境に関わって」『芸能史研究』139（一九九七）。
(13) 拙稿「中世芸能と太子伝」『観世』47-5（一九八〇）。
(14) 土谷恵「中世寺院の児と童舞」他『中世寺院の社会と芸能』吉川弘文館（二〇〇〇）。
(15) 拙稿「神秘の霊童」序章注(10)前掲書所収。
(16) 国文学研究資料館編『真福寺善本叢刊8　古文書集一』所収、臨川書店（二〇〇〇）。

(17) 芸能史研究会編『日本庶民文化史料集成第二巻　田楽・猿楽』所収、三一書房(一九七四)。
(18) 注(17)前掲書所収。
(19) 松尾恒一「興福寺延年、発生と展開」「維摩会延年の成立」『延年の芸能史的研究』岩田書院(一九九七)。
(20) 拙稿、序章注(10)前掲論文。
(21) 松岡心平『宴の身体——バサラから世阿弥へ』岩波書店(一九九一)。
(22) 竹本幹夫『観阿弥・世阿弥時代の能楽』明治書院(一九九九)。
(23) 注(17)前掲書所収。
(24) 天野文雄『翁猿楽研究』和泉書院(一九九五)。
(25) 注(17)前掲書所収。本田安次『延年』木耳社(一九六九)。新井恒易『中世芸能の研究』新読書社(一九七一)。
(26) 山路興造「常行堂修正会と芸能」『翁の座——芸能民たちの中世』平凡社(一九八八)(初出一九七五)。
(27) 『音曲口伝』および補注「節曲舞」他(表章他校注『世阿弥　禅竹』日本思想大系24、岩波書店〈一九七四〉所収)参照。
(28) 乾克己『宴曲の研究』桜楓社(一九七二)。
(29) 外村久江・外村南都子『早歌全詞集』中世の文学、三弥井書店(一九九三)。
(30) 注(27)前掲書補注「賀歌女　乙鶴」参照。
(31) 市古貞次「曲舞・幸若舞年表」『中世小説とその周辺』東京大学出版会(一九八一)。
(32) 麻原美子『幸若舞曲考』笠間書院(一九八〇)。同校注『舞の本』新日本古典文学大系、岩波書店(一九九八)。
(33) 小林健二「満仲譚の展開——説経台本『多田満中』から幸若舞曲『満仲』へ」注(8)前掲書所収(初出一九九七)。
(34) 笹野堅『幸若舞曲集』臨川書店(一九七五)。
(35) 川崎剛志「曲舞と幸若大夫」『幸若舞曲研究』第七巻、三弥井書店(一九九二)。

(36) 徳江元正『室町芸能史論攷』三弥井書店(一九八四)所収「題目立考」(初出一九六九)、「幸若舞曲と題目立」(初出一九七七)、「奈良辺土の芸能」(初出一九八〇)。
(37) 金井清光『題目立詳解』明治書院(一九八八)。
(38) 徳江元正「やれことうとう考」注(36)前掲書所収(初出一九七五)。

第二章　声わざ人の系譜

(1) 五来重「遊部考」『仏教文学研究』第一集、法蔵館(一九六三)。同「中世女性の宗教性と生活」『日本女性史1 原始・古代』東京大学出版会(一九八二)。
(2) 服藤早苗「遊行女婦から遊女へ」『日本女性生活史1 原始・古代』東京大学出版会(一九九〇)。
(3) 猪股ときわ「恋の宮廷」『歌の王と風流の宮――万葉の表現空間』森話社(二〇〇〇)(初出一九九二)。
(4) 徳江元正「黒髪のエロス――檜垣の嫗」『芸能・能芸』三弥井書店(一九七六)。
(5) 小峯和明「大江匡房の遊女記」『中世文学研究』20(一九九四)。
(6) 深沢徹「『傀儡子記』を〈読む〉――人形愛もしくはディス・コミュニケーション論序説」『中世神話の煉丹術』人文書院(一九九四)。
(7) 滝川政次郎『遊女の歴史』および『江口・神崎』、いずれも至文堂(一九六五)。
(8) 『梁塵秘抄口伝集』巻十に、後白河院の法住寺殿における供花会の際とおぼしく「五月の花の頃、花参らすとて、江口・神崎の君、青墓・墨俣の者(傀儡)つどひてありしに、今様の談義ありて、様々の歌沙汰、少々は歌ひなどせし時」とは、これもひとつの推参の習いであったかと思われる。
(9) 拙稿「女人禁制と推参」序章注(10)前掲書所収。
(10) 定家『拾遺愚草』中の贈答歌に見える、「在明の暁よりも憂かりけり　星のまぎれの宵の別れは」返し「舟寄する思ひもあらじ宵の間の　別れは星のまぎれなりとも」は、岩佐美代子がいみじくも指摘するように、明らかにこの五節間郢曲をふまえた歌であろう（「〈座談会〉歌謡の世界」季刊『文学』10-2〈一九九九〉における発言）。

(11) 徳江元正「やれことうとう考」第一章注(36)前掲書所収。

(12) 筑土鈴寛「唱導と説話文学」所引の金沢文庫蔵説草「和泉式部往生事」『復古と叙事詩』青磁社（一九四二）。柳田国男『女性と民間伝承』岡書院（一九三二）。

(13) 今堀太逸「法然の絵巻と遊女」『神祇信仰の展開と仏教』吉川弘文館（一九九〇）（初出一九八六～八七）。

(14) 拙稿「聖俗を遊戯する女人」序章注(10)前掲書所収。

(15) 栃木孝惟「半井本『保元物語』の性格と方法――あるいは軍記物語における構想力の検討のために」秋山虔編『中世文学の研究』東京大学出版会（一九七二）。

(16) 小林太市郎「平家納経考証」『大和絵史論』全国書房（一九四六）。

(17) 西岡虎之助「宮島の内侍」『日本女性史考』新評論（一九七七）。

(18) この一周忌仏事の際の澄憲による表白が、『転法輪鈔』に「為穎曲御師五条尼被追善表白」として収められている。永井義憲・清水宥聖編『安居院唱導集』上、角川書店（一九七二）。

第三章　推参考

(1)「祇王」の段を含まない覚一本系の古態本もあり、また屋代本や延慶本、そして四部合戦状本などは異なった形の物語となっており、祇王の物語と『平家物語』の関係は流動的であって、どの段階でそれが『平家物語』と結び付いたか、またその古態をどの諸本に求めるかは議論が分かれる。島津忠夫「祇王説話と平家物語」『国語と国文学』（一九七六）他参照。

(2)『邦訳日葡辞書』岩波書店版（一九八〇）。

(3) 今堀太逸、第二章注(13)前掲論文。

(4) 今堀太逸「伝法絵の研究」『本地垂迹信仰と念仏』法蔵館（一九九九）参照。

（5）『日本国語大辞典』（初版）「推参（すいさん）」の項に所引。
（6）注（5）同前。
（7）佐藤武義「和製漢語の成立過程と展開――「をこ」から「尾籠」へ」『文芸研究』65（一九七〇）。
（8）『岩波古語辞典』（一九七四）および『日本国語大辞典』（初版）では、上一段活用の「まいる」に「入る」の付いたところから変化したもの、と把えている。
（9）佐藤武義「往来物の語彙」『講座日本語の語彙4　中世の語彙』明治書院（一九八一）には『雲州往来』等の往来物における謙譲語彙としての「参」の複合した語例を挙げており、当時の規範の一端が察せられる。
（10）『明月記』国書刊行会版、第一巻～三巻（一九一一）に拠った。
（11）『年中行事秘抄』。
（12）『年中行事御障子文』十一月条。
（13）和田英松註解・所功校訂『建武年中行事註解』講談社学術文庫（一九八九）。なお、本文中の（＊）で示した部分は『註解』には「まいたん*」とあり、和田博士も『売炭翁』の朗詠のこととしており、所氏もこれを踏襲するが、恐らく前後の文脈から「まいらん*」の誤写であろうと判断し、私に訂した。
（14）『新訂増補故実叢書』第二十三巻（一九五一）所収本に拠る。
（15）『続群書類従』第十輯下、公事部所収。磯水絵「公家と地下楽家における音楽伝承」『説話と音楽伝承』和泉書院（二〇〇一）第三章四節参照。
（16）『史料大成・兵範記』第二巻所収。この記事は、既に林屋辰三郎『中世芸能史の研究』岩波書店（一九六〇）第二部第三章（三五八頁）に詳しく論ぜられるところである。
（17）磯水絵「知足院関白の音楽活動について――その記録と伝承」注（15）前掲書所収。
（18）源豊宗「承安五節絵について」『人文論究（関西学院大学）』12-4（一九六二）。引用は同論文付載の翻刻に拠り私に読みやすく訂した。

(19) 玉井幸助校注『辨内侍日記新注』大修館書店（一九五八）に拠る。

(20) 伴信友『中古雑唱集』所収「綾小路俊量卿記」之内（高野辰之編『日本歌謡集成　中古篇』所収）。綾小路家旧蔵『朗詠注秘抄』、京都大学蔵菊亭文庫『郢曲』（徳江元正『室町芸能史論攷』三弥井書店〈一九八四〉に翻刻）にも含まれる。

(21) 山田孝雄他校注『今昔物語集』五、日本古典文学大系（一九六三）に拠る。

(22)「円融院のむらさいのゝ子日の日、曽禰好忠いかに侍ける事ぞ」といへば、（重木）「それ〳〵、いと興に侍りし事也。さばかりのことに上下をえらばず和哥を賞せさせ給はんに、げにいらまほしきことにはべれど、かくろへにて優なる哥をよみいださんだに、いと無礼に侍るべき。ことに、座にたゞつきにつきたりし、あさましく侍りしことぞかし。小野宮殿・閑院大将殿などぞかし『ひきたてよ〳〵』とをきてさせ給しは。みつねが別禄給はるに、たとへしき哥よみなりかし。哥いみじくとも、おりふし・きりめをみて、つかうまつるべきなり。けしうはあらぬ哥よみなれど、からうおとりにしことぞかし」。また、『大鏡』裏書参照。

(23) 美濃部重克「穴黒々黒主哉の歌」『中世伝承文学の諸相』三弥井書店（一九八八）（初出一九八五）。

(24) 堂本家蔵絵巻の詞書は、松本隆信編『室町時代物語大成』第七巻に拠った。

(25)『鳥獣戯語』いまは昔むかしは今　3、福音館（一九九三）。

(26) 序章注(15)前掲書。

(27) 市古貞次等校注『曽我物語』日本古典文学大系（一九六六）に拠る。

(28) 注(27)前掲書ではこの部分が「十郎」となっているが、これでは筋がとおらない。太山寺本には「五郎」とあるのでそれに拠った。

(29) 拙稿「聖俗を遊戯する女人」序章注(10)前掲書所収。

(30) 岡見正雄校注『義経記』日本古典文学大系（一九五九）。

(31) 森武之助『浄瑠璃御前物語』井上書房（一九六二）。信多純一『上瑠璃』解題、京都書院（一九七七）。同『しや

うるり』研究篇、大学堂書店（一九八二）。
(32) 森、注(31)前掲書による。その本文は『室町時代物語大成』第七巻所収テクストに拠り、松本隆信校注『御伽草子集』日本古典集成を参考として引用した。
(33)『名語記』巻七「ネノヒ」条。中世の千秋万歳法師の詞は、行遍の『参語集』に載せられている。また、その家々の門口への「推参」の姿は、上杉本洛中洛外図の中に描かれている。
(34)『看聞日記』嘉吉三年正月十四日条（林屋辰三郎注(16)前掲書所引）。この他にも、同記には何例か芸能者やその他の「推参」が見えている。
(35) 市古貞次「曲舞・幸若舞年表」所引『管見記』嘉吉二年五月廿二日条、第一章注(31)前掲書所収。
(36)『管見記』嘉吉二年六月二十日条。

第四章　中世寺社の宗教と芸能

南都篇

(1) 奈良国立文化財研究所編『西大寺叡尊傳記集成』大谷出版社（一九五六）所収。なお、付け加えておけば、このとき、信如は三十三歳であった（中宮寺蔵『瑜伽師地論』弘安五年〈一二八二〉信如自筆加点奥書に「菩薩戒比丘尼信如生年七十二」とある）。信如の伝記については、既に永井義憲「信如尼とその周辺」『日本仏教文学研究』第二集、豊島書房（一九六七）があり、また、本論の後に、細川涼一「鎌倉時代の尼と尼寺——中宮寺・法華寺・道明寺」『中世の律宗寺院と民衆』吉川弘文館（一九八七）が信如の活動を律衆の尼僧のなかに位置付けて詳論している。
(2) 永島福太郎編『春日社記録』第一巻、春日大社（一九五五）（以下、若宮神主による社家日記は全て同書第一〜三巻に拠る）。一鳥居に夢想状と称す落書が高札に掲げられる事は、『春日権現験記』巻二に引かれる永万二年（一一六六）の大衆蜂起の際の一件がその先蹤をなすものだろう。
(3)『中臣祐定記』同年七月廿三日条「夜打入テ龍花院御堂ニ集会之処、寺中之大衆、相具両堂衆（東・西金堂衆）、追落莫」。

（4）嘉禎の神訴と閉門にいたる一件については、黒田俊雄『日本中世の国家と宗教』岩波書店（一九七五）第一部第三章が、その経緯を詳らかに分析し、これを素材として中世における権力のありかたを展望している。

（5）永島福太郎『春日社家日記』高桐書院（一九四七）。同『中世文芸の源流』河原書店（一九四八）参照。

（6）『中臣祐重記』寿永二年（一一八三）四月十一日条参照。

（7）『春日若宮拝殿方諸日記』（永享十二年〈一四四〇〉記）（『日本庶民文化史料集成』第二巻、三一書房〈一九七四〉所収）参照。

（8）注（7）前掲書参照。

（9）一例として『中臣祐明記』建久四年（一一九三）九月若宮御祭条を挙げれば、遷幸の際「旅所ニシテ夜明間、常住（巫）・郷（巫）八巫（乙）女、遊間、辰時終」とある。

（10）注（7）前掲書参照。また『若宮流鏑馬日記』（福原敏男『祭礼文化史の研究』法政大学出版会〈一九九五〉所収）参照。

（11）『中臣祐賢記』文永四年（一二六七）十二月十八日条、後深草院御幸に於ける若宮社参の際「慶賀（巫）、乱拍子舞、以外云々」とある。

（12）『中臣祐賢記』文永九年（一二七二）二月二十九日条、諒闇により停止されていた「若宮拝殿白拍子舞」を寺家より行うようにとの意向が社家に示された。

（13）成簣堂文庫蔵大乗院文書中の『制限』一巻の末尾に付された戯文的禁制状（恐らく衆徒の手になるものと思われる）に、新制を集会して評定せんとして「疲労之間、入興之處、取出異形肴、猶勧盃、仍脱袈裟、至極受用之、重以拝殿女童部、令取出瓶子、又勧一献、終以出音声、各又猿楽乱舞、至極酩酊」とあり、以下殆ど狂言的な展開を示す一節がある。拝殿巫女（白拍子）が衆徒や神人の遊宴に同席したことは、社家日記等に散見する（荻野三七彦編『「大乗院文書」の解題的研究と目録』上、お茶の水図書館〈一九八五〉参照）。

(14) 注(7)前掲書参照。

(15) 『春日大明神御託宣記』(永禄三年〈一五六〇〉五月廿五日「春日大明神於若宮拝殿御託宣」)(『大日本仏教全書 興福寺叢書』〈一九三二〉所収)。

(16) 『中臣祐賢記』。同記文永十年(一二七三)十月九日条には、田楽法師其駒が宿願により「若宮御前ニテ種々遊之」とあり、また『中臣祐春記』弘安六年(一二八三)七月十二日条には、西金堂古年童の招請により、其駒の子息等を混えた田楽法師を若宮拝屋にて遊ばしめている(松岡心平「田楽法師〝其駒〟をめぐって」『中世文学』28〈一九八三〉参照)。

(17) 「千本ノ佛成御房参社并禅尼信如房同道、用途一結・厚紙十帖、被進之」。

(18) 山田昭全校注『雑談集』中世の文学、三弥井書店(一九七三)。

(19) 『とはずがたり』では、物語中の寺僧が林懐の弟子なる真喜と言うことになっているが、史実は後述の『験記』のごとく真喜の弟子が林懐である。この誂りは単純な聴き誤りというばかりでなく、伝承上の状況を想像させる。

(20) 田中久夫他校注『日本思想体系 鎌倉旧仏教』岩波書店(一九七一)所収。この教懐往生説話は、既に注(31)の貞慶撰『春日大明神発願文』に託宣の詞とともに見えている。

(21) 『唐招提寺解』(『大日本仏教全書 史伝部』所収。鎌倉末期の成立)には、中川実範が戒律再興のために春日権現の冥助を仰ごうと春日社に七日参籠のところ、霊夢に示されたところにまかせて唐招提寺へ赴いた、という説話をのせている。

(22) 奈良国立文化財研究所編、注(1)前掲書参照。弘安三年の性海によって記された託宣記では、叡尊が祢宜と内宮一鳥居に談話していると「俄而巫金(ママ)号侍従又来臨。延季(一祢宜)云。此女人者、卜筮之上手也。有不審事者、可被尋云々」とて上人が問いかけると「于時女人、異相屢現、吹呻振袖再三、出清亮之声、示云。我是、牟山神也」とて託宣がなされる。拙稿「神道曼荼羅の構造と象徴世界」桜井好朗編『大系仏教と日本人1 神と仏』春秋社(一九八五)参照。

(23) 律衆においては、戒律上の僧衆の組織——比丘・比丘尼以下の七衆——を具えることが必要とされ、それ故に尼衆が重視されたといえる。『聴聞集』に「初テ興コソ大事ナレバ、始ハ七衆具足セントテ、比丘尼ノ始テ出デクルヲ悦トシナンドシタル風情ニ候シ」と言い、建長元年(一二四九)二月に法花寺において初めて大比丘尼戒が授けられたこと(『感身学正記』に「日本国如法修行七衆円満始也」と言う)は、戒律復興にとりまさしく記念碑的な事であった。

(24) 『聴聞集』のこの段では、北条時頼が鎌倉に止まるよう勧めたのに対し、「僧ハナニトモ候ハンズレドモ、尼寺ガ叶マジキ。皆女人ノ法ガ失候ハンズルガ不便ニ候」とこの請を断ったと述べる。

(25) 『法華寺舎利縁起』(奈良国立文化財研究所編、注(1)前掲書所収)によれば、この禅尼空如はもと高倉局(高松女院が澄憲の間に設けた娘)という宮中の女房で、老年に本願(光明皇后)の跡を慕い法華寺安居房に入り、同寺第一代長老慈善比丘尼と共に招提寺の釈迦念仏会に結縁する間に、嘗て感得した東寺舎利一粒の真偽を確かめようと試みたところ、その数が次第に増加する奇瑞があったことが発端となる。

(26) 『正法輪蔵』別帖「天寿国曼荼羅出現」(正和六年〈一三一七〉成立)(『真宗史料集成』第四巻、同朋舎〈一九八二〉所収)参照。なお、同書では信如房自身が太子の夢想の告をうけたことになっている。拙稿「中世聖徳太子伝『正法輪蔵』の成立基盤」『元興寺文化財研究所々報』16(一九八四)参照。

(27) 定円『太子曼荼羅講式』(醍醐寺本、『聖徳太子全集』第五巻、臨川書店〈一九八八〉所収)、『天寿国曼荼羅裏書銘』(『聖誉鈔』所収)、『中宮寺縁起』(『図書寮叢刊　諸寺縁起集』宮内庁書陵部〈一九七〇〉所収)、『聖誉鈔』(『大日本仏教全書　史伝部』所収)他参照。

(28) 二条は建治元年十月に、後深草院が招いた傾城が一夜空しく忘れられて恥辱を与えられそのまま遁世したことを見聞するが、「年おほくつもりてのち、河内のくに、はし(土師=道明寺)といふ寺に、五百戒の尼衆にておはしましけるよし聞きつたへしこそ、まことの道の御しるべ、うきはうれしかりけむと、おしはかられしか」という後日譚を記す。道明寺は律の尼寺であった。後年、尼として廻国する二条の律衆の尼との関わりを、これは別な側面からも語っているといえよう。

(29)『尼信如願文』中宮寺蔵弘安四年写本一巻（『大和古寺大観』第四巻、岩波書店〈一九七六〉所収）。

(30)『験記』には随処に巫女によるかかる営みが描かれているが、特に「護法占」と称す神降しが屢々登場する（巻六「虵呑心経事」、巻十五「清増事」なお、巻十三「増慶事」、巻十五「唐院得業事」参照）。それは巫女が砂を折敷や高坏に盛り、それを前に神憑りし、そこに春日社の護法神（おそらく榎本や水屋のごとき摂末社から赤童子まで種々の仕者であったろう）が降託するものであろう。なお、こうした神降し、託宣する巫女は若宮拝殿巫女と何らかの関係があったかと思われるが、その実態は明らかでない。

(31)貞慶『笠置般若台十三重塔供養願文』（宗性『弥勒如来感応抄』所収）、『春日大明神発願文』（『日本大蔵経・法相宗章疏下』所収）等に、貞慶自身による春日の神への信仰がうかがえる。

(32)高橋秀栄「笠置上人貞慶に関する新出資料四種」『金沢文庫研究』286（一九九一）に紹介された全文を以下に掲出する。「建久六年乙卯九月之比、笠置解脱上人、有二病悩事一。大明神、自ラニ託宣云。汝カ発心セシ事ハ、読ンニ心経ノ幽賛一時、引テニ瑜伽論文一発心セシ也。又、信ニ舎利一事ハ、依レリニ三十頌之「此即無漏界ノ文一ニ云々。御詠歌云。ワレヲシレ釈迦牟尼ホトケ世ニイテテ　サヤケキ月ノヤマヲテラストハ」。同、今様音詠云。「カシマノミヤヨリカサキ（ママ）ニテ　カスカノサトヲタツネコシ　ムカシノ心ヲイマコソハ　人ニハシメテシラレヌレ」。近本謙介「『春日権現験記絵』成立と解脱房貞慶」『中世文学』43（一九九八）においてこの資料を介して貞慶による『験記』祖型成立の歴史的文脈が考察されて興味ふかい。

(33)貞慶が設置した常喜院が、戒律の道場としてやがて叡尊と行を倶にする覚盛をうみだす所となった。また、彼が唐招提寺において鑑真将来の舎利を本尊として釈迦念仏会を創始したことが、律衆の活動の母胎であり絶えざる契機であったことは確かだろう。その貞慶撰『釈迦念仏会願文』（建仁二十三年〈一二〇二〉・唐招提寺蔵建長六年〈一二五四〉写本一巻『七大寺大観　唐招提寺』下所収）では、その由来を叙べるうちで「測々去年八月、忽然動肝、試告一禅尼、悦而助我願。又有一善女、聞加其力、事之不図、似有冥助」とあって、女人の助成により興行することができたと記すことは注目されよう。

(34) 第三章注(20)前掲書所収。

(35) 拙稿、注(22)前掲論文参照。

北嶺篇

(1) 簗瀬一雄訳注『一言芳談』角川文庫(一九七〇)。

(2) 『群書類従』神祇部所収。石田一良編『神道思想集』日本の思想14、筑摩書房(一九七〇)参照。

(3) 岡見正雄・高橋喜一校訂『神道集(神道大系 文学編一)』神道大系編纂会(一九八八)によって託宣文のくだりを示す。「古筆ニ云。動々トシ打ツ鼓ノ音ニハ、四智三身ノ耳ヲ驚シ、颯々ト振ル鈴ノ音ニハ、六道四生ノ眠ヲ覚マス。是ヲ以テ、上代賢智営ヲ先トスル事、尤其理ヲ得タリ。八幡ノ放生会・祇園天王ノ祇苑(ママ)会・賀茂祭・比叡ノ祭、皆此ヲ得ヘシレ意」。

(4) 『梅尾明恵上人伝記』巻上には、明恵の法語として次のような一節が引かれる。「現世には左之右之《とてもかくても》あれ、後生計り資《たす》かれと説かれたる聖教は無きなり」。それは、遁生や往生を誘い希う「とてもかくても」の詞をふまえながらそれを否定し、「只現世に有るべき様」としての聖道門による求道を追究する明恵の立場が示されている。この詞からは逆に、そうした言辞を用いた遁世門の厭離穢土、欣求浄土の唱導が普遍的であった消息が示唆されよう。

(5) 天台宗典編纂所編『続天台宗全書 円戒1』春秋社(一九九三)所収。

(6) 近藤喜博『続中世神仏説話』古典文庫(一九五七)所収。

(7) 中野真麻里『一乗拾玉集の研究』臨川書店(一九九八)所収の影印参照。巻二、信解品(二七二〜二七三頁)。物語云。付之一、法花結縁ノ人カ六道流転スル証人ニハ、具坊ノ僧都也。彼ノ僧都ハ、三千三観ノ内証ニ通達スル人ナレドモ、ヤサカノ御子ニ落チ玉フ。一念ノ迷執ニ依テ、近江ノ志賀ノ浦ノ鮒《フナ》ト成レリ。時キニ、三井ノ瀧渕坊、志賀ノ渡リヲ通リ給フ時キ、海中ニ円頓者ヲ不可誦一ス、其ノ上ヘ、鱗ツト成テ隔生即忘スヘキニ不忘一レ誦ル事ハ不思義也ト思召時キ、海中ヨリ或(我)有不忘ト答タリ。其後、夢ニ上ミ件ノ趣キヲ一々ニ尺(見)エタリ。サルニ依テ、其後ハ念比ニ弔ヒ玉ヘリ。

然ニ、彼ノ具坊ノ僧都、臨終ノ時キ、彼ノ御子ニ宣フ様ハ、「汝チ、今ヨリ後ハ、小弓小矢ヲ取リソヱテ口ヲヨセヨ。我レ出テ、有リノ任ニテ可シ云一、以テ之二一期ヲ可渡一ル」云々。今ノ縣《アガタ》御子、是レ也。其比ロ、山門ニ理教行ノ三発ノ中ノ理発ノ法門ヲハ、具坊ノ僧都実印一人計リ知ル故ニ、実印死去ノ後ハ知ル人無之一。サル程ニ、件ノ御子ヲ坂本ヘ請シテ、アツサノ上ニテ問フ時、弓ヲ打ツニ、弓ノ本トハズヨリ光リテ放テ、聴テ理発ノ法門ヲ語ル也云々。又ハ、理即ノ四教三乗ノ不同トモ云也云々。

なお、同書巻二譬喩品中の因縁（「物語云」）に、不信の男に妻が念仏を勧める詞として、「今生ハ夢ノ中ナレバ、トニモカクニモ可有一、只夕長キ夜ノ闇路《ヤミチ》コソ常ノ栖カナルニ、日夜ニ悪業ノミ成シテ念仏ヲモ不レハ申一、夫婦ナカラモウタテシキ人也」と説く一節がある。

（8）『古事談』巻三「僧行」に収められる話と同文で『宇治拾遺物語』「了延に実因湖水の中より法文の事」がある。了延房阿闍梨が日吉社参詣の帰途に辛（唐）崎辺で「有相安楽行、此依勧発品」の文を誦すと、浪の中より「散心誦法花、不入禅三昧」と誦す声あり、不思議と問えば声は実因と名のり、法文を談ずるに少々僻事を答えたが、生を隔てれば力及ばず、我なればこれ程は申したり、と自慢したという。智者高僧が死後も己が慢心により妄執に捕われている様を諷す伝承である。なお、具足坊実因が古くから智者の学僧として知られていたことは、『法華験記』巻中の伝に見え、往生人とされている。

（9）佐藤真人「中世日吉社の巫覡について」『国学院雑誌』85-8（一九八四）。

（10）拙稿「神秘の霊童」序章注（10）前掲書所収。

（11）真鍋広済「地蔵尊と遊戯」『地蔵尊の研究』富山房（一九四一）。同「比比丘女」『地蔵菩薩の研究』三密堂書店（一九六〇）。梅津次郎「子とろ子とろの古図」『絵巻物叢誌』法蔵館（一九七二）（初出一九五五）。佐竹昭広「「子とろ」遊びの唱えごと」『国語学』39（一九五九）。同「御伽草紙における中世説話の問題」『文学』32-1（一九六四）。本田和子「子どもの遊戯宇宙――「比比丘女」幻想」『日本の美学』15（一九九〇）。池上洵一「比比丘女――水神の活性化」『修験の道――三国伝記の世界』以文社（一九九〇）。渡浩一「鬼と子どもと地蔵――「子とろ子とろ」の起源伝説をめぐって」『明治大学人文科学研究所紀要』49（二〇〇一）。

(12) 経尊が建治元年（一二七五）に北条実時に献じた辞書である『名語記』は、「小童部ノ遊戯ニヒフクメトイフ事」の由来を述るに、「コレハ、オカシキアダ事ナレドモ、実証アル事也」とその宗教的寓意を説く。

地蔵菩薩ノ、比丘・比丘尼・優婆塞・優婆夷ノ四部ノ弟子ヲ御腰《コシ》ニ取《ト》リ付《ツ》カセテ、育《ハグ》ミ救《スク》ヒタマフヲ、獄率ガ奪《ウバ》イ取《トラ》ントスル真似《マネ》ナリケリ。

更に、その遊戯の詞を載せて、その意義を釈す。

取《ト》リ親《ヲヤ》ガ「トテウ〳〵ヒフクメ」ト言《イ》ヘルハ、獄率ガ「取《ト》テウ〳〵比丘比丘尼」ト言ヘル義也。其《ソレ》ヲ惜《ヲシ》ミ、親《ヲヤ》ガサリトモエ取ラジトテ□□(防グ)ハ、地蔵薩埵ノ罪人ヲ惜《ヲシ》ミ給ヘルヲ学《マネ》ベル也。「カミヲミヨハリウリ、シモヲミヨハリウリ」ト言ヘルハ、「上《カミ》ヲ見《ミ》ヨ頗梨ノ銘」ト言《イ》ヘル義也。「上(浄)頗梨ノ鏡ノ面《(ヲモテ)》ニ所造ノ罪業ハ現《アラワ》レタルハ」ト言《イ》ヘル義也。此《コレ》ニハ種々ノ詞アル歟。

(13)『三国伝記』巻第八「比々丘女之始ノ事」には、『山王事』や『山王絵詞』と異なった起源伝承が記される。「童部ノ戯ニ比々丘女ト云事ノ根元」を尋ねると、恵心僧都が「閻羅天子故志王経」を見て、その心を得て始めさせたものという。その趣意を説くに、地蔵菩薩は、獄率が引きたてる罪人を戒問樹という木の本で乞い取るにあたり、先ず婆婆有縁の者を乞い取り、次に無縁の者を押して奪い取る。これを獄率が取り返そうとして、「とるべし〳〵比丘・比丘尼・優婆塞・優婆夷」と言えば、地蔵は、「上を見よ頗梨鏡、下を見よ頗梨鏡」つまり一善もや有らん能々見よとの意で言い返して罪人を護る、と説く。僧都はこの経説に感悦の余り、叡山横川の般若院の地蔵（『宇治拾遺物語』にみえる賀能蘇生譚で著名な地蔵）に参り、この経を講じた後、「児共童部ヲ多ク集テ、彼ノ地蔵ト与二獄率一、取ラン不ジトレ被レ取ラスル所ヲ、地蔵法楽ノ為ニ、両方ヘ衆ヲ分テ学ビテ踊《ヲドリ》給ケリ」。これに始まった遊びは、かの獄率の詞が訛って、今の鬼の「取テウ取テウ、ヒフクメ」となったという。この縁起説に加えて、地蔵を本地とする故に、吉野天河《てんかわ》の弁才天の御前では、老いた白髪の山臥までもが面々にヒフクメをして法楽するという。この『三国伝記』独自の伝承については、池上洵一、注(11)前掲書の論が興味深い。室町初期に成立した『三国伝記』は、叡山の膝下である近江の天台諸寺、談義所をめぐって形成された、中世天台の知的体系が投影された作品であった。それ故か、同じく叡山の高僧を登場させて童の遊び戯れと結びつけるところに一脈の伝承の系譜を感じさせる。なお、これを元にした説話は、天台談義所における法華直談の因縁を聚めた『直談因縁集』巻二（『日光天海蔵直談因縁集翻刻と索引』和泉書院〈一九八八〉）にも収められる。

第五章　霊地荘厳の声

（1）拙稿「『とはずがたり』の王権と仏法――有明の月と崇徳院」赤坂憲雄編『叢書史層を掘る3　王権の基層へ』新曜社（一九九二）。

（2）安田徳子「『とはずがたり』と熱田社」『名古屋芸能文化』6（一九九六）。

（3）拙稿「熱田宮の縁起――『とはずがたり』の縁起語りから」『国文学解釈と鑑賞』63-12（一九九八）。中世に成立した熱田社の縁起説として、『熱田宮秘釈見聞』と『熱田講式』等が挙げられる。共に『中世日本紀集』真福寺善本叢刊7、臨川書店（一九九九）所収。

（4）小島鉦作・井後政晏編『神道大系　熱田』神道大系刊行会（一九九〇）。

（5）三田村雅子「『とはずがたり』の贈与と交換――メディアとしての衣」『新物語研究』1、有精堂（一九九三）。同「後深草院二条――夢を生きる」『国文学解釈と鑑賞』64-5（一九九九）。

（6）宮内庁書陵部編『図書寮叢刊　伏見宮旧蔵楽書集成』一、明治書院（一九八九）所収「伏見院御伝受催馬楽事」は、建治二年（一二七六）八月に、春宮熙仁親王（後の伏見天皇）へ、四条隆顕（後深草院二条の叔父で、今様伝授の場にも同席し白拍子参入を奉行）より催馬楽の「安名尊」を伝授した折の記録で、後深草院御記と推定される。院自らの伝授ではないが、院の今様伝授に深く関与し自らも鼓を打ち郢曲に堪能であったと思われる隆顕に命じて、皇太子に伝授させたものと考えられる。その由縁として御記中に、天皇に対する催馬楽伝授は先規頗る稀なれど、延喜聖主に始り鳥羽、後白河二代が殊にその沙汰あり、近くは亀山院への（源）有資の伝授があった、と述べており、これに対抗して院が領導した儀であった消息が明らかである。
(7) 小川寿子「後深草院二条と遊女発心譚——その今様環境と興味等に触れて」中世歌謡研究会編『梁塵——日本歌謡とその周辺』桜楓社(一九八七)また加賀元子「『とはずがたり』における遊女——その意義」『武庫川国文』12(一九九三)参照。
(8) 尊海『蹉跎山縁起』(『群書類従』所収)参照。菊地政和「聖なる地・足摺」『とはずがたり・たまきはる』新日本古典文学大系 月報、岩波書店(一九九四)。
(9) 辺土(辺路)修行については、五来重「四国遍路と辺路信仰」『遊行と巡礼』角川書店(一九八九)参照。なお、修行の旅路において同行を振り捨ててただ一人旅を続ける、というモティーフは、『西行物語』に繰りかえし見られるところであり、また『一遍聖絵』における遊行をめぐる一遍と聖戒の関係にも繋がるところがあり、『とはずがたり』にも反映されていると考えられる。
(10) 佐伯真一「〝足摺〟考——『平家物語』を中心に」『平家物語遡源』若草書房(一九九六)(初出一九九四)。
(11) 平康頼については、橘純孝「平康頼伝考」『大谷学報』12-1(一九三一)、山田昭全「平康頼伝記研究」(その一)『大正大学研究紀要』61(一九七五)、同(その二)『豊山教学大会紀要』3(一九七五)参照。
(12) 後白河院の熊野および千手信仰に関しては、拙稿「唱導と王権——得長寿院説話をめぐりて」水原一編『伝承の古層——歴史・軍記・説話』桜楓社(一九九一)および菅野扶美「後白河院の信仰と三井寺——『梁塵秘抄』仏歌を媒介に」『東横国文学』30(一九九九)参照。
(13) 源健一郎「源平盛衰記における平康頼像——猿楽・法楽・夢想」『日本文芸研究』43-3(一九九一)。
(14) 山本ひろ子「鬼界が島説話と中世神祇信仰」『ORGAN』3(一九八七)。
(15) 馬場光子「『足柄』考」『今様の心とことば』三弥井書店(一九八七)。
(16) 馬場光子「今様の濫觴」注(15)前掲書所収。
(17) 注(15)前掲論文参照(『本朝神社考』巻四「足柄明神」条、『神社啓蒙』巻七所引『大和本紀』「足柄明神」条、お

よび『文机談』巻五「あしがらの山を越へけるには、「関の神」を念じて、「瀧の水」に心をすゝげり」)。

(18) 菅野扶美「後白河院派今様の構成者」『東横国文学』23(一九九一)に、康頼を含む後白河院の今様の弟子たちの諸相が考証され吟味されている。

第六章　熊野考

(1) 丸山静『熊野考』せりか書房(一九八九)。

(2) 拙稿「宝珠と王権——中世王権と密教儀礼」『岩波講座東洋思想16　日本思想II』(一九八九)。小峯和明「大鏡の構造——〈院政の陰画〉としての花山院」『国文学解釈と鑑賞』56-10(一九九一)。

(3) 『熊野那智大社文書』第五巻、史料纂集(一九七七)所収。近藤喜博により、地方史研究会編『熊野』(一九五七)に翻印紹介された。

(4) 行尊の秀れた文学史的伝記として、近藤潤一『行尊大僧正——和歌と生涯』桜楓社(一九七五)がある。

(5) 出雲路修校注『三宝絵』東洋文庫(一九九三)に拠り、私に本文を作った。

(6) 『続群書類従』神祇部所収。

(7) 『真福寺善本叢刊10　熊野金峯大峯縁起集』臨川書店(一九九八)。

(8) 注(7)前掲書解題。

(9) 川崎剛志「白河院の「大峯縁起」御覧——『熊野権現金剛蔵王宝殿造功日記』の主張」『説話文学研究』36(二〇〇一)。

(10) 「建徳三年高野山衆徒訴状」宮地直一『熊野三山の史的研究』蒼洋社(一九五四)。

(11) 桜井徳太郎他校注『寺社縁起』日本思想大系、岩波書店(一九七五)所収。拙稿「湯屋の皇后」序章注(10)前掲書所収。

(12) 宮崎円遵「親鸞に関する中世の一談義本」『仏教文化史の研究』宮崎円遵著作集第七巻、永田文昌堂(一九八九)。
(13) 萩原龍夫『巫女と仏教史——熊野比丘尼の使命と展開』吉川弘文館（一九八三）。
(14) 近藤喜博「熊野権現影向図説」『仏教芸術』32（一九五七）。
(15) 小林健二「名取老女熊野勧請説話考——名取熊野縁起をめぐって」第一章注(8)前掲書所収（初出一九八二）。
(16) 同類の説話は「伊勢国新兵衛子息孝〻ノ事」『因縁抄』（西教寺正教蔵、古典文庫495〈一九八八〉所収）にみえる。
(17) 拙稿「『大織冠』の成立」『幸若舞曲研究』第四巻、三弥井書店（一九八六）。
(18) 拙稿、注(2)前掲論文。山本ひろ子「異類と双身——中世王権をめぐる性のメタファー」『変成譜』春秋社（一九九三）。
(19)『玉置山権現縁起』観応元年奥書・永享八年写本『修験道史料集（下）西日本篇』山岳宗教史叢書、名著出版（一九八五）所収。
(20) 三狐神は、ダキニ天の異称。注(14)、また注(3)によれば、熊野権現の神系図のなかで、長寛長者の孫の漢司符将軍の妻となり三人の子を生み、それぞれが熊野における榎本・宇井・鈴木の三党となり、熊野の武士団（戦闘集団）となったという。彼らがこの地の「南蛮」を討ち、その首領の「悪事高丸」にまつわる伝承が『略記』に見え、坂上田村丸伝承と東国との繋がりがうかがわれるところは興味ぶかい。
(21) 奈良国立文化財研究所編『仁和寺史料　寺誌編二』（一九六七）。
(22)『法華経古注釈集』真福寺善本叢刊2、臨川書店（二〇〇〇）所収。
(23) 拙著「唱導と王権——得長寿院供養説話をめぐって」水原一編『伝承の古層　歴史・軍記・神話』桜楓社（一九九一）。中前正志「熊野の髑髏と柳——三十三間堂創建説話群について」『国文学』44-8（一九九九）。
(24) これは、『とはずがたり』巻五において、作者二条が那智に参籠中、夢に證誠殿に顕れた後深草院の〝不具《かたは》〟をその本地たる弥陀の衆生済度の誓いゆえに人界の王としてかかる姿と現れた、と告げられた奇端にも繋がってくる。

拙稿「とはずがたりと中世王権――院政期の皇統と女流日記をめぐりて」『日本文学史を読むIII　中世』有精堂（一九八二）のちに『中世日記・随筆』日本文学研究論文集成13、若草書房（二〇〇〇）所収。

(25) 新城常三編・校訂『神道大系　文学編五　参詣記』（一九八四）。

(26) 注(11)前掲書参照。

(27) 御物本絵巻『をぐり』（荒木繁・山本吉左右編・校注『説経節』東洋文庫〈一九七三〉所収）。

(28) 丸山静「小栗判官」注(1)前掲書所収。

第七章　笑いの芸能史

(1) 折口信夫「日本芸能史序説」『折口信夫全集』17、中央公論社（一九七六）参照。

(2) 松前健『古代伝承と宮廷祭祀』塙書房（一九七四）参照。

(3) 『先代旧事本紀』「天皇本紀」には、ニギハヤビの子ウマシマヂが神武のために十種の神宝をもって奉った際にも、その祭日に媛女君が歌女を率いて、その言《コト》の本《モト》を挙げて「神楽・神舞」をする、とみえる。これもまた、ウズメの神話上のはたらきを演じてみせることにより、王権の許に服属する儀礼の一環を担っている。

(4) 桜井好朗「神話テキストとしての〝中世日本紀〟」『儀礼国家の解体』吉川弘文館（一九九六）は、この「罠」を古代王権がその神話と祭儀の体制をつくり上げるなかで、始源のおぞましきものを封じ込めようとして却って掛かった文字通りの「罠」であると指摘する。

(5) 『紀』にみえるエウカシの弟、オウカシたちが大和の国中の埴《ハニ》を取って呪《マジナ》うために老翁・媼に変装して潜入し、見張りに捕えられても余り醜い翁媼であったと咲われて釈放された、というエピソードもきわめて象徴的であって、そこには一箇の笑劇が演ぜられている。

(6) 能勢朝次『能楽源流考』岩波書店（一九三八）。林屋辰三郎「舞楽としての猿楽」『中世芸能史の研究』岩波書店（一九六〇）。

（7）鍋島家本『神楽歌次第』に拠る。
（8）松岡心平「俊頼と芸能」『国文学』37-14（一九九二）は、この家綱と親しかった歌人・源俊頼の「猿楽」ぶりを指摘し、その家が「猿楽長者」の流れであることを掘りおこして注目される。
（9）拙稿「道祖神と愛法神」序章注(10)前掲書所収参照。
（10）岩崎武夫「近衛官人とヲコ」網野善彦他編『大系日本歴史と芸能1　立ち現れる神』」平凡社（一九九〇）は『新猿楽記』と『今昔物語集』を中心に猿楽のヲコを担う近衛舎人に視点を置いて論じ、重なるところは多いが、そのヲコや猿楽についての認識や読み方は以下に明らかなように自ずと異なる。
（11）柳田国男「嗚滸の文学」『不幸なる芸術』（『柳田国男全集』第七巻〈一九五三〉）。
（12）たとえば、戦後の歴史学と中世史の方向を決定づけた、石母田正の『中世的世界の形成』の冒頭に用いられたのも、『今昔』の巻二十八に収められた「大蔵大夫藤原清兼恐猫語第三十一」であった。このエピソードから語り出される論述の〝語り口〟はたいへん新鮮で示唆的である。
（13）近藤喜博『稲荷信仰』塙新書（一九七八）。拙稿、注(9)前掲論文。
（14）笑いの紛れの遁走という落ちが物語の一箇の枠組になっている。それは、のちの『宇治拾遺物語』においてくり返しあらわれる典型をなしており、物語が〝説話〟として媒介され成立する契機のひとつであるように思われる。拙稿「説話の位相」本田義憲他編『説話の講座1　説話とは何か』勉誠社（一九九〇）。
（15）二話一類方式で説話を組み合わせてつくりあげる『今昔』では、これと一対となる語が公衆の場で男根を露見させて人々を咲わせるものであり、落冠のもつ位相がこれによってもよく窺われる。
（16）「ヲコ」と「ヲカシ」は、古語辞典では何れも語源を異にする別の語とされ、区別されている（例えば『岩波古語辞典』）が、西郷信綱「ヲコとヲカシの詩学」（『大系日本歴史と芸能12　祝福する人々』平凡社〈一九九〇〉所収）が適切に論ずるように、やはりヲカシはヲコから派生・展開した語と把えてよいだろう。西郷論文からは〝笑い〟というテーマ全体にわたって多くの示唆を得た。

(17)『枕草子』第百四十段の「つれづれぐなぐさむもの」の末に挙げられるのが、こうした存在の早い例だろう。「男などのうちさるがひ、ものよくいふが来たるを、物忌みなれど入れつかし」。
(18) 雲林院菩提講については、小峯和明「大鏡の語り――菩提講の意味するもの」『国文学研究資料館紀要』12(一九八六)がその独特の宗教的・社会的性格をよく論じ得ている。
(19) 拙稿「対話様式作品論再説――〈語り〉を書くことをめぐりて」『名古屋大学国語国文学』45(一九九五)。
(20)〝笑い〟によって物語が媒介され呈示される〝説話〟は、『宇治拾遺物語』に多くの見事な例をみることができる。拙稿注(14)前掲論文参照。これについて『大鏡』で注目されるのは、公季伝の末、公成(宮雄君)の幼稚の時のエピソードを述べるのに、その最後に、源隆国がこの逸事を想い出しては「いまに笑ひたまふなれ」と結ぶことである。それは、宇治大納言という、説話伝承者としての隆国の面影を〝笑い〟によって象っているように思われて興味ふかい。『宇治拾遺』の〝笑い〟については、小峯和明「宇治拾遺物語と〈猿楽〉」『宇治拾遺物語の表現時空』若草書房(一九九九)。
(21) 北野の右近馬場が朝廷とその周縁の諸勢力(寺社、巫覡、験者、芸能者)との接点として興味深い祭儀の場であることは、千本英史「右近馬場の地政学」『日本史研究』364(一九九二)参照。
(22)『宇治拾遺物語』では、この聖宝の話の前に配されるのが「増賀上人参リ二三条宮ニ一振舞ノ事」で、これは『今昔物語集』巻十九第十六話と共通するが、増賀が宮中に招かれて、わざと極めて尾籠な振舞を演ずる「偽悪」の典型として名高い話であるが、その行為はやはりヲコにほかならない。これをみた「若き殿上人、笑いののしる事おびただし」とあるのは、その証である。
(23)『古事談』の冒頭に「加茂祭ニ聖人渡事者、聖宝僧正始ケリ。其後、増賀上人被レ渡」とある。
(24) 賀茂祭の還さの渡しに「聖人」が出て渡ることについては、『栄花物語』巻十九に「賀茂の祭の一条の大路に出で来てのゝしる新阿弥陀、前阿弥陀などいふ法師原」と見て知られ、また『袋草紙』巻上に花山院に伝えた惟成が出家して「後には賀茂の祭の日、鹿杖《かせづゑ》もちて一条大路を渡ると云々」とあることなどを参照。

(25) この「金青鬼」とは、『今昔物語集』に登場するあの紺青鬼、すなわち恋慕の執心故に死して鬼と化し、帝の后を犯す畏るべき聖人のなれの果ての称《な》であり、もしこれを踏まえているとしたら、道長の秀句は相当に性質《たち》の悪い冗談である。

第八章　ヲコ人の系譜

(1) 『笑の本願』養徳社（一九四六）、『不幸なる芸術』筑摩書房（一九五三）（『定本　柳田國男集』第七巻所収）。

(2) 「嗚滸の文学」『不幸なる芸術』（初出一九四七）。

(3) 「まるで時代のちがつた二つの笑ひの種が、現在は日本に跋扈してゐる。その一つは男女の私ごとやいはゆる下がかつた話、これは至つて原始的なもので、錫蘭《セイロン》の山にいるヴェッダとか、濠洲の砂漠に住む土人とかでも、こんな話をして聴かせれば必ず笑ふ」（「笑の文学の起源」〈一九二八〉）。アボリジニーにたいしてこうした気楽な詞が吐けるような時代であったと想えば隔世の感があるが、現在でさえ彼らへの差別が公に撤廃され、権利回復の運動が起きて未だ間もないことを思えば驚くことではない。

(4) 「国を侮り同胞国民をあざけつて、胸を霽《はら》さうといふ気風が、新聞記者などの中にはこのせつ多くなつて来てゐるが、もしも利他の心が少しでも有つたものとすれば、この方法は確かに誤つてゐる」（「嗚滸の文学」）。ここで柳田が意識しているのは、たとえば幾度も発禁処分を蒙りながら諷刺批判の新聞を刊行し続けた宮武外骨のごとき人物であろう。

(5) その人物の異名にかけて〝笑い〟を仕組むヲコ話の先蹤として、『今昔物語集』巻二十八第二十一話および『宇治拾遺物語』の「青常事」がよく知られている。そのヲコな容体から「青常の君」と名付けられて咲われていた侍従のことを帝が同情し、その異名を呼ぶことを禁じたのを破ってしまった大臣、その贖《あがな》いに全て青尽くしで装束《さうぞ》き、かえって殿上人の笑いを喚びおこすという〝笑い〟づくしの話である。これと併せて、その人物を〝笑う〟仕掛けから彼の異名が付けられるヲコ話も想起される。『今昔物語集』巻二十八第三十一話の「猫恐《ねこおぢ》の大夫」清廉の話である。厚顔にも一向に官物を納めようとしない清廉に国司が仕掛けた秘策が彼の苦手な猫責めであったが、まんまと成功したその有様を「世の人」はまるで見てきたように言いしろい世こぞりて笑い合った、という。

（6）『今昔』における勇士たちが女車に乗って賀茂祭りの還さの渡しという伝統的にヲコが演ぜられる晴の舞台に臨み、しかしその道中ですっかり車酔いして前後不覚となり、すごすごと退散するヲコ話は、いかにも具さに手にとる様に語られて武者のヲコを京童たちが笑いものにする狂言の一幕が窺われる。義仲のそれもこの伝統に連なったものであろう。

（7）水原一校注『平家物語　中』新潮日本古典集成（一九八〇年）二九八頁注参照。

（8）既に、佐々木功一は、『平家物語』の〝笑い〟を「鼓判官」像の形象の上に考察を加え、咒師芸との関連や、その道化性がギリシア・ローマの古典劇に登場する〝法螺吹きの臆病大将〟に共通する類型であるという興味深い指摘を行っている（「鼓判官――平家物語の笑い」『国学院雑誌』67-12〈一九六六〉）。本論は、この先駆研究の上に敢えて屋上屋を架す試みであるが、「ヲコ」の文学の系譜上に「鼓判官」を位置付けることを主眼としたものである。

（9）菅野扶美「後白河院の今様」『大系日本歴史と芸能4　中世の祭礼』平凡社（一九九一）同「後白河院派今様の構成者」（第五章注(18)前掲論文）参照。

（10）『吾妻鏡』は、「舞女」微妙の身の上についての哀話（奥州に配流された父を尋ねて白拍子に身をやつして流浪し鎌倉に至ったという）を記し、頼家がこれに感じて父の消息を調べさせるのであるが、その媒ちとなったのも或いは知康であったかも知れない。白拍子芸に鼓は欠かせぬものであり、二人一組で演ずる場合、立って舞い歌い「数《かぞ》」える白拍子に対して、鼓打ちはこれを囃し自らも付て歌い呼吸を合わせて支える役である。その姿は『義経記』の静の舞における梶原景時の鼓や、『とはずがたり』の伏見御所での白拍子における四条隆顕のそれにうかがわれる。

（11）落馬が落冠と並んでヲコのモティーフであることは、『今昔物語集』巻二十八「歌読元輔賀茂祭渡一条大路語第六」を参照。その上でなお古井戸に堕すことは不詳。

（12）丹生谷哲一『検非違使――中世のけがれと権力』平凡社（一九八六）。

(13) 能瀬朝次「咒師考」『能楽源流考』岩波書店(一九三八)。山路興造「翁猿楽考」『翁の座――芸能民たちの中世』平凡社(一九九〇)。天野文雄「咒師座と猿楽座」『翁猿楽研究』和泉書院(一九九四)。
(14) 山崎誠「『釈氏往来』考」『国文学研究資料館紀要』19(一九九二)。
(15)『兼仲卿記』紙背文書「猿楽長者亀王丸・弥石丸申状」(『鎌倉遺文』第十八・十九巻所収)は、法成寺後戸猿楽の輩が「悪党」に殺害された罪科を訴えるものであるが、そこに彼らの生き方の一端がうかがえる。
(16) 師綱については、安居院澄憲の『法華経并阿弥陀経釈』(東大寺図書館蔵、宗性写本)の中に収められる、雲居寺千手堂供養の説草に、雲居寺大仏本願瞻西聖人の霊験の逸話を語る「宗形大膳大夫」として登場する。拙稿「中世宗教思想文献の研究(二) 澄憲『法華経并阿弥陀経釈』翻刻と解題」『名古屋大学研究論集』114(一九九八)。
(17)『大鏡裏書』および『古事談』に関連記事がある。
(18) 守屋毅『中世芸能の幻像』駸々堂(一九八七)。

終章 文覚私註

(1) 竹居明男「蓮華王院の宝蔵――納物・年代記・絵巻」『日本古代仏教の文化史』吉川弘文館(一九九八)(初出一九九三)。
(2) 菅野扶美「今熊野神社考――後白河院御所・法住寺殿論その一」『東横国文学』25(一九九三)。『梁塵秘抄口伝集』巻十「東山の法住寺に、五月の花の頃、花参らすとて、江口神崎の君、青墓のすの俣の者つどひてありしに、今様の談儀ありて、様々の哥沙汰、少々は歌ひなどせし」。
(3) 藤田経世編『校刊美術史料』中巻「神護寺記録」中央公論美術出版(一九七〇)所収。なお、上川通夫「後白河院の宗教政策」古代学協会編『後白河院――動乱期の天皇』吉川弘文館(一九九三)に、この『文覚四十五箇条起請』における後白河法皇の仏教国家構想が分析されている。
(4)『文覚四十五箇条起請』中の「有大事訴訟之時僧徒引率可令奏 公家事」条では、寺にとって末代に大事の訴訟出来の時には、大衆が陣参して「天聴」を驚かすべしと定め、もし裁許を蒙らずば陣の庭に立ちながら一生を尽くすべき覚悟を求めている。これは文覚の法住寺殿推参を想起させる言であるが、一方で、たとえ本寺に還らず死すといえども更に私威を以て合戦を企て勝負を決すべからずと武力による強訴を禁じ、また追従の臣への賄賂も拒んでいる。

(5) 荒木繁・池田廣司・山本吉左右校注『幸若舞』2、東洋文庫(一九八三)。同書の解説(荒木繁)と註(山本吉左右)は、本論にとってきわめて拠るところが大きかった。

(6) 拙稿、序章注(5)前掲論文。

(7) 伝教大師御自刻と伝えられる根本中堂の薬師に関しては、中世叡山の縁起説を中心に様々な秘事口伝説が存在するが、舞曲『文覚』に関連するものとして、たとえば光宗『渓嵐拾葉集』「薬師法私苗」中「十二大願事」条の第十大願に「繫ニ閉ラレテ牢獄ニ一身心レ受苦、若聞ニ我名一、皆得レ解ニ脱一切受苦ヲ一」と言うに拠るか。その守護たる十二神将の筆頭が宮毘羅大将である。同書巻九「厳神霊応章第三」中「山王三国法花宗鎮守事」条に『顕密内証義』に云くとて「伝聞日吉山王者、西天霊山地主明神、即金毘羅神也。随ニ一乗妙法一東漸、顕ニ三国応化霊神一」、また「五大院口決云」として、「金毘羅神者、宮毘羅神、即主家時、釈迦霊迹云々」等とある。その霊験譚が存在していたことは、『八幡愚童訓』乙本上巻「御躰事」に「根本中堂の七仏薬師は手斧ごとにうなづき、金毘羅大将の御脛今にあたたか也」とあるのに知られる。

(8) 『愚管抄』巻六、建久三年の後白河法皇崩御に際して、院の政《まつりごと》に深い関わりのあった人物として文覚の事が言及される。以下の本論でも、その文覚についての記述が参照されるが、ここに全体の文脈をあらかじめ示しておく。

(頼朝の意見により院の追善の為に播磨国を文覚に、備前を重源に給わって東寺と東大寺の造営を行わせた) 文学《(覚)》ハソノカミ同ジ国《(伊豆)》ニナガサレテアリケル時、アサタニユキアイテ、仏法ヲ信ズベキヤウ、王法ヲオモクマモリタテマツルベキヤウナド云聞セケリ。カクテハツベキ世中ニモアラズ、ウチ出ル事モアラバナド、アラマシゴトモヤクソク《(約束)》シケルガ、ハタシテ思フマヽニ叶ヒニケレバ、高雄寺《(神護寺)》ヲモ東寺ヲモナノメナラズ興隆シケリ。

文学ハ行ハアレド学ハナキ上人ナリ。アサマシク人ヲノリ《(罵)》悪口ノ者ニテ、人ニイハレケリ。天狗ヲマツルナドノミ人ニ云ケリ。サレド誠ノ心ニカ、リケレバニヤ、ハリマ《(播磨)》ヲモ七年マデシリ《(知)》ツ、、カクコウリウ《(興隆)》シケルニコソ。

(9) 後述するような「狂惑ノ聖」の典型の中には、文覚のような聖を予感させるはたらきを示す存在が垣間みえる。たとえば『宇治拾遺物語』「随求陀羅尼籠ㇾ額法師ノ事」や続く「中納言師時法師の玉茎検知ノ事」の法師たちがそれである。後者の、煩悩を切り棄てたと虚言する聖が参入するに、「まめやか物」が露見して一同諸声《もろごえ》に咲い、当の聖も手を打ち伏し転んで笑うという結びには、一脈の共通するものがあろう。

(10) こひさい女は舞曲『大織冠《たいしょかん》』にも登場する、唐の将軍を謀《たばか》って玉を奪う龍女である。その名は、語り物における「后ひ妃采女」の成語が転訛したものか(注(5)前掲書註釈参照)。

(11) 五来重『遊行と巡礼』角川書店(一九八九)は、熊野における辺路巡礼の信仰形態(本書第五章参照)から「海の修験」が成立したという仮説を提示している。

(12) 明治十七年に木喰実利《じつかが》行者は那智の瀧から投身入定を遂げた。その伝統は実に近代まで生き続けたのである。

(13) 室町時代の天台寺院(談義所)における法華直談の場で物語られた因縁譚を類聚した説話集『直談因縁集』の中には、「火身トウ《(燈)》」と称す焼身入定を興行して旦那より布施を集め穴より逃げて姿をくらました「売僧《マイス》」が、旦那と鉢合せしたのを機転をきかせて切り抜けたという笑話が収められている。その旦那を相模一宮の有徳地下人と言うように、東国の在地で伝承された〝狂惑の聖〟の物語であった。阿部泰郎他編『日光天海蔵直談因縁集 翻刻と索引』和泉書院(一九九八)。狂惑の聖については、田口和夫「中世的人間像——宇治拾遺物語『狂惑の法師』の解釈から」『説話』1(一九六八)参照。

(14) 髑髏をもって勧進唱導の具とする例として、ただちに想起されるのは、浄土真宗における堅田源兵衛生首の話であろう。その髑髏は今も大津三井寺南別所等正寺に伝わり、その父子恩愛と信心ゆえの殉教の物語が絵伝と首とによって説かれている。赤井達郎『絵解きの系譜』教育社(一九八九)。念仏聖におけるその古い例は、親鸞や一遍にとって自らの祖として仰がれた賀古の教信であろう。加古川の教信寺には、野に屍をさらして犬鳥に骸を喰われながら、唯一喰い残されて往生のしるしとなった首をかたどった教信の頭《カシラ》と絵伝が伝えられる。絵伝は近世の転写本であるが頭は南北朝を遡る製作であることが近年知られた。また、『平家物語』における念仏聖の説話と髑髏を用いる勧進唱導については、渡辺貞麿『平家物語の思想』法蔵館（一九八九）に論ぜられる。

(15) 中世の湯屋という場の宗教性とそこでの湯施行をめぐる越境がもたらす〈聖なるもの〉の物語については、拙稿「湯屋の皇后」序章注(10)前掲書所収。中世の勧進聖がそうした場を司り物語を唱導したであろう消息は、たとえば文覚と同時代の勧進聖であり現実に彼と密接に連繋していた俊乗房重源の活動において顕著に認められる。重源の事績中の湯屋については、『南無阿弥陀仏作善集』にその好例が見出される。

(16) 打擲する文覚という伝承像は、『井蛙抄』に見える西行とのエピソードにも重なるものだろう。聖なのに歌をうそぶき歩く憎い奴、会ったら必ず殴ってやると文覚は平生公言していたにもかかわらず、寺を訪れた西行と対面してみれば談笑して歓待し何事もなかった。その後、弟子の不審に答えて、あれが己に撲られる面魂か、却って己こそ殴られようと評した。それは、権威や名聞に全く拘らず行動が先に立つと評判される文覚だからこそ成り立つ話柄である。こうした文覚像に関して興味ふかいのは、『古今著聞集』巻十六「興言利口」に収められる仁和寺僧寛快との比興の沙汰である。彼は或る時「たけ高《たか》く大《おほ》きなる法師の、柿の帷に袈裟かけたる」に行き逢い、突然に相撲を挑まれて一番対戦し、互いに相手を転がした。名乗ってみれば文覚だという。文覚は寛快を「いざれ高雄へ、かいもちゐ《掻餅》くれう」といざない、それを機に得意となったと語るのも、いかにも虚飾の無い豪快な性格がよく描きだされている。

(17) 伊豆における役行者の伝承は、流された大島より脱け出して登ったと伝えられる富士山との間に位置して、二所三島を結ぶ峯通りを巡る伊豆峯行者という回峯修験の祖として位置付けられ、『走湯山縁起』巻二および『走湯権現当峯遍路本縁起集』に説かれている。鴨志田美香「走湯山縁起の表現と世界像」『説話文学研究』34（一九九九）。なお、二所三島をめぐる役行者伝承は、真名本『曽我物語』にも投映されて頼朝の二所三島信仰や修行の背景となっているが、それを媒介する文覚という聖は何処かに役行者の面影を宿してはいないだろうか。
(18)主人公が父の亡魂と対面し敵討を誓うという設定は、同じく舞曲『烏帽子折』で、元服した義経が青墓の宿に到り遊君の長者に導かれて光堂に籠もり夢に現れた義朝ら父子三人の幽霊に平家討滅を誓う物語と共通する。
(19)能勢朝次「呪師考」「翁猿楽考」『能楽源流考』岩波書店(一九三八)。
(20)高桑いづみ、序章注(2)前掲論文。
(21)服部幸雄「後戸の神――芸能神信仰に関する一考察」『文学』41-7(一九七三)にはじまる、後戸およびそこに祀られた祭儀の裡に顕現した芸能により発動する神について、諸分野から膨大な研究が重ねられてきた。ここには、その集大成というべき代表的な著作のみを掲げておく。天野文雄『翁猿楽研究』和泉書院(一九九五)。福原敏男「修正会と延年」『祭礼文化史の研究』法政大学出版局(一九九五)。山本ひろ子『異神――中世日本の秘教的世界』平凡社(一九九八)。鈴木正崇「後戸考」『神と仏の民俗』吉川弘文館(二〇〇一)。
(22)本田安次『延年』木耳社(一九六九)。
(23)日光山輪王寺常行堂に伝来した『常行堂故実双紙』は、『日本庶民文化史料集成第二巻　田楽・猿楽』所収(山路興造校訂・解題)。山路興造『翁の座』平凡社(一九九三)参照。なお、日光輪王寺のそれと極めて共通する形式・内容をもつ、多武峯妙楽寺(現、談山神社)常行堂の故実書は、福原敏男注(21)前掲書所収。
(24)金春禅竹『明宿集』および『享禄三年二月奥書伝書』(表章「多武峯の猿楽」『能楽研究』1〈一九七四〉)。
凡、宿神トイツハ、是、仏法ノ守護神ナリ。カルガユエニ、叡山・多武峰、イヅレモ〳〵是ヲ末社ト崇メ給ウ。ナダラ《(マ)》神トハ此御事ナリ。六十六番トイウ事、今モ多武峰ニワ行ナイ給ウ。毎年一日ノ法事ナリ。ソノ本尊ハ翁面ナリ。(下略)
(『享禄三年二月奥書伝書』)
(25)『神道大系　神社編二十一　三島・箱根・伊豆山』神道大系編纂会(一九九〇)、伊豆山神社所蔵無刊記版本。
(26)守山聖真『真言立川邪教の社会的背景』鹿野苑(一九七〇)所収。
(27)『増鏡』「北野の雪」増補本系にある西園寺公相の死去について、葬送の夜にその髑の頭だけを誰かが盗み取ったという記事がみえる。「(公相は)御顔の下《しも》短かにて、中半《なかば》ほどに御目のおはしましければ、外法とかや祀《まつ》るに、かゝる生首《なまかうべ》の要《い》ることにて、某《なにがし》の聖とかや、東山の辺《ほと》りなりける人、取りてけるとて、後に沙汰がましく聞こえき」。

(28) 美濃部重克「源平盛衰記稗史の筋書き」『中世伝承文学の諸相』和泉書院(一九八八)(初出一九八三)。

(29) 覚明(信救)撰『筥根山縁起』(建久二年成立)には、既に文覚が奈古屋に毘沙門天を祀ったことが記されている。毘沙門天は主として怨敵(夷敵)降伏の本尊であった。文覚と頼朝が共同で創祀した縁起を伝承する寺社は鎌倉周辺にもあり、六浦の瀬戸神社(三島明神)の本地堂がそれである。

(30) 土佐物部《ものべ》村に伝承される、いざなぎ流神道の祭祀において重要な位置を占める「すそ」(呪詛)の法については、小松和彦「呪詛神再考――いざなぎ流のコスモロジー」『現代思想』12-7(一九八四)。同「いざなぎ流祭文研究覚帖(1)~(31)」「呪詛の祭文」『春秋』355~358(一九九四)。

(31) 弁財天が調布法の本尊とされるのは、『受法用心集』が記すように、外法の本尊としての吒枳尼天とも重なる尊格である故だろう。既に守覚『拾葉集』には、東寺中門の夜叉神について、摩多羅神と一体で持《たも》つ者に吉凶を告ぐる三面六臂の神で、三面とは聖天・吒天・弁才天であると言う。それは外法に隣接する即位灌頂に共通する三天合行法の本尊でもあった。一方、『江島縁起絵巻』および『渓嵐拾葉集』「弁才天縁起」の江島縁起などでは、文覚による祈禱の事は見えない。役行者の伊豆大島配流の時に霊地が顕現し、道智・伝教・弘法・慈覚・安然等が相続して行じたと言う。その縁起末尾に、江島を守る龍神が龍口《たつのくち》大明神として祀られ、その誓願(暴虐の族《やから》を我が前にて頸を切て贄《にえ》に懸くべし)により、鎌倉の謀叛・殺害人・夜討・強盗・山賊・海賊等をその宝前にて処刑する事は昔の好《よし》みによると言う。龍口すなわち片瀬は、武家の権力を司る都市であった鎌倉における罪穢を祓う境界の地である(鎌倉入りを拒まれた一遍は此地で踊り念仏を興行した)。これと一体の霊地である江島に文覚が弁才天を祀った意図には、そうした背景がはたらいていたのではないか。

(32) 注(8)参照。なお、『玉葉』において、頼朝が後白河院を「日本第一大天狗」と諷したという記事に関しては、

「天魔所為」の分析も含めて、佐伯真一「後白河院と『日本第一大天狗』」『明月記研究』4（一九九九）に詳しく検討されている。

(33) 森正人「天狗と仏法」『今昔物語集の生成』和泉書院（一九八六）（初出一九八五）。小峯和明『説話の森――天狗・盗賊・異形の道化』大修館書店（一九九一）。なお、拙稿「天狗――魔の精神史」『国文学』44-8（一九九九）。

(34) 説話の世界では、高僧の〝聖人〟としての形象が「物狂」と称される行動をものがたることにより描かれる伝統があった。その代表として僧賀が挙げられよう。『今昔物語集』巻十二「多武峯僧賀聖人語第卅二」および巻十九「三條太皇太后宮出家語」（『宇治拾遺物語』「増賀上人参リ二三條宮ニ一振舞ノ事」と同語）には、極めて心武《たけ》く厳しく、ひとえに名利を厭い頗《すこぶ》る物狂おしくわざと振舞う聖の姿が表現される。その行為は、ついに貴人の御前にて禁忌の詞と穢を吐き散す〝高声の放言〟に至り、それは若殿上人たちの笑いを喚びおこしたのである。それは、一面で確かに文覚という聖の先蹤であった。

(35)「天狗と申は、人にて人ならず、鳥にて鳥ならず、犬にて犬にもあらず。足《あし》手は人、頭《かしら》は犬、左右に羽生《はねをひ》て飛《と》び歩《あり》くものなり。人の心を転ずる事、上戸《こ》の良《よ》き酒を飲《の》めるが如《ごと》し。小通《つう》を得《え》て、過ぬることをば知《し》らずといへども未来をば悟《さと》る。是と申は、持戒の聖《ひじり》、もしは智者《ちしゃ》、もしは行人などの、我に過《す》ぎたる者《もの》はあらじと慢心《まむしん》を起《をこ》したる故に、仏にもならず、悪道《あくだう》にも堕《お》ちずして、かゝる天狗《ぐ》といふものに成《な》るなり。諸々の有験《うげん》利生《りしゃう》の人、驕慢《けうまん》を起《をこ》さずといふことなし。しかる間、此果報《くはほう》をうる也」。

(36)『日本国善悪現報霊異記』中巻「己が高徳を恃《たの》み賤形の沙弥を刑《う》ち以て現に悪死を得る縁第一」では、長屋王に打たれて頭を破られ恨めし気に姿を消した乞食の沙弥（化人的存在）に替わって、世の人の口（童謡《わざうた》）が王の凶事を予言する。

(37) 時衆（宗）所伝の『浄業和讃』中「無常讃」に含まれる、「輪王位高ケレド、七宝久シクトドマラズ」の一節が重なることは、渡辺貞麿「文覚説話の展開」注(14)前掲書所収に指摘される。なお、類似の句は『とはずがたり』巻一、醍醐勝倶胝院の尼寺において後深草院二条が聴いた勤行の唱える声にもあらわれ、これも王の無常を暗示する詞として機能していることが注目される。

(38)『校刊美術史料』(注(3)前掲書)所収。

(39)『古今著聞集』巻十二興言利口、安居院聖覚の力者法師が、主人の噂をする雑人たちを睨みつけて、「親まきの聖覚や、母まきの聖覚や」と、まるで主を罵るように罵るのを、聖覚自身が興じて語ったという。おそらくは唱導者の物言いに関わるヲコ話として伝承されたものであろう。「親まき」の悪口については、笠松宏至「お前の母さん……」『中世の罪と罰』東京大学出版会(一九八三)参照。

(40)六代の物語として、独立した古写本『六代御前物語』が存在する(冨倉徳次郎『平家物語研究』角川書店〈一九六四〉。岡田三津子「『六代御前物語』の形成」『国語国文』93-6、同「六代をめぐる説話」『平家物語 説話と語り』有精堂(一九九四)は、これを長谷観音の霊験譚としてとらえるが、文覚の物語は全体に、観音の霊験が様々な水準や位相において投影されている。

(41)「大魔縁」の語は、『保元物語』の中で、崇徳院が怨念の果てに自ら誓願して化そうという存在としてみえる。この崇徳院御霊の物語は、延慶本『平家』と『盛衰記』にもあり、それぞれ全体構想の中で大きな位置を占める。それを象徴するような詞を文覚が借用したのは、彼もまた「天狗」の一類としてその大統領たる崇徳院に連なるものと化したからか。

(42)弓削繁「承久の乱と軍記物語の生成」『中世文学』42(一九九七)は、このクーデター計画自体を虚構であろうとし、真相は、当時の後鳥羽院政の実権を握っていた源通親が、頼朝の死後に表面化した政敵たちによる自らの排斥運動を、先手を打って封じ込めようとした策略の一環であるとする。

(43)霊と化した者の推参については、本書第三章の、琵琶伝授の相承系譜を神話化したような、帝や貴種の弾奏の許に簾承武の霊が推参した説話を参照されたい。

(44)後鳥羽院自身が、承久の乱に敗れて流され、死に臨んでの置文に「この世の妄念にかゝはられて」魔縁ともなろうと書き遺しているように、その「妄念」はやがて院の御霊の託宣ともなって『後鳥羽院御霊託記』が成立した。

松林靖明「この世の妄念にかかはられて――後鳥羽院の怨霊」『帝塚山短大紀要』18。同「『承久記』と後鳥羽院の怨霊」『日本文学』34-5（一九八五）。

(45) 後鳥羽院がいかなる帝王であったかという認識は、『六代勝事記』の「芸能二つを学ぶ中に、文章に疎《おろそか》にして弓馬に長じ給へり」という、文王に非ざる武王として帝徳の欠如により乱を惹起したとする史観に結びつく。『承久記』はそれを展開させて、慈光寺本では「凡、御心操コソ世間ニ傾ブキ申ケレ。伏物、越内、水練、早態、相撲、笠懸ノミナラズ、朝夕武芸ヲ事トシテ、昼夜ニ兵具ヲ整ヘテ兵乱ヲ巧マシ〳〵ケリ。御腹悪《アシク》テ、少モ御気色ニ違《タガフ》者ヲバ、親《マノアタ》リ乱罪ニ行ハル」と敷衍し、悪逆の王として造型する。『平家物語』における後鳥羽院への文覚の批判と確執は、それを軌を一にして連関するものだろう。弓削繁、注(42)前掲論文参照。

(46)「冠者」は、猿楽において翁と老若の好一対として戯笑する存在でもある。後鳥羽院に絡んで、その「〜冠者」という異名ですぐに想起されるのは、『古今著聞集』巻十二、博奕に登場する天竺の冠者である。伊予国大寺島に怪しい祠を構え、託宣して神変奇特を現じ人々の信仰を集め、果てには親王と称した。その僭越を後鳥羽院が憎み、搦め捕えて神泉苑で散々になぶり物にして罰したという。この天竺の冠者の正体は高名の古博奕で、その一類が同心して企んだ狂言であった、と結ぶのである。前述した後鳥羽院の悪王的イメーヂは、ここで天竺の冠者を虐めるところにも露呈しているが、より注目されるのはこの冠者が登場する際の姿である。武士の如き装いで馬に乗り山を走り下り、一同が鼓歌で迎えて踊りはやす様は、当時の祭礼における流鏑馬《やぶさめ》や田楽（『今昔物語集』に見える矢馳において騎馬で出現した田楽）の芸能を想起させる。あるいは、天竺の冠者は、出来損ないの〝小栗〟ではなかったか（本書第六章参照）。後鳥羽院が彼を目の敵にして懲らしめようとしたのは、そうした冠者の振舞にひそむ芸能の威力をいちはやく察したからかも知れない。花田清輝「大秘事」『小説平家』講談社（一九六七）は、この説話を種に壮大な稗史を構想して興趣に富む。

(47) 文覚と明恵の関係について、『古今著聞集』巻二、釈教に収められる明恵伝は、「高弁上人、おさなくては北院御室（守覚）に候はれけり。文学房まいりて、其小童をみて、此児はたゞ人に非ずと相して、まげて此児文学に給はりて弟子にし侍らん、と申て取てけり」と、御室の寵童であった明恵を文覚が強引に自分の弟子としたと言う。相人として未来の大器を見あらわす文覚とともに、六代御前の物語と同じく美童を愛しむ聖として文覚があらわされていることが興味ふかい。周知のごとく、明恵は叔父にあたる文覚の弟子上覚房行慈を師としたが、神護寺において文覚の許で修行した消息を、その『夢記』に垣間みせるほか、『明恵上人伝記』にも両者の関わりがしばしば言及されている。

(48) 弓削繁「延慶本平家物語第六末「文学被流罪事」の周辺」『岐阜大学国語国文学』21（一九九六）は、この「文覚呪咀説話」について、本来神護寺に成立し明恵伝の周辺で成長した「外在説話」が延慶本の文脈に適って結びついたものと論ずる。しかるになお、これが延慶本独自の構想の一環である可能性を否めないが、明恵の『夢記』等によって示された明恵と後鳥羽院との親昵と、これに対して文覚没落および高雄の混乱を明恵のみが回避したというイメージ（注(70)に後述）からは、文覚を巡っての明恵の微妙な立場が露呈しており、その葛藤が何らかこの説話に投影されていることは認めてよい。

(49) 文覚の俗系や出自については、山田昭全「僧文覚略年譜考」立教大学『日本文学』（一九六四）に詳しい。渡辺綱を祖とする摂津の渡辺源氏（渡辺党）の支族である遠藤氏の出身であるが、読み本系『平家』諸本では、遠藤右（左）近将監茂（持）遠の子盛遠と記すのに対し、『遠藤系図』（群書類従）は遠藤六郎滝口左馬允為長の子盛遠とする。

(50) 室町物語『恋塚物語』は、四部合戦状本の文覚譚と共通した伝承によって物語を構成するが、これを介して、鳥羽の恋塚寺（浄禅寺）の縁起として中世末から近世にかけて唱導されるようになったものらしい。近世には、それが版本化して流布すると共に『説経因縁恋塚物語』の如き勧化本も刊行され、近松の『鳥羽恋塚物語』など芸能に脚色されるようになった。

(51) 舞曲『文覚』の文覚配流の道行において、「賤《しづ》が作道《つくりみち》、鳥羽殿の山荘を、余所ながら伏し拝み、刑部左衛門なにがしが、其の旧蹟を見わたせば、いとゞ涙はせきあへず、念仏申し経を読み、其の幽霊を弔《とぶら》ひて」と、あきらかに物語をふまえ、かつて自ら殺《あや》めた女にたいして廻向させている。

(52) 物語は、橋供養の説法の場を契機として始まり、盛遠は説法の最中に女を見染める。また、母の尼は、「イツゾヤ亡夫が為ニ如レ形仏事ヲ（営《イトナミ》）シニ、上導《唱導》ノ御詞ニ」と唱導の詞章を引いて存念を盛遠に語り、蒙求和歌などが引用される。とりわけ最後に、死を覚悟した女が手筥に遺した母宛の消息を読み上げるところなど、全体が唱導として機能したことが察せられる。加えて、犠牲となった女について「観音ノ垂迹トシテ吾等ガ道心ヲ催シ給フト観ズベシ」という本地物語的構図も添えられている。

(53) 男の身替わりとなって自ら死を選ぶ女の物語は、早く『今昔物語集』巻二十九「清水の南辺に住む乞食、女を以て人を謀り入れて殺し語第廿八」に見え、これは所謂一ツ家の物語として伝承された話型に属すが、『今昔』は、後に助けられた男が死んだ女の供養の為に寺を建立したという縁起の枠組をもつことが特徴的であり、やはり唱導と結びついた因縁譚であった消息をよく示している。

(54) 『盛衰記』は、延慶本と共通する崇徳院説話に加えて、西行の遁世譚を添えるが、それは上臈女房に思いをかけた瀧口の則清が阿漕の歌を詠みかけられたのを機縁に発心するという、恋故の遁世を語るところに文覚のそれと同調するものがある。

(55) 中世の橋供養に関して、文和二年（一三五三）四月二十七日、六浦の瀬戸橋が架け替えられた際の橋供養において、金沢称名寺の長老実真が導師を勤めたのに用いた『表白并廻向』一帖が称名寺聖教中に伝えられている。その次第の中で、表白や廻向志趣の詞に、中世の橋をめぐる宗教的世界像が映し出されている（金沢文庫図録『中世の芸能』〈一九九二〉）。

(56) 柳田国男「松王健児の物語」『妹の力』（一九三五）（『柳田國男全集』第七巻、筑摩書房所収）。

(57) 「文覚譚の渡辺党」『南都仏教』13（一九六四）。

(58) 「水の女」『古代研究（民俗学篇1）』大岡山書店（一九二九）（『折口信夫全集』第二巻、中央公論社）。

(59) 『義経記』巻五における白拍子静のはたらきにその典型をみることができる。神泉苑に祈雨の為に百人の白拍子を舞わせた際、静は「しんむしやう」の舞により降雨の効あって賞せられたという。この話を元にした静御前の廻国伝説のひとつに、『利根川図志』に載せられた古河の光了寺に伝えられる静女の蛙蟆龍《あまりよう》舞衣とその縁起がある。それにはこの舞衣が後鳥羽院より賜ったものとされる。徳江元正「静御前の廻国」『国学院雑誌』61-1（一九六〇）。

（60）物語文芸の中で、白拍子静のそれと並んで、遊女の夫にたいする義理立て（心中立て）を大きく取りあげるのが『曽我物語』の虎をめぐる物語であろう。それは舞曲『和田酒盛』（本書第三章参照）において一篇の主題ともなっていく。

（61）仏像が田の中に棄てられ、そこから通りかかった僧に声をかけて引き上げられたという伝承が、古く興福寺西金堂の修二会の本尊であった十一面観音像について語られていた（『七大寺巡礼私記』『建久御巡礼記』等および『盛衰記』も）。この西金堂修二会が、南都における薪猿楽や呪師走りなど芸能の拠点であったことと、この伝承とは何か繋がりがあろうか。また大谷大学図書館蔵『西金堂縁起』には、修二会の咒師猿楽の起源の記事と共に、西金堂本願の光明皇后がもと和泉国の早乙女に立ち交じって田植した際に光を放って后と択ばれたという譚を載せている。

（62）『今昔物語集』巻二十六第四話や『宇治拾遺物語』「明衡欲レ逢レ殃事」の語る、若き日の藤原明衡が密夫に間違われて危うく殺されかけた話（本書第七章参照）や、更には『今昔』巻二十六第二十二話のごとく、名僧ぶって人の家に立ち寄った法師がやはり間男に間違えられ、これは殺されてしまった話など、ヲコ話に仕立てられているが、密通が命を賭けた行為であることをものがたっている。

（63）長門本は、盛遠に衣川殿を脅迫するにあたって「渡辺党の習ひにて、一日なれども敵を目にかけて置く事なし」と言わせている。その武勇は、たとえば『古今著聞集』巻九、武勇に登場する渡辺番《つがふ》に代表されよう。九郎判官義経の逃亡を助けた咎で頼朝の勘気を蒙った番は、召人として梶原景時に預けられていたが、妹の夫に取りなして貰うのも拒むほどに誇り高い武士であった。それがやがて奥州合戦に望んで出征し、武功を立て頼朝より本領を安堵されたという。これと好対照をなすのが、『沙石集』巻七にみえる鬼九郎つかむの話である。河尻にて主君に参上し、その向う疵や一字名から渡辺党の勇士と思われていた鬼九郎が、自らこの上ない臆病者であることを暴露してしまい追い出されてしまうという、それは鬼をも拉《ひし》ぐ渡辺綱の伝承を前提としたヲコ話であったろう。

(64) 高山寺典籍文書綜合調査団編『明恵上人資料第一』高山寺資料叢書第一冊、東京大学出版会（一九七一）。底本は高山寺蔵正保三年（一六四六）顕証写本（但し、この説話を含む後半の筆者は不明）。解題（築島裕執筆）によれば、同内容の説話記事を有する成簣堂文庫蔵『栂尾明恵上人伝記』天文六年（一五三七）写本があり、この説話は伝記本文の後、尾題の前に収められているという。その本文は高山寺本と僅かな異同があり、冒頭が「或人所持ノ絵詞ノ中ニ」となり、末尾に「和琴并ニ野曲」とあって、別系統の本文であろうと指摘される。

(65) 洛中の大路に「簡《フダ》（札）」を立てて世に知らしめるという手段が、説話の中で効果的に用いられているのが、『今昔物語集』巻三十一「賀茂祭日立札一条大路見物翁語第六」である。祭の朝、特等席というべき場所に「翁」の物見る所と札を立てて占めたのを、人々は陽成院の事と思い誰も近寄らなかったが、現れて得意顔に見物していたのは西八条の刀祢《とね》の翁であった。己の名を騙《かた》ったとて陽成院に召し問われるが、その申状の理《ことわり》に院を感心させ「したり顔」に帰宅したという。洛中の祭りで最も華やかな賀茂の還さの渡し（本書第七章参照）という祝祭と王と都市との関係があざやかにうかびあがる。また、立てられた簡が落書の媒体でもあったことは、『江談』巻三や『古事談』巻三に伝えられ、『宇治拾遺物語』に至る小野篁の説話が示すところ。内裏に立てられた札に書かれた「無悪善」を嵯峨帝が篁に詠ませたところ「さがなくてよからむ」と訓んで勘気を蒙ったという話のように、これは帝への匿名の批判の手立てであった。更に、同じ『宇治拾遺物語』の「蔵人得業猿沢池ノ龍ノ事」、「鼻くら」とあだ名される興福寺僧恵印、戯れに龍の昇天を予告する簡を猿沢池の畔に立てたところ、大評判となり、当日は近国からも無数の見物人がひしめき集まる。この様子を見て、恵印自身も何か起こるかも知れないと見物に立ち交じる。もちろん何事も起きず日が暮れ、帰るさに橋の上で鉢合わせした盲《めくら》から「鼻くらなり」と異名を呼び当てられてしまう落ちで、悪戯を仕掛けた当の本人のヲコぶりを二重に追いうちをかけて笑いのめす。この話の面白さについては、小峯和明「昇らなかった龍」『説話の森』大修館書店（一九九一）参照。簡を立てることをめぐって生起する事態と人間の行動については、また別の角度から読みとくことが可能であろう。

(66) 古代から中世にかけての世に、「綾羅錦繍」という衣装についての表象は、僧侶や咒師、田楽法師などの装束を言うものとしての代名詞であり、また一方で、為政者の側からは「過差」として禁制の対象となるものを象徴する詞であった。

(67) 中世京洛の祭礼における風流の造り物を、一種の類聚というべく網羅しているのは応永二十四年（一四一七）以降に成立した『桂川地蔵記』である。応永二十三年七月に桂川の辺りに示現した地蔵尊へ奉納する風流のにぎわいを列挙し、これに言寄せて一篇の往来物を展開する。その方法は明らかに『新猿楽記』に倣ったものといえよう。ちなみに、この地蔵の霊験が狂惑の法師というべき連中の謀計であり、それが露見して禁獄せられた消息は『看聞日記』同年十月十四日条に詳しい。『日本庶民文化資料集成第二巻　田楽・猿楽』所収。鈴木晶子「『桂川地蔵記』における風流について」『日本歌謡研究』31（一九九一）。

(68) 風流の造り物による時世への諷刺や批判について、参考となるのは延慶本『平家物語』第一本「平家殿下ニ恥見セ奉ル事」いわゆる殿下乗合の事件の一節である。関白基房の一行が平家の侍に襲撃され恥辱を蒙った翌日、その有様を象った造り物が何者かの手で西八条の清盛邸の門前に置かれ、見物市をなす有様であったという。この造り物は、「法師ノ引コシ《(腰)》ガラミテ長刀ヲ以テ物ヲ切ントスル景色ヲ作タリ。又、前ニ石鍋《ナベ》ニ毛立シタルモノヲ置タリ」。見る者は誰もその意《こころ》を得なかったが、或る老僧がこれを昨日の事件を作ったものと判じて、「是ヲコソ、蒸物《ムシ》ニ合《アフ》テ腰絡《コシカラ》ムト申ハ」と結べば、一同大咲いしたと言う。前述した『盛衰記』の文覚の悪口にも言い及ぶ秀句の諺としての「蒸物に合って腰絡み」つまり、強い者に嬲りものにされて弱り切った態たらくをそのままに作った風流が、ここで平家の悪行にいたぶられた基房の姿として見立てられている。「イカナル跡ナシ者ノ仕業ナルラムト、ヲカシカリケル事共ナリ」と結ぶところ、明らかにこれを一種の落書として巧むものであろう。

(69) 神護寺文書（注(3)前掲書所収）中の行慈（上覚）書状には、最後まで文覚に付き従った彼ら弟子の聖たちの姿が、あざやかに記し留められている。その一部を抄出して出す。

　故上人御房は、いのちをすて、身をすてさせ給て、後白川法皇にまいりて、高雄興隆事申させ候しにも、始終たがはず道理をとをさむとて、伊豆国配流候き。さて其道理とをり候しるしには、東寺・高雄之礎かくされ候にき。

其後、佐土（渡）国配流、次、対馬国配流、終、於鎮西御逝去。三世諸仏修行儀式、皆以如此候也。而、度々御共をし、鎮西配流之たびは、法師原逃返候間、御房達御輿をかき、馬口付して、葦をかり荷をもちて、於鎮西者、朝に遠山に入て、薪を夕にはもちつれて、各かへらせ給は、みるもの皆随喜し候けり。如此、上人御房、大師宮仕、無上菩提のために身命をすてさせ給に、同捨身命、随遂しまいらせ候しそ、清浄の功労にて候へ（下略）

(70) 明恵は、その『夢記』において、「建永元年（一二〇六）十一月、院より神護寺の内栂尾《トガノヲ》の別所を賜はる。名けて十無尽院と曰ふ」（久保田淳・山口明穂校注『明恵上人集』岩波文庫〈一九八一〉）と、後鳥羽院からの寄進と明言し、また女房を媒ちとして上皇より御感に預かった夢や、禅定中の好相として一院の御子となる夢想を得ており、あまつさえ「本院」より流される筈の罪科を蒙ったがこれを免れ、院は即ち如来と思い、いよいよ彰《あきら》かに覚えた、とほとんど神格化するに至っている。一方、初期の建仁三年（文覚入滅の頃）の夢では、文覚がしばしば登場しており、その中に、明恵と神護寺僧たちが筏に乗って急流を流され、皆は瀧へ堕ち入るが、彼一人は首に懸けた舎利のお蔭で助かったという夢を記す。明らかに文覚の没落と配流に伴う神護寺僧団の混乱が、そこに反映されているといえよう。

(71) 遁世した聖が琴を弾じ歌う姿は、明恵の制作にかかる『華厳縁起』絵巻の「元暁絵」にあざやかに描き出されている。義湘と共に、明恵が自らの希求する理想像を託したものである元暁の行動は、市井で俗人たちと管絃に興じ琴（これは和琴と覚しい）を弾じ、また学匠として経疏を講説する能説の姿に加え、山中に坐禅し海浜に出でて「月を詠めたまふところ（画中詞）」をあらわすのは、明らかに明恵その人の遁世修行の境地を理想化した姿であろう。そのくだりの詞書を示せば、次の如くである（絵詞の欠損部分〔 〕は私に補ってある）。

行儀、順〔逆を〕わかたず、凡心はかりがたし。或時は〔巷間〕にとゞまりて歌をうたひ琴を〔弾きて〕僧の律儀をわすれたるがごとし。或〔時は〕経論の疏をつくりて大会の中にし〔て〕講讃するに、聴衆みななみだをな〔がす〕。或時は山水のほとりに坐禅す、禽〔獣〕虎狼おのづから屈伏す。かやうの〔行ひ〕すべて一辺にかゝえられざりけり。

あとがき

はじめて春日若宮おん祭に参った十九歳の冬の感動は、今もなおあたらしい。夜の闇のなか、突如として腹の底を揺さぶるような声の塊りがわきおこり、全身を包みこんだ。その夜、丸山静氏に出会ったのだった。彼は一人の学生に、真摯に問いかけた。おん祭りとは何か？　そこで何がはじまったのか？　その芸能は如何なる役割を果したのか？　私の中世への探究は、そこから始まったと言ってよい。その時はただ面喰《くら》うだけであった。既に丸山氏の「馬頭観音」（『熊野考』所収）を読んでいたのだが、どうやら、さっぱり解っていなかったらしい。しかし、〈神〉が御生《みあ》れする瞬間を奪胎する根源的な他者性を纏った〈王〉―王権の発生と、それが成り立つための畏るべきものとしての暴力とは何か、を問おうとする探究というべき熊野への旅は、私をいたく触発した。その何年か後に、丸山氏の一行と共に熊野古道を歩いた。歩くことは、それから何事にも欠かせぬ探究の過程となった。歩むうちに突き当たった幾つかの課題を考察すべく試みた本書は、丸山氏の問いに正面から答えたものとは到底いえまい。だが、その問いの周りを自分なりに歩み巡った所産として、今は亡き氏にせめてもの報告をしたいと思うのである。丸山氏の講演を聴く為に名古屋を訪れ、その後宴で酩酊して、目を覚したのは桜井好朗先生のお宅であった。それ以来、毎年のように先生の許へ訪れ、一夜、談論のうち酔余に投げかけられた多くの問題を持ち帰るのが楽しみな習いとなった。中世における『神々の変貌』の諸相を、己れのフィールドにあって自分なりに発掘を試みるあいだ、先生の揺るぎない、しかも情理兼ね備えた誠実な姿勢に、どんなに励まされたことであったろう。

翌年の春、東大寺修二会（お水取り）にはじめて参籠した。燈明が闇を際立たせる二月堂のなかで聴聞した練行衆の行《おこな》いの声明は、象徴と記号が抽象でなく実体を備え五感に訴えるものとして生動していることを実感させた。古代の創始から現在まで毎年絶えず勤修されている、伝承の記憶が〈声〉に託されていることを目前にしたのである。魅せられて奈良に通いつめるうち、元興寺文化財研究所におられた「光堂」千手寺住職木下密運氏に出会い、氏に紹介されて、当時文化庁におられた水野正好先生の知遇を得た。考古学を、時代や領域の区分を越えた人間精神の発掘の場とした水野〝古代研究〟に接したことは、やがて奈良へ移り住み、元興寺文化財研究所に居候して、仏教民俗に関する調査研究を手探りで試みる契機となった。その道の先達である五来重教授の許で大学院生として学びながら、同時に広い世界に出逢う経験を得た、幸運な修業時代であった。

関西に住んだ最初の秋、一人、上鴨川住吉神社の祭を訪ねた。村の公民館に泊めて貰い、播磨の山野のなかを歩き巡り、その宵宮の晩、伊藤正義先生に（闇せまる頃舞堂に坐って居られた先生の煙草の火に）出会った。一旦の対面は、偶然でなかった。翌秋、今度は大和高原の上深川の題目立を、これも一人で観に出かけたのだが、そこにも伊藤先生の一行が来ておられた。再度の出会いは、折しも長谷寺における文化財調査のなかで見出した良遍『日本書紀聞書』を読もうという研究会の発端となり、正規の学生でもないのに、大阪市立大学の先生の研究室に毎週のように通い、また各地の寺社や文庫を御一緒して中世の日本紀や神道説の文献を採訪するようになった。「即位法」や「慈童説話」は、その過程で見出されたのである。一介の放浪学生は、希有な邂逅によって、中世の豊饒な知の地平へと導かれた。

あらためて想いおこせば、いまに至る己れの学び、ひいて人生の転機は、全て祭りと芸能を契機とする、人との出会いに発するものであった。本書に言及し、各論の発端となった祭りと芸能は、そうした個人史と分かちがたく結びついている。

その土台となったのは、母校である和光大学でのまことに自由な学生時代であった。入学してすぐ、山本吉左右先生と荒木繁先生による説経節の共同演習に参加して、最初に読んだのは『をぐり』であった。以来、山本先生の研究室に入り浸り、そこで知と言葉についての基本的な訓練を蒙りつつ、今も身に付いたとは言い難い風流な趣味に至るまで、種々の薫陶を賜わった。のちに「推参」という主題について、はじめて話したのも山本先生の研究会においてである。二年目に、お二人に池田廣司先生が加わって、幸若舞曲の演習が『大織冠』から始められた。やがて『幸若舞』1〜3（東洋文庫）に結実することになる注釈に取り組む、その出発点に立ち会って学ぶことができたのが、私にとっても中世の知の探究への出発であった。そこに出現した魅力的な論文が、服部幸雄先生の「後戸の神」である。翁の成立の背後に広がる芸能神の祭儀と思惟をめぐる、中世の宗教と芸能のはざまの深部への探究は、折しも南都薪能の呪師走りの翁や毛越寺の延年、黒川能などを訪れて見たばかりの筆者を熱狂させ、服部先生が当時勤めておられた国立劇場へ「推参」して、禅竹の『明宿集』を読もうとお願いしたのもなつかしい想い出である。私が関西へ移って、この勉強会は自然消滅してしまったが、やがて先生は「宿神論」を発表され、その探究の範囲はより拡げられ、考察を深められた。その中で、「後戸」が象徴的なはたらきを示す舞曲『文覚』が取りあげられていた。自分でも、文覚という史実と物語の世界を股にかけて立ちはたらく魅力的な人物の、更にまた輪をかけて興ふかい舞曲の主人公について、いつか是非「私註」を試みてみようと念願した。その宿題は、それから二十五年の後、いま漸く本書の終章という形で姿をあらわすことになったのである。

何ものかに誘《いざな》われるようにして、縁あって巡り会ったこれらの方々をはじめ、他にもお名前を掲げ切れぬ、御恩を蒙った多くの方々に、ここで深い感謝を捧げたい。

本書に収めた既発表の文章は、右のような遍歴と、そこで出会った人々に教え導かれた世界について問いかけ、動機づけられて書かれたものばかりである。そこには自ずと、筆者の拘《こだわ》ったモティーフがうかびあがった。それが〈声〉と〈ヲコ〉である。

〈声〉と〈ヲコ〉は、次元こそ異なれど（〈声〉の位相のひとつが〝笑い〟の声であり、これを喚起するのが〈ヲコ〉といえよう）、それらは、人間に最も深く根ざして発せられる表現であり、直截な世界への働きかけであり、人と社会の関係や交流を司る媒ちである。この媒ちは、ともに芸能―パフォーマンスに必須の要素であり、逆にいえば、芸能を喚びおこす生成の種子でもある。〈声〉が媒介するのは、人間界に限らない。異界からの冥の響き、仏神のメッセージも〈声〉によってもたらされる。それを聴きとる力も、またそれに意味を与えて交信する仕組みも、いずれも〈声〉が担う権能であった。民俗の地平でも、高度に構築された寺社組織の中でも、〈声〉こそが主役の媒体となって祭儀が成立し、世界像をつくりあげる。「声わざ」の歌謡のみならず猿楽を含めた多彩な中世の宗教芸能の担った最大のはたらきは、そこにあったろう。中世の〈声〉がつくりだす世界の体系は、やがて国家の秩序にまでも及ぶものであった。そうした、中世の〈声〉をめぐる想像力のアルケオロジーが、本書の一貫したモティーフである。

一方の〈ヲコ〉は、既成の、ひとたび確立した秩序や体系を絶えず揺さぶり、転倒させようとする運動そのものである。あるいは、静止し固定した世界が異化されて全く違った風景をみせてくれる落差を生む痙攣である。しかもそれは、あくまで〈声〉と重なる人間の営み、武力や暴力によるのではない徒手空拳のしわざとしてなされるもの。その表象は〝笑い〟である。〝笑い〟の声が響く芸能において〈ヲコ〉を体現するのは人の身体（替りに人形や傀儡が用いられることはあろうとも）の運動でありコトバのはたらきである。〈ヲコ〉を為《し》いだすことにおいて芸能を担う人にあって、その身を離れずつきまとうのは、運動そのものが誘《いざな》い、かれを否応なく動かしてしまううながし、おのれと〈ヲコ〉を仕でかさずにはおかない衝動《パッション》（情熱—受難）である。――それが「推参」ではなかったか。

『聖者の推参』は、前著『湯屋の皇后』の姉妹篇というべき一具の書物である。前著において、〈性〉こそが喚びおこす〈聖なるもの〉とは何か、を一貫して追い求めた、その過程で立ち顕れた境界の彼方へ越境しようとする人間のありかたとしての「推参」は、本書において正面から押し出される主題となった。

「推参」という人間の動態を尋ねながら、一体何を求めていたのか。各論を束ね、終章を書きあげて一書として纏めてみると、それが何であったのか、改めて問われるところだ。その語誌と等しく、中世に限られた特殊な現象に過ぎなかったのか。「をしてまゐらう」というウタは、中世の宮廷に、寺社の庭に、そして遊女《アソビ》たちの宿や泊に響き、至るところを活性化させた蠱惑的な〈声〉であった。〈ヲコ〉を為でかして「推参な奴」として打擲され、笑い声と共に遁走する人間の姿こそ何より興ふかい見物《みもの》であった。かれらは、ただ境界線上を戯れ、右往左往して通過するだけの存在ではなかろう。その行為において、かれ自身が境界を体現し可視化させるはたらきを演ずる――かれが臨界なのだ。かれによって、はじめて姿をみせる禁制や法度、障壁や埒《らち》というものがある。それは、ひいて人の世が自ら造りいだす体制や秩序であり、支配と差別の構造を内蔵した権力である。祭儀と神話にその生成をしるしづける王権は、例外なくそうした構造を内包する。これに抵抗し、逸脱する人が惹きおこす波紋は、さまざまな劇《ドラマ》を生みだす。神話のなかにも、祭りの一端にも、それは既に含まれている。ただし「推参」は、抗うのに武力を以てする戦さでなく、暴力の不毛な連鎖でもない、沸きあがる興や〈ヲコ〉の笑いの渦をまきおこす「狂い」のしわざである。神話を含めた物語伝承や、伝承の再生する場としての芸能の領分では、そうした〃ヲコな者〃が立ち替り頻りに登場する。

それは、決して稀なことではなかった。それどころか、かれらは非常に魅力的な存在であり、時として英雄となり、愛され賞翫される者たちでもある。古く、王そのものが花山院のようにヲコを体現することさえあった。そうした「推参な奴」は、物語の虚構世界のなかにしか生きられないのだろうか。

中世には、現実の歴史と架空伝承の双方にまたがって活躍し、しかもその二元論的世界認識を根こそぎ無効にしてしまうような存在が立あらわれることがある。文覚のような人間である。すぐれて物語においてこそ捉えられる、この聖者の「推参」は、時代の臨界を突破し、あたらしい世界を生みだす起爆剤であった。それと同時に、彼は「推参」の咎を負って配流され、ついには時代に祓い棄てられるようにして放逐された。稀有な生涯を生きた文覚を、ただトリック・スターと呼んで片付けるわけにはいかないだろう。

＊

今は若宮おん祭の遷幸儀で、もう誰もが若宮社頭であの神出現の瞬間のおののきを味わうことはできない。何故かは知らず、本社の遙か手前で制止され、社頭に臨むのは限られた人のみである。筆者は以前これに「推参」を試みて呆気なく擯み出された。それ以来、おん祭から足が遠のいた。おん祭に限らない、「伝統的」な祭儀の仕組や実態とは、その時代と社会との関わりのなかで常に創りだされ、変化し続けるものだろう。おん祭も、中世初頭の創始から幾度もの中絶と再興があり、転変絶えず、それを支える人々や階層も移り変わってきた。今に聴こえる声も芸能も、もちろん中世のままではあり得ない。あの、高度に巧まれた〈声〉の響きに筆者がひたすら中世の幻想のみを聴きとっていたわけではないことは、苦い幻滅と共に、自戒を込めて記しておかなければならない。

本書がこうして形をなすことを得たのは、前著に続いて、名古屋大学出版会の橘宗吾氏のたゆみない慫慂と長畑節子氏の細心な編輯の賜物である。折しも真福寺大須文庫の聖教調査と『真福寺善本叢刊』の公刊に忙殺されていた筆者を橘氏は粘り強く促して、漸く一書を纏める作業に取りかかる路を開いてくれた。とりわけ容易に手離そうとしない終章の成稿を辛抱して待ってくれた事に感謝したい。また、本書でも、前著以上に多数の図版を贅沢に掲載することができ、豊かな図像イメージを媒介として〈声〉と〈ヲコ〉の諸相を立体的にテクスト化することが可能となったのは、長畑氏の尽力のお蔭である。掲載をお許しいただいた所蔵者と便宜を計って下さった関係諸機関各位の御厚意に深く感謝申し上げる。

最後に、この本に結実した探究の途を、一緒に歩んでくれた年若い友人たち、そして、これからも倶に歩み続けるであろう人に、本書を捧げたい。

二〇〇一年九月二十日　世界を覆う不毛な暴力の連鎖を告げる声を聴きながら記す

著　者

初出一覧

○各章を構成する文章の初出について、原題・掲載誌名（書名）・巻号（出版社）・刊行年等を記した。
○各章の本文は、全体の統一をはかり章相互の関連を示すため、初出の文章に加筆訂正をほどこしている。また、大幅に記事を増補したり改稿した章もあり、その旨を末尾に注記した。なお、初出時において注を付していない第二章と第四章（北嶺篇）には、あらたに注を添えた。注は、全体にわたって新たな知見にもとづいて改訂・増補した。

序　章　中世の声
　同題・『國文學 解釈と教材の研究』37-14（特集「中世の芸能」）・學燈社・（一九九二）、全体を改稿・増補

第一章　声の芸能史
　「〈聖なるもの〉の声を聴く――〝声の芸能史〟」・大系日本歴史と芸能・第七巻『宮座と村』・平凡社・（一九九〇）、一部を改稿

第二章　声わざ人の系譜
　「遊女・傀儡・巫女と文芸」・岩波講座日本文学史・第四巻『変革期の文学Ⅰ』・岩波書店・（一九

九六）

第三章　推参考
同題・『語文』（大阪大学）54・55合併号（島津忠夫先生退官記念号）・（一九九〇）、全体を改稿、
第四節を増補

第四章　中世寺社の宗教と芸能
南都篇
「中世南都の宗教と芸能――信如尼と若宮拝殿巫女をめぐりて」・『國語と國文學』（東京大学）
64－5（特集「日本文学の時空」）・（一九八七）
北嶺篇
「和光同塵の遊びの声」『春秋』338・春秋社・（一九九二）、一部を改稿・増補

第五章　霊地荘厳の声
「霊地荘厳の声――中世を往還する声わざ人たち」・『日本歌謡研究』（日本歌謡学会）39・（二〇
〇〇）

第六章　能野考
「熊野考――花山院と小栗」・『現代思想』20－7（特集「南方熊楠」）・青土社・（一九九二）、一部
を改稿・増補

第七章　笑いの芸能史
「笑いにおける芸能の生成」・『日本の美学』20（特集「笑い」）・ぺりかん社・（一九九四）、一部
を改稿

第八章　ヲコ人の系譜

「ヲコの文学としての『平家物語』――鼓判官知康と〝笑い〟の芸能」・山下宏明編『平家物語研究と批評』・有精堂・(一九九六)、一部を改稿

終　章　文覚私註

書き下ろし

図版一覧

《著者略歴》

阿部泰郎《あべやすろう》

1953年　横浜に生まれる
1981年　大谷大学大学院文学研究科博士過程満期退学
　　　　大阪大学文学部助手，大手前女子大学文学部助教授等を経て
現　在　名古屋大学大学院文学研究科教授
著　書　『湯屋の皇后』（名古屋大学出版会，1998年）
　　　　『中世高野山縁起の研究』（元興寺文化財研究所，1983年）
　　　　『大系仏教と日本人1　神と仏』（共著，春秋社，1988年）
　　　　『説話の講座3　説話の場』（共編，勉誠社，1991年）
　　　　『ジェンダーの日本史』下（共著，東京大学出版会，1995年）
　　　　『守覚法親王の儀礼世界』（共編，勉誠社，1995年）
　　　　『守覚法親王と仁和寺御流の文献学的研究』（共編，勉誠社，1998年）
　　　　『真福寺善本叢刊』（全12巻，共編，臨川書店，2000年）他

聖者の推参

2001年11月30日　初版第1刷発行

定価はカバーに
表示しています

著者　阿部泰郎
発行者　岩坂泰信

発行所　財団法人　名古屋大学出版会
〒464-0814　名古屋市千種区不老町1名古屋大学構内
電話(052)781-5027/FAX(052)781-0697

印刷・製本 ㈱クイックス　ISBN4-8158-0419-2